Kontaktadresse nach EU-Produktsicherheitsverordnung:
produktsicherheit@fischerverlage.de

Nirgendwo kann man Philip K. Dick so gut kennenlernen wie in seinen Stories. Visionär sah er in ihnen die Probleme unserer Gegenwart voraus, und unter seinem Röntgenblick werden die »Dachbalken des Universums« sichtbar, wie er selbst verwundert notierte.

Unser Band versammelt die besten, wichtigsten und einflussreichsten seiner Stories. Ein Nachwort des Science-Fiction Kenners und Autors Thomas von Steinaecker vervollständigt den Band.

Philip K. Dick hat Science-Fiction nicht erfunden, aber aus ihr eine Kunst gemacht. Mit prophetischem Blick und genialischer Phantasie sah er Szenarien voraus, in denen unsere Gegenwart zum Albtraum wird: ›Blade Runner‹, ›Minority Report‹, ›Total Recall‹, ›Impostor‹, ›Paycheck‹, ›Der dunkle Schirm‹ – all diese Filme basieren auf seinen Büchern. 1928 in Chicago geboren, rettete er sich aus seiner psychotischen Jugend nach Berkeley. Er nahm so ziemlich alle Aufputschmittel und Drogen, die es gab, hatte Visionen und göttliche Erscheinungen, schrieb bis zu 60 Seiten am Tag und fühlte sich von FBI und KGB verfolgt. 1982 starb er wenige Wochen vor der Filmpremiere von ›Blade Runner‹.

Philip K. Dick

Total Recall Revisited

Die besten Stories

Mit einem Nachwort von
Thomas von Steinaecker

FISCHER Klassik

2. Auflage

Siehe auch Einzelnachweise am Ende des Bandes

Druck und Bindung: BoD – Books on Demand GmbH,
Norderstedt, Germany
ISBN 978-3-596-90578-2

Inhalt

Total Recall

Er wachte auf – und wollte den Mars. Die Täler, dachte er. Wie wäre es wohl, darin herumzuwandern? Toll, und noch toller: Der Traum wuchs, als er völlig zu sich kam, der Traum und das Verlangen. Er spürte beinahe, wie sie ihn umhüllte, die andere Welt, die nur Regierungsagenten und hohe Beamte gesehen hatte. Doch ein kleiner Angestellter wie er? Wohl kaum.

»Stehst du jetzt auf oder nicht?«, fragte seine Frau Kirsten verschlafen, mit dem gewohnten Hauch herber Verdrossenheit. »Wenn ja, drück den Knopf für heißen Kaffee an diesem Mistherd.«

»Okay«, sagte Douglas Quail und ging barfuß vom Schlafzimmer ihrer Eigenwohn in die Küche. Dort setzte er sich, nachdem er pflichtschuldig den Knopf für heißen Kaffee gedrückt hatte, an den Küchentisch und holte eine kleine gelbe Büchse erstklassigen Dean-Swift-Schnupftabaks hervor. Er inhalierte kräftig, und die Beau-Nash-Mischung biss in der Nase, brannte auf dem Gaumen. Trotzdem inhalierte er weiter; das machte ihn wach und gestattete seinen Träumen, seinen nächtlichen Sehnsüchten und ziellosen Wünschen, sich zu einem Anschein von Vernünftigkeit zu verdichten.

Ich flieg dahin, sagte er sich. *Ehe ich sterbe, werde ich den Mars sehen.*

Das war selbstverständlich unmöglich, und das wusste er sogar beim Träumen. Doch das Tageslicht, ein so prosaisches Geräusch wie das, mit welchem seine Frau sich eben vor dem Schlafzimmerspiegel die Haare bürstete – alles verschwor sich, um ihn daran zu erinnern, was er war. *Ein mieser kleiner Gehaltsempfänger*, sagte er sich verbittert. Kirsten erinnerte ihn mindestens einmal am Tag daran, und er konnte es ihr nicht einmal verübeln; es war die Aufgabe einer Frau, ihren Mann auf den Erdboden zurückzuholen. *Auf den Erdboden*, dachte er und lachte. Diese Redewendung passte buchstäblich.

»Was hast du denn zu kichern?«, fragte seine Frau, als sie in die Küche gerauscht kam; ihr langer grellrosa gemusterter Morgenrock wedelte hinter ihr her. »Ich wette, es ist ein Traum. Du hast den Kopf ja immer voll davon.«

»Ja«, sagte er und blickte aus dem Küchenfenster auf die Luftkissenautos und Fahrrinnen und die ganzen energischen kleinen Leute, die zur Arbeit hetzten. Gleich würde auch er mit dabei sein. Wie immer.

»Ich könnte wetten, es hatte mit irgendeiner Frau zu tun«, sagte Kirsten vernichtend.

»Nein«, sagte er. »Mit einem Gott. Dem Kriegsgott. Er hat wundervolle Krater, in deren Tiefen alle Arten von Pflanzen wachsen.«

»Hör mal.« Kirsten hockte sich neben ihn, und ihr Ton war ernst; die Härte war vorübergehend aus ihrer Stimme verschwunden. »Auf dem Meeresgrund – unserem Meeresgrund – ist es sehr viel, unendlich viel schöner. Das weißt du doch, das weiß doch jeder. Miete für uns beide einen Satz Kunstkiemen, nimm dir eine Woche frei, und wir können runtertauchen und da unten in einem dieser Aquacenter wohnen; die sind ja das ganze Jahr auf. Und außerdem –« Sie brach ab. »Du hörst mir gar nicht zu. Solltest du aber. Da gibt es was viel Besseres als deine Zwänge, deine Mars-Besessenheit, und du hörst noch nicht mal zu!« Ihre Stimme wurde laut und durchdringend. »Himmelherrgott, bei dir ist alles umsonst, Doug! Was soll bloß aus dir werden?«

»Ich geh zur Arbeit«, sagte er und stand auf; das Frühstück war gestrichen. »*Das* soll aus mir werden.«

Sie schaute ihn scharf an. »Du wirst immer schlimmer. Von Tag zu Tag fanatischer. Wo soll das bloß hinführen?«

»Zum Mars«, sagte er und machte die Schranktür auf, um ein frisches Arbeitshemd herauszuholen.

Nachdem er aus dem Taxi gestiegen war, ging Douglas Quail langsam durch drei dichtbevölkerte Laufrinnen bis zu dem modernen, verlockend einladenden Portal. Dort blieb er stehen, behinderte so den Vormittagsverkehr und las bedächtig das wechselfarbige Neonschild. Er hatte dieses Schild früher schon studiert … aber noch nie war er so nahe dran gewesen. Das war ein großer Unterschied; was er jetzt tat, war etwas ganz anderes. Etwas, das passieren musste früher oder später.

ENDSINN AG

War das die Lösung? Schließlich blieb eine Illusion, wie überzeugend sie auch sein mochte, doch nur eine Illusion. Objektiv gesehen zumindest. Subjektiv gesehen allerdings – so ziemlich das genaue Gegenteil.

Und ohnehin hatte er einen Termin. In weniger als fünf Minuten.

Er nahm einen tiefen Zug leicht smogverseuchter Chicagoer Luft und ging durch den blendenden, polychrom schimmernden Eingang hinein zum Empfang.

Die schön gegliederte Blondine hinter dem Pult, barbusig und wie aus dem Ei gepellt, sagte freundlich: »Guten Morgen, Mr. Quail.«

»Ja«, sagte er. »Ich wollte mich wegen einer Endsinn-Reise erkundigen. Ich nehme an, Sie wissen Bescheid.«

»Nicht ›Endsinn‹, sondern ›Ent*sinn*‹«, verbesserte ihn die Empfangsdame. Sic nahm den Hörer des Vidfons neben ihrem geschmeidigen Ellbogen ab und sprach hinein: »Mr. Douglas Quail ist da, Mr. McClane. Kann er jetzt reinkommen? Oder ist es noch zu früh?«

»Dis metma mom-mom momp«, grummelte das Vidfon.

»Ja, Mr. Quail«, sagte sie. »Sie können reingehen; Mr. McClane erwartet Sie.« Als er zögernd losmarschierte, rief sie ihm nach: »Zimmer D, Mr. Quail. Rechter Hand.«

Nach einem entmutigenden, aber kurzen Moment des Verirrtseins fand er das richtige Zimmer. Die Tür stand offen, und drinnen, an einem riesigen echten Nussbaumschreibtisch, saß ein freundlich aussehender Mann mittleren Alters in einem grauen Marsfroschhaut-Anzug nach neuester Mode; schon an der Kleidung hätte Quail erkennen können, dass er an den Richtigen geraten war.

»Setzen Sie sich, Douglas«, sagte McClane und wies mit seiner fleischigen Hand auf einen Stuhl vor dem Schreibtisch. »Sie möchten also zum Mars geflogen sein. Sehr schön.«

Quail setzte sich mit einem Gefühl der Angespanntheit. »Ich weiß nicht so recht, ob die Sache ihren Preis wert ist«, sagte er. »Es kostet eine ganze Menge, und soweit ich sehe, krieg ich eigentlich nichts dafür.« *Es kostet fast so viel wie richtig hinfliegen*, dachte er.

»Sie bekommen greifbare Beweise für Ihren Trip«, widersprach McClane emphatisch. »So viele Beweise, wie Sie brauchen. Hier; ich zeig's Ihnen.« Er wühlte in einer Schublade seines beeindruckenden Schreibtischs. »Abriss des Flugtickets.« Er griff in eine Mappe aus braunem Karton und holte ein kleines quadratisches Stück geprägter Pappe hervor. »Das ist der Beweis dafür, dass Sie dort waren – und zurückgekehrt sind. Postkarten.« Er breitete vier frankierte 3-D-Farbpostkarten, eine schön ordentlich neben der anderen, auf dem Schreibtisch aus, so dass Quail sie sich ansehen konnte. »Filme. Sehenswürdigkeiten, die Sie mit einer gemieteten Mobilkamera auf dem Mars aufgenommen haben.« Auch diese legte er Quail vor. »Dazu die Namen von Leuten, die Sie dort kennengelernt haben, Souvenirs im Wert von zweihundert Creds, die binnen der nächsten vier Wochen – direkt vom Mars – bei Ihnen eintreffen werden. Dann Pass, Bescheinigung über die Impfungen, die Sie erhalten haben. Und vieles mehr.« Er blickte auf und sah Quail scharf an. »Sie werden schon sehen, dass Sie da waren«, sagte er. »Sie werden sich nicht an uns erinnern, weder an mich noch daran, dass Sie je hier gewesen sind. Sie haben einen echten Trip im Kopf; dafür garantieren wir. Zwei volle Wochen Entsinn; bis ins letzte lumpige Detail. Vergessen Sie nicht: Wenn Sie auch nur einen Moment daran zweifeln, einen ausgedehnten Trip zum Mars unternommen zu haben, können Sie hierher zurückkommen und kriegen Ihr Geld in voller Höhe zurückerstattet. Ist das klar?«

»Aber ich bin doch nicht geflogen«, sagte Quail. »Ich werde nicht geflogen sein, egal mit welchen Beweisen Sie mich ausstatten.« Er tat einen tiefen, bebenden Atemzug. »Und ich bin nie Geheimagent bei Interplan gewesen.« Er hielt es für unmöglich, dass das extrafaktische

Erinnerungs-Transplantat der Endsinn AG funktionieren würde – trotz allem, was ihm zu Ohren gekommen war.

»Mr. Quail«, sagte McClane geduldig. »Sie haben uns in Ihrem Brief erklärt, Sie hätten keine Chance, nicht die geringste Möglichkeit, jemals wirklich zum Mars zu gelangen; Sie können sich das nicht leisten, und, was viel wichtiger ist, Ihnen fehlt schlicht die Qualifikation, um als Undercover-Agent für Interplan oder sonst jemanden zu arbeiten. Das hier ist die einzige Möglichkeit, wie Sie Ihren, ähem, Lebenstraum verwirklichen können; hab ich nicht recht, Sir? Sie können nicht sein, was Sie eigentlich möchten; Sie können es nicht wirklich tun.« Er gluckste. »Aber Sie können es *gewesen sein* und *getan haben*. Das besorgen wir für Sie. Und unser Preis ist angemessen; keinerlei verdeckte Zusatzkosten.« Er lächelte aufmunternd.

»Ist eine extrafaktische Erinnerung denn so überzeugend?«, fragte Quail.

»Überzeugender als die echte, Sir. Wären Sie wirklich als Interplan-Agent zum Mars geflogen, hätten Sie mittlerweile eine ganze Menge vergessen; unsere Analyse von Echt-Memo-Systemen – authentischen Erinnerungen an wichtige Ereignisse im Leben einer Versuchsperson – hat ergeben, dass der Versuchsperson sehr schnell eine Vielzahl von Details abhandenkommt. Für immer. Zu unserem Angebotspaket gehört daher eine so tiefe Implantation von Entsinn, dass Sie nichts davon vergessen. Das Datenpaket, das Ihnen eingegeben wird, während Sie im Koma liegen, ist das Werk erfahrener Experten, Menschen, die jahrelang auf dem Mars gewesen sind; in jedem Einzelfall werden die Details von uns bis auf die letzte Kleinigkeit verifiziert. Und Sie haben sich ein ziemlich leichtes extrafaktisches System ausgesucht; hätten Sie sich Pluto ausgesucht oder Kaiser des Inneren Planetenbundes werden wollen, hätten wir viel größere Schwierigkeiten … und die Kosten wären erheblich höher.«

Quail griff in die Manteltasche, um seine Brieftasche hervorzuholen, und sagte: »Okay. Ich habe mein Leben lang diesen Ehrgeiz gehabt, und so, wie's aussieht, werd ich's wohl nie schaffen. Ich werd mich also wohl hiermit begnügen müssen.«

»So dürfen Sie das nicht sehen«, sagte McClane streng. »Sie geben sich nicht mit etwas Minderwertigem zufrieden. Die tatsächliche Erinnerung, mit all ihren Unschärfen, Auslassungen und Ellipsen, um nicht zu sagen Verzerrungen – die ist minderwertig.« Er nahm das Geld entgegen und drückte auf einen Knopf an seinem Schreibtisch. »Also dann, Mr. Quail«, sagte er, als die Bürotür aufging und zwei stämmige Männer schnellen Schrittes hereinkamen. »Sie sind als Geheimagent unterwegs zum Mars.« Er stand auf und kam herüber, um Quails vor Nervosität feuchte Hand zu schütteln. »Oder vielmehr: Sie sind unterwegs gewesen. Heute Nachmittag um halb fünf werden Sie, ähm, wieder auf Terra eintreffen; ein Taxi wird Sie bei Ihrer Eigenwohn absetzen, und Sie können sich dann, wie gesagt, nicht mehr erinnern, dass Sie mich getroffen haben oder dass Sie hierhergekommen sind; genau genommen werden Sie sich nicht erinnern, überhaupt je von uns gehört zu haben.«

Mit vor Nervosität trockenem Mund folgte Quail den beiden Technikern hinaus aus dem Büro; was als Nächstes passierte, hing ganz von ihnen ab.

Ob ich wirklich glauben werde, dass ich auf dem Mars gewesen bin?, überlegte er. *Dass ich es geschafft habe, mir meinen Lebenswunsch zu erfüllen?* Er hatte eine seltsame, hartnäckige Ahnung, dass etwas schiefgehen würde. Aber was genau – wusste er nicht.

Er musste abwarten, um es herauszufinden.

Die Sprechanlage auf McClanes Schreibtisch, die ihn mit dem Arbeitsbereich der Firma verband, summte, und eine Stimme sagte: »Mr. Quail liegt jetzt in der Narkose, Sir. Möchten Sie die Sache supervisieren, oder sollen wir weitermachen?«

»Reine Routine«, bemerkte McClane. »Sie können weitermachen, Lowe; ich glaube nicht, dass Sie auf irgendwelche Schwierigkeiten stoßen werden.« Die Programmierung einer künstlichen Erinnerung an einen Flug zu einem anderen Planeten – ob mit oder ohne den kleinen Zusatz, Geheimagent gewesen zu sein – tauchte mit monotoner Regelmäßigkeit in den Auftragslisten der Firma auf. Pro Monat, kalkulierte er sarkastisch, *machen wir das mindestens zwan-*

zigmal ... interplanetare Pseudoreisen – damit verdienen wir unsere Brötchen.

»Ganz wie Sie wollen, Mr. McClane«, kam Lowes Stimme zurück, und daraufhin schaltete die Sprechanlage ab.

McClane betrat den Tresorteil der Kammer hinter seinem Büro und suchte nach einem Paket Nummer 3 – Flug zum Mars – und einem Paket Nummer 62: geheimer Interplanspion. Nachdem er die beiden Pakete gefunden hatte, ging er damit an seinen Schreibtisch zurück, machte es sich bequem und schüttete den Inhalt aus – Waren, die in Quails Eigenwohn praktiziert würden, während die Labortechniker damit beschäftigt waren, ihm falsche Erinnerungen einzubauen.

Eine Schleicherwaffe im Wert von einem Cred, überlegte McClane; *das ist der größte Posten. Das kostet uns am meisten.* Dann ein Transmitter von der Größe einer Pille, den der Agent im Falle der Enttarnung verschlucken konnte. Ein Codebuch, das dem echten erstaunlich ähnlich sah ... die Nachbildungen der Firma waren höchst exakt; sie basierten, soweit möglich, auf authentischem US-Militärmaterial. Seltsamer Krimskrams, der für sich genommen keinen Sinn ergab, jedoch in Kette und Schuss von Quails imaginärer Reise verwoben werden und mit seiner Erinnerung übereinstimmen würde: die Hälfte eines alten Fünfzig-Cent-Stücks aus Silber, mehrere verfälschte Zitate aus John Donnes Predigten, jedes auf einem anderen Stück hauchzarten Transparentpapiers, mehrere Streichholzbriefchen aus Marskneipen, ein Löffel aus rostfreiem Stahl mit der Gravur EIGENTUM DER MARSKUPPEL-VOLKSKIBBUZIM, eine Abhörspule, die –

Die Sprechanlage summte. »Mr. McClane, bitte entschuldigen Sie die Störung, aber hier ist was ziemlich Ungutes passiert. Vielleicht wäre es besser, wenn Sie doch noch hier rüberkommen. Quail liegt schon in der Narkose; auf das Narkidrin hat er gut angesprochen; er ist völlig bewusstlos und aufnahmefähig. Aber –«

»Bin gleich da.« Mit einer bösen Vorahnung ging McClane aus seinem Büro; einen Augenblick später tauchte er im Arbeitsbereich auf.

Auf einem Hygienebett lag Douglas Quail und atmete langsam und regelmäßig, die Augen hatte er praktisch geschlossen; er schien die beiden Techniker und jetzt auch McClane undeutlich – aber wirklich nur sehr undeutlich – wahrzunehmen.

»Kein Platz für falsche Erinnerungsmuster, was?« McClane war verärgert. »Schmeißen Sie einfach zwei Arbeitswochen raus; er ist Angestellter beim Auswanderungsamt für die Westküste, einer Regierungsbehörde, also hat er letztes Jahr bestimmt zwei Wochen Urlaub gehabt. Problem gelöst.« Nebensächlichkeiten nervten ihn. Immer schon – und auch in Zukunft.

»Unser Problem«, sagte Lowe spitz, »liegt etwas anders.« Er beugte sich über das Bett, sagte zu Quail: »Erzählen Sie Mr. McClane, was Sie uns erzählt haben.« Zu McClane sagte er: »Hören Sie gut zu.«

Die graugrünen Augen des Mannes, der rücklings auf dem Bett lag, hefteten sich auf McClanes Gesicht. Die Augen, bemerkte er mit Unbehagen, waren starr geworden; sie hatten etwas Poliertes, Anorganisches, wie geschliffene Halbedelsteine. Er war sich nicht sicher, ob ihm gefiel, was er da sah; der Glanz war zu kalt. »Was wollt ihr denn noch?«, sagte Quail schroff. »Ihr habt mich auffliegen lassen. Haut ab hier, bevor ich euch alle auseinandernehm.« Er musterte McClane, »Sie ganz besonders«, fuhr er fort. »Sie sind der Anführer dieser Konteroperation.«

Lowe sagte: »Wie lange waren Sie auf dem Mars?«

»Einen Monat«, sagte Quail heiser.

»Und Ihr Auftrag dort?«, wollte Lowe wissen.

Die hageren Lippen verzogen sich; Quail musterte ihn und sagte nichts. Schließlich, indem er jedes Wort vor Feindseligkeit triefen ließ, knautschte er hervor: »Agent für Interplan. Hab ich euch doch schon erzählt. Zeichnet ihr denn nicht alles auf, was gesprochen wird? Spielt eurem Boss euer AV-Tape vor, und lasst mich in Ruhe.« Dann schloss er die Augen; der starre Glanz verschwand. Augenblicklich spürte McClane einen Schwall der Erleichterung in sich hochsteigen.

Lowe sagte ruhig: »Der Mann ist hart im Nehmen, Mr. McClane.«

»Nicht mehr lange«, sagte McClane. »Wenn wir erst dafür gesorgt haben, dass seine Erinnerungskette ihm wieder entgleitet, ist er genauso zahm wie vorher.« Zu Quail sagte er: »*Deswegen* wollten Sie also so furchtbar dringend zum Mars.«

Ohne die Augen zu öffnen, sagte Quail: »Ich hab nie zum Mars gewollt. Ich bin dafür eingeteilt worden – die haben mir den Job aufgebrummt, und das war's dann: Ich blieb hängen. Ja, klar, ich geb zu, ich war neugierig; wer wär das nicht?« Er öffnete die Augen wieder und musterte die drei, insbesondere McClane. »Nette Wahrheitsdroge habt ihr da; die hat Sachen raufgeholt, an die ich mich absolut nicht erinnern konnte.« Er begann zu grübeln. »Wie ist das wohl mit Kirsten?«, sagte er, halb zu sich selbst. »Ob sie da mit drinhängt? Eine Interplan-Kontaktperson, die mich im Auge behält ... um sicherzugehen, dass ich mein Gedächtnis nicht wiedererlange? Kein Wunder, dass sie meinen Wunsch so lächerlich fand.« Er lächelte schwach; das Lächeln – ein Lächeln plötzlichen Verstehens – verschwand fast sofort wieder.

McClane sagte: »Bitte, glauben Sie mir, Mr. Quail; wir sind ganz zufällig darüber gestolpert. Bei unserer Arbeit –«

»Ich glaub Ihnen«, sagte Quail. Er wirkte müde; die Droge zog ihn immer weiter herunter, tiefer und tiefer. »Was hab ich gesagt, wo ich gewesen bin?«, murmelte er. »Auf dem Mars? Kann mich kaum dran erinnern – würd jedenfalls gern mal hinfliegen; würde wohl jeder. Aber ich –« Seine Stimme verlor sich. »Bloß 'n Angestellter, 'ne Null von 'nem Angestellten.«

Lowe richtete sich auf und sagte zu seinem Vorgesetzten: »Er möchte eine falsche Erinnerung eingepflanzt bekommen, die mit seinem tatsächlichen Trip übereinstimmt. Und einen vorgeschobenen Grund dafür, der der wahre Grund ist. Er sagt die Wahrheit; das Narkidrin hat ihn fest im Griff. Die Erinnerung an seinen Trip ist ziemlich lebhaft – in der Narkose zumindest. Aber sonst kann er sich anscheinend nicht daran erinnern. Irgendwo, wahrscheinlich in einem militärwissenschaftlichen Labor der Regierung, hat man seine bewussten Erinnerungen gelöscht; er wusste nur noch, dass zum Mars zu reisen für ihn von besonderer Bedeutung war, genau wie die Arbeit als Geheimagent. Das konnten sie nicht löschen; das ist nämlich keine Erinnerung, sondern ein Wunsch, zweifellos derselbe, der ihn damals bewogen hat, sich freiwillig für den Auftrag zu melden.«

Der andere Techniker, Keeler, sagte zu McClane: »Was sollen wir machen? Ein falsches Erinnerungsmuster über die echte Erinnerung montieren? Wir haben keine Ahnung, was dabei herauskommen würde; er könnte sich bruchstückhaft an den realen Trip erinnern, und die Vermengung der beiden Ebenen könnte eine psychotische Phase auslösen. Er müsste gleichzeitig zwei gegenteilige Prämissen im Kopf behalten: dass er zum Mars geflogen ist und dass er nicht zum Mars geflogen ist. Dass er ein echter Interplan-Agent ist und dass er kein echter Interplan-Agent ist, dass es nicht stimmt. Ich meine, wir sollten ihn ohne jede Transplantation von falschen Erinnerungen revitalisieren und nach Hause schicken; die Sache ist heiß.«

»Einverstanden«, sagte McClane. Ihm kam ein Gedanke. »Können Sie vorhersagen, woran er sich erinnern wird, wenn er aus der Narkose erwacht?«

»Unmöglich«, sagte Lowe. »Wahrscheinlich hat er jetzt eine dunkle, diffuse Erinnerung an seinen tatsächlichen Trip. Und bezüglich ihrer Echtheit wird er ernsthafte Zweifel hegen; er würde wahrscheinlich annehmen, dass uns beim Programmieren was verrutscht ist. Und er würde sich daran erinnern, dass er hierhergekommen ist; das würde nicht gelöscht – es sei denn, Sie möchten, dass es gelöscht wird.«

»Je weniger wir an dem Mann rumfummeln«, sagte McClane, »desto lieber ist mir das. Dummheiten können wir uns jetzt nicht leisten; es reicht, dass wir dumm genug waren – oder das Pech hatten –, einen echten Interplan-Spion zu enttarnen, dessen Tarnung so perfekt ist, dass bis dato nicht einmal er selbst gewusst hat, was er war – oder vielmehr ist.« Je eher sie den Mann los wurden, der sich Douglas Quail nannte, desto besser.

»Wollen Sie die Pakete 3 und 62 jetzt noch in seine Eigenwohn praktizieren?«, sagte Lowe.

»Nein«, sagte McClane. »Und wir erstatten ihm die Hälfte der Gebühren zurück.«

»Die Hälfte! Wieso die Hälfte?«

McClane sagte lahm: »Das scheint mir ein guter Kompromiss zu sein.«

Als ihn das Taxi zu seiner Eigenwohn in der Wohnzone Chicagos zurückbrachte, sagte sich Douglas Quail: *Es ist wirklich prima, wieder auf Terra zu sein.*

Schon hatte die Erinnerung an seinen einmonatigen Aufenthalt auf dem Mars zu verblassen begonnen; er hatte lediglich ein vages Bild im Kopf von tiefen klaffenden Kratern, vom seit Urzeiten andauernden, allgegenwärtigen Abbau der Hügel, der Vitalität und der Bewegung selbst. Eine Welt des Staubs, in der wenig passierte, wo man einen Großteil des Tages damit verbrachte, wieder und wieder seine tragbare Sauerstoffquelle zu überprüfen. Und dann die Lebensformen, die anspruchslosen und bescheidenen graubraunen Kakteen und Madenwürmer.

Tatsächlich hatte er einige sterbende Exemplare marsianischer Fauna mit zurückgebracht; er hatte sie durch den Zoll geschmuggelt. Schließlich stellten sie keinerlei Bedrohung dar; in der schweren Erdatmosphäre konnten sie nicht überleben.

Er griff in seine Manteltasche und kramte nach dem Behälter mit den marsianischen Madenwürmern –

Und fand stattdessen einen Umschlag.

Als er ihn herauszog, entdeckte er zu seinem größten Erstaunen, dass er fünfhundertsiebzig Creds in kleinen Scheinen enthielt.

Wo hab ich das denn her?, fragte er sich. *Hab ich auf dem Trip denn nicht meinen letzten Cred verjubelt?*

Bei dem Geld lag ein Zettel mit der Aufschrift: *½ Gebühr ret. Gez. McClane.* Und dann das Datum. Das heutige Datum.

»Entsinn«, sagte er laut.

»Wohin, Sir oder Madam?« erkundigte sich der Robot-Taxifahrer höflich.

»Haben Sie ein Telefonbuch?«, fragte Quail.

»Selbstverständlich, Sir oder Madam.« Ein Schlitz öffnete sich; heraus glitt ein Mikrotape-Telefonbuch für Cook County.

»Das schreibt sich so komisch«, sagte Quail, während er das Branchenverzeichnis durchblätterte. Dann verspürte er Angst; Angst, die nicht wieder wegging. »Da ist es«, sagte er. »Bringen Sie mich dahin, zur Endsinn AG. Ich hab's mir überlegt; ich will nicht nach Hause.«

»Ja, Sir oder Madam, wie auch immer«, sagte der Fahrer. Einen Augenblick später raste das Taxi in die entgegengesetzte Richtung.

»Dürfte ich vielleicht Ihr Fon benutzen?«, fragte er.

»Bitte sehr«, sagte der Robotfahrer. Und präsentierte ihm ein funkelnagelneues Imperator-3-D-Farbfon.

Er wählte die Nummer seiner Eigenwohn. Und sah sich nach kurzer Wartezeit mit einem winzigen, aber bedrückend realistischen Abbild Kirstens auf dem kleinen Bildschirm konfrontiert. »Ich war auf dem Mars«, sagte er zu ihr.

»Du bist betrunken.« Ihre Lippen verzogen sich verächtlich. »Oder Schlimmeres.«

»Ehrlich wahr.«

»Wann?«, wollte sie wissen.

»Ich weiß nicht.« Er war verwirrt. »Ein simulierter Trip, nehm ich an. Bei einem von diesen künstlichen oder extrafaktischen oder sonst wie Erinnerungsläden. Er hat nicht angeschlagen.«

Kirsten sagte verächtlich: »Du *bist* betrunken.« Und brach die Verbindung ab. Er legte auf und spürte, wie ihm die Röte ins Gesicht stieg. *Immer der gleiche Ton*, sagte er sich verbittert. *Immer diese Antworten, als ob sie alles wüsste und ich nichts. Was 'ne Ehe, Jessas*, dachte er niedergeschlagen.

Einen Augenblick später hielt das Taxi am Straßenrand vor einem modernen, sehr einladenden kleinen rosa Gebäude, über dem ein wechselfarbiges Neonschild verkündete: ENDSINN AG.

Die Empfangsdame, schick und mit nacktem Oberkörper, fuhr überrascht zusammen, bekam sich dann aber meisterhaft in den Griff. »Oh, hallo, Mr. Quail«, sagte sie nervös. »W-wie geht's Ihnen? Haben Sie was vergessen?«

»Den Rest von meinem Geld«, sagte er.

Schon etwas gefasster, sagte die Empfangsdame jetzt: »Geld? Ich glaube, Sie irren sich, Mr. Quail. Sie sind hier gewesen, um sich nach den Bedingungen für einen extrafaktischen Trip zu erkundigen, aber –« Sie zuckte ihre geschmeidigen blassen Schultern. »Meines Wissens kam es zu keinem Trip.«

Quail sagte: »Ich erinnere mich an alles, Miss. An meinen Brief an die Endsinn AG, der diesen ganzen Mist in Gang gesetzt hat. Ich erinnere mich, wie ich hierhergekommen bin, an meinen Besuch bei Mr. McClane. Wie mich die beiden Labortechniker dann ins Schlepptau genommen und mir eine Droge verabreicht haben, um mich auszuschalten.« Kein Wunder, dass ihm die Firma die Hälfte der Gebühren zurückerstattet hatte. Die falsche Erinnerung an seinen »Trip zum Mars« hatte nicht angeschlagen – zumindest nicht richtig, nicht so, wie ihm versichert worden war.

»Mr. Quail«, sagte das Mädchen, »auch wenn Sie nur ein kleiner Angestellter sind, sind Sie doch ein gutaussehender Mann, und es steht Ihnen nicht gut, wenn Sie sich aufregen. Falls Ihnen das irgendwie hilft, dürfen Sie mich, ähem, vielleicht mal ausführen ...«

Jetzt wurde er wirklich wütend. »Ich erinnere mich an Sie«, sagte er aufbrausend. »Zum Beispiel die Tatsache, dass Ihre Brüste blau gespritzt sind; das ist mir im Gedächtnis hängen geblieben. Und ich erinnere mich an Mr. McClanes Versprechen, ich bekäme mein Geld in voller Höhe zurückerstattet, wenn ich mich an meinen Besuch bei der Endsinn AG erinnern könnte. Wo ist Mr. McClane?«

Nach einer – wahrscheinlich so lang wie möglich ausgedehnten – Wartezeit saß er erneut vor dem imposanten Nussbaumschreibtisch, genau wie eine gute Stunde zuvor.

»Tolle Technik haben Sie da«, sagte Quail sardonisch. Seine Enttäuschung – und sein Groll – waren mittlerweile enorm. »Meine sogenannte Erinnerung an einen Trip zum Mars als Undercover-Agent für Interplan ist verschwommen und vage und strotzt nur so von Widersprüchen. Und ich kann mich genau an meine Vereinbarungen mit euch Brüdern erinnern. Eigentlich sollte ich damit zum Büro für Bessere Beratung gehen.« Er kochte jetzt förmlich vor Wut; das Gefühl, betrogen worden zu sein, hatte ihn überwältigt, hatte seinen gewohnten Widerwillen gegen öffentliche Streitigkeiten zerstört.

McClane, der mürrisch und vorsichtig zugleich wirkte, sagte: »Wir kapitulieren, Quail. Wir werden Ihnen den Rest des Geldes zurückerstatten. Ich muss aufrichtig gestehen, dass wir bei Ihnen absolut nichts bewirkt haben.« Er klang resigniert.

Quail sagte vorwurfsvoll: »Sie haben mich noch nicht mal mit den verschiedenen Gegenständen versorgt, die mir angeblich ›beweisen‹ sollten, dass ich auf dem Mars gewesen bin. So ein Riesen-Tamtam – und was ist dabei rausgekommen? Nicht mal der Abriss eines Flugtickets. Auch keine Postkarten. Kein Pass. Weder eine Impfbescheinigung. Noch –«

»Hören Sie, Quail«, sagte McClane. »Angenommen, ich würde Ihnen sagen –« Er brach ab. »Vergessen Sie's.« Er drückte einen Knopf an seiner Sprechanlage. »Shirley, würden Sie bitte einen Barscheck in Höhe von fünfhundertundsiebzig Creds auf den Namen Douglas Quail ausstellen? Danke.« Er ließ den Knopf los und funkelte Quail böse an.

Bald darauf erschien der Scheck; die Empfangsdame legte ihn McClane hin und verschwand wieder; die beiden Männer, nun wieder allein, blickten einander weiterhin über die Platte des massiven Nussbaumschreibtischs hinweg an.

»Ich will Ihnen mal einen guten Rat geben«, sagte McClane, während er den Scheck unterzeichnete und ihn hinüberreichte. »Sprechen Sie mit niemandem über Ihren, ähem, Trip neulich zum Mars.«

»Welchen Trip?«

»Tja, genau das ist die Sache«, sagte McClane verbissen. »Der Trip, an den Sie sich teilweise erinnern. Tun Sie so, als ob Sie sich an nichts erinnern; als hätte er nie stattgefunden. Fragen Sie mich nicht, weshalb; beherzigen Sie einfach meinen Rat: Das ist besser für uns alle.« Er war ins Schwitzen gekommen. Reichlich. »Also, Mr. Quail, ich hab auch noch was anderes zu tun, muss mich um andere Kunden kümmern.« Er stand auf, brachte Quail zur Tür.

Als er die Tür öffnete, sagte Quail: »Eine Firma, die so miserable Arbeit leistet, dürfte eigentlich überhaupt keine Kunden haben.« Dann machte er die Tür hinter sich zu.

Auf dem Heimweg im Taxi grübelte Quail über die Formulierung seines Beschwerdebriefes an das Büro für Bessere Beratung, Abteilung Terra. Sobald er an seiner Schreibmaschine saß, wollte er damit anfangen; es war eindeutig seine Pflicht, andere vor der Endsinn AG zu warnen.

Als er in seine Eigenwohn zurückkam, setzte er sich an seine tragbare Hermes Rocket, machte die Schubladen auf, um nach Kohlepapier zu kramen – und bemerkte eine kleine, vertraute Schachtel. Eine Schachtel, die er auf dem Mars vorsichtig mit marsianischer Fauna gefüllt und dann durch den Zoll geschmuggelt hatte.

Als er die Schachtel öffnete, sah er zu seiner Verblüffung sechs tote Madenwürmer und verschiedene Arten jener einzelligen Lebensform, von der sich die Marswürmer ernährten. Die Protozoen waren vertrocknet, verstaubt, aber er erkannte sie wieder; er hatte einen ganzen Tag zwischen den riesigen düsteren fremdartigen Felsbrocken herumgestochert, um sie zu finden. Eine wunderbare, aufschlussreiche Entdeckungsreise.

Aber ich war doch gar nicht auf dem Mars, fiel ihm da ein.

Andererseits –

Kirsten erschien in der Tür; sie umschlang einen Arm voll blassbrauner Lebensmittel. »Was machst du denn um diese Zeit zu Hause?« Ihre Stimme, ewig gleich, klang vorwurfsvoll.

»*Bin ich auf dem Mars gewesen?*«, fragte er sie. »Du müsstest das doch wissen.«

»Nein, du bist selbstverständlich nicht auf dem Mars gewesen; *du* müsstest das doch wissen, würde ich sagen. Liegst du mir damit denn nicht dauernd in den Ohren?«

Er sagte: »Bei Gott, ich hab das Gefühl, ich war da.« Und nach einer kurzen Pause fügte er hinzu: »Und gleichzeitig hab ich das Gefühl, ich war nicht da.«

»Dann entscheid dich.«

»Wie denn?« Er gestikulierte. »Beide Erinnerungsspuren sitzen fest in meinem Kopf; die eine ist echt, und die andere nicht, aber ich habe keine Ahnung, welche welche ist. Warum kann ich mich denn nicht auf dich verlassen? An dir haben sie doch nicht rumgebastelt.«

So viel könnte sie doch wenigstens für ihn tun – wenn sie sonst schon nie etwas tat.

Mit kalter, kontrollierter Stimme sagte Kirsten: »Doug, wenn du dich nicht zusammenreißt, sind wir fertig miteinander. Ich verlasse dich.«

»Ich bin in Schwierigkeiten.« Seine Stimme klang rau und heiser. Und zittrig. »Wahrscheinlich steh ich kurz vor einem psychotischen Anfall; ich hoffe, nicht, aber – vielleicht ist es das. Es würde jedenfalls alles erklären.«

Kirsten setzte die Tüte mit den Lebensmitteln ab und stakste zum Schrank hinüber. »Ich habe keinen Spaß gemacht«, sagte sie ruhig zu ihm. Sie holte einen Mantel heraus, zog ihn an, ging zur Tür der Eigenwohn zurück. »Ich ruf dich die Tage irgendwann mal an«, sagte sie tonlos. »Tschüs, das war's dann, Doug. Ich hoffe, du kommst eines Tages raus aus dem Zeug, wünsch ich dir wirklich. Um deinetwillen.«

»Warte«, sagte er verzweifelt. »Sag's mir doch, ein für alle Mal; war ich nun da oder nicht – sag's mir.« *Aber womöglich haben sie deine Erinnerungsspur ja auch verändert*, dachte er.

Die Tür ging zu. Seine Frau war gegangen. Endgültig!

Hinter ihm sagte eine Stimme: »So, das wäre erledigt. Und jetzt nehmen Sie die Hände hoch, Quail. Und drehen Sie sich bitte um, und schauen Sie hierher.«

Er drehte sich instinktiv um, ohne die Hände zu heben.

Der Mann, der ihm gegenüberstand, trug die pflaumenblaue Uniform der Interplan-Polizeibehörde, und seine Kanone schien aus UN-Beständen zu stammen. Und aus irgendeinem seltsamen Grund kam er Quail bekannt vor, bekannt auf eine verschwommene, verzerrte Art, so dass er ihn nirgends einordnen konnte. Ruckartig hob er also die Hände.

»Sie erinnern sich«, sagte der Polizist, »an Ihren Trip zum Mars. Wir wissen alles, was Sie heute getan haben, und wir kennen all Ihre Gedanken – insbesondere die äußerst interessanten Gedanken auf der Rückfahrt von der Endsinn AG.« Er erklärte: »Wir haben einen Tele-Transmitter in Ihrem Schädel installiert; der hält uns ständig auf dem Laufenden.«

Ein telepathischer Transmitter; kraft eines lebenden Plasmas, das auf Luna entdeckt worden war. Er schauderte vor Selbstekel. Das Ding lebte in ihm, in seinem eigenen Hirn, fraß, lauschte, fraß. Aber die Interplan-Polizei setzte sie ein; das hatte sogar in den Homöoblättern gestanden. Also stimmte es wahrscheinlich, so furchtbar es auch war.

»Warum ich?«, sagte Quail heiser. Was hatte er getan – oder gedacht? Und was hatte das mit der Endsinn AG zu tun?

»Im Prinzip«, sagte der Interplan-Cop, »hat das nichts mit der Endsinn AG zu tun; das ist eine Sache zwischen Ihnen und uns.« Er tippte gegen sein rechtes Ohr. »Mit Hilfe Ihres Kephalotransmitters empfange ich nach wie vor Ihre mentationalen Vorgänge.« Quail sah einen kleinen Stöpsel aus Weißplastik im Ohr des Mannes. »Deshalb muss ich Sie warnen: Alles, was Sie denken, kann gegen Sie verwendet werden.« Er lächelte. »Nicht dass es jetzt noch sehr darauf ankäme; Sie haben sich bereits um Kopf und Kragen gedacht und geredet. Ärgerlich ist allerdings, dass Sie der Endsinn AG, den Technikern dort und dem Besitzer, Mr. McClane, unter dem Einfluss des Narkidrins von Ihrem Trip erzählt haben – wohin Sie geflogen sind, in wessen Auftrag, was Sie dort zum Teil getan haben. Die haben große Angst. Die hätten Sie am liebsten nie zu Gesicht bekommen.« Er fügte nachdenklich hinzu: »Und sie haben auch allen Grund dazu.«

Quail sagte: »Ich hab überhaupt keinen Trip gemacht. Das ist diese falsche Erinnerungskette, die McClanes Techniker mir nicht richtig eingepflanzt haben.« Aber dann dachte er an die Schachtel in seiner Schreibtischschublade, die die marsianischen Lebensformen enthielt. Und an die Mühen und Schwierigkeiten, die ihm das Sammeln bereitet hatte. Die Erinnerung schien echt. Und die Schachtel mit den Lebensformen; die war garantiert echt. Es sei denn, McClane hatte sie dorthin praktiziert. Vielleicht war das einer der »Beweise«, die ihm McClane so beredt angepriesen hatte.

Die Erinnerung an meinen Trip zum Mars, dachte er, *überzeugt mich nicht – aber leider hat sie die Interplan-Polizeibehörde überzeugt. Die glauben, ich sei wirklich auf dem Mars gewesen, und sie glauben, dass ich mir zumindest teilweise darüber im Klaren bin.*

»Wir wissen nicht nur, dass Sie auf dem Mars gewesen sind«, pflichtete der Interplan-Cop auf seine Gedanken hin bei, »sondern wir wissen auch, dass Sie sich jetzt an so viel erinnern, dass es für uns schwierig wird. Und es hat keinen Sinn, Ihre bewussten Erinnerungen an all das auszulöschen; in diesem Fall tauchen Sie nämlich einfach wieder bei der Endsinn AG auf, und alles geht von vorne los. Und gegen McClane und seinen Betrieb können wir nichts unternehmen, da wir nur für unsere eigenen Leute zuständig sind. McClane hat ja ohnehin kein Verbrechen begangen.« Er musterte Quail: »Sie auch nicht, technisch gesehen. Sie haben sich ja nicht an die Endsinn AG gewandt, um Ihr Gedächtnis wiederzuerlangen; wir wissen, dass Sie aus dem üblichen Grund hingegangen sind – einem Hang zum Abenteuer, wie ihn öde Langweiler nun mal haben.« Er fügte hinzu: »Leider sind Sie aber weder öde noch ein Langweiler, und Sie haben in Ihrem Leben schon mehr als genug Nervenkitzel gehabt; das Letzte im Universum, was Sie nötig hatten, war Nachhilfe von der Endsinn AG. Nichts hätte tödlicher sein können für Sie oder für uns. Und letztlich auch für McClane.«

Quail sagte: »Wieso wird es ›schwierig‹ für Sie, wenn ich mich an den Trip – meinen angeblichen Trip – und meinen Auftrag dort erinnere?«

»Weil sich das«, sagte der uniformierte Interplan-Bulle, »was Sie getan haben, nicht vereinbaren lässt mit unserem Image als großartige, makellose allbeschirmende väterliche Macht. Sie haben für uns das getan, was wir nie tun. Und im Moment stehen Sie kurz davor, sich daran zu erinnern – dank Narkidrin. Diese Schachtel mit den toten Würmern und den Algen liegt seit einem halben Jahr in Ihrer Schreibtischschublade, seit dem Tag, an dem Sie zurückgekommen sind. Und nie haben Sie auch nur das geringste Interesse dafür gezeigt. Wir haben nicht einmal gewusst, dass Sie sie hatten, bis Sie sich auf dem Heimweg von der Endsinn AG daran erinnert haben; da sind wir schleunigst hergekommen, um sie zu suchen.« Überflüssigerweise fügte er hinzu: »Ohne Erfolg; wir hatten nicht genug Zeit.«

Zu dem ersten Interplan-Cop stieß nun ein zweiter; die beiden berieten sich kurz. Inzwischen dachte Quail fieberhaft nach. Er konnte sich jetzt schon an mehr erinnern; was der Cop wegen des Narkidrins gesagt hatte, stimmte. Sie – Interplan – wandten es wahrscheinlich auch an. Wahrscheinlich? Er wusste verdammt gut, dass sie das taten; er hatte selbst gesehen, wie sie einen Gefangenen damit vollgepumpt hatten. Wo war das nur gewesen? Irgendwo auf Terra? Wohl eher auf Luna, beschloss er und betrachtete das Bild, das aus seiner höchst unvollständigen – sich jedoch immer rascher regenerierenden – Erinnerung aufstieg.

Und noch an etwas anderes erinnerte er sich. An den Grund, weshalb sie ihn zum Mars geschickt hatten; den Auftrag, den er ausgeführt hatte.

Kein Wunder, dass sie sein Gedächtnis ausgelöscht hatten.

»O Gott«, sagte der erste der beiden Interplan-Cops und brach die Unterhaltung mit seinem Begleiter ab. Offensichtlich hatte er Quails Gedanken aufgefangen. »Tja, jetzt stehen wir vor einem weitaus schlimmeren Problem; schlimmer geht's gar nicht.« Er ging auf Quail zu und hielt ihn erneut mit der Kanone in Schach. »Wir müssen Sie umbringen«, sagte er. »Und zwar sofort.«

Nervös sagte sein Partner: »Warum sofort? Können wir ihn nicht einfach zu Interplan New York rüberkarren, damit die –«

»*Er* weiß, warum das sofort erledigt werden muss«, sagte der erste Cop; auch er wirkte jetzt nervös, allerdings, wie Quail aufging, aus einem völlig anderen Grund. Seine Erinnerung war jetzt fast vollständig zurückgekehrt. Und er hatte vollstes Verständnis für die Nervosität des Beamten.

»Auf dem Mars«, sagte Quail heiser, »hab ich einen Mann umgebracht. Nachdem ich fünfzehn Bodyguards erledigt hab. Einige hatten solche Schleicherwaffen wie ihr.« Interplan hatte ihn fünf Jahre lang zum Attentäter ausgebildet. Zum Profikiller. Er kannte Mittel und Wege, bewaffnete Widersacher – wie zum Beispiel diese beiden Beamten – außer Gefecht zu setzen; und der mit dem Ohr-Empfänger wusste das.

Wenn er nur flink genug war –

Die Kanone ging los. Aber er war schon zur Seite gesprungen und hatte gleichzeitig den bewaffneten Beamten umgehackt. Augenblicklich war er im Besitz der Kanone und hielt damit den anderen, verwirrten Beamten in Schach.

»Der hat meine Gedanken aufgefangen«, sagte Quail und schnappte nach Luft. »Er wusste, was ich machen wollte, aber ich hab's trotzdem geschafft.«

Der verletzte Beamte setzte sich halb auf und krächzte: »Der schießt nicht auf dich, Sam; das fang ich auch auf. Er weiß, dass er am Ende ist, und er weiß auch, dass wir das wissen. Los, Quail.« Schwerfällig und grunzend vor Schmerzen kam er zittrig auf die Beine. Er streckte die Hand aus. »Die Kanone«, sagte er zu Quail. »Sie können nicht damit umgehen, und wenn Sie sie mir zurückgeben, garantiere ich Ihnen, dass ich Sie nicht umbringe; Sie werden angehört, und jemand aus der Chefetage von Interplan entscheidet dann, nicht ich. Vielleicht können die Ihr Gedächtnis noch mal löschen, ich hab keine Ahnung. Aber Sie wissen ja, weswegen ich Sie umbringen wollte; ich konnte Sie nicht daran hindern, sich daran zu erinnern. Das, weshalb ich Sie umbringen wollte, hat sich also gewissermaßen erledigt.«

Quail umklammerte die Kanone, stürzte aus der Eigenwohn und spurtete auf den Fahrstuhl zu. *Wenn ihr mich verfolgt*, dachte er, *bring ich euch um. Also lasst das.* Er stach nach dem Fahrstuhlknopf, und einen Augenblick später glitten die Türen zurück.

Die Polizisten waren ihm nicht gefolgt. Offenbar hatten sie seine scharfen, schneidenden Gedanken aufgefangen und beschlossen, das Risiko nicht einzugehen.

Der Fahrstuhl schluckte ihn und sank. Er war entkommen – fürs Erste. Aber was jetzt? Wo sollte er hin?

Der Fahrstuhl erreichte das Erdgeschoß; einen Augenblick später war Quail in den Scharen von Füßlern untergetaucht, die die Laufrinnen entlanghetzten. Sein Kopf schmerzte, und ihm war übel. Aber wenigstens war er dem Tod entronnen; um ein Haar hätten sie ihn an Ort und Stelle erschossen, in seiner eigenen Wohnung.

Und sie werden's wahrscheinlich wieder probieren, entschied er. *Wenn sie mich finden. Und mit dem Transmitter in mir dauert das nicht sehr lange.*

Ironischerweise hatte er genau das bekommen, was er von der Endsinn AG gewollt hatte. Abenteuer, Gefahr, Interplan-Polizisten im Einsatz, einen geheimen und gefährlichen Trip zum Mars, bei dem sein Leben auf dem Spiel stand – alles, was er sich als falsche Erinnerung gewünscht hatte.

Jetzt begann er die Vorzüge zu sehen von Erinnerungen, die nichts weiter als Erinnerungen waren.

Er saß allein auf einer Parkbank und beobachtete gleichgültig eine Schar von Kecksen, Halbvögeln, von den beiden Marsmonden eingeführt und fähig, sich sogar gegen die große Schwerkraft der Erde in die Lüfte zu schwingen.

Vielleicht finde ich ja einen Weg zurück zum Mars, überlegte er. Doch was dann? Auf dem Mars wäre es nur noch schlimmer; die politische Organisation, deren Anführer er ermordet hatte, würde ihn entdecken, sowie er aus dem Raumschiff stieg; dort wären die *und* Interplan hinter ihm her.

Könnt ihr mich denken hören?, fragte er sich. Der schnellste Weg zur Paranoia; während er allein dasaß, spürte er, wie sie ihn anpeilten, abhörten, mitschnitten, diskutierten … Er schauderte, stand auf und ging ziellos umher, die Hände tief in den Taschen. *Egal, wohin ich gehe*, sah er ein, *ihr werdet immer bei mir sein. Solang ich dieses Gerät im Kopf habe.*

Ich mach euch einen Vorschlag, dachte er sich – und ihnen. *Könnt ihr mir noch mal eine falsche Erinnerungsschablone einprägen, wie beim letzten Mal, eine, nach der ich ein geregeltes Durchschnittsleben geführt habe und nie auf dem Mars gewesen bin? Nie eine Interplan-Uniform aus der Nähe gesehen und noch nie eine Waffe in der Hand gehabt habe?*

Eine Stimme in seinem Hirn antwortete: »Das haben wir Ihnen doch bereits ausführlich erklärt: Das würde nicht genügen.«

Baff blieb er stehen.

»Wir haben schon früher auf diese Weise mit Ihnen kommuniziert«, fuhr die Stimme fort. »Als Sie an der Front operiert haben, auf dem Mars. Das ist Monate her; ja, wir hatten angenommen, wir müssten das nie mehr tun. Wo sind Sie?«

»Unterwegs«, sagte Quail, »in den Tod.« *Und zwar dank den Kanonen eurer Leute*, dachte er noch hinzu. »Woher wissen Sie so genau, dass das nicht genügen würde?«, erkundigte er sich. »Funktioniert die Endsinn-Technik nicht?«

»Wie gesagt: Wenn Sie einen Satz durchschnittlicher Standard-Erinnerungen bekommen, werden Sie – unruhig. Sie würden zwangsläufig wieder Endsinn oder eine ihrer Konkurrenzfirmen aufsuchen. Wir können das nicht noch mal durchmachen.«

»Angenommen«, sagte Quail, »meine authentischen Erinnerungen würden erst mal gelöscht, und mir würde was Substantielleres eingepflanzt als Standard-Erinnerungen. Etwas, das meine Sehnsucht zu befriedigen vermag«, sagte er. »Die ist doch der Ursprung der Sache; wahrscheinlich haben Sie mich deshalb überhaupt angeheuert. Aber Sie sollten in der Lage sein, sich was anderes einfallen zu lassen – was Gleichwertiges. Dass ich der reichste Mann auf Terra war, aber schließlich mein ganzes Geld an Bildungsstiftungen verschenkt habe. Oder ein berühmter Tiefraumforscher. Irgendwas in der Art; würde so was nicht funktionieren?«

Schweigen.

»Probieren Sie's«, sagte er verzweifelt. »Greifen Sie sich ein paar von Ihren 1-a-Militärpsychiatern; erforschen Sie meinen Geist. Finden Sie heraus, welcher meiner Träume am weitesten geht.« Er versuchte, sich etwas einfallen zu lassen. »Frauen«, sagte er. »Tausende von Frauen, genau wie Don Juan. Ein interplanetarer Playboy – eine Geliebte in jeder Stadt auf Terra, Luna und Mars. Nur hab ich das aus Konditionsgründen aufgegeben. Bitte«, flehte er. »Probieren Sie's.«

»Sie würden sich also freiwillig stellen?«, fragte die Stimme in seinem Kopf. »Falls wir damit einverstanden wären, eine solche Lösung zu arrangieren? *Falls* das überhaupt möglich ist?«

Nach einem Moment des Zögerns sagte er: »Ja.« *Ich gehe das Risiko ein*, sagte er sich. *Ich lasse es drauf ankommen, dass ihr mich nicht einfach umbringt.*

»Sie machen den ersten Schritt«, sagte die Stimme augenblicklich. »Ergeben Sie sich. Und wir werden abklären, was in der Richtung möglich ist. Wenn wir es allerdings nicht schaffen, wenn Ihre authentischen Erinnerungen anfangen, wieder durchzuschlagen wie diesmal, dann –« Sie schwiegen, und dann schloss die Stimme: »… müssen wir Sie vernichten. Das werden Sie verstehen. Also, Quail, wollen Sie's immer noch versuchen?«

»Ja«, sagte er. Denn die Alternative hieß jetzt Tod – und zwar unausweichlich. Zumindest hatte er so eine Chance, so gering sie auch war.

»Sie melden sich in unserer Hauptkaserne in New York«, fuhr die Stimme des Interplan-Cops fort. »580 Fifth Avenue, zwölfte Etage. Wenn Sie sich gestellt haben, lassen wir unsere Psychiater auf Sie los; wir werden Ihr Persönlichkeitsprofil austesten lassen. Wir werden versuchen, Ihre tiefste, elementarste Wunschphantasie zu bestimmen – dann bringen wir Sie zur Endsinn AG zurück; ziehen die hinzu, um den Wunsch mit Hilfe von Erinnerungssurrogaten indirekt zu erfüllen. Dann also – viel Glück. Wir sind Ihnen was schuldig; Sie waren ein nützliches Werkzeug für uns.« Die Stimme war ohne jede Bosheit; wenn überhaupt etwas, hatten sie – die Organisation – Mitleid mit ihm.

»Danke«, sagte Quail. Und begann mit der Suche nach einem Robottaxi.

»Mr. Quail«, sagte der streng dreinblickende, ältliche Interplan-Psychiater, »Sie verfügen über eine äußerst interessante Wunscherfüllungs-Traumvorstellung. Wahrscheinlich ganz was anderes, als was Sie bewusst wünschen oder für möglich halten. Das ist in der Regel so; ich hoffe, es regt Sie nicht zu sehr auf, was darüber zu hören.«

Der anwesende höherrangige Interplan-Beamte sagte forsch: »Er regt sich lieber nicht zu sehr darüber auf, es sei denn, er will unbedingt erschossen werden.«

»Anders als bei der Phantasie, ein Undercover-Agent für Interplan sein zu wollen«, fuhr der Psychiater fort, »die, als ein Produkt relativer Reife, einer gewissen Plausibilität nicht entbehrte, handelt es sich bei diesem Erzeugnis um einen bizarren Kindheitstraum; kein Wunder, dass Sie nicht in der Lage sind, sich seiner zu entsinnen. Ihre Phantasie ist folgende: Sie sind neun Jahre alt und gehen allein einen

Feldweg entlang. Ein unbekanntes Raumfahrzeug aus einem anderen Sonnensystem landet unmittelbar vor Ihnen. Kein Mensch auf der Erde außer Ihnen, Mr. Quail, kann es sehen. Die Wesen darin sind sehr klein und hilflos, ein wenig wie Feldmäuse, obgleich dies ihr Versuch einer Invasion der Erde ist; Zehntausende anderer Schiffe werden auf dem Weg sein, sobald diese Vorhut grünes Licht gibt.«

»Und ich halte sie wohl auf«, sagte Quail und verspürte eine Mischung aus Ekel und Belustigung, »Ich lösche sie aus, im Alleingang. Wahrscheinlich zertrete ich sie unter meinem Absatz.«

»Nein«, sagte der Psychiater geduldig. »Sie stoppen die Invasion, aber nicht, indem Sie sie vernichten. Stattdessen begegnen Sie ihnen mit Güte und Erbarmen, obwohl Sie per Telepathie – ihre Art der Kommunikation – erfahren haben, warum sie gekommen sind. Noch nie hat irgendein fühlender Organismus ihnen gegenüber je solch humanitäre Züge gezeigt, und um ihre Dankbarkeit zu zeigen, schließen sie mit Ihnen einen feierlichen Bund.«

Quail sagte: »Keine Invasion der Erde, solange ich lebe.«

»Exakt.« Zu dem Interplan-Beamten sagte der Psychiater: »Sie sehen, es passt zu seiner Persönlichkeit, auch wenn er so höhnisch tut.«

»Durch meine bloße Existenz also«, sagte Quail und empfand wachsendes Vergnügen, »nur, weil ich lebe, bewahre ich die Erde vor außerirdischer Fremdherrschaft. Dann bin ich also praktisch die wichtigste Person auf Terra. Ohne einen Finger krummzumachen.«

»Ja, genau, Sir«, sagte der Psychiater. »Und das ist tief und fest in Ihrer Psyche verankert; eine lebenslängliche Kindheitsphantasie. Deren Sie sich, ohne Tiefen- und Drogentherapie nie entsonnen hätten. Aber sie hat schon immer in Ihnen existiert; eine Unterströmung, die nie aufgehört hat.«

Zu McClane, der dasaß und aufmerksam zuhörte, sagte der höhere Polizeibeamte: »Können Sie ihm ein so extremes extrafaktisches Erinnerungsmuster einpflanzen?«

»Wir werden mit allen nur möglichen Wunschphantasien beauftragt«, sagte McClane. »Ehrlich gesagt, ich hab schon weitaus Schlimmeres gehört. Natürlich können wir das erledigen. In vierundzwanzig Stunden wird er sich nicht nur *wünschen*, er hätte die Erde gerettet; er wird zutiefst davon überzeugt sein, dass er es wirklich getan hat.«

Der höhere Polizeibeamte sagte: »Dann können Sie mit der Arbeit anfangen. Zur Vorbereitung haben wir seine Erinnerung an den Trip zum Mars schon mal wieder gelöscht.«

Quail sagte: »Welcher Trip zum Mars?«

Niemand gab ihm eine Antwort, deshalb stellte er die Frage widerwillig zurück. Jetzt war sowieso ein Polizeifahrzeug erschienen; er, McClane und der höhere Polizeibeamte quetschten sich hinein, und schon waren sie unterwegs nach Chicago und zur Endsinn AG.

»Machen Sie diesmal lieber keinen Fehler«, sagte der Polizeibeamte zu dem bulligen, nervös wirkenden McClane.

»Ich sehe nicht, was da schiefgehen könnte«, murmelte McClane schwitzend. »Das hier hat weder mit dem Mars noch mit Interplan irgendwas zu tun. Im Alleingang eine Invasion der Erde aus einem anderen Sonnensystem aufhalten!« Er schüttelte den Kopf. »Wahnsinn, was so 'n Junge alles träumt. Und das Ganze nur durch Tugend und Güte; nicht durch Gewalt. Das hat was Putziges.« Er tupfte sich die Stirn mit einem großen Leinentaschentuch.

Niemand sagte etwas.

»Im Grunde«, sagte McClane, »ist es rührend.«

»Aber überheblich«, sagte der Polizeibeamte kalt. »Denn es geht weiter mit der Invasion, sowie er stirbt. Kein Wunder, dass er sich nicht daran erinnern kann; das ist die größenwahnsinnigste Phantasie, die mir je zu Ohren gekommen ist.« Er musterte Quail missbilligend. »Ich darf gar nicht daran denken, dass wir den Mann auf unsere Gehaltsliste gesetzt haben.«

Als sie bei der Endsinn AG ankamen, begrüßte sie Shirley, die Empfangsdame, völlig außer Atem im Vorzimmer. »Willkommen, Mr. Quail«, japste sie aufgescheucht, und ihre melonenförmigen Brüste – heute glutorange bemalt – wippten vor Aufregung. »Es tut mir leid, dass es beim letzten Mal nicht ganz geklappt hat; diesmal geht's sicher besser.«

McClane, der sich mit seinem tadellos gefalteten irischen Leinentaschentuch nach wie vor immer wieder die Stirn tupfte, sagte: »Es muss.« Mit hektischen Bewegungen trommelte er Lowe und Keeler zusammen, geleitete sie und Douglas Quail in den Arbeitsbereich und kehrte dann mit Shirley und dem höheren Polizeibeamten in sein vertrautes Büro zurück. Um zu warten.

»Haben wir dafür ein Paket, Mr. McClane?«, fragte Shirley und stieß in ihrer Aufregung mit ihm zusammen, woraufhin sie schamhaft errötete.

»Ich glaub schon.« Er versuchte, sich zu erinnern, gab dann aber auf und sah in der offiziellen Tabelle nach. »Eine Kombination«, entschied er laut, »aus Paket 81, 20 und 6.« Er fischte die passenden Pakete aus dem Tresorteil der Kammer hinter seinem Büro und trug sie zu seinem Schreibtisch, um sie zu inspizieren. »Aus 81«, erklärte er, »ein Zauberheilstab, der ihm – dem betreffenden Kunden, in diesem Fall Mr. Quail – von den Wesen aus einem anderen System geschenkt worden ist. Als Zeichen ihrer Dankbarkeit.«

»Funktioniert der?«, fragte der Polizeibeamte neugierig.

»Er hat mal«, erklärte McClane. »Aber er, ähem, verstehen Sie, hat ihn schon vor Jahren aufgebraucht, weil er wie wild damit rumgeheilt hat. Jetzt ist er bloß noch ein Souvenir. Aber er kann sich daran erinnern, dass er mal ganz phantastisch funktioniert hat.« Er gluckste und öffnete dann Paket 20. »Dankesurkunde des UNO-Generalsekretärs für die Rettung der Erde, das passt zwar nicht ganz, denn zu Quails Phantasie gehört, dass niemand außer ihm von der Invasion weiß, aber um der größeren Wahrscheinlichkeit willen geben wir's dazu.« Dann inspizierte er Paket 6. Was war noch da drin? Er konnte sich nicht entsinnen; mit gerunzelter Stirn kramte er in der Plastiktüte, während Shirley und der Polizeibeamte ihm gespannt zusahen.

»Ein Schrieb«, sagte Shirley. »In einer komischen Sprache.«

»Der erklärt, wer sie waren«, sagte McClane, »und wo sie hergekommen sind. Einschließlich einer detaillierten Sternenkarte, worin ihre Flugroute hierher und ihr Herkunftssystem eingezeichnet sind. Natürlich ist alles in ihrer Schrift, so dass er es nicht lesen kann. Aber er erinnert sich, dass sie es ihm in seiner eigenen Sprache vorgelesen haben.« Er arrangierte die drei Gegenstände in der Mitte seines Schreibtischs. »Die sollten in Quails Eigenwohn gebracht werden«, sagte er zu dem Polizeibeamten. »Damit er sie findet, wenn er nach Hause kommt. Als Bestätigung seiner Phantasie. OSV – Offizielles Standard-Vorgehen.« Er gluckste etwas beklommen und fragte sich, wie es bei Lowe und Keeler wohl lief.

Die Sprechanlage summte. »Mr. McClane, entschuldigen Sie die Störung.« Das war Lowes Stimme; er wurde starr, als er sie erkannte, starr und stumm. »Aber wir sind da auf ein Problem gestoßen. Es ist vielleicht besser, wenn Sie rüberkommen und das supervisieren. Wie beim letzten Mal hat Quail gut auf das Narkidrin angesprochen; er ist bewusstlos, entspannt und aufnahmefähig. Aber –« McClane rannte rüber zum Arbeitsbereich. Auf einem Hygienebett lag Douglas Quail und atmete langsam und regelmäßig; er hatte die Augen halb geschlossen und nahm seine Umgebung nur undeutlich wahr.

»Wir haben mit der Befragung angefangen«, sagte Lowe kreidebleich. »Um herauszufinden, wann genau wir die Phantasie-Erinnerung an seine Rettung der Erde im Alleingang ansetzen müssen. Und eigenartigerweise –«

»Sie haben mir gesagt, ich darf es nicht verraten«, murmelte Douglas Quail mit schläfriger, drogenschwerer Stimme. »Das war so abgemacht. Ich sollte mich noch nicht mal dran erinnern. Aber wie hätte ich ein solches Ereignis vergessen können?«

Ich nehme an, das wäre schwierig, überlegte McClane. *Aber Sie haben es geschafft – bis jetzt.*

»Sie haben mir sogar 'ne Schriftrolle geschenkt«, murmelte Quail, »aus Dankbarkeit. Ich hab sie in meiner Eigenwohn versteckt; ich zeig sie euch.«

Zu dem Interplan-Beamten, der ihm gefolgt war, sagte McClane: »Äh, wenn ich Ihnen was vorschlagen darf, ich würd ihn lieber nicht umbringen. Wenn Sie das tun, kommen sie zurück.«

»Außerdem haben sie mir 'n unsichtbaren Vernichtungs-Zauberstab gegeben«, murmelte Quail; er hatte die Augen jetzt völlig geschlossen. »Damit hab ich den Mann auf dem Mars umgebracht, den ich für euch erledigen sollte. Der Stab liegt in meiner Schublade bei der Schachtel mit den marsianischen Madenwürmern und den vertrockneten Pflanzen.«

Wortlos drehte sich der Interplan-Beamte um und stakste hinaus aus dem Arbeitsbereich.

Dann kann ich die Pakete mit den Beweisgegenständen ja wieder wegtun, sagte sich McClane resigniert. Einen Fuß vor den anderen setzend, ging er in sein Büro zurück. Und dann natürlich auch die *Dankesurkunde des UNO-Generalsekretärs –*

Die echte würde wahrscheinlich nicht mehr lange auf sich warten lassen.

Ach, als Blobbel hat man's schwer!

Er steckte eine Zwanzig-Dollar-Platinmünze in den Schlitz, und nach einem kleinen Augenblick leuchtete der Analytiker auf. Seine Augen schimmerten freundlich, und er wirbelte auf seinem Stuhl herum, nahm einen Stift und einen großen Notizblock von seinem Schreibtisch und sagte:

»Guten Morgen, Sir. Sie können anfangen.«

»Tag, Dr. Jones. Sie sind wohl nicht zufällig *der* Dr. Jones, der die definitive Freud-Biographie geschrieben hat? Nein, ist ja auch schon hundert Jahre her.« Er lachte nervös; da er in eher ärmlichen Verhältnissen lebte, war er ein Anfänger, was den Umgang mit den neuen vollhomöostatischen Psychoanalytikern betraf. »Ahm«, sagte er, »soll ich frei assoziieren oder Ihnen etwas über meine Herkunft erzählen, oder wie?«

»Vielleicht«, meinte Dr. Jones, »erzählen Sie mir zunächst, wer Sie sind und weshoib S' z' mia kumman – weshalb Sie ausgerechnet zu mir gekommen sind.«

»Ich heiße George Munster und wohne Steg 4, Gebäude WEF-395, Eigentumswohnkomplex San Francisco, Baujahr 1996.«

»Freut mich, Sie kennenzulernen, Mr. Munster.« Dr. Jones streckte die Hand aus, und George Munster schüttelte sie. Wider Erwarten war die Hand angenehm temperiert und ausgesprochen weich. Der feste Händedruck hingegen hatte durchaus etwas Männliches.

»Sehen Sie«, erklärte Munster, »ich bin ein ehemaliger GI, Kriegsveteran. So bin ich auch an meine Eigentumswohnung in WEF-395 gekommen; Veteranenvergünstigung.«

»Ah ja«, sagte Dr. Jones mit einem leisen Ticken, das die verstreichende Zeit registrierte. »Der Krieg gegen die Blobbels.«

»Drei Jahre habe ich im Krieg gekämpft«, meinte Munster und strich sich nervös über das lange schwarze Haar, das allmählich dünner wurde. »Ich habe die Blobbels gehasst, deswegen habe ich mich freiwillig gemeldet; ich war damals neunzehn und hatte einen guten Job – aber der Kreuzzug, um das Sol-System von Blobbels zu säubern, war mir wichtiger.«

»Mh-hm«, machte Dr. Jones tickend und nickend.

»Ich war ein guter Soldat«, fuhr George Munster fort. »Ehrlich gesagt, ich habe sogar zwei Orden bekommen und eine Beförderung für besondere Tapferkeit im Feld. Zum Korporal. Weil ich im Alleingang einen Beobachtungssatelliten voller Blobbels ausradieren konnte; wie viele es nun genau waren, lässt sich nicht mit Sicherheit sagen, weil diese Blobbels natürlich dazu neigen, sich zu verwirren und entwirren, dass einem ganz wirr davon wird.« Von seinen Gefühlen überwältigt, verstummte er. Es fiel ihm schwer, über den Krieg zu sprechen, die bloße Erinnerung daran war schon zu viel für ihn … er streckte sich auf der Couch aus, zündete sich eine Zigarette an und versuchte, seine Fassung wiederzuerlangen.

Die Blobbels waren ursprünglich aus einem anderen Sonnensystem eingewandert, wahrscheinlich von Proxima. Vor ein paar tausend Jahren hatten sie sich auf dem Mars und auf Titan niedergelassen, wo sie bald erfolgreiche Landwirte wurden. Sie waren eine Weiterentwicklung der einzelligen Amöbe, verhältnismäßig groß zwar und mit einem hochorganisierten Nervensystem ausgestattet, doch trotz alledem Amöben mit Pseudopodien, die sich durch Zellteilung fortpflanzten und den terranischen Siedlern im Wesentlichen feindlich gesinnt waren.

Zum Krieg war es letztlich aus ökologischen Gründen gekommen. Die Auslandshilfeabteilung der UNO wollte die Marsatmosphäre umwandeln, um für die terranischen Siedler bessere Lebensbedingungen zu schaffen. Diese Umwandlung hätte jedoch den Fortbestand der dort ansässigen Blobbel-Kolonien gefährdet; so hatte der Konflikt seinen Anfang genommen.

Und, überlegte Munster, man konnte eben nicht nur die halbe Atmosphäre eines Planeten umwandeln; gegen die Brown'sche Molekularbewegung war kein Kraut gewachsen. Nach zehn Jahren hatte sich die veränderte Atmosphäre über den ganzen Planeten ausgebreitet und machte den Blobbels das Leben zur Qual – zumindest behaupteten sie das. Im Gegenzug war eine Blobbelflotte zur Erde aufgebrochen und hatte eine Reihe technisch hochkomplizierter Satelliten in die Umlaufbahn gebracht, die letzten Endes die Atmosphäre von Terra umwandeln sollten. Zu dieser Umwandlung war es jedoch nie gekommen, denn das Kriegsministerium der UNO hatte selbstverständlich sofort eingegriffen; die Satelliten waren von Killerraketen zur Explosion gebracht worden … und der Krieg war in vollem Gange.

»Sind Sie verheiratet, Mr. Munster?«, fragte Dr. Jones.

»Nein, Sir«, sagte Munster. »Und –« Ihn schauderte. »Und wenn ich Ihnen die ganze Geschichte erst erzählt habe, wissen Sie auch, weshalb. Sehen Sie, Doktor –« Er drückte seine Zigarette aus. »Ich will ganz offen mit Ihnen reden. Ich war ein terranischer Spion. Das war meine Aufgabe; sie haben mir den Job bloß wegen meiner Tapferkeit im Feld aufgebrummt … ich habe sie jedenfalls nicht drum gebeten.«

»Verstehe«, sagte Dr. Jones.

»Wirklich?« Munsters Stimme überschlug sich. »Wissen Sie, dass es damals nur eine Möglichkeit gab, einen terranischen Spion erfolgreich bei den Blobbels einzuschleusen?«

Dr. Jones nickte. »Ja, Mr. Munster. Sie mussten Ihre menschliche Gestalt aufgeben und die widerwärtige Gestalt eines Blobbels annehmen.«

Munster schwieg; verbittert ballte er immer wieder die Fäuste. Dr. Jones hinter seinem Schreibtisch tickte.

Abends saß Munster allein in seiner kleinen Wohnung in WEF-395, entkorkte eine Flasche Teacher's und schlürfte den Scotch aus einer Tasse, da er sich beim besten Willen nicht dazu aufraffen konnte, sich aus dem Schrank über der Spüle ein Glas zu holen.

Was hatte ihm die Sitzung bei Dr. Jones heute gebracht? Nichts, soweit er das beurteilen konnte. Und sie hatte ein tiefes Loch in seine mageren finanziellen Reserven gerissen … mager, weil –

Weil er sich trotz seiner eigenen Anstrengungen und der Bemühungen der Veteranenbetreuungsbehörde der UNO wie damals im Krieg jeden Tag für fast zwölf Stunden in einen Blobbel zurückverwandelte. In einen formlosen, einzelligen Klumpen, und das in seiner eigenen Wohnung in WEF-395.

Seine finanziellen Reserven bestanden aus einer kleinen Rente vom Kriegsministerium; es war ihm unmöglich, Arbeit zu finden, denn sobald er eine Stelle bekommen hatte, begann er sich vor lauter Stress umgehend zu verwandeln, vor den Augen seines neuen Arbeitgebers und seiner Kollegen.

Das war nicht eben hilfreich beim Aufbau eines erfolgreichen Arbeitsverhältnisses.

Und tatsächlich, jetzt, um acht Uhr abends, spürte er, wie er sich schon wieder zu verwandeln begann; das Gefühl war alt und vertraut, und er hasste es. Rasch schlürfte er den Rest Scotch, stellte die Tasse auf den Tisch … und spürte, wie er zu einem homogenen Kuddelmuddel zerfloss.

Das Telefon klingelte.

»Ich kann jetzt nicht«, rief er ihm zu. Ein Relais im Telefon registrierte die gequälte Antwort und leitete sie an den Anrufer weiter. Inzwischen war Munster nichts weiter als eine durchsichtige, gallertartige Masse mitten auf dem Teppich; er walzte zum Telefon – trotz seiner Bemerkung klingelte es nach wie vor, und er glühte vor Zorn; hatte er nicht schon genug Sorgen, ohne sich auch noch mit einem klingelnden Telefon herumschlagen zu müssen?

Als er dort angekommen war, fuhr er ein Pseudopodium aus und fegte den Hörer von der Gabel. Nur mit größter Mühe gelang es ihm, seinen plastischen Körper zu einem dumpf tönenden Quasi-Stimmapparat zu verformen. »Ich bin beschäftigt«, tönte er leise wummernd in die Sprechmuschel. »Rufen Sie später noch mal an.« *Am besten morgen früh*, dachte er und legte auf. *Wenn ich wieder Mensch bin.*

In der Wohnung war es jetzt vollkommen still.

Seufzend glitt Munster quer über den Teppich zum Fenster, wo er sich zu einer Säule aufrichtete, damit er hinausblicken konnte; an seiner Körperoberfläche gab es einen lichtempfindlichen Fleck, und wenn er auch nicht über eine richtige Linse verfügte, so konnte er doch – wehmütig – die Aussicht auf die Bay von San Francisco genießen, die Golden Gate Bridge und Alcatraz Island, den Spielplatz für kleine Kinder.

Verflucht, dachte er verbittert. *Ich kann nicht heiraten; ich kann kein normales menschliches Leben führen, solange ich mich dauernd in dieses Etwas verwandle, zu dem mich die hohen Tiere vom Kriegsministerium damals haben ummodeln lassen …*

Als er den Auftrag im Krieg angenommen hatte, wusste er noch nicht, dass er zu diesem Dauerschaden führen würde. Sie hatten ihm versichert, es sei »nur vorübergehend, bis Kriegsende«, oder irgend so eine dämliche Floskel. *Von wegen Kriegsende,* dachte Munster und glühte vor ohnmächtigem Zorn. *Es sind jetzt schon elf Jahre.*

Die damit verbundenen psychischen Probleme und der seelische Druck waren enorm. Aus diesem Grund hatte er Dr. Jones aufgesucht.

Wieder klingelte das Telefon.

»Na schön«, sagte Munster laut und glitt schwerfällig quer durchs Zimmer zum Apparat. »Sie wollen mich sprechen?«, fragte er, während er sich langsam dem Telefon näherte; es war ein weiter Weg für einen Blobbel. »Dann spreche ich jetzt mit Ihnen. Meinetwegen schalten Sie den Videoschirm ein, dann können Sie mich auch noch *sehen.*« Beim Telefon angekommen, legte er den Schalter um, der sowohl die optische als auch die akustische Verbindung herstellte. »Schauen Sie genau hin«, sagte er und präsentierte seine amorphe Gestalt der Abtaströhre des Videosystems.

»Entschuldigen Sie, dass ich Sie zu Hause belästige, Mr. Munster«, ertönte Dr. Jones' Stimme, »noch dazu in diesem, ähem, misslichen Zustand …« Der homöostatische Analytiker hielt inne. »Aber ich habe mir ein wenig Zeit genommen und mich mit der Problematik Ihrer Lage beschäftigt. Es könnte sein, dass ich zumindest zu einer Teillösung gelangt bin.«

»Was?«, fragte Munster verblüfft. »Wollen Sie damit andeuten, dass die Medizin inzwischen so weit ist –«

»Nein, nein«, erwiderte Dr. Jones rasch. »Die physischen Aspekte fallen nicht in mein Ressort; das dürfen Sie nicht vergessen, Mr. Munster. Als Sie mit Ihrem Problem zu mir gekommen sind, ging es doch um die psychische Anpassung –«

»Ich komm gleich rüber in Ihre Praxis, dann können wir weiterreden«, meinte Munster. Da fiel ihm ein, dass das nicht ging; als Blobbel würde er Tage brauchen, um quer durch die Stadt bis in Dr. Jones' Praxis zu walzen. »Jones«, sagte er verzweifelt, »jetzt sehen Sie, mit welchen Schwierigkeiten ich mich herumplagen muss. Ich bin Nacht für Nacht an diese Wohnung gefesselt, es geht abends gegen acht los und dauert bis morgens um sieben … ich kann nicht einmal bei Ihnen vorbeikommen, mit Ihnen reden und mich behandeln lassen –«

»Ganz ruhig, Mr. Munster«, unterbrach Dr. Jones. »Ich versuche gerade, Ihnen etwas zu erklären. *Sie sind nicht der Einzige, dem es so geht.* Haben Sie das gewusst?«

»Ja, sicher«, antwortete Munster mit schwerer Stimme. »Alles in allem sind im Lauf des Krieges dreiundachtzig Terraner zu Blobbels umfunktioniert worden. Von diesen dreiundachtzig« – er hätte das alles im Schlaf herunterbeten können –, »haben einundsechzig überlebt, und mittlerweile haben sich fünfzig davon in einer Vereinigung zusammengeschlossen, die sich Veteranen Unnatürlicher Kriege nennt. Ich bin einer von ihnen. Wir treffen uns zweimal im Monat und verwandeln uns im Chor …« Er wollte auflegen. Mehr hatte er für sein Geld also nicht bekommen, bloß dieses uralte Zeug. »Wiedersehen, Doktor«, murmelte er.

Dr. Jones surrte aufgeregt. »Mr. Munster, ich rede nicht von anderen Terranern. Ich habe Ihretwegen einige Nachforschungen angestellt und bin in der Kongressbibliothek dabei auf im Krieg erbeutete Aufzeichnungen gestoßen, die besagen, dass fünfzehn *Blobbels* in Pseudo-Terraner umgewandelt wurden, um als Spione für die *andere* Seite tätig zu werden. Verstehen Sie?«

Nach einem Augenblick erwiderte Munster: »Nicht ganz.«

»Sie sperren sich psychisch dagegen, sich helfen zu lassen«, sagte Dr. Jones. »Also Folgendes, Munster; kommen Sie morgen früh um elf in meine Praxis. Dann nehmen wir die Lösung Ihres Problems in Angriff. Gute Nacht.«

»Als Blobbel bin ich geistig nicht ganz auf der Höhe, Doktor«, meinte Munster müde. »Sie müssen schon entschuldigen.« Er war immer noch durcheinander, als er auflegte. Es gab also fünfzehn Blobbels, die im Augenblick auf Titan herumliefen und dazu verurteilt waren, regelmäßig Menschengestalt anzunehmen – na und? Was hatte er schon davon?

Vielleicht würde er es morgen um elf erfahren.

Als er in Dr. Jones' Wartezimmer kam, erblickte er eine überaus attraktive junge Frau, die in einem Sessel neben der Stehlampe in der Ecke saß und *Fortune* las.

Automatisch suchte Munster sich einen Platz, von dem aus er sie beobachten konnte. Modisch frisiertes, weißgefärbtes Haar, im Nacken zu einem Zopf geflochten … genüsslich verzehrte er sie mit Blicken, während er so tat, als sei auch er in *Fortune* vertieft. Schlanke Beine, zarte, grazile Ellbogen. Und ihr kluges, makellos geschnittenes Gesicht. Die intelligenten Augen, die schmale, spitz zulaufende Nase – ein wirklich entzückendes Mädchen. Er verschlang sie mit seinen Blicken … bis sie plötzlich den Kopf hob und kühl zurückstarrte.

»Öde, diese Warterei«, murmelte Munster.

»Waren Sie schon oft bei Dr. Jones?«, fragte das Mädchen.

»Nein«, gestand er. »Ich bin heute erst das zweite Mal hier.«

»Ich bin noch nie bei ihm gewesen«, sagte das Mädchen. »Ich war bisher bei Dr. Bing, einem vollhomöostatischen Psychoanalytiker in Los Angeles, aber gestern Abend hat er mich angerufen und meinte, ich soll heute Morgen hierherfliegen und mich bei Dr. Jones melden. Ist er denn gut?«

»Ähm«, meinte Munster. »Ich nehm's an.« *Wir werden sehen*, dachte er. *Genau das wissen wir nämlich bis jetzt noch nicht.*

Die Tür zum Sprechzimmer ging auf, und da stand Dr. Jones. »Miss Arrasmith«, sagte er und nickte dem Mädchen zu. »Mr. Munster.« Er begrüßte George mit einem Nicken. »Würden Sie bitte hereinkommen?«

Miss Arrasmith stand auf und fragte: »Wer bezahlt denn die zwanzig Dollar?«

Doch der Analytiker war verstummt; er hatte sich abgeschaltet.

»Ich bezahle«, meinte Miss Arrasmith und griff in ihre Handtasche.

»Nein, nein«, meinte Munster. »Überlassen Sie das mir.« Er holte ein Zwanzigdollarstück hervor und steckte es in den Schlitz des Analytikers.

Sofort sagte Dr. Jones: »Sie sind ein Gentleman, Mr. Munster.« Lächelnd führte er die beiden in sein Sprechzimmer. »Bitte, nehmen Sie doch Platz. Miss Arrasmith, wenn Sie mir erlauben würden, Mr. Munster ohne große Vorrede über Ihre – Lage aufzuklären.« Er wandte sich an Munster. »Miss Arrasmith ist ein Blobbel.«

Er starrte das Mädchen fassungslos an.

»Unverkennbar«, fuhr Dr. Jones fort, »momentan in Menschengestalt. Ein Zustand, in den sie sich keineswegs freiwillig begeben hat. Im Krieg hat sie hinter den terranischen Linien operiert, im Auftrag des Blobbel-Kriegsbundes. Sie wurde gefangen genommen und eingesperrt, aber als der Krieg vorbei war, wurde sie weder vor Gericht gestellt noch verurteilt.«

»Als ich freigelassen wurde«, sagte Miss Arrasmith mit leiser, mühsam beherrschter Stimme, »hatte ich nach wie vor menschliche Gestalt. Aus lauter Scham bin ich hier geblieben. Ich konnte einfach nicht zum Titan zurück und –« Ihre Stimme bebte.

»Für einen Angehörigen einer hohen Blobbelkaste«, erklärte Dr. Jones, »ist mit diesem Zustand eine ungeheure Scham verbunden.«

Miss Arrasmith nickte, umklammerte ein winziges Taschentuch aus irischem Leinen und versuchte, einen möglichst gelassenen Eindruck zu machen. »So ist es, Doktor. Ich bin zum Titan zurückgekehrt, um mit den medizinischen Fachleuten dort über mein Problem zu sprechen. Nach einer teuren und langwierigen Behandlung ist es ihnen gelungen, meinen natürlichen Zustand wiederherzustellen, allerdings nur –« Sie zögerte. »Für knapp sechs Stunden pro Tag. Aber die anderen achtzehn Stunden … sehe ich so aus, wie ich jetzt vor Ihnen sitze.« Sie zog den Kopf ein und tupfte sich mit dem Taschentuch das rechte Auge.

»Gott«, widersprach Munster, »seien Sie doch froh; die menschliche Gestalt ist unendlich viel besser als die eines Blobbels – ich muss das schließlich wissen. Als Blobbel kann man doch nur kriechen … wie eine riesige Qualle, ohne Skelett, das einen aufrecht hält. Und die Zellteilung – das ist doch saumäßig, wirklich saumäßig im Vergleich zur terranischen Art der – Sie wissen schon. Fortpflanzung.« Er errötete.

Dr. Jones tickte. »Also haben Sie beide gleichzeitig circa sechs Stunden am Tag Menschengestalt«, erklärte er. »Und etwa eine Stunde lang sind Sie beide Blobbels. Alles in allem bleiben Ihnen von vierundzwanzig also sieben Stunden, in denen Sie beide die gleiche Gestalt haben. Meiner Ansicht nach –« Er spielte mit Stift und Papier. »Nun ja, sieben Stunden sind doch gar nicht so schlecht. Wenn Sie verstehen, was ich meine.«

Nach einem Augenblick meinte Miss Arrasmith: »Aber Mr. Munster und ich sind natürliche Feinde.«

»Das ist doch Jahre her«, sagte Munster.

»So ist es«, pflichtete Dr. Jones bei. »Stimmt, im Prinzip ist Miss Arrasmith ein Blobbel, und Sie, Munster, sind Terraner, aber –« Er gestikulierte. »Jeder von Ihnen ist in seiner Zivilisation ein Außenseiter; jeder von Ihnen ist staatenlos und wird daher allmählich einen Identitätsverlust erleiden. Ich prophezeie Ihnen eine zunehmende Verschlechterung Ihres Zustands, die schließlich zu schwerer Geisteskrankheit führen wird. Es sei denn, zwischen Ihnen beiden käme es zu einer Annäherung.« Der Analytiker verstummte.

»Mr. Munster«, sagte Miss Arrasmith leise, »ich finde, im Grunde können wir doch wirklich froh sein. Dr. Jones hat es ja gerade gesagt, wir beide haben sieben Stunden am Tag dieselbe Gestalt … wollen wir nicht etwas gegen unsere traurige Einsamkeit unternehmen und diese Zeit gemeinsam genießen?« Sie lächelte ihn erwartungsvoll an und zog ihren Mantel zurecht. Sie hatte wirklich eine gute Figur; das mehr oder weniger tief ausgeschnittene Kleid ließ daran kaum einen Zweifel.

Munster betrachtete sie eingehend und dachte nach.

»Lassen Sie ihm Zeit«, riet Dr. Jones Miss Arrasmith. »Ich schätze, dass er das letztendlich genauso sehen und die richtige Entscheidung treffen wird.«

Miss Arrasmith zog nach wie vor an ihrem Mantel, tupfte sich ihre großen, dunklen Augen und wartete.

Einige Jahre später klingelte in Dr. Jones' Praxis das Telefon. Er reagierte wie üblich. »Bitte, Sir oder Madam, wenn Sie mich sprechen möchten, bezahlen Sie zwanzig Dollar.«

»Hören Sie«, sagte eine barsche Männerstimme am anderen Ende der Leitung, »hier ist die Rechtsabteilung der UNO, und wir zahlen nie zwanzig Dollar, wenn wir mit jemandem sprechen wollen. Also schalten Sie schon Ihren internen Mechanismus ab, Jones.«

»Ja, Sir«, erwiderte Dr. Jones, legte mit der rechten Hand einen Schalter hinter seinem Ohr um und sprang daraufhin kostenlos an.

»Haben Sie im Jahr 2037«, fragte der UNO-Rechtsexperte, »einem Paar zur Hochzeit geraten? Einem gewissen George Munster und einer gewissen Vivian Arrasmith, der jetzigen Mrs. Munster?«

»Äh, ja«, sagte Dr. Jones, nachdem er seine eingebauten Gedächtnisspeicher konsultiert hatte.

»Haben Sie damals geprüft, welche rechtlichen Konsequenzen diese Sache nach sich ziehen könnte?«

»Hmm, nun ja«, sagte Dr. Jones, »das ist nicht mein Problem.«

»Sie können gerichtlich belangt werden, wenn Sie jemanden zu Handlungen animieren, die gegen geltendes UNO-Recht verstoßen.«

»Es gibt kein Gesetz, das es einem Blobbel und einem Menschen verbietet zu heiraten.«

»Na schön, Doktor«, meinte der UNO-Rechtsexperte, »dann werde ich wohl mal einen Blick in die Krankengeschichte der beiden werfen müssen.«

»Kommt überhaupt nicht in Frage«, sagte Dr. Jones. »Das wäre ein Verstoß gegen die ärztliche Schweigepflicht.«

»Dann beantragen wir eben eine einstweilige Verfügung und beschlagnahmen die Dinger.«

»Machen Sie nur.« Dr. Jones griff sich hinters Ohr und wollte sich abschalten.

»Warten Sie. Es wird Sie vielleicht interessieren zu erfahren, dass die Munsters inzwischen vier Kinder haben. Und nach dem Mendel'schen Gesetz ist die Nachkommenschaft genau im Verhältnis eins zu zwei zu eins gespalten. Ein Blobbelmädchen, ein hybrider Junge, ein hybrides Mädchen, ein terranisches Mädchen. Das Rechtsproblem ergibt sich aus der Tatsache, dass der Oberste Blobbel-Rat das reinrassige Blobbelmädchen als titanische Staatsbürgerin betrachtet und außerdem beantragt hat, dass eins der beiden Hybriden der Jurisdiktion des Rates unterstellt wird. Verstehen Sie«, erklärte der UNO-Rechtsexperte weiter, »die Ehe der Munsters geht in die Brüche; sie wollen sich scheiden lassen, und es ist ziemlich knifflig, herauszufinden, welche Gesetze in diesem speziellen Fall Gültigkeit haben.«

»Ja«, räumte Dr. Jones ein, »das kann ich mir vorstellen. Aus welchem Grund ist ihre Ehe denn in die Brüche gegangen?«

»Das weiß ich nicht, und es interessiert mich auch nicht. Vielleicht liegt es daran, dass beide Erwachsenen und zwei der vier Kinder sich tagtäglich mal in Blobbels, mal in Menschen verwandeln; vielleicht ist ihnen der Stress einfach über den Kopf gewachsen. Wenn Sie als Psychologe ihnen einen Rat geben wollen, müssen Sie sich schon selber mit ihnen in Verbindung setzen. Wiederhören.« Der UNO-Rechtsexperte legte auf.

Ob es ein Fehler war, ihnen zur Hochzeit zu raten?, fragte sich Dr. Jones. *Vielleicht sollte ich sie mal anrufen; das zumindest bin ich ihnen schuldig.*

Er schlug das Telefonbuch von Los Angeles auf und suchte unter dem Buchstaben M.

Die Munsters hatten sechs schwere Jahre hinter sich.

Zunächst war George von San Francisco nach Los Angeles gezogen; er und Vivian hatten sich eine Eigentumswohnung mit drei statt wie bisher zwei Zimmern eingerichtet. Vivian, die drei Viertel des Tages terranische Gestalt annahm, hatte sogar eine Stellung gefunden; sie arbeitete in aller Öffentlichkeit bei der Auskunft am Fünften Flughafen von Los Angeles. George hingegen –

Seine Rente betrug nur etwa ein Viertel des Gehalts seiner Frau, und das machte ihm schwer zu schaffen. Um seine Pension aufzubessern, hatte er nach einer Möglichkeit gesucht, durch Heimarbeit etwas Geld hinzuzuverdienen. Schließlich war er in einer Illustrierten auf eine erfolgversprechende Anzeige gestoßen:

> TOP-VERDIENST ZU HAUSE IN IHRER EIGENWOHN!
> ZÜCHTEN SIE RIESENOCHSENFRÖSCHE VOM JUPITER,
> DIE BIS ZU FÜNFUNDZWANZIG METER WEIT SPRINGEN,
> ZWECKS EINSATZ BEI FROSCHRENNEN (falls legal) UND …

Also hatte er sich im Jahr 2038 sein erstes vom Jupiter importiertes Froschpärchen gekauft und zu Hause, zwecks Top-Verdienst, mit der Zucht begonnen, in einer Ecke des Kellers, die Leopold, der teilhomöostatische Hausmeister, ihm dafür kostenlos zur Verfügung gestellt hatte.

Bei der verhältnismäßig schwachen Anziehungskraft Terras waren die Frösche zu gewaltigen Sprüngen in der Lage, und der Keller war ihnen bald zu klein; wie grüne Tischtennisbälle prallten sie von Wand zu Wand und gingen schon nach kurzer Zeit ein. George musste einsehen, dass ein winziger Kellerraum im Apartmenthaus QEK-604 nicht ausreichte, einen ganzen Schwung dieser Mistviecher unterzubringen.

Und dann war auch noch ihr erstes Kind zur Welt gekommen. Es war ein reinrassiges Blobbelmädchen, das rund um die Uhr aus einer gallertartigen Masse bestand, und George wartete vergeblich darauf, dass es menschliche Gestalt annahm, und sei es auch nur für einen Augenblick.

Als er und Vivian wieder einmal beide menschliche Gestalt hatten, machte er ihr deswegen heftige Vorhaltungen.

»Wie soll ich sie denn als mein Kind betrachten?«, fragte er sie. »Für mich ist sie – eine fremde Lebensform.« Er war niedergeschlagen, ja sogar ein wenig angeekelt. »Dr. Jones hätte das voraussehen müssen; vielleicht ist es ja *dein* Kind – es sieht jedenfalls genauso aus wie du.«

Vivian stiegen Tränen in die Augen. »Du willst mir weh tun.«

»Und ob. Wir haben schließlich Krieg geführt gegen euch Kreaturen – für uns wart ihr kein bisschen besser als portugiesische Stachelrochen.« Mürrisch zog er sein Jackett an. »Ich fahr rüber in die VUK-Zentrale«, erklärte er seiner Frau. »Mit den Jungs 'n paar Bierchen kippen.« Kurz darauf war er unterwegs zu seinen alten Kriegskameraden, froh, dass er endlich aus dem Haus kam.

Die Zentrale der Veteranen Unnatürlicher Kriege war ein altersschwacher Betonbau im Stadtkern von Los Angeles, der noch aus dem zwanzigsten Jahrhundert stammte und dringend einen neuen Anstrich benötigte. Die Mittel der VUK waren jedoch sehr begrenzt, da ein Großteil der Mitglieder, wie George Munster, von UNO-Renten lebte. Dennoch gab es einen Billardtisch, einen alten 3-D-Fernseher, ein paar Dutzend Tonbänder mit Popmusik und ein Schachbrett. Normalerweise trank George hier sein Bier und spielte Schach mit seinen Kameraden, entweder in Menschen- oder in Blobbelgestalt; nur hier war beides willkommen.

An diesem Abend saß er mit Pete Ruggles zusammen, einem anderen Veteranen, der ebenfalls eine Blobbelfrau geheiratet hatte, die sich, genau wie Vivian, regelmäßig in einen Menschen verwandelte.

»Ich halt's nicht mehr aus, Pete. Mein Kind ist ein gallertartiger Klumpen. Mein Leben lang habe ich mir ein Kind gewünscht, und was hab ich jetzt? Ein Ding, das aussieht, als ob es an den Strand gespült worden wäre.«

Pete – auch er hatte gegenwärtig menschliche Gestalt – nippte an seinem Bier. »Sackzementnochmal, George, ich geb's ja zu, ist 'ne fiese Geschichte. Aber bei eurer Hochzeit hast du doch wohl gewusst, worauf du dich einlässt. Und, mein Gott, nach dem Mendel'schen Gesetz wird das nächste Kind –«

»Tja«, fiel George ihm ins Wort, »ich hab den Respekt vor meiner eigenen Frau verloren; das ist das eigentliche Problem. Für mich ist sie ein *Ding*. Und ich genauso. Wir sind beide nichts weiter als Dinge.« Er leerte sein Bier auf einen Schluck.

»Als Blobbel würdest du das bestimmt anders –«, begann Pete nachdenklich.

»Hör mal, auf welcher Seite stehst du eigentlich?«, wollte George wissen.

»Schrei mich nicht so an«, sagte Pete, »sonst gibt's was aufs Auge.«

Im nächsten Moment droschen sie wie wild aufeinander ein. Glücklicherweise verwandelte sich Pete gerade noch rechtzeitig in einen Blobbel; so wurde niemand verletzt. Nun saß George, nach wie vor in Menschengestalt, allein da, während Pete davonquoll, wahrscheinlich zu ein paar Jungs, die ebenfalls gerade Blobbels waren.

Vielleicht können wir ja irgendwo auf einem abgelegenen Mond neu anfangen, sagte sich George verdrossen. *Wo wir weder richtige Terraner noch richtige Blobbels sind.*

Ich muss zu Vivian zurück, beschloss George. *Was bleibt mir auch anderes übrig? Ich kann froh sein, dass ich sie überhaupt gefunden habe; ohne sie wäre ich nichts weiter als ein Kriegsveteran, der sich hier in der VUK-Zentrale Tag und Nacht Bier in den Rachen kippt, ohne Zukunft, ohne Hoffnung, ohne ein richtiges Leben …*

Er hatte einen neuen Plan ausgeheckt, um an Geld zu kommen. Es ging um einen Versandhandel; er hatte in der *Saturday Evening Post* eine Anzeige aufgegeben für MAGISCHE MAGNETEISENSTEINE – GARANTIERTE GLÜCKSBRINGER. NICHT AUS UNSEREM SONNENSYSTEM! Die Steine kamen von Proxima und wurden auf Titan verkauft; Vivian hatte für ihn den Geschäftskontakt mit ihrem Volk hergestellt. Doch bis jetzt hatten nur wenige Interessenten die anderthalb Dollar geschickt.

Ich bin ein Versager, dachte George.

Glücklicherweise erwies sich das zweite Kind, das im Winter 2039 zur Welt kam, als Hybride; es nahm zwölf Stunden am Tag menschliche Gestalt an, so dass George endlich ein Kind hatte, das – zumindest zeitweise – seiner eigenen Spezies angehörte.

Er war eben dabei, Maurice' Geburt zu feiern, als eine Delegation ihrer Nachbarn im Apartmenthaus QEK-604 an die Tür klopfte.

»Wir haben Unterschriften gesammelt«, sagte der Anführer der Delegation und trat verlegen von einem Fuß auf den anderen. »Weil wir der Meinung sind, dass Sie und Mrs. Munster aus QEK-604 ausziehen sollten.«

»Aber warum denn?«, fragte George verblüfft. »Bis jetzt haben Sie sich doch noch nie über uns beschwert.«

»Weil Sie jetzt ein hybrides Baby haben, das wahrscheinlich mit unseren Kindern spielen will, und wir befürchten, dass das auf unsere Kleinen einen schlechten Einfluss –«

George schlug ihnen die Tür vor der Nase zu.

Dennoch spürte er die Abneigung der Menschen, die sie von allen Seiten bedrängten. *Ich darf gar nicht daran denken*, dachte er verbittert, *dass ich für solche Leute in den Krieg gezogen bin. Und das ist nun der Dank dafür.*

Eine Stunde später saß er wieder beim Bier in der VUK-Zentrale und unterhielt sich mit seinem Freund Sherman Downs, der wie er mit einem Blobbel verheiratet war.

»Es hat keinen Sinn, Sherman. Wir sind hier unerwünscht; wir müssen auswandern. Vielleicht sollten wir's mal auf Titan versuchen, in Vivs Welt.«

»Himmelherrgott«, widersprach Sherman, »ich kann's nicht mit ansehen, wie du das Handtuch schmeißt. Verkauft sich dein elektromagnetischer Schlankheitsgürtel denn noch immer nicht?«

In den letzten Monaten hatte George ein kompliziertes elektronisches Schlankheitsgerät hergestellt und verkauft, bei dessen Entwicklung Vivian ihm behilflich gewesen war; es beruhte im Großen und Ganzen auf einer Blobbelerfindung, die auf Titan weit verbreitet, auf Terra hingegen völlig unbekannt war. Es war ein Bombenerfolg geworden; George bekam mehr Bestellungen, als er verkraften konnte. Aber –

»Mir ist was Schreckliches passiert, Sherm«, vertraute George seinem Freund an. »Neulich war ich in einem Drugstore, und die haben jede Menge Schlankheitsgürtel bei mir bestellt, und darüber war ich derart aus dem Häuschen –« Er brach ab. »Dreimal darfst du raten, was passiert ist. Ich habe mich verwandelt. Vor den Augen von hundert Kunden. Und als der Geschäftsführer das sah, hat er den Auftrag für die Gürtel storniert. Es war genau das, wovor wir alle Angst haben … du hättest mal sehen sollen, wie die mich plötzlich behandelt haben.«

»Dann stell eben jemand ein, der den Verkauf für dich übernimmt«, meinte Sherm. »Einen reinrassigen Terraner.«

»Ich *bin* ein reinrassiger Terraner, schreib dir das gefälligst hinter die Ohren«, erwiderte George mit belegter Stimme. »Und zwar ein für alle Mal.«

»Ich wollte doch bloß sagen –«

»Ich weiß schon, was du sagen wolltest«, sagte George. Und holte zu einem Schwinger gegen Sherman aus. Er schlug daneben, und vor lauter Aufregung verwandelten sie beide sich in Blobbels. Wütend quollen sie eine Zeit lang ineinander, bis es den anderen Veteranen schließlich gelang, sie zu trennen.

»Ich bin genauso ein Terraner wie alle anderen«, gedankenstrahlte George an Sherman, wie Blobbels es nun einmal tun. »Und ich mache jeden platt, der was anderes behauptet.«

Als Blobbel konnte er nicht nach Hause; er musste Vivian anrufen, damit sie ihn abholte. Es war entwürdigend.

Selbstmord, entschied er. *Das ist die einzige Lösung.*

Wie stellte man das am geschicktesten an? In seiner Blobbelgestalt empfand er keinen Schmerz; also am besten dann. Es gab mehrere Substanzen, in denen er sich mit Sicherheit auflösen würde … er konnte sich zum Beispiel in das stark chlorierte Wasser eines Swimmingpools fallen lassen, wie der im Freizeitraum von QEK-604.

Eines Abends spät fand ihn Vivian, wie er in Blobbelgestalt zögernd am Rand des Swimmingpools lag.

»George, ich bitte dich – geh noch mal zu Dr. Jones.«

»Nö«, wummerte er dumpf, nachdem er einen Teil seines Körpers zu einem Quasi-Stimmapparat verformt hatte. »Das hat keinen Sinn, Viv. Ich *will* nicht mehr leben.« Selbst der Gürtel; die Idee stammte von Vivian, nicht von ihm. Sogar in diesem Punkt war sie ihm ein Stück voraus … und er fiel von Tag zu Tag weiter hinter sie zurück.

»Du kannst den Kindern so viel geben«, sagte Viv.

Da hatte sie recht. »Vielleicht schau ich mal im UNO-Kriegsministerium vorbei«, beschloss er. »Ich rede mal mit denen, mal sehen, ob die Medizin inzwischen ein Mittel gefunden hat, mit dem ich mich stabilisieren kann.«

»Aber wenn du dich als Terraner stabilisierst«, meinte Vivian, »was soll dann aus mir werden?«

»Dann können wir *ganze achtzehn Stunden* am Tag zusammen sein. Immer, wenn du ein Mensch bist!«

»Aber dann willst du vielleicht gar nicht mehr mit mir verheiratet sein. Dann lernst du vielleicht eine terranische Frau kennen.«

Das wäre unfair ihr gegenüber, wurde ihm klar. Also ließ er den Gedanken fallen.

Im Frühling 2041 kam ihr drittes Kind zur Welt, wieder ein Mädchen und wie Maurice ein Hybride. Nachts war sie ein Blobbel und tagsüber ein Mensch.

Inzwischen hatte George eine Lösung für einen Großteil seiner Probleme gefunden.

Er legte sich eine Geliebte zu.

Er und Nina hatten sich im Hotel Elysium verabredet, einem heruntergekommenen Holzbau im Herzen von Los Angeles.

»Nina«, sagte George; er saß neben ihr auf dem schäbigen Hotelsofa und schlürfte Teacher's Scotch. »Du hast meinem Leben wieder einen Sinn gegeben.« Er fummelte an den Knöpfen ihrer Bluse herum.

»Ich halte sehr viel von dir«, meinte Nina Glaubman und half ihm mit den Knöpfen. »Obwohl – nun ja, du warst schließlich mal ein Feind unseres Volkes.«

»Gott«, widersprach George, »vergessen wir die alten Zeiten – wir müssen die Vergangenheit endlich Vergangenheit sein lassen.« *Für uns gibt es nur noch die Zukunft*, dachte er.

Sein Geschäft mit den Schlankheitsgürteln hatte sich so gut entwickelt, dass er inzwischen fünfzehn terranische Vollzeitkräfte beschäftigte und eine kleine, moderne Fabrik am Stadtrand von San

Fernando besaß. Wenn die UNO-Steuern nicht so hoch gewesen wären, hätte er inzwischen ein reicher Mann sein können … während er darüber nachsann, fragte er sich, wie hoch die Steuern auf Blobbelterritorium sein mochten, auf Io zum Beispiel. Vielleicht sollte er sich danach einmal erkundigen.

Eines Abends in der VUK-Zentrale sprach er mit Ninas Ehemann Reinholt über dieses Thema, der von dem *modus vivendi* zwischen George und Nina natürlich keine Ahnung hatte.

»Reinholt«, brachte George zwischen zwei Schlucken Bier mühsam hervor, »ich habe große Pläne. Dieser hundertprozentige Sozialismus, den die UNO praktiziert … das ist nichts für mich. Hier gibt's für mich nichts mehr zu holen. Munsters Magischer Magnetgürtel ist« – er gestikulierte – »viel zu gut, um ihn einzig und allein an den Terraner zu bringen. Verstehste?«

»Aber George, du bist doch Terraner«, erwiderte Reinholt kühl, »wenn du mit deiner Fabrik auf Blobbelterritorium ausweichst, verrätst du damit dein –«

»Hör zu«, erklärte ihm George, »ich habe ein echtes Blobbelkind, zwei Halbblobbelkinder, und das vierte ist schon unterwegs. Ich bin *gefühlsmäßig* stark an die Leute da draußen auf Titan und Io gebunden.«

»Du bist ein Verräter«, erwiderte Reinholt und schlug ihm mit der Faust ins Gesicht. »Und nicht nur das«, fuhr er fort und verpasste George einen Schlag in den Magen, »du hast auch noch was mit meiner Frau. Ich bring dich um.«

Um dem zu entgehen, verwandelte sich George in einen Blobbel; tief drangen Reinholts Schläge in die feuchte, geleeartige Masse, ohne jedoch größeren Schaden anzurichten. Daraufhin verwandelte sich auch Reinholt und glitt voller Mordlust in ihn, versuchte Georges Zellkern zu zerstören und zu absorbieren.

Glücklicherweise rissen die anderen Veteranen die beiden auseinander, bevor einer von ihnen bleibende Schäden davontrug.

Am selben Abend saß George mit Vivian im Wohnzimmer ihrer Acht-Zimmer-Suite in dem großen, neuen Eigentumswohnhaus ZGF-900; er zitterte noch immer. Es war gerade noch einmal gutgegangen, aber jetzt würde Reinholt es Viv natürlich erzählen; das war lediglich eine Frage der Zeit. Soweit George das beurteilen konnte, wäre ihre Ehe damit am Ende. Vielleicht war dies ihr letzter gemeinsamer Augenblick.

»Viv«, drang er in sie, »du musst mir glauben. Ich liebe dich. Du und die Kinder – und natürlich auch das Gürtelgeschäft – ihr seid mein Leben.« Ihm kam ein verzweifelter Gedanke. »Lass uns auswandern, noch heute Nacht. Die Kinder mitnehmen und zum Titan fliegen, auf der Stelle.«

»Ich kann nicht«, sagte Vivian. »Ich weiß, wie meine Leute mich behandeln würden, und dich und die Kinder genauso. George, *geh du*. Verleg die Fabrik nach Io. Ich werde hierbleiben.« In ihren dunklen Augen standen Tränen.

»Verflucht«, stieß George hervor, »was ist denn das für ein Leben? Du auf Terra und ich auf Io – das ist doch keine Ehe. Und wer kriegt die Kinder?« Wahrscheinlich würde Viv sie kriegen ... aber seine Firma hatte eine erstklassige Rechtsabteilung – vielleicht konnte die ihm helfen, seine familiären Probleme zu lösen.

Am nächsten Morgen erfuhr Vivian von der Sache mit Nina. Und nahm sich selbst einen Anwalt.

»Hören Sie«, sagte George am Telefon zu Henry Ramarau, dem besten Mann aus seiner Rechtsabteilung. »Verschaffen Sie mir das Sorgerecht für das vierte Kind; es wird ein Terraner. Und wegen der beiden Hybriden schließen wir einen Kompromiss; ich nehme Maurice, und sie kann Kathy behalten. Und sie kriegt natürlich auch diesen Klumpatsch, das erste sogenannte Kind. Was mich angeht, ist das sowieso von ihr.« Er knallte den Hörer auf die Gabel und wandte sich dann wieder an seinen Firmenvorstand. »Also, wo waren wir stehengeblieben?«, fragte er. »Bei unserer Analyse der ionischen Steuergesetze.«

Ausgehend von einer Kosten-Nutzen-Kalkulation, rückte die Verlegung nach Io in den folgenden Wochen immer weiter in den Bereich des Möglichen.

»Kaufen Sie Land auf Io«, beauftragte George seinen dafür zuständigen Außendienstmitarbeiter Tom Hendricks. »Und zwar so billig wie möglich; wir wollen von Anfang an Nägel mit Köpfen machen.« Er wandte sich an seine Sekretärin Miss Nolan. »Lassen Sie bis auf weiteres niemand in mein Büro. Ich kriege schon wieder einen Anfall, das spüre ich. Vor lauter Aufregung über dieses Riesenprojekt auf Io.« Er setzte hinzu: »Und dann hab ich auch noch private Probleme.«

»In Ordnung, Mr. Munster«, sagte Miss Nolan und scheuchte Tom Hendricks aus Georges Büro. »Es stört Sie bestimmt keiner.« Er konnte sich darauf verlassen, dass sie jeden abwimmeln würde, während George sich wie damals im Krieg in einen Blobbel verwandelte, was inzwischen recht häufig vorkam; er stand unter einem enormen Druck.

Als er ein paar Stunden später wieder menschliche Gestalt angenommen hatte, erfuhr er von Miss Nolan, dass ein gewisser Dr. Jones angerufen hatte.

»Ich fress 'nen Besen«, sagte George, als er sich die Geschichte von vor sechs Jahren ins Gedächtnis zurückrief. »Ich dachte, der wäre längst auf dem Schrott gelandet.« Zu Miss Nolan meinte er: »Rufen Sie Dr. Jones zurück, und stellen Sie ihn durch, wenn Sie ihn an der Strippe haben; ich nehme mir eine Minute Zeit und spreche mit ihm.« Es war wie damals in San Francisco.

Kurz darauf hatte Miss Nolan Dr. Jones am Apparat.

»Doktor«, sagte George, lehnte sich in seinen Sessel zurück, schaukelte hin und her und befingerte die Orchidee auf seinem Schreibtisch. »Nett, dass Sie sich mal wieder bei mir melden.«

Die Stimme des homöostatischen Analytikers drang an sein Ohr. »Wie ich höre, haben Sie jetzt eine Sekretärin, Mr. Munster.«

»Ja«, sagte George. »Ich bin inzwischen Großunternehmer. Ich mache in Schlankheitsgürteln; das ist so was Ähnliches wie Flohhalsbänder für Katzen. Also, was kann ich für Sie tun?«

»Wenn ich mich nicht irre, haben Sie mittlerweile vier Kinder –«

»Eigentlich erst drei, das vierte ist noch unterwegs. Hören Sie, Doktor, dieses vierte Kind liegt mir sehr am Herzen; nach dem Mendel'schen Gesetz wird es ein reinrassiger Terraner, und, bei Gott, ich werde alles tun, was in meiner Macht steht, um das Sorgerecht zu bekommen.« Er setzte hinzu: »Vivian – Sie erinnern sich doch bestimmt noch an sie – ist wieder auf Titan. Bei ihren Leuten, wo sie hingehört. Und ich habe mir die besten Ärzte, die man überhaupt kriegen kann, auf meine Lohnliste gesetzt, um mich stabilisieren zu lassen; ich habe diese ewige Verwandlerei Tag und Nacht endgültig satt; ich habe einfach keine Zeit mehr für solchen Unsinn.«

»Ihrem Tonfall«, meinte Dr. Jones, »entnehme ich, dass Sie ein bedeutender, vielbeschäftigter Mann sind, Mr. Munster. Sie haben es weit gebracht, seit ich Sie das letzte Mal gesehen habe.«

»Nun kommen Sie schon zur Sache«, sagte George ungeduldig. »Weshalb haben Sie angerufen?«

»Ich, ähm, dachte, ich könnte Sie und Vivian vielleicht wieder zusammenbringen.«

»Pah«, stieß George verächtlich hervor. »Die Frau? Nie im Leben. Hören Sie, Doktor, ich muss jetzt Schluss machen; wir sind eben dabei, eine grundlegende Entscheidung zu treffen, was die Geschäftsstrategie der Munster GmbH angeht.«

»Mr. Munster«, fragte Dr. Jones, »gibt es eine andere Frau in Ihrem Leben?«

»Einen anderen Blobbel«, erwiderte George, »falls Sie das meinen.« Und legte auf. *Zwei Blobbels sind besser als keiner*, sagte er sich. *Und jetzt wieder zum Geschäftlichen …* Er drückte einen Knopf an seinem Schreibtisch, und sofort streckte Miss Nolan den Kopf ins Büro. »Miss Nolan«, sagte George, »verbinden Sie mich mit Hank Ramarau; ich will wissen –«

»Mr. Ramarau wartet auf der anderen Leitung«, antwortete Miss Nolan. »Er sagt, es ist dringend.«

George schaltete auf die andere Leitung. »Hallo, Hank«, sagte er. »Was gibt's?«

»Ich hab gerade herausgefunden«, entgegnete sein bester Rechtsberater, »dass Sie titanischer Staatsbürger sein müssen, wenn Sie auf Io eine Fabrik betreiben wollen.«

»Da müsste sich doch irgendwas machen lassen«, erwiderte George.

»Aber um titanischer Staatsbürger zu werden – « Ramarau zögerte. »Ich will es Ihnen so schonend wie möglich beibringen, George. Dazu müssen Sie ein Blobbel sein.«

»Verflucht nochmal, ich bin ein Blobbel«, sagte George. »Zeitweise zumindest. Genügt das etwa nicht?«

»Nein«, meinte Ramarau, »ich kenne ja Ihr Problem, deswegen habe ich mich danach erkundigt, und Sie müssen ein hundertprozentiger Blobbel sein. Tag *und* Nacht.«

»Hmmm«, sagte George. »Zu dumm. Aber das kriegen wir schon irgendwie hin. Hören Sie, Hank, ich habe einen Termin bei Eddy Fulbright, meinem medizinischen Koordinator; danach rufe ich Sie zurück, in Ordnung?« Er legte auf; mit finsterer Miene saß er da und rieb sich das Kinn. *Tja, entschied er, wenn's nicht anders geht, dann geht's eben nicht anders. Tatsachen sind nun mal Tatsachen, daran führt kein Weg vorbei.*

Er wählte die Nummer von Eddy Fulbright, seinem Arzt.

Als die Zwanzig-Dollar-Platinmünze den Münzschacht hinabgerollt war, schloss sich der Stromkreis. Dr. Jones sprang an, blickte auf und sah eine umwerfend schöne, junge Frau mit spitzen Brüsten, die er – durch rasches Abfragen seiner Gedächtnisspeicher – als Mrs. George Munster identifizierte, geborene Vivian Arrasmith.

»Guten Tag, Vivian«, sagte Dr. Jones herzlich. »Aber ich dachte, Sie wären auf Titan.« Er stand auf und bot ihr einen Stuhl an.

Vivian tupfte sich die großen, dunklen Augen und schniefte: »Doktor, um mich herum bricht alles zusammen. Mein Mann hat ein Verhältnis mit einer anderen Frau … ich weiß nur, dass sie Nina heißt und dass die ganzen Jungs in der VUK-Zentrale sich das Maul darüber zerreißen. Vermutlich ist sie Terranerin. Wir haben beide die Scheidung eingereicht. Und wir führen einen furchtbaren Prozess wegen der Kinder.« Schüchtern zog sie ihren Mantel zurecht. »Ich bin in anderen Umständen. Unser viertes.«

»Ich weiß«, erwiderte Dr. Jones. »Diesmal wird es ein reinrassiger Terraner, falls das Mendel'sche Gesetz zutrifft … obwohl es eigentlich nur für Mehrfachgeburten gilt.«

»Ich war auf Titan und habe mit medizinischen Spezialisten, Gynäkologen und vor allem Eheberatern gesprochen«, sagte Mrs. Munster traurig. »Ich habe in den letzten vier Wochen alle möglichen Ratschläge bekommen. Jetzt bin ich wieder auf Terra, aber ich kann George nicht finden – er ist *verschwunden.*«

»Ich wollte, ich könnte Ihnen helfen, Vivian«, sagte Dr. Jones. »Ich habe neulich kurz mit Ihrem Mann gesprochen, aber mehr anderes als Gemeinplätze war nicht aus ihm herauszukriegen … er ist jetzt offenbar ein so erfolgreicher Geschäftsmann, dass man nur schwer an ihn herankommt.«

»Und wenn ich daran denke«, schniefte Vivian, »dass er es nur so weit gebracht hat, weil *ich* ihn auf die Idee gebracht hab. Eine Blobbel-Idee.«

»Ironie des Schicksals«, sagte Dr. Jones. »Nun, wenn Sie Ihren Mann behalten wollen, Vivian –«

»Ich will ihn unbedingt behalten, Dr. Jones. Um ehrlich zu sein, ich habe mich auf Titan einer ungewöhnlichen und sehr teuren Behandlung unterzogen … ich liebe George doch so sehr, mehr noch als mein Volk oder meinen Planeten.«

»Hä?«, stieß Dr. Jones hervor.

»Mit Hilfe der neuesten Entwicklungen auf medizinischem Gebiet im Sol-System«, erklärte Vivian, »bin ich stabilisiert. Ich bin jetzt vierundzwanzig Stunden am Tag ein Mensch und nicht mehr nur achtzehn. Ich habe meine natürliche Gestalt aufgegeben, um meine Ehe zu retten.«

»Das höchste Opfer«, sagte Dr. Jones gerührt.

»Aber wenn ich ihn doch nur *finden* könnte, Doktor –«

Bei der Grundsteinlegung auf Io glitt George Munster peu à peu zur Schaufel, fuhr ein Pseudopodium aus, ergriff die Schaufel und grub damit ein symbolisches Häuflein Erde aus. »Heute ist ein großer Tag«, wummerte er hohl mit Hilfe seines Quasi-Stimmapparates, zu dem er die schleimige, plastische Masse verformt hatte, aus der sein einzelliger Körper bestand.

»Sie sagen es, George«, pflichtete Hank Ramarau bei, der mit den Vertragsunterlagen neben ihm stand.

Der ionische Beamte – genau wie George ein großer, durchsichtiger Klumpen – quoll zu Ramarau hinüber, nahm die Unterlagen an sich und wummerte: »Die werden dann an die Regierung weitergeleitet. Ich bin sicher, sie sind in bester Ordnung, Mr. Ramarau.«

»Ich verbürge mich dafür«, meinte Ramarau zu dem Beamten, »dass Mr. Munster sich nie mehr in einen Menschen zurückverwandelt; mit Hilfe der modernsten medizinischen Techniken ist es gelungen, ihn in der Einzellerphase seiner bislang wechselförmigen Gestalt zu stabilisieren. Mr. Munster würde nie jemanden betrügen.«

»Dieser historische Augenblick«, gedankenstrahlte der große Klumpen – George Munster – an die riesige Menge einheimischer Blobbels, die der Zeremonie beiwohnten, »bedeutet einen höheren Lebensstandard für alle Ionier, die für mich arbeiten werden; er wird dieser Region zu Wohlstand verhelfen und uns allen das stolze Gefühl geben, einen Beitrag zu leisten zu einer nationalen Errungenschaft, indem wir hier ein Produkt herstellen, bei dem es sich anerkanntermaßen um eine einheimische Erfindung handelt, nämlich Munsters Magischen Magnetgürtel.«

Die riesige Blobbelmenge gedankenstrahlte Jubelrufe.

»Heute ist ein stolzer Tag in meinem Leben«, verkündete George Munster und quoll dann langsam und allmählich zu seinem Wagen zurück, wo sein Chauffeur ihn bereits erwartete, um ihn zu seinem neuen Domizil, ein Hotelzimmer in Io City, zurückzubringen.

Eines Tages würde das Hotel ihm gehören. Er steckte den Gewinn aus seinem Geschäft in einheimische Immobilien; das war die – durchaus profitable – Pflicht eines jeden Patrioten, wie er von anderen Ioniern, anderen Blobbels, erfahren hatte.

»Jetzt hab ich's endlich geschafft«, gedankenstrahlte George Munster an alle, die sich nahe genug bei ihm befanden, dass sie seine Emanationen empfangen konnten.

Unter frenetischem Jubel quoll er die Rampe hinauf und hinein in seinen titanischen Wagen.

Hochstapler

»Irgendwann demnächst werde ich mir freinehmen«, sagte Spence Olham beim Frühstück. Er wandte sich zu seiner Frau um. »Ich glaube, ich habe eine Pause verdient. Zehn Jahre sind eine lange Zeit.«

»Und das Projekt?«

»Sie werden den Krieg auch ohne mich gewinnen. Unsere alte Erde schwebt wirklich nicht in sonderlicher Gefahr.« Olham setzte sich an den Tisch und zündete sich eine Zigarette an. »Die Nachrichtenmaschinen manipulieren die Kriegsberichte, damit es so aussieht, als hätten die Außerirdischen schon die Oberhand gewonnen. Weißt du, was ich im Urlaub gern machen würde? Ich würde gern in den Bergen zelten, draußen vor der Stadt, wo wir letztes Mal waren. Erinnerst du dich? Ich habe Eichengift gefunden, und du bist beinahe auf eine Gopherschlange getreten.«

»Sutton Wood?« Mary begann das Geschirr abzuräumen. »Der Wald ist vor ein paar Wochen abgebrannt. Ich dachte, du wüsstest das. Durch irgendein blitzartiges Feuer.«

Olham sank zusammen. »Hat man denn nicht einmal versucht, die Ursache herauszufinden?« Seine Lippen zuckten. »Niemand schert sich mehr darum. Alle denken nur noch an den Krieg.« Er biss die Zähne zusammen, das ganze Bild tauchte vor seinem geistigen Auge auf, die Außerirdischen, der Krieg, die Nadelschiffe.

»Wie können wir an etwas anderes denken?«

Olham nickte. Sie hatte natürlich recht. Die dunklen kleinen Schiffe von Alpha Centauri hatten die Erdenkreuzer problemlos umgangen, sie hinter sich gelassen wie hilflose Schildkröten. Die ganze Zeit über, während des ganzen Rückweges nach Terra, hatte es nur ungleiche Gefechte gegeben.

Die ganze Zeit, bis die Westinghouse-Labors die Schutzblase vorführten. Um die größten Städte auf der Erde und schließlich um den Planeten selbst geworfen, war die Blase die erste echte Verteidigung, die erste angemessene Antwort auf die Außerirdischen – wie sie von den Nachrichtenmaschinen bezeichnet wurden.

Doch den Krieg zu gewinnen, das war etwas anderes. Jedes Labor, jedes Projekt arbeitete Tag und Nacht daran, ununterbrochen, etwas Wirksames zu finden: eine wirklich überlegene Waffe. Sein eigenes Projekt zum Beispiel. Den ganzen Tag, Jahr um Jahr.

Olham stand auf und drückte seine Zigarette aus. »Wie ein Damoklesschwert. Es hängt immer über uns. Ich kann langsam nicht mehr. Alles, was ich will, ist, mal richtig ausspannen. Aber ich nehme an, das geht allen so.«

Er holte seine Jacke aus dem Wandschrank und ging hinaus auf die Veranda. Der Flitzer würde jeden Augenblick vorbeikommen, der schnelle kleine Wagen, der ihn zum Projekt bringen würde.

»Hoffentlich verspätet Nelson sich nicht.« Er blickte auf die Uhr. »Es ist fast sieben.«

»Da kommt der Wagen«, sagte Mary und starrte zwischen den Häuserreihen durch. Die Sonne glitzerte hinter den Dächern und spiegelte sich in den schweren Bleiplatten. In der Siedlung war es ruhig; nur wenige Menschen regten sich. »Bis später. Versuch, pünktlich Feierabend zu machen, Spence.«

Olham öffnete die Wagentür, stieg ein und lehnte sich mit einem Seufzer im Sitz zurück. Neben Nelson saß ein älterer Mann.

»Nun?«, fragte Olham, als der Wagen davonschoss. »Irgendwelche interessanten Neuigkeiten gehört?«

»Das Übliche«, sagte Nelson. »Ein paar Außerirdischen-Schiffe abgeschossen, ein weiterer Asteroid aus strategischen Gründen aufgegeben.«

»Es wird Zeit, dass wir das Projekt ins Endstadium bringen. Vielleicht ist es ja nur die Propaganda der Nachrichtenmaschinen, aber in den letzten Wochen bin ich dieser ganzen Sache überdrüssig geworden. Alles scheint so finster und ernst, keine Spur von Lebensfreude.«

»Glauben Sie, der Krieg ist sinnlos?«, fragte der ältere Mann plötzlich. »Sie selbst sind ein integraler Bestandteil davon.«

»Das ist Major Peters«, sagte Nelson. Olham und Peters schüttelten sich die Hände. Olham musterte den älteren Mann.

»Was führt Sie um diese Zeit zu uns?«, fragte er. »Ich kann mich nicht erinnern, Sie schon früher im Projekt gesehen zu haben.«

»Nein, ich bin nicht beim Projekt«, sagte Peters, »aber ich weiß einiges über das, was Sie machen. Meine Arbeit ist eine ganze andere.«

Er und Nelson warfen sich einen Blick zu. Olham bemerkte es und runzelte die Stirn. Der Wagen wurde schneller und flitzte über den kahlen, leblosen Boden auf den fernen Umriss des Projektgebäudes zu.

»Welcher Beschäftigung gehen Sie nach?«, fragte Olham. »Oder dürfen Sie nicht darüber sprechen?«

»Ich bin bei der Regierung«, sagte Peters. »Beim BSD, dem Sicherheitsdienst.«

»Ach?« Olham hob eine Augenbraue. »Gibt es feindliche Infiltrationen in diesem Gebiet?«

»Um ehrlich zu sein, ich bin hier, um Sie zu sprechen, Mr. Olham.«

Olham war verblüfft. Er dachte über Peters' Worte nach, doch sie ergaben keinen Sinn. »Um mich zu sprechen? Warum?«

»Ich bin hier, um Sie als Spion der Außerirdischen festzunehmen. Deshalb bin ich heute schon so früh unterwegs. *Packen Sie ihn, Nelson* –«

Das Gewehr bohrte sich in Olhams Rippen. Nelsons Hände zitterten, bebten, als die aufgestaute Anspannung nachließ, sein Gesicht war bleich. Er atmete tief ein und wieder aus.

»Sollen wir ihn jetzt töten?«, flüsterte er Peters zu. »Ich denke, wir sollten ihn jetzt töten. Wir können nicht warten.«

Olham starrte in das Gesicht seines Freundes. Er öffnete den Mund, um zu sprechen, doch er brachte kein Wort heraus. Die beiden Männer starrten ihn unbewegt an, stocksteif und unerbittlich vor Angst. Olham fühlte, wie ihm schwindlig wurde. Sein Kopf schmerzte und drehte sich.

»Ich verstehe nicht«, murmelte er.

In diesem Augenblick hob der Flitzer vom Boden ab und raste aufwärts in Richtung Weltraum. Unter ihnen fiel das Projekt zurück, wurde kleiner und kleiner und verschwand. Olham schloss den Mund.

»Wir können ein bisschen warten«, sagte Peters. »Ich möchte ihm zuerst ein paar Fragen stellen.«

Olham starrte stumpfsinnig vor sich hin, während der Wagen durch den Weltraum raste.

»Die Verhaftung ist vollzogen«, sagte Peters, zum Videoschirm gewandt. Auf dem Bildschirm erschienen die Gesichtszüge des Sicherheitschefs. »Damit dürfte allen ein Stein vom Herzen fallen.«

»Keine Komplikationen?«

»Nein. Er stieg arglos in den Wagen. Er schien nichts Ungewöhnliches in meiner Anwesenheit zu sehen.«

»Wo sind Sie jetzt?«

»Auf dem Weg nach draußen, gerade noch innerhalb der Schutzblase. Wir fliegen mit Höchstgeschwindigkeit. Sie können davon ausgehen, dass die kritische Phase überstanden ist. Ich bin froh, dass die Startdüsen in diesem Fahrzeug betriebsbereit waren. Wenn dabei irgendetwas schiefgegangen wäre –«

»Ich möchte ihn sehen«, sagte der Sicherheitschef. Er starrte Olham direkt an, wie er dasaß, die Hände im Schoß, mit stierem Blick. »Also das ist der Mann.« Er sah Olham eine Zeitlang an. Olham sagte nichts. Schließlich nickte der Chef Peters zu. »In Ordnung. Das genügt.« Ein Anflug von Ekel verzerrte seine Gesichtszüge. »Ich habe genug gesehen. Sie haben etwas getan, woran man sich noch lange erinnern wird. Es wird gerade eine Art ehrenvolle Erwähnung für Sie beide vorbereitet.«

»Das ist nicht nötig«, sagte Peters.

»Wie viel Gefahr besteht jetzt noch? Ist die Wahrscheinlichkeit noch groß, dass –«

»Es besteht eine gewisse Wahrscheinlichkeit, aber keine allzu große. Nach meinem Verständnis muss eine bestimmte Kennwortfolge gesprochen werden. Wie auch immer, wir müssen das Risiko eingehen.«

»Ich werde die Mondstation über Ihr Kommen unterrichten.«

»Nein.« Peters schüttelte den Kopf. »Ich werde das Schiff draußen landen, außerhalb der Station, Ich will sie nicht gefährden.«

»Wie Sie wünschen.« Die Augen des Chefs flackerten, als er noch einen Blick auf Olham warf. Dann verblasste sein Bild. Der Schirm erlosch.

Olham wandte den Blick zum Fenster. Das Schiff war bereits durch die Schutzblase gestoßen und raste mit immer höherer Geschwindigkeit dahin. Peters hatte es eilig; die Düsen unter ihm waren weit geöffnet und dröhnten unter dem Boden. Sie hatten Angst und waren in fieberhafter Eile, seinetwegen.

Nelson neben ihm rutschte voller Unbehagen auf dem Sitz herum. »Ich finde, wir sollten es jetzt tun«, sagte er. »Ich würde alles dafür geben, wenn wir es hinter uns bringen könnten.«

»Beruhigen Sie sich«, sagte Peters. »Ich möchte, dass Sie das Schiff eine Weile steuern, damit ich mit ihm sprechen kann.«

Er glitt neben Olham und sah ihm ins Gesicht. Gleich darauf streckte er die Hand aus und berührte ihn mit übertriebener Vorsicht, erst den Arm und dann die Wange.

Olham sagte nichts. *Wenn ich Mary informieren könnte*, dachte er wieder. *Wenn ich einen Weg finden könnte, sie zu informieren.* Er sah sich im Schiff um. Wie? Der Videoschirm? Nelson saß am Schaltpult und hielt das Gewehr. Er konnte nichts tun. Er war gefangen, saß in der Falle.

Aber warum?

»Hören Sie zu«, sagte Peters. »Ich möchte Ihnen ein paar Fragen stellen. Sie wissen, wohin wir fliegen. Wir sind unterwegs zum Mond. In einer Stunde landen wir auf der erdabgewandten Seite, auf der unbewohnten Seite. Nachdem wir gelandet sind, werden Sie unverzüglich einem Spezialistenteam übergeben, das dort wartet. Ihr Körper wird sofort vernichtet. Verstehen Sie?« Er sah auf seine Uhr. »Innerhalb von zwei Stunden sind Ihre Einzelteile über die Landschaft verstreut. Es wird nichts von Ihnen übrig bleiben.«

Mühsam riss sich Olham aus seiner Lethargie. »Können Sie mir nicht erklären –«

»Sicher, ich werde es Ihnen erklären.« Peters nickte. »Vor zwei Tagen erhielten wir einen Bericht darüber, dass ein Schiff der Außerirdischen in die Schutzblase eingedrungen war. Das Schiff setzte einen Spion in Gestalt eines humanoiden Roboters ab. Der Roboter sollte einen bestimmten Menschen vernichten und seine Stelle einnehmen.«

Peters sah Olham ruhig an.

»Im Inneren des Roboters befand sich eine U-Bombe. Unser Agent wusste nicht, wie die Bombe gezündet werden sollte, aber er vermutete, das könnte durch eine bestimmte gesprochene Wortfolge geschehen, eine spezielle Gruppe von Wörtern. Der Roboter würde das Leben der Person, die er getötet hatte, führen, er würde ihre üblichen Tätigkeiten aufnehmen, ihre Arbeit, ihre sozialen Kontakte. Er wurde so gebaut, dass er der Person glich. Niemand würde den Unterschied bemerken.«

Olhams Gesicht wurde kreidebleich.

»Die Person, die der Roboter verkörpern sollte, war Spence Olham, ein hoher Beamter bei einem der Forschungsprojekte. Weil dieses spezielle Projekt kurz vor dem Eintritt in das kritische Stadium stand, wurde die Präsenz einer lebenden Bombe, die sich auf das Zentrum des Projektes zubewegte –«

Olham starrte auf seine Hände. *»Aber ich bin Olham!«*

»Hatte der Roboter Olham erst einmal ausfindig gemacht und getötet, war es ein Leichtes, sein Leben zu übernehmen. Der Roboter wurde wahrscheinlich vor acht Tagen von dem Schiff abgesetzt. Wahrscheinlich erfolgte der Austausch letztes Wochenende, als Olham auf einen kurzen Spaziergang in die Berge ging.«

»Aber ich bin Olham.« Er wandte sich an Nelson, der am Steuerpult saß. »Erkennst du mich nicht? Du kennst mich seit zwanzig Jahren. Erinnerst du dich nicht, wie wir zusammen aufs College gegangen sind?« Er stand auf. »Du und ich, wir haben zusammen studiert. Wir hatten dasselbe Zimmer.« Er ging auf Nelson zu.

»Komm mir nicht zu nahe!«, knurrte Nelson.

»Hör zu. Erinnerst du dich an unser zweites Jahr? Erinnerst du dich an das Mädchen? Wie war doch ihr Name –« Er rieb sich die

Stirn. »Die mit dem dunklen Haar. Die wir bei Ted kennengelernt hatten.«

»Stopp!« Nelson schwenkte verzweifelt das Gewehr. »Ich will nichts mehr hören. Du hast ihn umgebracht! Du … Maschine.«

Olham sah Nelson an. »Du irrst dich. Ich weiß nicht, was passiert ist, aber der Roboter hat mich nie erreicht. Irgendwas muss schiefgegangen sein. Vielleicht ist das Schiff abgestürzt.« Er wandte sich an Peters. »Ich bin Olham. Ich weiß es. Eine Übernahme hat nicht stattgefunden. Ich bin noch der Gleiche wie immer.«

Er berührte sich und strich mit den Händen über seinen Körper. »Es muss eine Möglichkeit geben, das zu beweisen. Bringen Sie mich zur Erde zurück. Röntgenaufnahmen, neurologische Untersuchungen, etwas in dieser Art wird es beweisen. Oder vielleicht können wir das abgestürzte Schiff finden.«

Weder Peters noch Nelson sprachen.

»Ich bin Olham«, sagte er wieder. »Ich weiß, dass ich es bin. Aber ich kann es nicht beweisen.«

»Der Roboter«, sagte Peters, »würde nicht wissen, dass er nicht der echte Spence Olham ist. Sowohl sein Geist als auch sein Körper würden zu Spence Olham werden. Er wurde mit einem künstlichen Erinnerungssystem ausgestattet, einem falschen Gedächtnis. Er würde aussehen wie Olham, die gleichen Erinnerungen, Gedanken und Interessen haben und seine Arbeit verrichten.

Aber einen Unterschied gäbe es doch. Im Inneren des Roboters befindet sich eine U-Bombe, die bei der auslösenden Wortfolge explodiert.« Peters rückte ein wenig ab. »Das ist der einzige Unterschied. Deshalb bringen wir Sie zum Mond. Man wird Sie auseinandernehmen und die Bombe entfernen. Vielleicht wird sie explodieren, aber das spielt keine Rolle, dort nicht.«

Olham setzte sich langsam hin.

»Wir sind bald da«, sagte Nelson.

Olham lehnte sich zurück und dachte fieberhaft nach, während das Schiff langsam an Höhe verlor. Unter ihnen lag die zerklüftete Oberfläche des Mondes, die endlose Weite der Krater. Was konnte er tun? Was würde ihn retten?

»Machen Sie sich bereit«, sagte Peters.

In wenigen Minuten würde er tot sein. Tief unten konnte er einen winzigen Punkt erkennen, irgendein Gebäude. In dem Gebäude waren Männer, Sprengstoffspezialisten, die darauf warteten, ihn in Stücke zu reißen. Sie würden ihn aufschlitzen, seine Arme und Beine abtrennen, ihn auseinanderbrechen. Wenn sie keine Bombe fänden, würden sie sich wundern; sie würden begreifen, doch dann wäre es zu spät.

Olham sah sich in der kleinen Kabine um. Nelson hielt noch immer das Gewehr. Hier hatte er keine Chance. Wenn er einen Arzt erreichen könnte, sich einer Untersuchung unterziehen – das war die einzige Möglichkeit. Mary könnte ihm helfen. Er dachte fieberhaft nach, seine Gedanken rasten. Nur noch wenige Minuten, die Zeit war knapp. Wenn er nur Kontakt zu ihr aufnehmen könnte, sie irgendwie benachrichtigen.

»Ganz ruhig«, sagte Peters. Das Schiff setzte langsam auf und rumpelte über den holprigen Boden. Dann war es still.

»Hören Sie zu«, sagte Olham mit belegter Stimme. »Ich kann beweisen, dass ich Spence Olham bin. Holen Sie einen Arzt. Bringen Sie ihn her –«

»Dort ist der Trupp.« Nelson deutete hinüber. »Sie kommen.« Er blickte nervös zu Olham. »Ich hoffe, dass nichts passiert.«

»Wir sind weg, bevor die mit der Arbeit beginnen«, sagte Peters. »Wir verschwinden gleich hier.« Er legte seinen Druckanzug an. Als er damit fertig war, übernahm er das Gewehr von Nelson. »Ich werde ihn einen Augenblick bewachen.«

Hastig und unbeholfen legte Nelson seinen Druckanzug an. »Was ist mit ihm?« Er deutete auf Olham. »Wird er einen brauchen?«

»Nein.« Peters schüttelte den Kopf. »Roboter benötigen wahrscheinlich keinen Sauerstoff.«

Die Gruppe von Männern hatte das Schiff beinahe erreicht. Sie blieben abwartend stehen. Peters gab ihnen Zeichen.

»Kommen Sie her!« Er gab Handzeichen, und die Männer näherten sich vorsichtig; steife, groteske Gestalten in ihren aufgeblähten Anzügen.

»Wenn Sie die Tür öffnen«, sagte Olham, »bedeutet das für mich den Tod. Das ist Mord.«

»Öffnen Sie die Tür«, sagte Nelson. Er griff nach der Klinke.

Olham beobachtete ihn. Er sah, wie sich die Hand des Mannes um die metallene Stange schloss. Gleich würde die Tür zurückschwingen, die Luft im Schiff würde hinausströmen. Er würde sterben, und im gleichen Augenblick würden sie ihren Irrtum erkennen. In einer anderen Zeit, in der es keinen Krieg gab, würden die Menschen sich vielleicht anders verhalten und ein Individuum nicht in den Tod treiben, nur weil sie Angst hatten. Alle hatten Angst, aus Angst waren alle bereit, das Individuum der Gruppe zu opfern.

Er wurde getötet, weil sie nicht darauf warten konnten, seine Schuld nachzuweisen. Dazu war nicht genug Zeit.

Er sah Nelson an. Nelson war jahrelang sein Freund gewesen. Sie waren zusammen zur Schule gegangen. Er war Trauzeuge bei seiner Heirat gewesen. Jetzt würde Nelson ihn töten. Aber Nelson war kein schlechter Mensch; es war nicht seine Schuld. Es waren die Zeiten. Vielleicht war es während der Pest genauso gewesen. Wenn sich bei einem Menschen ein Fleck gezeigt hatte, war er wahrscheinlich auch getötet worden, ohne einen Augenblick des Zögerns, ohne Beweis, nur auf Verdacht. In Zeiten der Gefahr gab es keine andere Möglichkeit.

Er machte ihnen keinen Vorwurf. Aber er musste leben. Sein Leben war zu kostbar, um geopfert zu werden. Olham überlegte schnell. Was konnte er tun? Gab es einen Weg? Er sah sich um.

»Dann mal los«, sagt Nelson.

»Sie haben recht«, sagte Olham. Der Klang seiner eigenen Stimme überraschte ihn. Es war die Kraft der Verzweiflung. »Ich brauche keine Luft. Öffnen Sie die Tür.«

Sie hielten inne und sahen ihn neugierig und bestürzt an.

»Machen Sie schon. Öffnen Sie sie. Das wird nichts ändern.« Olhams Hand verschwand in seiner Jacke. »Ich frage mich, wie weit Sie rennen können.«

»Rennen?«

»Sie haben noch fünfzehn Sekunden zu leben.« Die Finger in seiner Jacke zuckten, plötzlich erstarrte sein Arm. Er entspannte sich und lächelte ein wenig. »Das mit der auslösenden Wortfolge war falsch. In dieser Hinsicht haben Sie sich geirrt. Noch vierzehn Sekunden.«

Aus den Druckanzügen starrten ihn zwei schockierte Gesichter an. Dann rannten die beiden stolpernd los und rissen die Tür auf. Pfeifend strömte die Luft hinaus und verlor sich ins Leere. Peters und Nelson sprangen aus dem Schiff. Olham stürzte hinter ihnen her, packte die Tür und drückte sie zu. Die automatische Druckanlage arbeitete mit wütendem Knattern weiter und erzeugte wieder Luft. Olham atmete zitternd aus.

Eine Sekunde länger –

Draußen vor dem Fenster hatten die beiden Männer die Gruppe erreicht. Die Gruppenmitglieder zerstreuten sich, rannten in alle Richtungen davon. Einer nach dem anderen warf sich der Länge nach zu Boden. Olham setzte sich ans Schaltpult. Er stellte die Skalen ein. Als sich das Schiff in die Luft erhob, rappelten sich die Männer auf und starrten mit offenen Mündern hinauf.

»Tut mir leid«, murmelte Olham, »aber ich muss zurück zur Erde.«

Er steuerte das Schiff den gleichen Weg zurück, den es gekommen war.

Es war Nacht. Überall um das Schiff herum zirpten Grillen und brachten Unruhe in die kühle Dunkelheit. Olham beugte sich über den Videoschirm. Nach und nach nahm das Bild Formen an; der Anruf war problemlos vermittelt worden. Er seufzte erleichtert auf.

»Mary«, sagte er. Die Frau starrte ihn an. Sie schnappte nach Luft.

»Spence! Wo bist du? Was ist passiert?«

»Das kann ich dir nicht erklären. Hör zu, ich muss schnell sprechen. Sie können diesen Anruf jeden Augenblick unterbrechen. Geh zum Projektgelände und hol Dr. Chamberlain. Wenn er nicht dort ist, hol irgendeinen Arzt. Bring ihn nach Hause und sorg dafür, dass er dort bleibt. Sorg dafür, dass er seine Ausrüstung mitbringt, Röntgengerät, Fluoroskop und so weiter.«

»Aber –«

»Tu, was ich sage. Beeil dich. Sorg dafür, dass er in einer Stunde bereit ist.« Olham lehnte sich zum Bildschirm. »Ist alles in Ordnung? Bist du allein?«

»Allein?«

»Ist jemand bei dir? Hat … Hat Nelson oder irgendjemand sich bei dir gemeldet?«

»Nein. Spence, ich versteh das nicht.«

»In Ordnung. Ich seh dich in einer Stunde zu Hause. Und erzähl niemandem davon. Hol Chamberlain unter irgendeinem Vorwand. Sag, du seist sehr krank.«

Er unterbrach die Verbindung und schaute auf die Uhr. Einen Augenblick später verließ er das Schiff und trat hinaus in die Dunkelheit. Er hatte eine halbe Meile zu laufen.

Er ging los.

Im Fenster zeigte sich ein Licht, die Lampe im Arbeitszimmer. Vor dem Zaun kniend, beobachtete er sie. Kein Laut, nicht die geringste Bewegung. Er hielt seine Uhr hoch und las sie im Licht der Sterne. Fast eine Stunde war vergangen.

Ein Flitzer kam die Straße herauf. Er fuhr weiter.

Olham sah zum Haus hinüber. Der Arzt dürfte schon eingetroffen sein. Er musste drinnen mit Mary warten. Plötzlich kam ihm ein Gedanke. War es ihr gelungen, das Haus zu verlassen? Vielleicht hatten sie sie abgehört. Vielleicht lief er in eine Falle.

Aber was konnte er sonst tun?

Mit einem ärztlichen Zeugnis, mit Fotos und Befunden gab es eine Chance, die Chance eines Beweises. Wenn er untersucht werden konnte, wenn er lange genug am Leben blieb, um von ihnen überprüft zu werden –

Auf diese Art konnte er es beweisen. Wahrscheinlich war das die einzige Möglichkeit. Seine einzige Hoffnung lag in diesem Haus. Dr. Chamberlain war ein angesehener Mann. Er war Personalarzt beim Projekt. Er würde Bescheid wissen, sein Wort in dieser Angelegenheit würde Gewicht haben. Er konnte ihre Hysterie, ihren Wahnsinn überwinden, mit Fakten.

Wahnsinn – genau das war es. Wenn sie nur abwarten würden, in Ruhe handeln, sich Zeit nehmen. Aber sie konnten nicht warten. Er musste sterben, sofort, ohne Beweis, ohne irgendeine Form von Verhandlung oder Untersuchung. Der einfachste Test würde es offenbaren, aber selbst für den einfachsten Test hatten sie keine Zeit. Sie konnten nur an die Gefahr denken. Gefahr, sonst nichts.

Er stand auf und ging auf das Haus zu. Er betrat die Veranda. An der Tür blieb er stehen und lauschte. Noch immer kein Laut. Es war vollkommen still im Haus.

Zu still.

Reglos stand Olham auf der Veranda. Drinnen versuchten sie, leise zu sein. Warum? Es war ein kleines Haus; nur wenige Meter entfernt, jenseits der Tür, müssten Mary und Dr. Chamberlain stehen. Dennoch konnte er nichts hören, nicht das Geräusch ihrer Stimmen, gar nichts. Er schaute zu der Tür hin, die er tausendmal geöffnet und geschlossen hatte, jeden Morgen und jeden Abend.

Er legte die Hand auf den Türknauf. Dann, ganz plötzlich, griff er hinauf und drückte stattdessen auf die Klingel. Die Klingel läutete, irgendwo weit hinten im Haus. Olham lächelte. Er konnte hören, wie sich etwas bewegte.

Mary öffnete die Tür. Im selben Moment, als er sie sah, wusste er Bescheid.

Er rannte los und warf sich in die Büsche. Ein Sicherheitsbeamter stieß Mary aus dem Weg und schoss an ihr vorbei. Die Büsche wurden in die Luft gejagt. Olham kroch zur anderen Seite des Hauses. Er sprang auf und rannte, raste verzweifelt in die Dunkelheit. Ein Suchscheinwerfer blitzte auf, ein Lichtstrahl kreiste an ihm vorbei.

Er überquerte die Straße und stemmte sich über einen Zaun. Er sprang hinunter und rannte über einen Hinterhof. Hinter ihm kamen Männer, Sicherheitsbeamte, die sich im Näherkommen etwas zuriefen. Olham schnappte nach Luft, sein Brustkorb hob und senkte sich.

Ihr Gesicht – er hatte sofort Bescheid gewusst. Die zusammengepressten Lippen, die entsetzten, unglücklichen Augen. Angenommen, er wäre weitergegangen, hätte die Tür aufgestoßen und wäre eingetreten! Sie hatten den Anruf abgehört und waren sofort gekommen, sobald er aufgelegt hatte. Wahrscheinlich glaubte sie ihrer Darstellung. Zweifellos dachte auch sie, dass er ein Roboter war.

Olham rannte und rannte. Er hängte die Beamten ab. Offenbar waren sie keine besonders guten Läufer. Er erklomm einen Hügel und lief auf der anderen Seite wieder hinunter. Gleich würde er wieder beim Schiff sein. Aber wohin diesmal? Er verlangsamte sein Tempo und blieb stehen. Er konnte das Schiff schon sehen, es hob sich gegen den Himmel ab, dort, wo er es geparkt hatte. Die Siedlung lag hinter ihm; er befand sich in den Randgebieten der Wildnis, zwischen den Ortschaften, dort, wo der Wald und die Einsamkeit begannen. Er überquerte ein kahles Feld und trat zwischen die Bäume.

Während er darauf zuging, öffnete sich die Tür des Schiffes.

Peters trat heraus, von Licht umrahmt. In seinen Armen lag ein schweres Boris-Gewehr. Erstarrt blieb Olham stehen. Peters stierte in die Dunkelheit. »Ich weiß, dass Sie dort sind, irgendwo«, sagte er. »Kommen Sie her, Olham. Sie sind von Sicherheitsspezialisten umzingelt.«

Olham bewegte sich nicht.

»Hören Sie zu. Wir werden Sie sehr bald fangen. Offensichtlich glauben Sie noch immer nicht, dass Sie der Roboter sind. Ihr Anruf bei der Frau deutet darauf hin, dass Sie noch immer der Illusion unterliegen, die durch Ihre künstlichen Erinnerungen geschaffen wurde.

Aber Sie *sind* der Roboter. Sie sind der Roboter, und in Ihrem Inneren befindet sich die Bombe. Jeden Augenblick kann die auslösende Wortfolge gesprochen werden, von Ihnen, von jemand anderem, von jedem. Wenn das geschieht, wird die Bombe alles im Umkreis von vielen Meilen vernichten. Das Projekt, die Frau, wir alle werden getötet. Verstehen Sie?«

Olham sagte nichts. Er lauschte. Männer glitten durch den Wald und bewegten sich auf ihn zu.

»Wenn Sie nicht herauskommen, werden wir Sie fangen. Das ist nur eine Frage der Zeit. Wir haben nicht mehr vor, Sie zur Mond-Station zu befördern. Sie werden bei Sicht sofort vernichtet, und wir werden das Risiko eingehen müssen, dass die Bombe detoniert. Ich habe jeden verfügbaren Sicherheitsbeamten in dieses Gebiet beordert. Der gesamte Kreis wird durchkämmt, Meter um Meter. Sie können nirgendwohin. Der Wald ist von einer Sperrkette bewaffneter Männer umstellt. Ihnen bleiben etwa sechs Stunden, bis der letzte Meter gesichert ist.«

Olham entfernte sich. Peters sprach weiter; er hatte ihn überhaupt nicht gesehen. Es war zu dunkel, um jemanden zu sehen. Aber Peters hatte recht. Er konnte nirgendwohin. Er befand sich jenseits der Siedlung, in den Randgebieten, wo der Wald begann. Er konnte sich eine Zeitlang verstecken, aber schließlich würden sie ihn fangen.

Nur eine Frage der Zeit.

Olham lief schweigend durch den Wald. Meile um Meile wurde das gesamte Kreisgebiet abgemessen, umgekrempelt, durchkämmt, überprüft und untersucht. Die Sperrkette kam immer näher und quetschte ihn in einen immer kleineren Raum.

Was blieb ihm noch? Er hatte das Schiff verloren, seine einzige Hoffnung auf Flucht. Sie waren in seinem Haus; seine Frau war auf ihrer Seite, sie glaubte zweifellos, dass der echte Olham getötet worden war. Er ballte die Fäuste. Irgendwo lag ein zertrümmertes Nadelschiff der Außerirdischen, und darin die Überreste des Roboters. Irgendwo in der Nähe war das Schiff abgestürzt und zerschellt.

Und darin lag der Roboter, vernichtet.

Eine leise Hoffnung regte sich in ihm. Was, wenn er die Überreste finden konnte? Wenn er ihnen das Wrack zeigen konnte, die Überreste des Schiffes, den Roboter –

Aber wo? Wo konnte er es finden?

Tief in Gedanken, lief er weiter. Wahrscheinlich irgendwo in der Nähe. Das Schiff dürfte unweit des Projektes gelandet sein; der Roboter dürfte darauf eingestellt gewesen sein, den Rest des Weges zu Fuß zu gehen. Er lief den Abhang eines Hügels hinauf und sah sich um. Abgestürzt und verbrannt. Gab es eine Spur, einen Hinweis? Hatte er etwas gelesen, etwas gehört? Irgendwo in der Nähe, zu Fuß erreichbar. Eine unbewohnte Stelle, ein abgelegener Fleck, wo es keine Menschen gab.

Plötzlich lächelte Olham. Abgestürzt und verbrannt – Sutton Wood.

Er beschleunigte seinen Schritt.

Es war Morgen. Sonnenlicht sickerte durch die abgebrochenen Bäume herab auf den Mann, der am Rand der Lichtung kauerte. Von Zeit zu Zeit blickte Olham auf und lauschte. Sie waren nicht weit weg, nur wenige Minuten entfernt. Er lächelte.

Tief unter ihm, zwischen den verkohlten Baumstümpfen, die einmal Sutton Wood gewesen waren, und über die Lichtung verstreut lag eine wirre Ansammlung von Wrackteilen. Im Sonnenlicht glitzerten sie ein wenig und glühten geheimnisvoll. Er hatte nicht allzuviel Mühe gehabt, das Schiff zu finden. Sutton Wood war ein Ort, den er gut kannte; in jüngeren Jahren war er hier schon oft herumgeklettert. Er hatte gewusst, wo er die Überreste finden würde. Es gab eine Bergspitze, die plötzlich aufragte, völlig überraschend.

Ein Schiff im Landeanflug, das mit dem Wald nicht vertraut war, konnte ihr kaum ausweichen. Und nun hockte er hier und schaute hinunter zu dem Schiff oder zu dem, was davon noch übrig war.

Olham stand auf. Er konnte sie hören, in nur geringer Entfernung; wie sie sich sammelten und mit leisen Stimmen sprachen. Er straffte sich. Alles hing davon ab, wer ihn zuerst sah. Wenn es Nelson war, hatte er keine Chance. Nelson würde sofort schießen. Er wäre tot, bevor sie das Schiff erblickten. Aber wenn er Zeit hatte, laut zu rufen, sie einen Augenblick aufzuhalten – das war alles, was er brauchte. Hatten sie erst das Schiff gesehen, wäre er in Sicherheit.

Aber wenn sie zuerst schossen –

Ein verkohlter Ast knackte. Eine Gestalt tauchte auf und trat unsicher vor. Olham atmete tief durch. Ihm blieben nur wenige Sekunden, vielleicht die letzten Sekunden seines Lebens. Er hob die Arme und spähte gespannt dorthin.

Es war Peters.

»Peters!« Olham winkte mit den Armen. Peters hob sein Gewehr und zielte. »Nicht schießen!« Seine Stimme zitterte. »Warten Sie. Schauen Sie an mir vorbei, über die Lichtung.«

»Ich hab ihn gefunden«, schrie Peters. Sicherheitsspezialisten strömten aus dem verbrannten Wald ringsumher.

»Nicht schießen. Schauen Sie an mir vorbei. Das Schiff, das Nadelschiff. Das Schiff der Außerirdischen. Schauen Sie!«

Peters zögerte. Das Gewehr schwankte.

»Es ist dort unten«, sagte Olham schnell. »Ich wusste, dass ich es hier finden würde. Der verbrannte Wald. Jetzt werden Sie mir glauben. Sie werden die Überreste des Roboters im Schiff finden. Werden Sie nachschauen?«

»Da unten liegt etwas«, sagte einer der Männer nervös.

»Erschießen Sie ihn!«, sagte eine Stimme. Es war Nelson.

»Warten Sie.« Peters wandte sich scharf um. »Ich bin der Diensthabende. Keiner schießt. Vielleicht sagt er die Wahrheit.«

»Erschießen Sie ihn«, sagte Nelson. »Er hat Olham getötet. Jeden Augenblick kann er uns alle töten. Wenn die Bombe losgeht –«

»Halten Sie den Mund.« Peters trat auf die Böschung zu. Er starrte hinunter. »Sehen Sie sich das an.« Er winkte zwei Männer zu sich heran. »Gehen Sie dort runter und sehen Sie nach, was das ist.«

Die Männer rasten die Böschung hinunter, quer über die Lichtung. Sie bückten sich und stocherten in den Trümmern des Schiffes herum.

»Nun?«, rief Peters.

Olham hielt den Atem an. Er lächelte ein wenig. Er muss dort sein; er hatte keine Zeit gehabt, selbst nachzusehen, aber er musste dort sein. Plötzlich überkamen ihn Zweifel. Angenommen, der Roboter hatte lange genug gelebt, um sich zu entfernen? Angenommen, sein Körper war vollkommen vernichtet worden, vom Feuer zu Asche verbrannt?

Er leckte sich die Lippen. Schweißperlen traten auf seine Stirn. Nelson starrte ihn an, das Gesicht noch immer leichenblass. Sein Brustkorb hob und senkte sich.

»Töten Sie ihn«, sagte Nelson. »Bevor er uns tötet.«

Die zwei Männer richteten sich auf.

»Was haben Sie gefunden?«, fragte Peters. Er hielt das Gewehr ruhig. »Liegt dort irgendwas?«

»Sieht nach was aus. Es ist auf jeden Fall ein Nadelschiff. Und irgendwas liegt daneben.«

»Ich werde nachsehen.« Peters schritt an Olham vorbei. Olham beobachtete, wie er den Hügel hinunter und auf die Männer zuging. Die anderen folgten ihm und bemühten sich, etwas zu erkennen.

»Es ist irgendein Körper«, sagte Peters. »Schauen Sie sich das an!«

Olham ging mit ihnen. Sie standen im Kreis herum und starrten hinunter.

Auf dem Boden, merkwürdig verbogen und verdreht, lag eine groteske Gestalt. Sie sah menschlich aus, mehr oder weniger; nur dass sie so merkwürdig verbogen war, Arme und Beine in alle Richtungen gestreckt. Der Mund war offen; die Augen starrten glasig.

»Wie eine Maschine, die überlastet wurde«, murmelte Peters. Olham lächelte kraftlos. »Nun?«, fragte er.

Peters sah ihn an. »Ich kann es nicht fassen. Sie haben die ganze Zeit die Wahrheit gesagt.«

»Der Roboter hat mich nie erreicht«, sagte Olham. Er nahm eine Zigarette heraus und zündete sie an. »Er wurde vernichtet, als das Schiff abstürzte. Sie alle waren zu sehr mit dem Krieg beschäftigt, um sich zu fragen, warum ein abgelegener Wald blitzartig Feuer fangen und abbrennen sollte. Jetzt wissen Sie es.«

Er stand da, rauchte und beobachtete die Männer. Sie zerrten die grotesken Überreste vom Schiff weg. Der Körper war steif, die Arme und Beine erstarrt.

»Jetzt werden Sie die Bombe finden«, sagte Olham. Die Männer legten den Körper auf den Boden. Peters bückte sich.

»Ich glaube, ich sehe eine Ecke davon.« Er streckte die Hand aus und berührte den Körper.

Der Brustkorb des Leichnams war freigemacht worden. Etwas glitzerte in dem klaffenden Riss, etwas Metallenes. Die Männer starrten auf das Metall, ohne zu sprechen.

»Das hätte uns alle vernichtet, wenn er noch lebte«, sagte Peters. »Dieser Metallkasten dort.«

Stille.

»Ich glaube, wir sind Ihnen etwas schuldig«, sagte Peters zu Olham. »Das muss ein Albtraum für Sie gewesen sein. Wenn Sie nicht entflohen wären, hätten wir –« Er unterbrach sich.

Olham drückte seine Zigarette aus. »Ich wusste natürlich, dass der Roboter mich nie erreicht hatte. Aber ich hatte keine Möglichkeit, es zu beweisen. Manchmal ist es nicht möglich, etwas auf der Stelle zu beweisen. Das war das ganze Problem. Es gab keine Möglichkeit, wie ich beweisen konnte, dass ich ich war.«

»Wie wär's mit einem Urlaub?«, fragte Peters. »Ich glaube, wir könnten einen Monat Urlaub für Sie zuwege bringen. Sie sollten mal abschalten, sich entspannen.«

»Ich glaube, ich möchte jetzt erst mal nach Hause gehen«, sagte Olham.

»Also schön«, sagte Peters. »Was immer Sie wünschen.«

Nelson hatte sich auf den Boden gehockt, neben den Leichnam. Er streckte die Hand nach dem glitzernden Metall aus, das im Brustkorb zu sehen war.

»Rühr sie nicht an«, sagte Olham. »Sie könnte noch immer losgehen. Es ist besser, wenn sich die Sprengstoffspezialisten später darum kümmern.«

Nelson sagte nichts. Plötzlich steckte er die Hand in den Brustkorb und packte das Metall. Er zog.

»Was machst du da?«, schrie Olham.

Nelson stand auf. Er hielt den metallenen Gegenstand fest. Sein Gesicht war bleich vor Entsetzen. Es war ein metallenes Messer, ein Nadelmesser der Außerirdischen, blutverschmiert.

»Das hat ihn getötet«, flüsterte Nelson. »Damit wurde mein Freund getötet.« Er sah zu Olham. »Sie haben ihn damit getötet und neben dem Schiff liegenlassen.«

Olham zitterte. Seine Zähne klapperten. Er blickte vom Messer zum Körper. »Das kann nicht Olham sein«, sagte er. Ihm schwirrte der Kopf, alles drehte sich. »Habe ich mich geirrt?«

Er riss den Mund auf.

»Aber wenn das Olham ist, dann muss ich –«

Er sprach den Satz nicht zu Ende, nur die erste Wortfolge. Die Explosion war bis nach Alpha Centauri zu sehen.

Variante zwei

Der russische Soldat kämpfte sich nervös die zerklüftete Seite des Hügels hinauf, das Gewehr im Anschlag. Er blickte sich rasch um und leckte mit starren Gesichtszügen seine trockenen Lippen. Von Zeit zu Zeit wischte er sich mit dem Handschuh den Schweiß aus dem Nacken; dabei schob er seinen Mantelkragen hinunter.

Eric drehte sich zu Corporal Leone um. »Willst du ihn? Oder kann ich ihn haben?« Er stellte den Sucher so ein, dass die Gesichtszüge des Russen die Linse genau ausfüllten und das Fadenkreuz durch seine harten, düsteren Gesichtszüge schnitt.

Leone überlegte. Der Russe war nah, er bewegte sich schnell, rannte fast. »Nicht schießen. Warte.« Leone verkrampfte sich. »Ich glaube nicht, dass wir gebraucht werden.«

Der Russe beschleunigte sein Tempo, Asche und aufgehäufter Schutt wirbelten unter seinen Schritten auf. Er erreichte die Hügelkuppe, blieb keuchend stehen und blickte sich angespannt um. Der Himmel war bedeckt; graue Staubwolken zogen darüber hinweg. Der Boden war eben und kahl, von Geröll übersät; gelegentlich ragten kahle Baumstümpfe auf, hier und da standen Ruinen von Häusern wie vergilbende Schädel.

Der Russe war beunruhigt. Er wusste, dass irgendetwas nicht stimmte. Er begann hügelabwärts zu laufen. Jetzt war er nur noch wenige Schritte vom Bunker entfernt. Eric wurde nervös. Er spielte mit seiner Pistole und warf einen schnellen Blick auf Leone.

»Keine Angst«, sagte Leone. »Bis hierher wird er nicht kommen. Sie werden sich um ihn kümmern.«

»Bist du sicher? Er ist verdammt weit gekommen.«

»Sie lungern ganz nah beim Bunker herum. Gleich betritt er den gefährlichen Teil. Aufgepasst!«

Der Russe begann zu laufen, er rutschte den Hügel hinunter, seine Stiefel versanken in grauen Aschehaufen, er versuchte, sein Gewehr hochzuhalten. Einen Augenblick blieb er stehen und hob das Fernglas an die Augen.

»Er schaut genau in unsere Richtung«, sagte Eric.

Der Russe kam näher. Sie konnten seine Augen sehen: zwei blaue Steine. Sein Mund war ein wenig geöffnet. Er hätte eine Rasur vertragen können; sein Kinn war stoppelig. Auf einer seiner knochigen Wangen klebte ein viereckiges Heftpflaster, an dessen Rand sich etwas Blaues zeigte. Ein pilzartiger Fleck. Sein Mantel war schmutzig und zerrissen. Ein Handschuh fehlte. Wenn er rannte, hüpfte der Geigerzähler an seinem Gürtel auf und ab und prallte gegen ihn.

Leone berührte Erics Arm. »Da kommt einer.«

Etwas Kleines, Metallisches näherte sich über den Boden und blitzte im trüben Licht der Mittagssonne auf. Eine Metallkugel. Sie raste den Hügel hinauf hinter dem Russen her, ihre Laufflächen ließen Funken stieben. Sie war klein, eine der Babykugeln. Ihre Greifer waren ausgefahren, zwei vorspringende Rasiermesser, die so schnell rotierten, dass der weiße Stahl vor den Augen verschwamm. Der Russe hörte sie. Augenblicklich drehte er sich um und schoss. Die Metallkugel löste sich in Einzelteile auf. Doch schon war eine zweite aufgetaucht und folgte der ersten. Der Russe schoss noch einmal.

Eine dritte Metallkugel schwirrte klickend und surrend am Bein des Russen hinauf. Sie sprang auf die Schulter. Die rotierenden Messer verschwanden in seiner Kehle.

Eric entspannte sich. »Nun, das war's. Mein Gott, bei diesen verdammten Dingern krieg ich Gänsehaut. Manchmal denke ich, wir waren besser dran, als es sie noch nicht gab.«

»Wenn wir sie nicht erfunden hätten, dann hätten die das getan.« Leone zündete sich zitternd eine Zigarette an. »Ich frage mich, warum ein Russe wohl den ganzen Weg hierherkommt, allein. Ich habe keinen gesehen, der ihm Deckung gab.«

Lieutenant Scott schob sich durch den Tunnel hinauf in den Bunker. »Was ist passiert? Irgendetwas tauchte auf dem Bildschirm auf.«

»Ein Iwan.«

»Nur einer?«

Eric drehte den Sucher zu ihm hinüber. Scott spähte hinein. Jetzt krochen eine Menge Metallkugeln über den niedergestreckten Körper, trübe Metallkugeln, die klickten und surrten und den Russen zum Abtransport in kleine Teile zersägten.

»Was für eine Menge Greifer«, murmelte Scott.

»Sie kamen wie die Fliegen. Es gibt nicht mehr viel für sie zu jagen.«

Angewidert schob Scott den Sucher beiseite. »Wie Fliegen. Ich frage mich, was er da draußen wollte. Sie wissen, dass hier überall Greifer sind.«

Ein größerer Roboter war zu den kleineren Kugeln gestoßen. Er bestand aus einem einfachen langen Rohr mit hervortretenden Stielaugen und beaufsichtigte den Einsatz. Von dem Soldaten war nicht mehr viel übrig. Der Rest wurde von dem Heer von Greifern den Abhang hinuntergebracht.

»Sir«, sagte Leone. »Wenn Sie nichts dagegen haben, würde ich gerne hinausgehen und mir die Stelle ansehen.«

»Warum?«

»Vielleicht hatte er etwas bei sich.«

Scott überlegte. Er zuckte die Achseln. »In Ordnung. Aber seien Sie vorsichtig.«

»Ich habe meinen Streifen.« Leone tätschelte das Metallband an seinem Handgelenk. »Mich können sie nicht angreifen.«

Er nahm sein Gewehr und stieg vorsichtig hinauf zum Ausgang des Bunkers; dabei kämpfte er sich gekrümmt und gebückt zwischen Betonblöcken und Stahlzacken durch. Oben war die Luft kalt. Mit großen Schritten ging er über den weichen Ascheboden auf die Überreste des Soldaten zu. Um ihn herum wehte der Wind und blies ihm graue Partikel ins Gesicht. Er kniff die Augen zusammen und ging weiter.

Als er in ihre Nähe kam, zogen sich die Greifer zurück; einige erstarrten in Reglosigkeit. Er berührte seinen Streifen. Was hätte der Iwan nicht dafür gegeben! Die kurze, harte Strahlung, die von dem Streifen ausging, neutralisierte die Greifer und setzte sie außer Gefecht. Sogar der große Roboter mit seinen zwei schwenkbaren Stielaugen zog sich respektvoll zurück, als er näher kam.

Leone beugte sich hinunter zu den Überresten des Soldaten. Die Hand unter dem Handschuh war fest geschlossen. Sie hielt irgendetwas umklammert. Er bog die Finger auseinander. Ein versiegelter Behälter, Aluminium. Er glänzte noch.

Er steckte ihn in seine Tasche und machte sich auf den Rückweg zum Bunker. Hinter ihm kam wieder Leben in die Greifer, sie setzten ihre Arbeit fort. Die Metallkugeln nahmen ihre Prozession durch die graue Asche wieder auf und schleppten ihre Lasten davon. Er konnte hören, wie ihre Laufflächen über den Boden scharrten. Ihn schauderte.

Gespannt beobachtete Scott, wie er das glänzende Röhrchen aus seiner Tasche hervorholte. »Hatte er das bei sich?«

»In der Hand.« Leone schraubte den Deckel auf. »Vielleicht sollten Sie sich das anschauen, Sir.«

Scott nahm es. Er leerte den Inhalt in seine Handfläche. Ein sorgfältig zusammengefaltetes Stück Seidenpapier. Er setzte sich neben die Lampe und faltete es auseinander.

»Was steht denn drauf?«, fragte Eric. Mehrere Offiziere kamen durch den Tunnel herauf. Major Hendricks erschien.

»Major«, sagte Scott. »Schauen Sie sich das an.«

Hendricks las den Zettel. »Eben gekommen?«

»Ein einzelner Melder. Gerade eben.«

»Wo ist er?«, fragte Hendricks scharf.

»Die Greifer haben ihn erwischt.«

Major Hendricks brummte. »Hier.« Er reichte den Zettel an seine Begleiter weiter. »Ich glaube, das ist genau das, worauf wir schon lange gewartet haben. Auf jeden Fall haben sie sich damit reichlich Zeit gelassen.«

»Also wollen sie verhandeln«, sagte Scott. »Werden wir darauf eingehen?«

»Es ist nicht unsere Sache, das zu entscheiden.« Hendricks setzte sich. »Wo ist der Fernmeldeoffizier? Ich will die Mondstation.«

Leone grübelte, während der Fernmeldeoffizier vorsichtig die Antenne draußen aufrichtete und dabei den Himmel über dem Bunker nach Spuren eines russischen Beobachtungsschiffs absuchte.

»Sir«, sagte Scott zu Hendricks. »Es ist auf jeden Fall merkwürdig, dass sie plötzlich einlenken wollen. Wir haben die Greifer seit fast einem Jahr im Einsatz. Jetzt auf einmal beginnen sie weich zu werden.«

»Vielleicht sind die Greifer in ihre Bunker eingedrungen.«

»Letzte Woche drang einer von den großen Robotern mit den Stielaugen in einen Iwanbunker ein«, sagte Eric. »Er erwischte einen ganzen Zug, bevor sie ihren Deckel zukriegten.«

»Woher weißt du das?«

»Hat mir ein Kumpel erzählt. Das Ding kam zurück mit – mit Überresten.«

»Die Mondstation, Sir«, sagte der Fernmeldeoffizier.

Auf dem Bildschirm erschien das Gesicht des Horchfunkers auf Luna. Seine frisch gebügelte Uniform stand in krassem Gegensatz zu den Uniformen im Bunker. Und er war glattrasiert. »Mondstation.«

»Hier Frontkommando L-Whistle. Auf Terra. Verbinden Sie mich mit General Thompson.«

Der Horchfunker wurde ausgeblendet. Gleich darauf erschienen scharfgestochen die groben Züge General Thompsons. »Was gibt's, Major?«

»Unsere Greifer haben einen einzelnen russischen Melder mit einer Nachricht erwischt. Wir wissen nicht, ob wir darauf eingehen sollen – solche Tricks haben sie schon früher versucht.«

»Wie lautet die Nachricht?«

»Die Russen wollen, dass wir einen Offizier mit Entscheidungsbefugnis rüber zu ihren Linien schicken, allein. Zu einer Besprechung. Die Art der Besprechung ist nicht näher angegeben. Sie schreiben, dass Angelegenheiten von –« Er zog den Zettel zurate: »– Angelegenheiten von äußerster Dringlichkeit es ratsam erscheinen lassen, Verhandlungen zwischen einem Vertreter der UN-Kräfte und ihnen selbst aufzunehmen.«

Er hielt die Nachricht an den Bildschirm, damit der General sie lesen konnte. Thompsons Augen bewegten sich.

»Was sollen wir tun?«, fragte Hendricks.

»Schicken Sie einen Mann rüber.«

»Glauben Sie nicht, dass es eine Falle ist?«

»Könnte sein. Aber der Standort, den sie für ihr Frontkommando angeben, ist korrekt. Es ist auf jeden Fall einen Versuch wert.«

»Ich werde einen Offizier rüberschicken. Und Ihnen über die Ergebnisse berichten, sobald er zurückkehrt.«

»In Ordnung, Major.« Thompson unterbrach die Verbindung. Der Bildschirm erlosch. Oben wurde die Antenne langsam eingefahren.

Tief in Gedanken versunken, rollte Hendricks das Papier zusammen.

»Ich werde gehen«, sagte Leone.

»Sie wollen jemanden mit Entscheidungsbefugnis.« Hendricks rieb sich das Kinn. »Entscheidungsbefugnis. Ich bin seit Monaten nicht draußen gewesen. Vielleicht könnte ich mal frische Luft gebrauchen.«

»Glauben Sie nicht, dass es riskant ist?«

Hendricks hob den Sucher und spähte hinein. Die Überreste des Russen waren verschwunden. Nur ein einzelner Greifer war zu sehen. Er faltete sich gerade zusammen und verschwand in der Asche, wie ein Taschenkrebs. Wie ein abscheulicher Taschenkrebs aus Metall … »Das ist das Einzige, was mich beunruhigt.« Hendricks rieb sein Handgelenk. »Ich weiß, dass ich sicher bin, solange ich das hier trage. Aber sie sind irgendwie unheimlich. Ich hasse die verdammten Dinger. Ich wünschte, wir hätten sie niemals erfunden. Irgendwas stimmt nicht mit ihnen. Unbarmherzige kleine –«

»Wenn wir sie nicht erfunden hätten, dann der Iwan.«

Hendricks stieß den Sucher zurück. »Immerhin, sie scheinen den Krieg zu gewinnen. Ich nehme an, das ist gut so.«

»Hört sich an, als hätten Sie genauso viel Bammel wie der Iwan.«

Hendricks blickte prüfend auf seine Armbanduhr. »Ich glaube, ich mach mich am besten gleich auf den Weg, wenn ich vor Einbruch der Dunkelheit dort sein will.«

Er atmete tief durch und trat dann hinaus auf das graue Geröll. Er wartete einen Augenblick, zündete sich eine Zigarette an und betrachtete lange die Umgebung. Die Landschaft war tot. Nichts regte sich. Er konnte meilenweit sehen, Asche und Schlacke, so weit das Auge reichte, Ruinen von Häusern. Ein paar Bäume ohne Blätter oder Zweige, nur die Stümpfe. Über ihm wälzten sich die ewigen grauen Wolken dahin, die zwischen Terra und der Sonne trieben.

Major Hendricks ging weiter. Rechts, in einiger Entfernung, flitzte etwas davon, etwas Rundes, Metallisches. Ein Greifer, der wie der Blitz hinter etwas herjagte. Wahrscheinlich hinter einem kleinen Tier, einer Ratte. Sie fingen auch Ratten. Sozusagen als Nebenbeschäftigung.

Er erreichte die Kuppe des kleinen Hügels und hob sein Fernglas. Wenige Meilen vor ihm lagen die russischen Linien. Sie hatten dort einen Frontkommando-Posten. Von dort war der Melder gekommen.

Ein untersetzter Roboter mit schlenkernden Armen überholte ihn; die Arme pendelten suchend hin und her. Der Roboter setzte seinen Weg fort und verschwand unter dem Schutt. Hendricks beobachtete, wie er sich bewegte. Diesen Typ hatte er noch nie gesehen. Es gab mit der Zeit immer mehr Typen, die er noch nie gesehen hatte, neue Varianten und Größen, die aus den unterirdischen Fabriken heraufkamen.

Hendricks trat die Zigarette aus und eilte weiter. Das war interessant, der Einsatz von künstlichen Wesen in der Kriegsführung. Wie hatte das begonnen? Notwendigkeit. Die Partei, die den Krieg angefangen hatte – in diesem Fall die Sowjetunion –, erzielte wie üblich zunächst große Erfolge. Weite Teile Nordamerikas waren dem Erdboden gleichgemacht worden. Natürlich ließ der Vergeltungsschlag nicht lange auf sich warten. Bereits vor Kriegsbeginn zogen am Himmel zahllose Scheibenbomber ihre Kreise; sie waren schon jahrelang dort oben gewesen. Nur wenige Stunden nach dem Angriff auf Washington wurden die Scheibenbomben schon über ganz Russland abgeworfen.

Doch das hatte Washington nichts geholfen.

Bereits im ersten Jahr übersiedelten die Regierungen des amerikanischen Blocks in die Mondstation. Sonst blieb ihnen nicht viel zu tun. Europa existierte nicht mehr, es war nur noch ein Haufen Schlacke, auf dem aus Asche und Knochen dunkles Gestrüpp wucherte. Der größte Teil Nordamerikas war unbewohnbar geworden; nichts konnte angebaut werden, niemand konnte dort leben. Oben in Kanada und unten in Südamerika vermochten sich noch einige Millionen Menschen zu halten. Doch während des zweiten Jahres begannen sowjetische Fallschirmspringer zu landen, zunächst nur wenige, dann immer mehr. Sie besaßen die ersten wirklich strahlensicheren Anzüge; was von Amerika noch übrig war, zog zusammen mit den Regierungen auf den Mond.

Alle, außer den Truppen. Die restlichen Truppen blieben zurück und schlugen sich durch, so gut sie konnten, ein paar tausend hier, ein Zug dort. Niemand wusste genau, wo sie waren; sie hielten sich auf, wo immer es ging, marschierten nachts, versteckten sich in Ruinen, Abwasserkanälen und Kellern, zwischen Ratten und Schlangen. Es schien, als hätten die Sowjets den Krieg schon fast gewonnen. Abgesehen von einer Handvoll Geschosse, die täglich vom Mond aus abgefeuert wurden, waren kaum Waffen gegen sie im Einsatz. Sie kamen und gingen, wie es ihnen beliebte. Der Krieg war praktisch beendet. Man hatte ihnen nichts Wirkungsvolles entgegenzusetzen.

Und dann tauchten die ersten Greifer auf. Und über Nacht bekam der Krieg ein neues Gesicht.

Am Anfang waren die Greifer unbeholfen. Langsam. Der Iwan erledigte sie fast genauso schnell, wie sie aus ihren unterirdischen Tunnels gekrochen kamen. Doch dann wurden sie besser, schneller und geschickter. Hergestellt wurden sie in Fabriken, alle auf Terra. In Fabriken tief unter der Erde, hinter den sowjetischen Linien, in Fabriken, die früher einmal Atomgeschosse produziert hatten und nun fast vergessen waren.

Die Greifer wurden schneller, und sie wurden größer. Neue Typen tauchten auf, manche mit Fühlern, andere, die fliegen konnten. Es gab ein paar springende Sorten. Die besten Techniker auf dem Mond arbeiteten an ihrer Konstruktion und entwarfen immer kompliziertere und flexiblere Typen. Sie wurden unheimlich; der Iwan hatte eine Menge Ärger mit ihnen. Einige der kleinen Greifer hatten gelernt, sich zu verstecken, sich in die Asche einzugraben und im Hinterhalt zu lauern.

Und sie begannen, in die russischen Bunker einzudringen, hineinzugleiten, während die Deckel zum Lüften oder Ausschauhalten offen waren. Ein Greifer im Inneren eines Bunkers, eine rasende Kugel aus Messern und Metall – das genügte. Und wenn einer hereinkam, folgten andere nach. Mit einer solchen Waffe konnte der Krieg nicht mehr lange dauern.

Vielleicht war er schon beendet.

Vielleicht würde er die Neuigkeit hören. Vielleicht hatte das Politbüro beschlossen, das Handtuch zu werfen. Schade, dass es so lange gedauert hatte. Sechs Jahre. Eine lange Zeit für einen Krieg, der mit solchen Mitteln geführt worden war. Die automatischen Scheibenbomben, die als Vergeltungsschlag zu Hunderttausenden über ganz Russland niedergingen. Bakterienkristalle. Die sowjetischen Fernlenkgeschosse, die durch die Luft pfiffen. Die Kettenbomben. Und jetzt das, die Roboter, die Greifer –

Die Greifer waren nicht wie andere Waffen. Praktisch gesehen, waren sie *lebendig*, ob die Regierungen das nun zugeben wollten oder nicht. Das waren keine Maschinen. Das waren lebende Wesen, die rotierten, krochen, plötzlich aus der grauen Asche hervorschnellten und über einen Menschen herfielen, an ihm hinaufkletterten und sich auf seine Kehle stürzten. Und genau dafür waren sie konstruiert worden. Das war ihre Aufgabe.

Sie erfüllten ihre Aufgabe gut. Besonders in letzter Zeit, seit die neuen Modelle rauskamen. Jetzt reparierten sie sich selbst. Sie waren unabhängig. Strahlungsstreifen schützten die UN-Truppen, doch wenn ein Mann seinen Streifen verlor, war er Freiwild für die Greifer, egal welche Uniform er trug. Tief unter der Erdoberfläche wurden sie von automatischen Anlagen hergestellt. Menschen hielten sich von ihnen fern. Es war zu riskant; niemand wollte in ihrer Nähe sein. Sie wurden sich selbst überlassen. Und sie schienen gut zurechtzukommen. Die neuen Modelle waren schneller und komplexer. Effizienter.

Offensichtlich hatten sie den Krieg gewonnen.

Major Hendricks zündete sich eine zweite Zigarette an. Die Landschaft deprimierte ihn. Nichts als Asche und Ruinen. Er schien allein zu sein, das einzige lebende Wesen auf der ganzen Welt. Rechts von ihm erhoben sich die Ruinen einer Stadt, ein paar Mauern und Schutthaufen. Er warf das erloschene Streichholz weg und beschleunigte seinen Schritt. Plötzlich hielt er inne, riss sein Gewehr hoch und erstarrte. Einen Augenblick sah es so aus, als ob –

Hinter dem Gerippe eines zerstörten Hauses kam eine Gestalt hervor; sie ging langsam und zögernd auf ihn zu.

Hendricks kniff die Augen zusammen. »Stehen bleiben!«

Der Junge blieb stehen. Hendricks ließ das Gewehr sinken. Der Junge stand schweigend da und sah ihn an. Er war klein, nicht sehr alt. Vielleicht acht. Aber das war schwer zu sagen. Die meisten Kinder, die überlebt hatten, waren in ihrer Entwicklung zurückgeblieben. Er trug einen blassblauen, zerlumpten, schmutzigen Pullover und kurze Hosen. Sein Haar war lang und verfilzt. Braunes Haar. Es hing ihm ins Gesicht und über die Ohren. Er hielt etwas in den Armen.

»Was hast du da?«, fragte Hendricks scharf.

Der Junge streckte es vor. Es war ein Spielzeug, ein Bär. Ein Teddybär. Die Augen des Jungen waren groß, aber ausdruckslos.

Hendricks entspannte sich. »Ich will ihn nicht. Behalte ihn.«

Der Junge drückte den Bären wieder an sich.

»Wo wohnst du?«, fragte Hendricks.

»Da drinnen.«

»In den Ruinen?«

»Ja.«

»Unter der Erde?«

»Ja.«

»Wie viele sind dort?«

»Wie – wie viele?«

»Wie viele von euch? Wie groß ist eure Siedlung?«

Der Junge gab keine Antwort.

Hendricks runzelte die Stirn. »Du bist doch nicht ganz allein, oder?«

Der Junge nickte.

»Wovon lebst du?«

»Es gibt Nahrung.«

»Was für Nahrung?«

»Unterschiedlich.«

Hendricks musterte ihn. »Wie alt bist du?«

»Dreizehn.«

Das war nicht möglich. Oder doch? Der Junge war dünn, zurückgeblieben. Und wahrscheinlich unfruchtbar. Über Jahre hinweg der Strahlung ausgesetzt. Kein Wunder, dass er so klein war. Seine Arme und Beine waren wie Pfeifenreiniger, knotig und dünn. Hendricks berührte den Arm des Jungen. Seine Haut war trocken und rau; verstrahlte Haut. Er beugte sich hinunter und blickte dem Jungen ins Gesicht. Es war ausdruckslos. Große Augen, groß und dunkel.

»Bist du blind?«, fragte Hendricks.

»Nein. Ich kann ganz gut sehen.«

»Wie entgehst du den Greifern?«

»Den Greifern?«

»Den runden Dingern. Die rennen und sich eingraben.«

»Ich verstehe nicht.«

Vielleicht gab es in der Gegend keine Greifer. Viele Gebiete waren frei von ihnen. Sie sammelten sich meistens um die Bunker herum, dort, wo Menschen waren. Die Greifer waren so konstruiert, dass sie auf Wärme reagierten, die Wärme lebender Wesen.

»Du hast Gück.« Hendricks richtete sich auf. »Nun? In welche Richtung gehst du? Zurück – zurück dorthin?«

»Kann ich mit Ihnen kommen?«

»Mit *mir*?« Hendricks verschränkte die Arme. »Ich habe einen weiten Weg vor mir. Meilen. Ich muss mich beeilen.« Er sah auf seine Uhr. »Ich muss bei Einbruch der Dunkelheit dort sein.«

»Ich will mitkommen.«

Hendricks suchte in seinem Tornister herum. »Es lohnt sich nicht. Hier.« Er warf die Lebensmittelkonserven hin, die er bei sich hatte. »Die nimmst du mit und gehst zurück. Okay?«

Der Junge sagte nichts.

»Ich komme auf dem Rückweg wieder hier vorbei. Morgen oder übermorgen. Wenn du hier bist, wenn ich zurückkomme, kannst du mit mir mitkommen. In Ordnung?«

»Ich will jetzt mit Ihnen mitkommen.«

»Es ist weit zu laufen.«

»Ich kann laufen.«

Hendricks wand sich vor Unbehagen. Sie würden ein zu gutes Ziel abgeben, zwei Menschen unterwegs. Und der Junge würde ihn bremsen. Aber vielleicht kam er doch nicht auf diesem Weg zurück. Und wenn der Junge wirklich ganz allein war –

»Okay. Komm mit.«

Der Junge setzte sich neben ihm in Bewegung. Hendricks schritt kräftig aus. Der Junge lief schweigend und umklammerte seinen Teddybären.

»Wie heißt du?«, fragte Hendricks nach einer Weile.

»David Edward Derring.«

»David? Was – was ist mit deinen Eltern passiert?«

»Sie sind umgekommen.« »Wie?«

»Bei der Explosion.«

»Wie lange ist das her?«

»Sechs Jahre.«

Hendricks verlangsamte sein Tempo. »Du warst sechs Jahre lang allein?«

»Nein. Eine Zeitlang waren andere Leute da. Sie gingen fort.«

»Und seitdem warst du allein?«

»Ja.«

Hendricks blickte rasch zu Boden. Der Junge war merkwürdig, wortkarg. Verschlossen. Doch so waren sie, die Kinder, die überlebt hatten. Ruhig. Stoisch. Eine merkwürdige Art von Fatalismus hatte sich ihrer bemächtigt. Nichts konnte sie überraschen. Was auch immer geschah, sie fanden sich damit ab. Sie rechneten nicht mehr mit einem *normalen*, natürlichen Lauf der Dinge, weder der moralischen noch der physikalischen. Sitten und Gewohnheiten, alles, was für das Lernen richtungweisend war, war abhandengekommen; es gab nur noch die rohe Erfahrung.

»Laufe ich zu schnell?«, fragte Hendricks.

»Nein.«

»Wie kommt es, dass du mich gesehen hast?«

»Ich habe gewartet.«

»Gewartet?« Hendricks war verwirrt. »Worauf hast du gewartet?«

»Ich wollte Dinge fangen.«

»Was für Dinge?«

»Essbare Dinge.«

»Oh.« Grimmig biss Hendricks die Zähne zusammen. Ein dreizehnjähriger Junge, der von Ratten, Schildkröten und halbverfaulten Konserven lebte. Unten in einem Loch unter den Ruinen einer Stadt. Mit Strahlungsquellen, Greifern und russischen Sturzbombern, die oben am Himmel antriebslos herumschlingerten.

»Wohin gehen wir?«, fragte David.

»Zu den russischen Linien.«

»Russisch?«

»Der Feind. Das Volk, das den Krieg begonnen hat. Sie warfen die ersten Nuklearbomben. Sie haben mit alldem angefangen.«

Der Junge nickte. Sein Gesicht war ausdruckslos.

»Ich bin Amerikaner«, sagte Hendricks.

Kein Kommentar. Die beiden gingen weiter, Hendricks lief ein Stück voraus, David schleppte sich hinterher und presste dabei seinen schmutzigen Teddybären gegen die Brust.

Gegen vier Uhr nachmittags machten sie Rast, um zu essen. In einer Mulde zwischen Betonplatten richtete Hendricks einen Feuerplatz ein. Er räumte Gestrüpp beiseite und schichtete Holzstückchen auf. Ein Stück weiter vorn lagen die russischen Linien. Um ihn herum war früher einmal ein langgestrecktes Tal gewesen mit vielen Morgen voller Obstbäume und Rebstöcke. Jetzt war nichts mehr davon übrig außer ein paar kahlen Stümpfen und den Bergen, die sich am anderen Ende über den Horizont erstreckten. Und die sich dahinwälzenden Aschewolken, die der Wind vor sich hertrieb, bis sie sich auf Gestrüpp und Ruinen absetzten; hier und da Mauern, ab und zu die Trümmer einer Straße.

Hendricks machte Kaffee und wärmte etwas gekochtes Hammelfleisch und Brot. »Hier.« Er reichte David Brot und Hammel. David kauerte mit knotigen, weißen Knien am Rande des Feuers. Er musterte das Essen, gab es dann zurück und schüttelte den Kopf.

»Nein.«

»Nein? Willst du nichts davon?«

»Nein.«

Hendricks zuckte die Achseln. Vielleicht war der Junge ein Mutant, der an spezielle Nahrung gewöhnt war. Es war egal. Wenn er hungrig war, würde er schon etwas Essbares finden. Der Junge war merkwürdig. Aber die Welt erlebte viele merkwürdige Veränderungen. Das Leben war nicht mehr so wie früher. Es würde nie mehr so sein. Das musste die menschliche Rasse begreifen.

»Wie du willst«, sagte Hendricks. Er aß das Brot und das Hammelfleisch allein und spülte es mit Kaffee hinunter. Er aß langsam, er fand das Essen schwer verdaulich. Als er fertig war, stand er auf und trat das Feuer aus.

David erhob sich langsam und beobachtete ihn mit seinen jungen, alten Augen.

»Wir gehen«, sagte Hendricks.

»In Ordnung.«

Hendricks ging weiter, das Gewehr in den Armen. Sie waren fast da. Er war angespannt und auf alles gefasst. Die Russen würden einen Melder erwarten, eine Antwort auf ihren eigenen Melder, doch sie waren durchtrieben. Es konnte immer eine Panne geben. Eingehend prüfte er die Landschaft um sich herum. Nichts als Schlacke und Asche, ein paar Hügel, verkohlte Bäume. Betonmauern. Doch irgendwo vor ihm lag der erste Bunker der russischen Linien, das Frontkommando. Unter der Erde, tief eingegraben, nur ein Periskop und ein paar Gewehrmündungen ragten heraus. Vielleicht eine Antenne.

»Sind wir bald da?«, fragte David.

»Ja. Wirst du müde?«

»Nein.«

»Warum dann die Frage?«

David antwortete nicht. Er stapfte vorsichtig hinterher und bahnte sich seinen Weg durch die Asche. Seine Beine und Schuhe waren grau vom Staub. Über sein schmales Gesicht zogen sich Streifen, Linien aus grauer Asche, die wie Rinnsale über das blasse Weiß seiner Haut liefen. Sein Gesicht hatte keine Farbe. Typisch für die neuen Kinder, die in Kellern, Abwasserkanälen und unterirdischen Schutzräumen aufwuchsen.

Hendricks verlangsamte seinen Schritt. Er hob sein Fernglas und untersuchte das vor ihm liegende Gelände. Waren sie dort, irgendwo, und warteten auf ihn? Beobachteten sie ihn, so wie seine Männer den russischen Melder beobachtet hatten? Es lief ihm kalt über den Rücken. Vielleicht luden sie gerade ihre Gewehre, bereiteten sich darauf vor, zu schießen, so wie seine Männer sich vorbereitet hatten, sich zum Töten bereitgemacht hatten.

Hendricks blieb stehen und wischte sich den Schweiß vom Gesicht. »Verdammt.« Er fühlte sich unbehaglich. Doch eigentlich müssten sie ihn erwarten. Die Situation war eine andere.

Sein Gewehr mit beiden Händen umklammernd, schritt er durch die Asche. Hinter ihm kam David. Mit zusammengekniffenen Lippen spähte Hendricks umher. Es konnte jeden Moment geschehen. Berstendes weißes Licht, eine Sprengladung, wohlgezielt aus den Tiefen eines Betonbunkers heraus.

Er hob den Arm und schwenkte ihn im Kreis.

Nichts regte sich. Zu seiner Rechten zog sich eine langgestreckte Hügelkette dahin, die von toten Baumstümpfen gekrönt war. Wilde Weinreben hatten sich an den Bäumen emporgerankt, die Überreste von Obstgärten. Und ewig das dunkle Gestrüpp. Hendricks suchte die Hügelkette ab. War irgendetwas dort oben? Ein idealer Standort für einen Ausguck. Wachsam näherte er sich der Hügelkette; David folgte ihm schweigend. Wenn er hier das Kommando hätte, stünde dort oben ein Wachposten, der Ausschau nach Truppen hielte, die versuchten, in das Kommandogebiet einzudringen. Wenn er hier das

Kommando hätte, dann wäre das Gebiet natürlich voller Greifer, um absolute Sicherheit zu gewährleisten.

Er blieb stehen, breitbeinig, die Hände auf den Hüften.

»Sind wir da?«, fragte David.

»Fast.«

»Warum sind wir stehen geblieben?« »Ich will keinerlei Risiko eingehen.« Langsam lief Hendricks weiter. Jetzt lag die Hügelkette direkt neben ihm, zu seiner Rechten. Von dort aus konnte man ihn beobachten. Sein Unbehagen wuchs. Wenn dort oben ein Iwan war, hatte er keine Chance. Wieder schwenkte er den Arm. Als Antwort auf die Kapsel mit dem Zettel müssten sie eigentlich einen Mann in UN-Uniform erwarten. Es sei denn, das Ganze war eine Falle.

»Bleib dicht bei mir.« Er wandte sich zu David um. »Bleib nicht zurück.«

»Bei Ihnen?«

»Hier neben mir. Wir sind ganz nah. Wir dürfen nichts riskieren. Komm schon.«

»Es geht schon.« David blieb hinter ihm, in seinem Rücken, ein paar Schritte entfernt, und umklammerte noch immer seinen Teddybären.

»Wie du willst.« Hendricks hob wieder sein Fernglas; plötzlich straffte er sich. Einen Augenblick lang – hatte sich da etwas bewegt? Er suchte die Hügelkette sorgfältig ab. Alles war still. Tot. Kein Leben dort oben, nur Baumstümpfe und Asche. Vielleicht ein paar Ratten. Die großen, schwarzen Ratten, die den Greifern entkommen waren. Mutanten – sie bauten sich ihren Unterschlupf selbst aus Speichel und Asche. Einer Art Mörtel. Anpassung. Er ging weiter.

Auf der Hügelkette über ihm erschien eine hochgewachsene Gestalt in einem flatternden Umhang. Graugrün. Ein Russe. Hinter ihm tauchte ein zweiter Soldat auf, noch ein Russe. Beide hoben ihre Gewehre und zielten.

Hendricks erstarrte. Er öffnete den Mund. Die Soldaten knieten und zielten seitlich den Abhang hinunter. Eine dritte Gestalt hatte sich oben auf der Hügelkette zu ihnen gesellt, eine kleinere Gestalt in Graugrün. Eine Frau. Sie stand hinter den beiden anderen.

Hendricks fand seine Stimme wieder. »Halt!« Verzweifelt winkte er zu ihnen hinauf. »Ich bin –«

Die beiden Russen schossen. Hinter sich hörte Hendricks ein schwaches *Puff.* Hitzewellen schlugen ihm entgegen und warfen ihn zu Boden. Asche stob ihm ins Gesicht, drang ihm knirschend in Augen und Nase. Würgend zog er sich auf die Knie hoch. Das Ganze war eine Falle. Er war erledigt. Er war gekommen, um wie Vieh abgeschlachtet zu werden. Die Soldaten und die Frau kamen den Abhang der Hügelkette herunter auf ihn zu; sie schlitterten durch die weiche Asche. Hendricks war wie betäubt. Sein Kopf dröhnte. Unbeholfen hob er sein Gewehr auf und zielte. Es wog tausend Tonnen; er konnte es kaum halten. Nase und Wangen brannten. Die Luft war angefüllt mit dem Geruch der Sprengladung, einem bitteren, beißenden Gestank.

»Nicht schießen«, sagte der erste Russe auf Englisch mit starkem Akzent.

Die drei kamen zu ihm heran und umstellten ihn. »Leg dein Gewehr hin, Yank«, sagte der andere.

Hendricks war benommen. Alles war so schnell gegangen. Sie hatten ihn erwischt. Und sie hatten den Jungen in die Luft gejagt. Er wandte den Kopf. David war nicht mehr da. Was von ihm übrig war, lag über den Boden verstreut.

Die drei Russen musterten ihn neugierig. Hendricks setzte sich auf, wischte sich Blut von der Nase und klaubte Aschebröckchen heraus. Er schüttelte den Kopf und versuchte, klar zu denken. »Warum haben Sie das getan?«, murmelte er mit schwerer Zunge. »Den Jungen –«

»Warum?« Einer der Soldaten half ihm grob auf die Beine. Er drehte Hendricks um. »Schauen Sie hin.«

Hendricks schloss die Augen.

»Schauen Sie hin!« Die beiden Russen zogen ihn vorwärts. »Sehen Sie. Beeilen Sie sich. Wir haben keine Zeit zu verlieren, Yank!«

Hendricks schaute hin. Er rang nach Luft.

»Sehen Sie jetzt? Verstehen Sie jetzt?«

Aus den Überresten von David rollte ein Metallrad heraus. Relais, schimmerndes Metall. Einzelteile, Drähte. Einer der Russen trat nach dem Haufen von Überresten. Einzelteile sprangen heraus und rollten davon, Räder, Federn und Stangen. Ein halbverkohltes Plastikstück fiel in sich zusammen. Zitternd beugte sich Hendricks hinunter. Der vordere Teil des Kopfes hatte sich gelöst. Er konnte das komplizierte Gehirn erkennen, Drähte und Relais, winzige Röhren und Schalter, Tausende winzig kleiner Stiftschrauben –

»Ein Roboter«, sagte der Soldat, der ihn am Arm festhielt. »Wir haben beobachtet, wie er sich an Sie hängte.«

»Sich an mich hängte?«

»Das ist ihre Methode. Sie hängen sich an jemanden dran. Bis in den Bunker. So kommen sie rein.«

Hendricks blinzelte benommen. »Aber –«

»Kommen Sie.« Sie führten ihn auf die Hügelkette zu. »Hier können wir nicht bleiben. Es ist nicht sicher. Sie müssen zu Hunderten hier in der Nähe sein.«

Auf der Asche ausrutschend und fallend, zogen ihn die drei den Abhang der Hügelkette hinauf. Die Frau erreichte den Kamm und stand wartend da.

»Das Frontkommando«, murmelte Hendricks. »Ich bin gekommen, um mit dem sowjetischen –«

»Es gibt kein Frontkommando mehr. *Sie* sind eingedrungen. Wir werden es erklären.« Sie erreichten den Kamm der Hügelkette. »Nur wir sind übriggeblieben. Wir drei. Die anderen waren unten im Bunker.«

»Hier entlang. Hier runter.« Die Frau schraubte einen Deckel auf, eine graue Abdeckung für ein Einstiegsloch, die in den Boden eingelassen war. »Steigen Sie rein.«

Hendricks ließ sich hinunter. Hinter ihm stiegen die beiden Soldaten und die Frau die Leiter hinab. Die Frau schloss den Deckel hinter ihnen und verriegelte ihn fest, bis er einrastete.

»Ein Glück, dass wir Sie gesehen haben«, brummte einer der beiden Soldaten. »Viel länger hätte er sich nicht mehr an Sie gehängt.«

»Geben Sie mir eine von Ihren Zigaretten«, sagte die Frau. »Ich hab schon seit Wochen keine amerikanische Zigarette mehr gehabt.«

Hendricks schob ihr die Schachtel rüber. Sie nahm eine Zigarette und reichte die Schachtel an die beiden Soldaten weiter. Die Lampe in der Ecke des kleinen Raumes flackerte. Der Raum war niedrig und eng. Die vier saßen um einen kleinen Holztisch herum. Auf einer Seite war schmutziges Geschirr aufgestapelt. Hinter einem zerlumpten Vorhang war ein Teil eines zweiten Raumes zu erkennen. Hendricks sah den Zipfel eines Mantels, ein paar Decken, Kleider, die an einem Haken aufgehängt waren.

»Wir waren hier«, sagte der Soldat neben ihm. Er nahm seinen Helm ab und strich sein blondes Haar zurück. »Ich bin Corporal Rudi Maxer. Pole. Vor zwei Jahren zum Dienst in der sowjetischen Armee gezwungen worden.« Er reichte ihm die Hand.

Hendricks zögerte, dann schüttelte er sie. »Major Joseph Hendricks.«

»Klaus Epstein.« Der andere Soldat schüttelte ihm die Hand, ein kleiner, dunkler Mann mit schütterem Haar. Epstein zupfte nervös an seinem Ohr. »Österreicher. Gott weiß wann zum Dienst gezwungen worden. Ich erinnere mich nicht. Wir drei waren hier, Rudi und ich, bei Tasso.« Er deutete auf die Frau. »So sind wir davongekommen. Alle anderen waren unten im Bunker.«

»Und – und *sie* drangen ein?«

Epstein zündete sich eine Zigarette an. »Zuerst nur einer von ihnen. Die Sorte, die sich an Sie hängte. Dann ließ er die anderen herein.«

Hendricks horchte auf. »Die *Sorte*? Gibt es denn mehr als eine Sorte?«

»Der kleine Junge. David. David mit dem Teddybären. Das ist Variante drei. Die wirkungsvollste.«

»Wie sehen die anderen Typen aus?«

Epstein griff in seinen Mantel. »Hier.« Er warf einen Packen Fotos auf den Tisch, die mit einem Bindfaden zusammengeschnürt waren. »Schauen Sie selbst.«

Hendricks löste den Bindfaden.

»Verstehen Sie«, sagte Rudi Maxer, »das war der Grund, warum wir verhandeln wollten. Die Russen, meine ich. Wir haben es vor ungefähr einer Woche herausgefunden. Herausgefunden, dass Ihre Greifer anfingen, selbst neue Modelle zu entwerfen. Ihre eigenen neuen Typen. Bessere Typen. Unten in Ihren unterirdischen Fabriken hinter unseren Linien. Sie haben zugelassen, dass sie sich selbst herstellen und reparieren. Sie haben sie immer komplizierter gemacht. Es ist Ihre Schuld, dass das passiert ist.«

Hendricks sah prüfend die Fotos an. Jemand hatte sie hastig geknipst; sie waren verschwommen und undeutlich. Die ersten zeigten – David. David, wie er eine Straße entlangging, allein. David und noch ein David. Drei Davids. Alle genau gleich. Jeder mit einem zerlumpten Teddybären.

Alle bemitleidenswert.

»Sehen Sie sich die anderen an«, sagte Tasso.

Die nächsten Bilder, die aus großer Entfernung aufgenommen waren, zeigten einen hochaufragenden, verwundeten Soldaten, der am Wegrand saß, einen Arm in der Schlinge, einen Beinstumpf ausgestreckt, eine behelfsmäßige Krücke auf dem Schoß. Dann zwei verwundete Soldaten, beide gleich, Seite an Seite.

»Das ist Variante eins. Der Verwundete Soldat.« Klaus griff hinüber und nahm die Bilder. »Verstehen Sie, die Greifer wurden konstruiert, um an Menschen heranzukommen. Sie aufzuspüren. Jede Sorte war besser als die vorhergehende. Sie kamen weiter, näher, durch die meisten unserer Verteidigungsanlagen, bis in unsere Linien. Doch solange es bloß *Maschinen* waren, Metallkugeln mit Greifern, Hörnern und Fühlern, konnte man sie wie jeden anderen Gegenstand wegputzen. Man konnte sie als tödliche Roboter erkennen, sobald sie sich zeigten. Wenn wir sie erst einmal erblickt hatten –«

»Variante eins unterwanderte unseren gesamten Nordflügel«, sagte Rudi. »Es dauerte lange, bevor jemand begriff. Da war es schon zu spät. Sie kamen herein, verwundete Soldaten, die anklopften und um Einlass baten. Also ließen wir sie herein. Und sobald sie drin waren, übernahmen sie das Kommando. Wir hielten nach Maschinen Ausschau …«

»Damals dachte man, es gäbe nur den einen Typ«, sagte Klaus Epstein. »Niemand ahnte, dass es noch andere Typen gab. Die Bilder wurden uns durchgegeben. Als der Melder zu Ihnen geschickt wurde, wussten wir nur von dem einen Typ. Variante eins. Der Verwundete Soldat. Wir dachten, das wäre alles.«

»Ihre Linie fiel durch –«

»Durch Variante drei. David und sein Bär. Das klappte sogar noch besser.« Klaus lächelte bitter. »Auf Kinder fallen Soldaten immer herein. Wir holten sie in die Bunker und versuchten, sie zu füttern. Wir haben Lehrgeld dafür gezahlt, dass wir herausfanden, was sie wollten. Zumindest die, die im Bunker waren.«

»Wir drei hatten Glück«, sagte Rudi. »Klaus und ich waren – waren bei Tasso zu Besuch, als es passierte. Sie wohnt hier.« Seine große Hand deutete umher. »In diesem kleinen Keller. Wir waren fertig und kletterten die Leiter hinauf, um uns auf den Rückweg zu machen. Von der Hügelkette aus sahen wir, dass sie um den ganzen Bunker herum verteilt waren. Es wurde gekämpft. David und sein Bär. Hunderte davon. Klaus hat die Aufnahmen gemacht.«

Klaus band die Fotos wieder zusammen.

»Und sieht es denn entlang Ihrer ganzen Linie so aus?«

»Ja.«

»Was ist mit *unseren* Linien?« Gedankenlos berührte Hendricks den Streifen an seinem Arm. »Können sie –«

»Ihre Strahlungsstreifen stören sie nicht. Ob Russe, Amerikaner, Pole, Deutscher, das macht für sie keinen Unterschied aus. Das ist ganz einerlei. Sie tun das, wozu sie konstruiert wurden. Sie verwirklichen die ursprüngliche Idee. Sie spüren Lebewesen auf, wo immer sie sie finden können.«

»Sie reagieren auf Wärme«, sagte Klaus. »Nach diesem Prinzip funktionierten sie von Anfang an. Natürlich werden alle, die noch von Ihnen konstruiert wurden, von den Strahlungsstreifen zurückgehalten, die Sie tragen. Jetzt haben sie das umgangen. Diese neuen Varianten sind auf der Innenseite mit Blei ausgegossen.«

»Wie sieht die andere Variante aus?«, fragte Hendricks. »Der David-Typ, der Verwundete Soldat – wie sieht der andere aus?«

»Das wissen wir nicht.« Klaus zeigte zur Wand hinauf. An der Wand hingen zwei Metallschilder mit gezackten Rändern. Hendricks erhob sich und prüfte sie eingehend. Sie waren verbogen und verbeult.

»Das linke stammt von einem Verwundeten Soldaten«, sagte Rudi. »Wir haben einen von ihnen erwischt. Er lief auf unseren alten Bunker zu. Wir haben ihn von der Hügelkette aus erwischt, genauso, wie wir den David erwischt haben, der sich an Sie gehängt hatte.«

Das Schild trug einen Stempel: *I-V.* Hendricks berührte das andere Schild. »Stammt das hier vom David-Typ?«

»Ja.« Das Schild trug den Stempel: *III-V.*

Klaus betrachtete sie, über Hendricks' breite Schulter gebeugt. »Sie verstehen, worauf wir hinauswollen. Es gibt noch einen Typ. Vielleicht wurde er verworfen. Vielleicht funktionierte er nicht. Aber es muss eine zweite Variante geben. Es gibt eins und drei.«

»Sie hatten Glück«, sagte Rudi. »Der David hängte sich den ganzen Weg hierher an Sie und rührte Sie nicht an. Dachte wahrscheinlich, Sie würden ihn irgendwo in einen Bunker mitnehmen.«

»Einer gelangt hinein, und alles ist vorbei«, sagte Klaus. »Sie bewegen sich schnell. Einer lässt die anderen herein. Sie sind unerbittlich. Maschinen mit nur einem Zweck. Sie wurden für eine einzige Sache gebaut.« Er wischte Schweiß von seiner Lippe. »Wir haben es gesehen.«

Sie schwiegen.

»Geben Sie mir noch 'ne Zigarette, Yank«, sagte Tasso. »Sie sind gut. Ich hatte fast vergessen, wie sie schmecken.«

Es war Nacht. Der Himmel war schwarz. Durch die sich dahinwälzenden Aschewolken waren keine Sterne zu sehen. Klaus hob vorsichtig den Deckel an, so dass Hendricks hinausblicken konnte.

Rudi zeigte in die Dunkelheit. »Dort drüben sind die Bunker. Wo wir früher waren. Nicht mehr als eine halbe Meile von uns entfernt. Es war purer Zufall, dass Klaus und ich nicht dort waren, als es passierte. Schwäche. Durch unsere Geilheit gerettet.«

»Alle anderen sind sicher tot«, sagte Klaus mit leiser Stimme. »Es ging schnell. Heute morgen traf das Politbüro seine Entscheidung. Sie benachrichtigten uns – unser Frontkommando. Unser Melder wurde sofort losgeschickt. Wir sahen, wie er in Richtung auf Ihre Linien loslief. Wir gaben ihm Deckung, bis er außer Sichtweite war.«

»Alex Radrivsky. Wir kannten ihn beide. Gegen sechs Uhr brach er auf. Die Sonne war gerade aufgegangen. Gegen Mittag wurden Klaus und ich für eine Stunde abgelöst. Wir schlichen uns fort, weg von den Bunkern. Niemand beobachtete uns. Wir kamen hierher. Das hier war früher eine Stadt, ein paar Häuser, eine Straße. Der Keller gehörte zu einem großen Bauernhaus. Wir wussten, dass Tasso hier unten in ihrem kleinen Versteck sein würde. Wir waren schon früher hierhergekommen. Andere aus den Bunkern kamen auch hierher. Heute waren zufällig wir an der Reihe.«

»So wurden wir gerettet«, sagte Klaus. »Zufall. Es hätten andere sein können. Wir – wir waren fertig, und dann kamen wir rauf ins Freie und machten uns die Hügelkette entlang auf den Rückweg. Da sahen wir sie, die Davids. Wir wussten sofort Bescheid. Wir hatten die Fotos von der ersten Variante gesehen, den Verwundeten Soldaten. Unser Kommandeur verteilte sie mit einer Erklärung an uns. Wären wir noch einen Schritt weiter gegangen, hätten sie uns entdeckt. Zwei Davids mussten wir ohnehin in die Luft jagen, bevor wir wieder hier waren. Es waren Hunderte, überall. Wie Ameisen. Wir fotografierten sie, schlüpften wieder hier hinein und riegelten den Deckel fest zu.«

»Wenn man sie einzeln erwischt, sind sie nichts Besonderes. Wir bewegten uns schneller als sie. Aber sie sind unerbittlich. Nicht wie lebendige Wesen. Sie kamen direkt auf uns zu. Und wir jagten sie in die Luft.«

Major Hendricks lehnte sich gegen den Deckelrand und gewöhnte seine Augen an die Dunkelheit.

»Ist es nicht zu unsicher, den Deckel überhaupt zu öffnen?«

»Nicht wenn wir vorsichtig sind. Wie sollen Sie sonst Ihr Funkgerät benutzen?«

Langsam hob Hendricks das kleine Funkgerät, das er am Gürtel trug. Er presste es gegen sein Ohr. Das Metall war kalt und feucht. Er blies ins Mikrophon und zog die kurze Antenne heraus. Ein schwaches Summen drang in sein Ohr. »Ich glaube, da haben Sie recht.«

Doch er zögerte noch immer.

»Wir ziehen Sie runter, wenn irgendwas passiert«, sagte Klaus.

»Danke.« Hendricks wartete einen Augenblick und lehnte das Funkgerät gegen seine Schulter. »Interessant, nicht wahr?«

»Was?«

»Das, die neuen Typen. Die neuen Varianten der Greifer. Wir sind ihnen völlig ausgeliefert, nicht wahr? Jetzt sind sie wahrscheinlich auch schon in die UN-Linien eingedrungen. Ich frage mich, ob wir nicht gerade den Beginn einer neuen Art erleben. *Der* neuen Art. Evolution. Die Rasse, die nach den Menschen kommt.«

Rudi brummte. »Es gibt keine Rasse nach den Menschen.«

»Nein? Warum nicht? Vielleicht erleben wir das gerade mit, das Ende der Menschheit, den Beginn einer neuen Gesellschaft.«

»Sie sind keine Rasse. Sie sind mechanische Killer. Sie haben sie gemacht, um zu vernichten. Das ist alles, was sie können. Sie sind Maschinen mit einer einzigen Aufgabe.«

»So erscheint es gegenwärtig. Aber was wird später sein? Nachdem der Krieg beendet ist. Vielleicht zeigen sich ihre wahren Fähigkeiten erst, wenn es keine Menschen mehr zu vernichten gibt.«

»Sie reden, als ob sie lebendig wären!«

»Sind sie das nicht?«

Sie schwiegen. »Es sind Maschinen«, sagte Rudi. »Sie sehen aus wie Menschen, aber es sind Maschinen.«

»Benutzen Sie Ihr Funkgerät, Major«, sagte Klaus. »Wir können nicht ewig hier oben bleiben.«

Hendricks hielt das Funkgerät fest und rief den Code des Kommandobunkers. Er wartete und lauschte. Keine Antwort. Nur Stille. Sorgfältig überprüfte er die Leitungen. Alles war an seinem Platz.

»Scott!«, sagte er ins Mikrophon. »Können Sie mich hören?«

Stille. Er stellte auf volle Lautstärke und versuchte es erneut. Nur Rauschen.

»Hier kommt überhaupt nichts an. Vielleicht hören sie mich, wollen aber nicht antworten.«

»Sagen Sie ihnen, es handle sich um einen Notfall.«

»Sie werden denken, dass ich gezwungen werde anzurufen. Nach

Ihren Anordnungen.« Er versuchte es erneut und stellte in groben Zügen dar, was er erfahren hatte. Doch das Gerät schwieg noch immer, von schwachem Rauschen abgesehen.

»Strahlungsquellen unterdrücken fast jede Übertragung«, sagte Klaus nach einer Weile. »Vielleicht liegt es daran.«

Hendricks schaltete das Funkgerät aus. »Funktioniert nicht. Antwortet nicht. Strahlungsquellen? Vielleicht. Oder sie hören mich, wollen aber nicht antworten. Ehrlich gesagt, genau das würde ich tun, wenn ein Melder versuchte, von den russischen Linien aus anzurufen. Sie haben keinen Grund, eine solche Geschichte zu glauben. Vielleicht hören sie alles, was ich sage –«

»Oder vielleicht ist es zu spät.«

Hendricks nickte.

»Wir machen den Deckel besser zu«, sagte Rudi nervös. »Wir wollen kein unnötiges Risiko eingehen.«

Langsam stiegen sie wieder den Tunnel hinab. Klaus ließ den Deckel sorgfältig einrasten. Sie kamen hinunter in die Küche. Die Luft dort unten war schwül und verbraucht.

»Könnten sie so schnell zuschlagen?«, fragte Hendricks. »Ich habe den Bunker heute Mittag verlassen. Vor zehn Stunden. Wie können sie sich so schnell bewegen?«

»Sie brauchen nicht viel Zeit. Nicht nachdem der erste eingedrungen ist. Er wird rasend. Sie wissen, was die kleinen Greifer anrichten können. Sogar *einer* von diesen ist unvorstellbar. Rasiermesser, jeder Finger. Wahnsinnig.«

»Na schön.« Hendricks trat ungeduldig beiseite. Er wandte ihnen den Rücken zu.

»Was ist los?«, fragte Rudi.

»Die Mondstation. Mein Gott, wenn sie dort eingedrungen sind –«

»Die Mondstation?«

Hendricks drehte sich um. »Sie können nicht in die Mondstation eingedrungen sein. Wie sollten sie dorthin kommen? Es ist unmöglich. Ich kann es nicht glauben.«

»Was ist die Mondstation? Wir haben Gerüchte gehört, aber nichts Genaues. Wie ist eigentlich die Lage? Sie wirken besorgt.«

»Wir werden vom Mond aus versorgt. Dort, unter der Mondoberfläche, befinden sich die Regierungen. Unsere ganzen Leute und Industrien. Das hält uns in Gang. Wenn sie einen Weg finden sollten, Terra zu verlassen und zum Mond –«

»Es braucht nur einen von ihnen. Wenn der Erste einmal drinnen ist, lässt er die anderen hinein. Hunderte, alle gleich. Sie hätten sie sehen sollen. Identisch. Wie Ameisen.«

»Der perfekte Sozialismus«, sagte Tasso. »Das Ideal des kommunistischen Staates. Alle Bürger austauschbar.«

Klaus brummte ärgerlich. »Das reicht. Nun? Was jetzt?«

Hendricks lief in dem kleinen Raum hin und her. Der Geruch von Essen und Schweiß erfüllte die Luft. Die anderen beobachteten ihn. Dann schob sich Tasso durch den Vorhang in das andere Zimmer. »Ich werde ein Nickerchen machen.«

Der Vorhang schloss sich hinter ihr. Rudi und Klaus setzten sich an den Tisch und beobachteten Hendricks noch immer. »Es hängt von Ihnen ab«, sagte Klaus. »Wir kennen Ihre Situation nicht.«

Hendricks nickte.

»Das ist ein Problem.« Rudi füllte seine Tasse aus einem rostigen Topf und trank Kaffee.

»Für eine Weile sind wir hier sicher, aber wir können nicht ewig hierbleiben. Nicht genug Lebensmittel oder Vorräte.«

»Aber wenn wir rausgehen –«

»Wenn wir rausgehen, erwischen sie uns. Oder wahrscheinlich erwischen sie uns. Wir würden nicht sehr weit kommen. Wie weit ist es bis zu Ihrem Kommandobunker, Major?«

»Drei oder vier Meilen.«

»Wir könnten es schaffen. Wir vier. Zu viert könnten wir alle Seiten im Auge behalten. Sie könnten sich nicht von hinten anschleichen und sich an uns hängen. Wir haben drei Gewehre, drei Sprengschussgewehre. Tasso kann meine Pistole haben.« Rudi berührte seinen Gürtel. »In der sowjetischen Armee hatten wir nicht immer Schuhe, aber wir hatten Gewehre. Wenn wir alle vier bewaffnet sind, könnte es einer von uns bis zu Ihrem Kommandobunker schaffen. Am besten Sie, Major.«

»Was, wenn sie schon dort sind?«, fragte Klaus.

Rudi zuckte die Achseln. »Dann kommen wir hierher zurück.«

Hendricks hielt inne. »Wie hoch ist Ihrer Meinung nach die Wahrscheinlichkeit, dass sie schon in den amerikanischen Linien sind?«

»Schwer zu sagen. Ziemlich hoch. Sie sind organisiert. Sie wissen genau, was sie tun. Wenn sie einmal anfangen, sind sie wie ein Schwarm Heuschrecken. Sie müssen in Bewegung bleiben, Tempo vorlegen. Bei ihnen kommt es darauf an, schnell und im Verborgenen zu handeln. Überraschung. Sie drängen sich rein, bevor irgendjemand etwas ahnt.«

»Ich verstehe«, murmelte Hendricks.

Im Nebenzimmer regte sich Tasso. »Major?«

Hendricks schob den Vorhang zurück. »Was gibt's?«

Tasso sah träge vom Feldbett zu ihm auf. »Sind noch ein paar amerikanische Zigaretten übrig?«

Hendricks trat ins Zimmer und setzte sich ihr gegenüber auf einen Holzschemel. Er tastete seine Taschen ab. »Nein. Keine mehr da.«

»Schade.«

»Welche Nationalität haben Sie?«, fragte Hendricks nach einer Weile.

»Die russische.«

»Wie sind Sie hierhergekommen?«

»Hierher?«

»Dies war früher Frankreich. Dies war ein Teil der Normandie. Sind Sie mit der russischen Armee gekommen?«

»Warum?«

»Pure Neugier.« Er musterte sie. Sie hatte ihren Mantel ausgezogen und ihn über das Fußende des Feldbettes geworfen. Sie war jung, um die zwanzig. Schlank. Ihr langes Haar bedeckte das Kopfkissen. Sie blickte ihn schweigend an, mit großen, dunklen Augen.

»Woran denken Sie?«, fragte Tasso.

»An nichts. Wie alt sind Sie?«

»Achtzehn.« Sie fuhr fort, ihn zu beobachten, furchtlos, die Arme hinter dem Kopf verschränkt. Sie trug russische Armeehosen und ein ebensolches Hemd. Graugrün. Schwerer Ledergürtel mit Zähler und Patronen. Erste-Hilfe-Kasten.

»Sind Sie in der russischen Armee?«

»Nein.«

»Woher haben Sie die Uniform?«

Sie zuckte die Achseln. »Die hat mir jemand gegeben«, erklärte sie ihm.

»Wie – wie alt waren Sie, als Sie hierherkamen?«

»Sechzehn.«

»So jung?«

Ihre Augen verengten sich. »Was meinen Sie damit?«

Hendricks rieb sich das Kinn. »Ihr Leben wäre völlig anders verlaufen, wenn es keinen Krieg gegeben hätte. Sechzehn. Sie sind mit sechzehn hergekommen. Um so zu leben.«

»Ich musste überleben.«

»Ich meine es nicht moralisierend.«

»Auch Ihr Leben wäre anders verlaufen«, murmelte Tasso. Sie griff hinunter, öffnete einen ihrer Stiefel und schleuderte ihn auf den Fußboden. »Major, wollen Sie nicht in den anderen Raum gehen? Ich bin müde.«

»Wir vier hier drinnen, das wird Probleme geben. Es wird nicht leicht sein, in dieser Unterkunft zu wohnen. Gibt es nur die beiden Räume?«

»Ja.«

»Wie groß war denn der Keller ursprünglich? War er größer als jetzt? Gibt es noch andere, verschüttete Räume? Wir könnten vielleicht einen davon herrichten.«

»Kann sein. Ich weiß es wirklich nicht.« Tasso lockerte ihren Gürtel. Sie machte es sich auf dem Feldbett bequem und knöpfte ihr Hemd auf. »Sind Sie sicher, dass Sie keine Zigaretten mehr haben?«

»Ich hatte nur die eine Schachtel.«

»Schade. Vielleicht finden wir welche, wenn wir bis zu Ihrem Bunker kommen.« Der andere Stiefel fiel zu Boden. Tasso griff zur Lampenschnur hinauf. »Gute Nacht.«

»Gehen Sie schlafen?«

»Richtig.«

Es wurde dunkel im Zimmer. Hendricks stand auf und zwängte sich durch den Vorhang in die Küche. Und hielt erstarrt inne.

Rudi stand mit dem Rücken zur Wand, sein Gesicht war weiß und glänzend. Sein Mund öffnete und schloss sich, doch er brachte keinen Ton heraus. Klaus stand vor ihm und drückte den Lauf seiner Pistole in Rudis Magen. Keiner von beiden bewegte sich. Klaus umklammerte mit starrem Gesichtsausdruck die Pistole. Rudi stand blass und still gegen die Wand gespreizt.

»Was –«, murmelte Hendricks, doch Klaus fiel ihm ins Wort.

»Ruhe, Major. Kommen Sie hier rüber. Ihre Pistole. Holen Sie Ihre Pistole raus.«

Hendricks zog seine Pistole. »Was ist los?«

»Decken Sie mich.« Klaus bedeutete ihm, nach vorn zu kommen. »Neben mich. Schnell!«

Rudi bewegte sich ein wenig und ließ die Arme sinken. Er wandte sich zu Hendricks, leckte sich die Lippen. Das Weiße in seinen Augen leuchtete wild. Schweiß rann von seiner Stirn, die Wangen hinunter. Er heftete den Blick starr auf Hendricks. »Major, er ist verrückt geworden. Halten Sie ihn auf.« Rudis Stimme klang dünn und heiser, kaum hörbar.

»Was ist hier los?«, fragte Hendricks.

Klaus antwortete, ohne die Pistole zu senken. »Major, erinnern Sie sich an unser Gespräch? Die drei Varianten? Wir kennen eins und drei. Zwei kannten wir nicht. Zumindest bisher nicht.« Klaus' Finger packten den Pistolengriff fester. »Wir kannten sie bisher nicht, doch wir kennen sie jetzt.«

Er drückte den Abzug. Weiße Hitze barst aus der Pistole und umzüngelte Rudi.

»Major, das ist die zweite Variante.«

Tasso riss den Vorhang beiseite. »Klaus! Was hast du getan?«

Klaus wandte sich von der verkohlten Gestalt ab, die langsam an der Wand hinunter auf den Fußboden glitt. »Die zweite Variante, Tasso. Jetzt kennen wir sie. Wir haben alle drei Typen identifiziert. Die Gefahr ist geringer. Ich –«

Tasso starrte an ihm vorbei auf Rudis Überreste, auf die geschwärzten, schwelenden Brocken und Stofffetzen. »Du hast ihn getötet.«

»Ihn? *Es*, meinst du wohl. Ich habe Beobachtungen angestellt. Ich hatte so ein Gefühl, aber ich war nicht sicher. Zumindest bisher nicht. Doch heute Abend wusste ich es mit Bestimmtheit.« Nervös rieb Klaus den Griff seiner Pistole. »Wir haben Glück gehabt. Versteht ihr denn nicht? Noch eine Stunde, und es hätte vielleicht –«

»Du wusstest es *mit Bestimmtheit*?« Tasso schob sich an ihm vorbei und beugte sich über die qualmenden Überreste auf dem Fußboden. Ihr Gesicht verhärtete sich. »Major, schauen Sie selbst. Knochen. Fleisch.«

Hendricks beugte sich neben ihr nieder. Die Überreste waren menschliche Überreste. Versengtes Fleisch, verkohlte Knochenreste, Teile eines Schädels. Bänder, Eingeweide, Blut. Eine Blutlache entlang der Wand.

»Keine Räder«, sagte Tasso ruhig. Sie richtete sich auf. »Keine Räder. Keine Einzelteile. Keine Relais. Kein Greifer. Nicht die zweite Variante.« Sie verschränkte die Arme. »Du wirst das hier bald erklären können müssen.«

Klaus setzte sich an den Tisch; plötzlich war alle Farbe aus seinem Gesicht gewichen. Er verbarg den Kopf in den Händen und schaukelte vor und zurück.

»Hör auf damit.« Tassos Finger schlossen sich um seine Schultern. »Warum hast du das getan? Warum hast du ihn getötet?«

»Er hatte Angst«, sagte Hendricks. »Das alles, die ganze Sache, die sich um uns zusammenbraut.«

»Vielleicht.«

»Was sonst. Was glauben Sie?«

»Ich glaube, er könnte einen Grund gehabt haben, Rudi zu töten. Einen guten Grund.«

»Was für einen Grund?«

»Vielleicht hatte Rudi etwas in Erfahrung gebracht.«

Hendricks musterte ihr blasses Gesicht. »Worüber?« »Über ihn. Über Klaus.«

Klaus blickte schnell auf. »Sie verstehen, worauf sie hinauswill. Sie glaubt, ich sei die zweite Variante. Verstehen Sie nicht, Major? Jetzt will sie, dass Sie glauben, ich hätte ihn absichtlich getötet. Ich hätte –«

»Warum hast du ihn denn sonst getötet?«, fragte Tasso.

»Das hab ich schon gesagt.« Müde schüttelte Klaus den Kopf. »Ich dachte, er sei ein Greifer. Ich dachte, ich wüsste Bescheid.«

»Warum?«

»Ich hatte ihn beobachtet. Ich war misstrauisch.«

»Warum?«

»Ich dachte, ich hätte etwas gesehen. Etwas gehört. Ich dachte, ich –« Er unterbrach sich.

»Weiter.«

»Wir saßen am Tisch. Spielten Karten. Ihr beide wart im Nebenzimmer. Es war still. Ich dachte, ich hörte ihn – *surren.*«

Sie schwiegen.

»Glauben Sie das?«, wandte sich Tasso an Hendricks.

»Ja. Ich glaube, was er sagt.«

»Ich nicht. Ich glaube, er hat Rudi mit gutem Grund getötet.« Tasso berührte das Gewehr, das in der Ecke des Raumes lehnte. »Major –«

»Nein.« Hendricks schüttelte den Kopf. »Wir müssen sofort damit aufhören. Einer ist genug. Wir haben Angst, genau wie er vorhin. Wenn wir ihn töten, machen wir das Gleiche, was er mit Rudi gemacht hat.«

Klaus sah dankbar zu ihm auf. »Danke. Ich hatte Angst. Sie verstehen mich, nicht wahr? Jetzt hat sie Angst, genau wie ich vorhin. Sie will mich töten.«

»Schluss mit dem Töten.« Hendricks ging auf das Ende der Leiter zu. »Ich gehe nach oben und versuche es noch mal mit dem Funkgerät. Wenn ich sie nicht erreichen kann, werden wir uns morgen früh zu meinen Linien zurückziehen.«

Klaus erhob sich schnell. »Ich komme mit nach oben und helfe Ihnen.«

Die Nachtluft war kalt. Die Erde kühlte ab. Klaus atmete tief durch und füllte seine Lungen. Er und Hendricks stiegen aus dem Tunnel an die Oberfläche. Breitbeinig, das Gewehr im Anschlag, hielt Klaus Wache und lauschte. Hendricks kauerte neben dem Tunneleingang und stellte das kleine Funkgerät ein.

»Hat's geklappt?«, fragte Klaus gleich darauf.

»Noch nicht.«

»Versuchen Sie's weiter. Sagen Sie ihnen, was passiert ist.«

Hendricks versuchte es weiter. Ohne Erfolg. Schließlich schob er die Antenne hinein. »Es ist zwecklos. Sie können mich nicht hören. Oder sie hören mich und antworten nicht. Oder –«

»Oder es gibt sie nicht mehr.«

»Ich versuch's noch mal.« Hendricks zog die Antenne heraus. »Scott, hören Sie mich? Bitte kommen!«

Er lauschte. Nur Rauschen. Dann, noch sehr schwach –

»Hier spricht Scott.«

Seine Finger packten das Funkgerät fester. »Scott! Sind Sie's?«

»Hier spricht Scott.«

Klaus kauerte sich nieder. »Ist das Ihr Kommando?«

»Scott, hören Sie zu. Verstehen Sie das? Das mit den Greifern. Haben Sie meine Nachricht bekommen? Haben Sie mich gehört?«

»Ja.« Schwach. Kaum hörbar. Er konnte das Wort kaum verstehen.

»Haben Sie meine Nachricht bekommen? Ist alles in Ordnung im Bunker? Keiner von denen eingedrungen?«

»Es ist alles in Ordnung.«

»Haben die versucht einzudringen?«

Die Stimme war schwächer. »Nein.«

Hendricks wandte sich an Klaus. »Dort ist alles in Ordnung.«

»Sind sie angegriffen worden?«

»Nein.« Hendricks presste das Gerät fester an sein Ohr. »Scott, ich kann Sie kaum hören. Haben Sie die Mondstation benachrichtigt? Wissen die dort Bescheid? Sind sie alarmiert?«

Keine Antwort.

»Scott! Hören Sie mich?«

Schweigen.

Hendricks entspannte sich und sank zusammen. »Ausgeblendet. Muss an den Strahlungsquellen liegen.«

Hendricks und Klaus sahen sich an. Keiner von beiden sprach. Nach einer Weile fragte Klaus: »Hörte es sich an wie einer Ihrer Männer? Konnten Sie die Stimme erkennen?«

»Sie war zu schwach.«

»Könnten Sie es nicht mit Bestimmtheit sagen?«

»Nein.«

»Dann war es vielleicht –«

»Ich weiß es nicht. Ich bin nicht ganz sicher. Gehen wir wieder runter und schließen den Deckel.«

Langsam kletterten sie die Leiter hinunter in den warmen Keller. Klaus verriegelte den Deckel hinter ihnen. Tasso erwartete sie; ihr Gesicht war ausdruckslos.

»Hat's geklappt?«, fragte sie.

Keiner von beiden antwortete. »Nun?«, fragte Klaus schließlich. »Was glauben Sie, Major? War das Ihr Offizier, oder war das einer von *denen?*«

»Ich weiß es nicht.«

»Dann sind wir genauso schlau wie vorher.«

Hendricks starrte mit zusammengebissenen Zähnen auf den Fußboden. »Wir müssen hingehen. Um sicher zu sein.«

»Unsere Lebensmittel hier reichen sowieso nur für ein paar Wochen. Danach müssten wir auf jeden Fall nach draußen.«

»Sieht ganz danach aus.«

»Stimmt was nicht?«, fragte Tasso. »Sind Sie durchgekommen zu Ihrem Bunker? Was ist los?«

»Es könnte einer meiner Männer gewesen sein«, sagte Hendricks langsam. »Oder einer von *denen*. Aber wir werden es nie erfahren, wenn wir hier rumstehen.« Er blickte prüfend auf seine Uhr. »Gehen wir zu Bett und schlafen ein wenig. Morgen wollen wir früh aufstehen.«

»Früh?«

»Unsere beste Chance, den Greifern zu entwischen, dürfte früh am Morgen sein«, sagte Hendricks.

Der Morgen war frisch und klar. Durch sein Fernglas betrachtete Major Hendricks aufmerksam die Landschaft.

»Irgendwas zu sehen?«, fragte Klaus.

»Nein.«

»Können Sie unsere Bunker erkennen?«

»In welcher Richtung?«

»Hier.« Klaus nahm das Fernglas und stellte es ein. »Ich weiß, wo.« Er schaute lange und schweigend.

Tasso kam zur Tunnelöffnung und stieg hinaus an die Oberfläche. »Irgendwas gesehen?«

»Nein.« Klaus gab Hendricks das Fernglas zurück. »Sie sind außer Sichtweite. Kommen Sie. Machen wir, dass wir wegkommen.«

Die drei kämpften sich den Abhang der Hügelkette hinunter und rutschten dabei in der weichen Asche aus. Eine Eidechse flitzte über einen flachen Stein. Sie hielten inne, voller Anspannung.

»Was war das?«, murmelte Klaus.

»Eine Eidechse.«

Die Eidechse rannte weiter und huschte durch die Asche. Sie hatte genau die gleiche Farbe wie die Asche.

»Perfekte Anpassung«, sagte Klaus. »Beweist, dass wir recht hatten. Lysenko, meine ich.«

Sie erreichten den Fuß der Hügelkette und hielten inne, blieben nahe beieinander stehen und blickten sich um.

»Gehen wir.« Hendricks setzte sich in Bewegung. »Zu Fuß 'ne ganz schön weite Reise.«

Klaus lief neben ihm her, Tasso ging hinter ihnen, die Pistole schussbereit. »Major, ich wollte Sie schon die ganze Zeit was fragen«, sagte Klaus. »Wie sind Sie eigentlich auf den David gestoßen? Auf den, der sich an Sie gehängt hatte.«

»Ich habe ihn unterwegs getroffen. In ein paar Ruinen.«

»Was hat er gesagt?«

»Nicht viel. Er sagte, er sei allein. Ganz allein.«

»Haben Sie nicht bemerkt, dass das eine Maschine war? Sprach er wie ein lebendiger Mensch? Hatten Sie keinerlei Verdacht?«

»Er sprach nicht viel. Ich habe nichts Ungewöhnliches bemerkt.«

»Merkwürdig – Maschinen, die den Menschen so täuschend ähnlich sind. Beinahe lebendig. Ich frage mich, wo das enden wird.«

»Sie tun genau das, wozu ihr Yanks sie konstruiert habt«, sagte Tasso. »Ihr habt sie konstruiert, damit sie Leben aufspüren und vernichten. Menschliches Leben. Wo immer sie es finden.«

Hendricks beobachtete Klaus aufmerksam. »Warum haben Sie mich das gefragt? An was denken Sie?«

»An nichts«, antwortete Klaus.

»Klaus denkt, Sie sind die zweite Variante«, sagte Tasso ruhig von hinten. »Jetzt hat er Sie im Verdacht.«

Klaus errötete. »Warum nicht? Wir haben einen Melder zu den Linien der Yanks geschickt, und zurück kommt *er*. Vielleicht dachte er, er würde hier was zum Jagen finden.«

Hendricks lachte rau. »Ich kam aus den UN-Bunkern. Überall um mich herum waren Menschen.«

»Vielleicht sahen Sie eine Gelegenheit, in die sowjetischen Linien einzudringen. Vielleicht sahen Sie Ihre Chance. Vielleicht –«

»Die sowjetischen Linien waren bereits übernommen worden. Ihre Linien waren schon überfallen worden, bevor ich meinen Kommandobunker verließ. Vergessen Sie das nicht.«

Tasso tauchte neben ihm auf. »Das beweist gar nichts, Major.«

»Warum nicht?«

»Zwischen den Varianten gibt es offensichtlich nicht sehr viel Kommunikation. Jede wird in einer anderen Fabrik hergestellt. Sie scheinen nicht zusammenzuarbeiten. Sie könnten zu den sowjetischen Linien aufgebrochen sein, ohne irgendetwas über die Arbeit der anderen Varianten zu wissen. Noch nicht einmal, wie die anderen Varianten aussahen.«

»Woher wissen Sie so viel über die Greifer?«, fragte Hendricks.

»Ich habe sie gesehen. Ich habe beobachtet, wie sie die sowjetischen Bunker übernommen haben.«

»Du weißt eine ganze Menge«, sagte Klaus. »Eigentlich hast du sehr wenig gesehen. Merkwürdig, dass du eine so genaue Beobachterin gewesen sein solltest.« Tasso lachte. »Hast du jetzt mich im Verdacht?«

»Vergessen Sie's«, sagte Hendricks. Sie gingen schweigend weiter.

»Gehen wir die ganze Strecke zu Fuß?«, fragte Tasso nach einer Weile. »Ich bin das Laufen nicht gewöhnt.« Lange betrachtete sie die Ebene aus Asche, die sich um sie herum nach allen Seiten erstreckte, soweit sie schauen konnten. »Wie trostlos.«

»So sieht es überall aus«, sagte Klaus. »Irgendwie wünschte ich, du wärst in deinem Bunker gewesen, als der Angriff kam.«

»Dann wäre statt meiner irgendein anderer bei dir gewesen«, murmelte Klaus.

Tasso lachte und steckte die Hände in die Taschen. »Wahrscheinlich.«

Sie gingen weiter, die Augen auf die endlose Ebene aus schweigender Asche um sie herum gerichtet.

Die Sonne ging unter. Hendricks lief langsam voraus und bedeutete Tasso und Klaus zurückzubleiben. Klaus ging in die Hocke und stützte seinen Gewehrkolben auf den Boden.

Tasso fand eine Betonplatte und ließ sich mit einem Seufzer darauf nieder. »Tut gut, sich auszuruhen.«

»Sei still«, sagte Klaus scharf.

Hendricks schob sich bis zur Kuppe der Anhöhe hinauf, die vor ihnen lag. Derselben Anhöhe, die der russische Melder am Vortag heraufgekommen war. Hendricks ließ sich zu Boden gleiten, streckte sich lang aus und spähte durch sein Fernglas in das Gelände jenseits der Anhöhe.

Es war nichts zu sehen. Nur Asche und ein paar Bäume. Doch dort, nicht weiter als fünfzig Meter vor ihm, lag der Eingang zum Bunker des Frontkommandos. Der Bunker, aus dem er gekommen war. Hendricks beobachtete ihn schweigend. Keine Bewegung. Kein Lebenszeichen. Nichts regte sich.

Klaus ließ sich neben ihm niedergleiten. »Wo ist er?«

»Dort unten.« Hendricks reichte ihm das Fernglas. Aschewolken trieben über den Abendhimmel. Es wurde langsam dunkel. Ihnen blieben höchstens noch zwei oder drei Stunden Tageslicht. Wahrscheinlich nicht einmal das.

»Ich sehe gar nichts«, sagte Klaus.

»Der Baum dort. Der Stumpf. Neben dem Backsteinhaufen. Der Eingang liegt rechts von den Backsteinen.«

»Da muss ich mich auf Ihr Wort verlassen.«

»Sie und Tasso geben mir von hier aus Deckung. Sie können den ganzen Weg bis zum Bunkereingang überblicken.«

»Gehen Sie allein runter?«

»Mit meinem Streifen am Handgelenk bin ich sicher. Um den Bunker herum wimmelt es nur so von Greifern. Sie versammeln sich unten in der Asche. Wie Taschenkrebse. Ohne die Streifen hätten Sie keine Chance.«

»Vielleicht haben Sie recht.«

»Ich werde langsam den ganzen Weg hinuntergehen. Sobald ich sicher weiß –«

»Falls die da unten im Bunker sind, werden Sie es nicht mehr schaffen, hierher zurückzukommen. Die sind schnell. Sie können sich das nicht vorstellen.«

»Was schlagen Sie also vor?«

Klaus überlegte. »Ich weiß nicht. Bringen Sie sie dazu, herauszukommen. Damit Sie sie sehen können.«

Hendricks löste das Funkgerät von seinem Gürtel und zog die Antenne heraus. »Dann mal los.«

Klaus gab Tasso ein Zeichen. Geschickt kroch sie den Abhang der Anhöhe hinauf bis zu der Stelle, wo sie kauerten. »Er geht allein runter«, sagte Klaus. »Wir geben ihm von hier aus Deckung. Sobald du siehst, dass er umkehrt, schieß sofort an ihm vorbei. Sie sind schnell.«

»Du bist nicht sehr optimistisch«, sagte Tasso.

»Nein, bin ich nicht.«

Hendricks öffnete den Verschluss seines Gewehres und überprüfte es sorgfältig. »Vielleicht ist ja alles in Ordnung.«

»Sie haben sie nicht gesehen. Hunderte von ihnen. Alle gleich. Sie strömen heraus wie Ameisen.«

»Ich müsste es eigentlich herausfinden können, ohne den ganzen Weg dort runterzugehen.« Hendricks ließ sein Gewehr zuschnappen; er umklammerte es mit der einen Hand und das Funkgerät mit der anderen. »Nun, wünschen Sie mir Glück.«

Klaus reichte ihm die Hand. »Gehen Sie nicht runter, bevor Sie sicher sind. Sprechen Sie von hier aus mit ihnen. Bringen Sie sie dazu, sich zu zeigen.«

Hendricks erhob sich. Er ging den Abhang der Anhöhe hinunter.

Einen Augenblick später lief er langsam auf den Haufen aus Backsteinen und Schutt neben dem toten Baumstumpf zu. Auf den Eingang zum Bunker des Frontkommandos.

Nichts regte sich. Er hob das Funkgerät und schaltete es ein. »Scott? Hören Sie mich?«

Stille.

»Scott! Hier spricht Hendricks. Hören Sie mich? Ich stehe draußen vor dem Bunker. Durch den Sucher müssten Sie mich sehen können.«

Er hielt das Funkgerät fest umklammert und lauschte. Kein Laut. Nur Rauschen. Er ging weiter. Ein Greifer grub sich aus der Asche aus und raste auf ihn zu. Etwa einen Meter von ihm entfernt hielt er inne und schlich dann davon. Da tauchte ein zweiter Greifer auf, einer von den großen mit Fühlern. Er bewegte sich auf ihn zu, musterte ihn aufmerksam und schloss sich ihm an; respektvoll folgte er ihm auf dem Fuße und blieb immer ein paar Schritte hinter ihm. Kurz darauf gesellte sich ein zweiter großer Greifer dazu. Schweigend, mit den Greifern im Schlepptau, ging Hendricks langsam auf den Bunker zu.

Er blieb stehen, und die Greifer hinter ihm hielten an. Er war jetzt ganz nah. Fast bei der Treppe zum Bunker.

»Scott! Hören Sie mich? Ich stehe jetzt genau über Ihnen. Draußen. Im Freien. Haben Sie mich im Sucher?«

Er wartete, das Gewehr gegen die Hüfte und das Funkgerät fest ans Ohr gepresst. Die Zeit verging. Er lauschte angestrengt, doch es blieb still. Stille, und leichtes Rauschen.

Dann, entfernt, metallisch –

»Hier spricht Scott.«

Die Stimme war neutral. Kalt. Er konnte sie nicht identifizieren. Doch der Kopfhörer war winzig klein.

»Scott! Hören Sie zu. Ich stehe genau über Ihnen. Ich bin oben im Freien und schaue auf den Eingang zum Bunker hinunter.«

»Ja.«

»Können Sie mich sehen?«

»Ja.«

»Durch den Sucher? Haben Sie den Sucher auf mich gerichtet?«

»Ja.«

Hendricks grübelte. Um ihn herum wartete schweigend ein Kreis von Greifern, er war von ihren metallgrauen Körpern umzingelt. »Ist im Bunker alles in Ordnung? Keine ungewöhnlichen Vorfälle?«

»Es ist alles in Ordnung.«

»Würden Sie raufkommen ins Freie? Ich möchte Sie einen Augenblick sehen.« Hendricks atmete tief durch. »Kommen Sie zu mir herauf. Ich möchte mit Ihnen sprechen.«

»Kommen Sie runter.«

»Das ist ein Befehl.«

Stille.

»Kommen Sie jetzt?« Hendricks lauschte. Keine Antwort. »Ich befehle Ihnen herauszukommen.«

»Kommen Sie runter.«

Hendricks biss die Zähne zusammen. »Geben Sie mir Leone.«

Eine lange Pause entstand. Er lauschte auf das Rauschen. Dann kam eine Stimme, hart, dünn und metallisch. Die gleiche wie eben. »Hier spricht Leone.«

»Hendricks. Ich bin hier oben. Am Bunkereingang. Ich möchte, dass einer von Ihnen heraufkommt.«

»Kommen Sie runter.«

»Wozu runterkommen? Das ist ein Befehl!«

Stille. Hendricks ließ das Funkgerät sinken. Er blickte sich vorsichtig um. Der Eingang lag genau vor ihm. Fast zu seinen Füßen. Er schob die Antenne zurück und befestigte das Funkgerät an seinem Gürtel. Vorsichtig umklammerte er sein Gewehr mit beiden Händen und bewegte sich vorwärts, Schritt für Schritt. Wenn sie ihn sehen konnten, wussten sie, dass er auf den Eingang zuging. Er schloss für einen Moment die Augen.

Dann setzte er seinen Fuß auf die erste Stufe der Treppe, die hinunterführte.

Zwei Davids kamen auf ihn zu, ihre Gesichter waren identisch und ausdruckslos. Er jagte sie in die Luft. Schweigend eilten neue auf ihn zu, eine ganze Meute. Alle genau gleich.

Hendricks drehte sich um und rannte zurück, weg von dem Bunker, zurück auf die Anhöhe zu.

Von der Kuppe der Anhöhe aus schossen Tasso und Klaus herunter. Die kleinen Greifer flitzten schon zu ihnen hinauf, glänzende Metallkugeln, die wie wahnsinnig durch die Asche rasten. Doch er hatte keine Zeit, darüber nachzudenken. Er kniete nieder, hielt das Gewehr an seine Wange und zielte auf den Bunkereingang. Die Davids kamen gruppenweise heraus, hielten ihre Teddybären umklammert, ihre dünnen, knotigen Beine bewegten sich auf und ab, während sie die Stufen hinauf ins Freie rannten. Hendricks schoss genau in ihre Mitte. Sie zerbarsten, Räder und Federn flogen in alle Richtungen. Er schoss ein zweites Mal, durch die Partikel hindurch, die sie umnebelten.

Dann erschien eine riesige, schwerfällige Gestalt im Bunkereingang, groß und gewaltig. Überrascht hielt Hendricks inne. Ein Mann, ein Soldat. Mit einem Bein, auf eine Krücke gestützt.

»Major!« Tassos Stimme drang zu ihm. Weitere Schüsse. Von Davids umwimmelt, bewegte sich die riesige Gestalt vorwärts. Hendricks erwachte aus seiner Erstarrung. Die erste Variante. Der Verwundete Soldat. Er zielte und schoss. Der Soldat zerbarst in fliegende Brocken, Einzelteile und Relais. Jetzt waren viele Davids draußen im flachen Gelände, ein Stück vom Bunker entfernt. Er schoss immer wieder; halb geduckt zielend, zog er sich langsam zurück.

Von der Anhöhe aus feuerte Klaus herunter. Der Abhang der Anhöhe wimmelte von hinaufrasenden Greifern. Gebückt rannte Hendricks wieder zur Anhöhe zurück. Tasso hatte sich von Klaus getrennt und schwenkte langsam nach rechts ab, von der Anhöhe fort.

Ein David glitt auf ihn zu, sein kleines, weißes Gesicht war ausdruckslos, braune Haare hingen ihm in die Augen. Plötzlich beugte er sich vor und öffnete die Arme. Sein Teddybär polterte zu Boden, stürzte los und lief auf ihn zu. Hendricks schoss. Beide, der Bär und der David, lösten sich auf. Er grinste und kniff die Augen zusammen. Es war wie ein Traum.

»Hier rauf!« Tassos Stimme. Hendricks kämpfte sich zu ihr hinauf. Sie stand drüben neben ein paar Betonpfeilern, den Wänden eines eingestürzten Gebäudes. Mit der Pistole, die Klaus ihr gegeben hatte, schoss sie an Hendricks vorbei.

»Danke.« Er hatte sie erreicht und rang nach Luft. Sie zog ihn zurück, hinter den Beton, und nestelte an ihrem Gürtel.

»Augen zu!« Sie löste eine Kugel von ihrem Hüftgurt. Rasch schraubte sie den Deckel ab und ließ ihn einrasten. »Augen zu und hinlegen.«

Sie warf die Bombe, die in gekonntem Bogen durch die Luft segelte und dann hüpfend zum Bunkereingang rollte. Zwei Verwundete Soldaten standen unsicher neben dem Backsteinhaufen. Weitere Davids strömten hinter ihnen hervor, raus ins Gelände. Einer der Verwundeten Soldaten ging auf die Bombe zu und bückte sich unbeholfen, um sie aufzuheben.

Die Bombe explodierte. Die Erschütterung wirbelte Hendricks herum und warf ihn aufs Gesicht. Ein heißer Wind fegte über ihn hinweg. Verschwommen sah er Tasso hinter den Pfeilern stehen und langsam und methodisch auf die Davids schießen, die aus den wütenden Wolken weißen Feuers herauskamen.

Weiter hinten auf der Anhöhe kämpfte Klaus mit einem Ring von Greifern, die ihn umzingelten. Er zog sich zurück, jagte sie in die Luft und bewegte sich dabei rückwärts; er versuchte, den Ring zu durchbrechen.

Hendricks rappelte sich hoch. Sein Kopf schmerzte. Er konnte kaum sehen. Alles drehte sich, rasend und wirbelnd. Er konnte den rechten Arm nicht bewegen.

Tasso schob sich rückwärts zu ihm hin. »Kommen Sie. Gehen wir.«

»Klaus – er ist noch immer dort oben.«

»Kommen Sie!« Tasso zerrte Hendricks zurück, weg von den Säulen. Hendricks schüttelte den Kopf und versuchte, klar zu denken. Tasso führte ihn rasch fort, ihre Augen leuchteten hell; sie hielt nach Greifern Ausschau, die der Explosion entkommen waren.

Ein David trat aus den wogenden Feuerwolken. Tasso jagte ihn in die Luft. Danach tauchten keine mehr auf.

»Aber Klaus. Was wird aus ihm?« Hendricks blieb schwankend stehen. »Er –«

»Kommen Sie!«

Sie zogen sich zurück, immer weiter weg vom Bunker. Ein paar kleine Greifer folgten ihnen ein Weilchen und gaben dann auf; sie machten kehrt und verschwanden.

Endlich blieb Tasso stehen. »Hier können wir anhalten und uns ausruhen.«

Hendricks setzte sich auf einen Schutthaufen. Er wischte sich den Nacken und rang nach Luft. »Wir haben Klaus dort hinten zurückgelassen.«

Tasso sagte nichts. Sie öffnete ihre Pistole und ließ eine neue Ladung Sprengpatronen einrasten.

Hendricks starrte sie benommen an. »Sie haben ihn absichtlich dort zurückgelassen.«

Tasso ließ die Pistole zuschnappen. Mit ausdruckslosem Gesicht musterte sie aufmerksam die Geröllhaufen um sie herum. Als ob sie nach etwas Ausschau hielte.

»Was ist los?«, fragte Hendricks. »Was suchen Sie? Kommt irgendwas?« Er schüttelte den Kopf und versuchte, das alles zu begreifen. Was machte sie da? Worauf wartete sie? Er konnte nichts sehen. Nur Asche weit und breit, Asche und Ruinen. Gelegentlich kahle Baumstümpfe, ohne Blätter oder Zweige. »Was –«

Tasso fiel ihm ins Wort. »Schweigen Sie.« Ihre Augen verengten sich. Plötzlich hob sie die Pistole. Hendricks drehte sich um und folgte ihrem starren Blick.

Dort hinten, wo sie hergekommen waren, tauchte eine Gestalt auf. Die Gestalt kam schwankend auf sie zu. Ihre Kleider waren zerrissen. Sie hinkte, während sie sich vorwärtskämpfte; sie ging sehr langsam und vorsichtig. Ab und zu blieb sie stehen, ruhte sich aus und sammelte neue Kraft. Einmal wäre sie beinahe gestürzt. Sie blieb einen Augenblick stehen und versuchte, das Gleichgewicht wiederzufinden, dann ging sie weiter.

Klaus.

Hendricks erhob sich. »Klaus!« Er ging ihm entgegen. »Wie zum Teufel haben Sie –«

Tasso schoss. Hendricks wirbelte herum. Sie schoss noch mal, die Sprengladung, ein versengender Hitzestrahl, zischte an ihm vorbei und traf Klaus in die Brust. Er explodierte, Getriebeteile und Räder flogen umher. Einen Augenblick ging er noch weiter, dann schwankte er vor und zurück. Plötzlich streckte er die Arme aus und stürzte krachend zu Boden. Noch ein paar Räder rollten davon.

Stille.

Tasso wandte sich an Hendricks. »Jetzt verstehen Sie, warum er Rudi umgebracht hat.«

Hendricks setzte sich langsam wieder hin. Er schüttelte den Kopf. Er war wie betäubt. Er konnte nicht denken.

»Verstehen Sie?«, fragte Tasso. »Begreifen Sie?«

Hendricks sagte nichts. Alles glitt von ihm fort, schneller und schneller. Dunkelheit wälzte sich heran und umfing ihn.

Er schloss die Augen.

Langsam öffnete Hendricks die Augen. Sein ganzer Körper schmerzte. Er versuchte sich aufzusetzen, doch der Schmerz schoss wie Nadelstiche durch Arm und Schulter. Er rang nach Luft.

»Versuchen Sie nicht, aufzustehen«, sagte Tasso. Sie beugte sich hinunter und legte ihm ihre kalte Hand auf die Stirn.

Es war Nacht. Sterne glitzerten und funkelten über ihnen durch die dahintreibenden Aschewolken. Hendricks biss die Zähne zusammen und legte sich wieder hin. Tasso beobachtete ihn teilnahmslos. Sie hatte aus etwas Holz und Gestrüpp ein Feuer gemacht. Die Flammen züngelten kraftlos empor und zischten um eine Blechtasse, die darübergehängt war. Alles war still. Jenseits des Feuers reglose Dunkelheit.

»Also war er die Variante zwei«, murmelte Hendricks.

»Das hatte ich die ganze Zeit vermutet.«

»Warum haben Sie ihn nicht schon eher vernichtet?«, wollte er wissen.

»Sie haben mich davon abgehalten.« Tasso ging zum Feuer hinüber, um in die Blechtasse zu schauen. »Kaffee. Er wird bald fertig sein.«

Sie kam zurück und setzte sich neben ihm nieder. Dann öffnete sie ihre Pistole und begann, den Zündmechanismus zu zerlegen und eingehend zu untersuchen.

»Eine schöne Pistole«, sagte Tasso halblaut. »Hervorragend konstruiert.«

»Was ist mit ihnen? Mit den Greifern.«

»Die Erschütterung der Explosion hat die meisten von ihnen außer Gefecht gesetzt. Sie sind empfindlich. Hochkompliziert, nehme ich an.«

»Auch die Davids?«

»Ja.«

»Woher hatten Sie so eine Bombe?«

Tasso zuckte die Achseln. »Wir haben sie konstruiert. Sie sollten unsere Technologie nicht unterschätzen, Major. Ohne eine solche Bombe wären Sie und ich nicht mehr am Leben.«

»Sehr nützlich.«

Tasso streckte die Beine aus und wärmte ihre Füße am Feuer. »Ich war erstaunt, dass Sie offenbar nichts verstanden, nachdem er Rudi getötet hatte. Warum, glaubten Sie, hatte er –«

»Ich hab's Ihnen gesagt. Ich dachte, er hatte Angst.«

»Wirklich? Wissen Sie, Major, eine Zeitlang hatte ich Sie im Verdacht. Weil Sie nicht zuließen, dass ich ihn tötete. Ich dachte, Sie nehmen ihn vielleicht in Schutz.« Sie lachte.

»Sind wir hier sicher?«, fragte Hendricks.

»Eine Zeitlang. Bis sie aus einem anderen Gebiet Verstärkung bekommen.« Tasso begann, das Innere der Pistole mit einem Lumpen zu putzen. Als sie fertig war, ließ sie den Mechanismus wieder einrasten. Sie schloss die Pistole und strich mit dem Finger am Pistolenlauf entlang.

»Wir hatten Glück«, murmelte Hendricks.

»Ja. Großes Glück.«

»Danke, dass Sie mich weggezogen haben.«

Tasso antwortete nicht. Sie blickte starr auf ihn, ihre Augen leuchteten im Schein des Feuers. Hendricks untersuchte seinen Arm. Er konnte die Finger nicht bewegen. Die ganze Seite schien taub zu sein. In seinem Inneren pochte ein dumpfer, gleichbleibender Schmerz.

»Wie fühlen Sie sich?«, fragte Tasso.

»Mein Arm ist verletzt.«

»Was noch?«

»Innere Verletzungen.«

»Sie haben sich nicht zu Boden geworfen, als die Bombe explodierte.«

Hendricks sagte nichts. Er beobachtete, wie Tasso den Kaffee aus der Tasse in eine flache Blechschale goss. Sie brachte sie zu ihm herüber.

»Danke.« Mühsam rappelte er sich so weit hoch, dass er trinken konnte. Das Schlucken fiel ihm schwer. Ihm drehte sich der Magen um; er schob die Schale von sich. »Mehr kann ich im Moment nicht trinken.«

Tasso trank den Rest. Die Zeit verging. Über ihnen zogen die Aschewolken dahin. Hendricks ruhte sich aus, sein Kopf war leer. Nach einer Weile bemerkte er, dass Tasso über ihm stand und auf ihn hinabblickte.

»Was ist los?«, murmelte er.

»Fühlen Sie sich ein wenig besser?«

»Ein bisschen.«

»Sie wissen, Major, wenn ich Sie nicht weggezerrt hätte, hätten die Sie gekriegt. Sie wären tot. Wie Rudi.«

»Ich weiß.«

»Wollen Sie wissen, warum ich Sie dort herausgeholt habe? Ich hätte Sie zurücklassen können. Ich hätte Sie dort zurücklassen können.«

»Warum haben Sie mich herausgeholt?«

»Weil wir hier wegmüssen.« Mit einem Stock schürte Tasso das Feuer und blickte ruhig hinein. »Kein Mensch kann hier leben. Wenn ihre Verstärkung kommt, haben wir keine Chance. Ich habe darüber nachgegrübelt, während Sie bewusstlos waren. Uns bleiben vielleicht noch drei Stunden, bevor sie kommen.«

»Und Sie erwarten, dass ich uns hier fortbringe?«

»Richtig. Ich erwarte, dass Sie uns hier rausbringen.«

»Wieso ich?«

»Weil ich nicht wüsste, wie.« Im Dämmerlicht strahlten ihre Augen ihn hell und ruhig an. »Wenn Sie uns hier nicht rausbringen können, werden die uns innerhalb von drei Stunden töten. Ich sehe keine andere Möglichkeit. Nun, Major? Was werden Sie tun? Ich habe die ganze Nacht gewartet. Während Sie bewusstlos waren, habe ich hier gesessen, gewartet und gelauscht. Es ist kurz vor Tagesanbruch. Die Nacht ist fast vorbei.«

Hendricks überlegte. »Komisch«, sagte er schließlich.

»Komisch?«

»Dass Sie denken, ich könnte uns hier rausbringen. Ich frage mich, wie Sie sich das vorstellen.«

»Können Sie uns zur Mondstation bringen?«

»Zur Mondstation? Wie denn?«

»Es muss einen Weg geben.«

Hendricks schüttelte den Kopf. »Nein. Es gibt keinen Weg, soviel ich weiß.«

Tasso sagte nichts. Ihr ruhiger, starrer Blick flackerte kurz. Sie senkte rasch den Kopf und drehte sich jäh weg. Sie rappelte sich auf. »Noch Kaffee?«

»Nein.«

»Wie Sie wollen.« Tasso trank schweigend. Er konnte ihr Gesicht nicht sehen. Er lag wieder auf dem Boden, tief in Gedanken versunken, und versuchte sich zu konzentrieren. Das Denken fiel ihm schwer. Sein Kopf tat immer noch weh. Und die dumpfe Benommenheit hüllte ihn noch immer ein.

»Vielleicht gibt es einen Weg«, sagte er plötzlich. »Oh?«

»Wann wird es hell?«

»In zwei Stunden. Die Sonne geht bald auf.«

»Hier in der Nähe soll ein Schiff liegen. Ich habe es nie gesehen. Aber ich weiß, dass es existiert.«

»Was für ein Schiff?« Ihre Stimme war schneidend.

»Ein Raketenkreuzer.«

»Können wir damit starten? Zur Mondstation?«

»Dazu ist es da. Für den Notfall.« Er rieb sich die Stirn.

»Was ist los?«

»Mein Kopf. Das Denken fällt mir schwer. Ich kann mich kaum – kaum konzentrieren. Die Bombe.«

»Ist das Schiff hier in der Nähe?« Tasso glitt zu ihm hinüber und setzte sich neben ihn auf den Boden. »Wie weit ist es? Wo ist es?«

»Ich versuche nachzudenken.«

Ihre Finger gruben sich in seinen Arm. »In der Nähe?« Ihre Stimme war unnachgiebig. »Wo könnte es sein? Könnte es unter der Erde untergestellt sein? In einem unterirdischen Versteck?«

»Ja. In einem verschlossenen Depot.«

»Wie können wir es finden? Ist es markiert? Gibt es ein Geheimsymbol, um es zu identifizieren?«

Hendricks konzentrierte sich. »Nein. Keine Markierungen. Kein Geheimsymbol.«

»Was dann?«

»Ein Zeichen.«

»Was für ein Zeichen?«

Hendricks antwortete nicht. In dem flackernden Licht waren seine Augen glasig, zwei blinde Augäpfel. Tassos Finger gruben sich in seinen Arm.

»Was für ein Zeichen? Wie sieht es aus?«

»Ich – ich kann nicht denken. Lassen Sie mich ausruhen,«

»In Ordnung.« Sie ließ ihn los und erhob sich. Hendricks legte sich mit geschlossenen Augen zurück auf den Boden. Tasso ging ein Stück fort, die Hände in den Hosentaschen. Sie kickte einen Stein aus dem Weg, blieb stehen und starrte zum Himmel hinauf. Schon ging die Schwärze der Nacht allmählich in Grau über. Der Morgen dämmerte herauf.

Tasso umklammerte ihre Pistole und lief im Kreis um das Feuer herum, hin und her. Auf dem Boden lag Major Hendricks, reglos, mit geschlossenen Augen. Das Grau breitete sich immer weiter am Himmel aus. Die Landschaft wurde sichtbar, Aschefelder, die sich in alle Richtungen erstreckten. Asche und Ruinen von Häusern, hier und da eine Mauer, Betonhaufen, ein nackter Baumstumpf.

Die Luft war kalt und schneidend. Irgendwo in der Ferne schrie traurig ein Vogel.

Hendricks regte sich. Er öffnete die Augen. »Wird es hell? Jetzt schon?«

»Ja.«

Hendricks setzte sich halb auf. »Sie wollten etwas wissen. Sie haben mich gefragt.«

»Erinnern Sie sich jetzt?«

»Ja.«

»Wie sieht es aus?« Sie fixierte ihn. »Wie?«, wiederholte sie scharf.

»Ein Brunnen. Ein eingestürzter Brunnen. Es liegt in einem verschlossenen Depot unter einem Brunnen.«

»Ein Brunnen.« Tasso entspannte sich. »Dann werden wir einen Brunnen finden.« Sie sah auf ihre Uhr. »Uns bleibt noch ungefähr eine Stunde, Major. Glauben Sie, wir können ihn innerhalb einer Stunde finden?«

»Helfen Sie mir«, sagte Hendricks.

Tasso steckte ihre Pistole weg und half ihm auf die Beine. »Das wird nicht leicht werden.«

»Stimmt.« Hendricks presste die Lippen fest zusammen. »Ich glaube nicht, dass wir sehr weit kommen werden.«

Sie begannen zu laufen. Die Morgensonne strahlte ein wenig Wärme auf sie herab. Das Land war flach und öde und erstreckte sich grau und leblos, so weit das Auge reichte. Hoch über ihnen segelten schweigend ein paar Vögel und zogen langsam ihre Kreise.

»Sehen Sie irgendwas?«, fragte Hendricks. »Greifer?«

»Nein. Noch nicht.«

Ihr Weg führte sie durch Ruinen, Betonpfeiler und Backsteine. Eine Grundmauer aus Zement. Ratten huschten davon. Tasso sprang argwöhnisch zurück.

»Hier war früher eine Stadt«, sagte Hendricks. »Ein Dorf. Eine

Kleinstadt. Hier wurde früher überall Wein angebaut. Wo wir jetzt sind.«

Sie kamen in eine verfallene Straße, die von einem Gewirr von Gestrüpp und Rissen durchzogen war. Rechts von ihnen ragte ein gemauerter Schornstein in die Höhe.

»Vorsicht«, warnte er sie.

Eine klaffende Grube, ein offener Keller. Abgerissene Rohrenden standen verbogen und verdreht daraus hervor. Sie kamen an den Ruinen eines Hauses vorbei, eine Badewanne lag umgekippt auf der Seite. Ein zerbrochener Stuhl. Ein paar Löffel, Scherben von Porzellangeschirr. In der Mitte der Straße hatte sich der Boden gesenkt. Die Vertiefung war voller Gestrüpp, Schutt und Knochen.

»Hier rüber«, murmelte Hendricks.

»Hier entlang?«

»Nach rechts.«

Sie kamen an den Überresten eines schweren Panzers vorbei. Der Zähler an Hendricks' Gürtel klickte unheildrohend. Der Panzer war durch Strahlung zerstört worden. Etwa einen Meter vom Panzer entfernt lag, alle viere von sich gestreckt, ein mumifizierter Körper mit offenem Mund. Jenseits der Straße war ein flaches Feld. Steine, Gestrüpp und Glassplitter.

»Dort«, sagte Hendricks.

Ein abgesackter, zerbrochener Steinbrunnen ragte empor. Darüber lagen ein paar Bretter. Der größte Teil des Brunnens war im Geröll versunken. Hendricks ging schwankend darauf zu, Tasso neben ihm.

»Sind Sie sicher, dass es hier ist?«, fragte Tasso. »Das hier sieht nach gar nichts aus.«

»Ganz sicher.« Hendricks setzte sich mit zusammengebissenen Zähnen am Brunnenrand nieder. Er atmete schnell und wischte sich den Schweiß vom Gesicht. »Das hier wurde arrangiert, damit der ranghöchste Offizier des Kommandos entkommen konnte. Für den Fall, dass etwas passierte. Für den Fall, dass der Bunker erobert würde.«

»Das waren Sie?«

»Ja.«

»Wo ist das Schiff? Ist es hier?«

»Wir stehen genau darüber.« Hendricks strich mit den Händen über die Oberfläche des Steinbrunnens. »Das Abtastschloss reagiert nur auf mich, auf keinen anderen. Es ist mein Schiff. So war es zumindest gedacht.«

Sie hörten ein scharfes Klicken und gleich darauf ein leises, knirschendes Geräusch unter sich.

»Treten Sie zurück«, sagte Hendricks. Er und Tasso entfernten sich vom Brunnen.

Ein Teil des Bodens glitt nach hinten. Langsam hob sich ein Metallgerüst durch die Asche und schob dabei Backsteine und Gestrüpp aus dem Weg. Als der Rumpf des Schiffes in Sicht kam, wurde der Mechanismus abgeschaltet.

»Da ist es«, sagte Hendricks.

Das Schiff war klein. Es lag ruhig da, hing wie eine stumpfe Nadel in seinem Gittergerüst. Ein Ascheregen ergoss sich hinunter in den dunklen Schacht, aus dem das Schiff herausgehoben worden war. Hendricks ging zu ihm hinüber. Er kletterte am Gitter hinauf, schraubte die Luke auf und zog sie zurück. Im Inneren des Schiffes konnte man die Schalttafeln und den Druckausgleichssitz erkennen.

Tasso kam herüber, stellte sich neben ihn und starrte in das Schiff hinein. »Ich bin es nicht gewohnt, ein Raketentriebwerk zu steuern«, sagte sie nach einer Weile.

Hendricks warf ihr einen raschen Blick zu. »Ich werde steuern.«

»Tatsächlich? Es gibt nur einen Sitz, Major. Ich sehe, dass es gebaut wurde, um eine einzige Person zu befördern.«

Hendricks' Atmung veränderte sich. Aufmerksam musterte er das Innere des Schiffes. Tasso hatte recht. Es gab nur einen Sitz. Das Schiff war gebaut worden, um eine einzige Person zu befördern. »Ich verstehe«, sagte er langsam. »Und die eine Person sind Sie.«

Sie nickte.

»Natürlich.«

»Warum?«

»*Sie* können nicht fliegen. Sie würden die Reise vielleicht nicht überstehen. Sie sind verwundet. Sie würden wahrscheinlich nie ankommen.«

»Ein interessanter Gesichtspunkt. Aber sehen Sie, ich weiß, wo die Mondstation liegt. Und Sie wissen es nicht. Sie würden vielleicht monatelang herumfliegen und sie nicht finden. Sie ist gut versteckt. Wenn man nicht weiß, wonach man suchen muss –«

»Ich muss es riskieren. Vielleicht werde ich sie nicht finden. Nicht allein. Doch ich glaube, Sie werden mir alle Informationen geben, die ich brauche. Ihr Leben hängt davon ab.«

»Wieso?«

»Falls ich die Mondstation rechtzeitig finde, kann ich sie vielleicht dazu bringen, ein Schiff zurückzuschicken, um Sie abzuholen. *Falls* ich die Mondstation rechtzeitig finde. Falls nicht, haben Sie keine Chance. Ich vermute, es gibt Vorräte im Schiff. Ich werde damit lange genug auskommen, um –«

Hendricks bewegte sich schnell. Doch sein verletzter Arm ließ ihn im Stich. Tasso duckte sich und glitt geschmeidig beiseite. Blitzschnell hob sie die Hand. Hendricks sah den Pistolengriff kommen. Er versuchte den Schlag abzuwehren, aber sie war zu schnell. Der metallene Griff traf ihn seitlich am Kopf, genau über dem Ohr. Ein betäubender Schmerz durchzuckte ihn. Schmerz und wogende Schwärze. Er sank in sich zusammen und glitt zu Boden.

Verschwommen nahm er wahr, dass Tasso über ihm stand und mit der Schuhspitze nach ihm trat.

»Major! Wachen Sie auf!«

Stöhnend öffnete er die Augen.

»Hören Sie.« Sie beugte sich hinunter, die Pistole auf sein Gesicht gerichtet. »Ich muss mich beeilen. Es bleibt nicht mehr viel Zeit. Das Schiff ist startbereit, doch bevor ich losfliege, müssen Sie mir die notwendigen Informationen geben.«

Hendricks schüttelte den Kopf und versuchte klar zu denken.

»Beeilen Sie sich! Wo ist die Mondstation? Wie finde ich sie? Wonach muss ich suchen?«

Hendricks sagte nichts.

»Antworten Sie!«

»Tut mir leid.«

»Major, das Schiff ist voller Lebensmittelvorräte. Damit kann ich wochenlang antriebslos fliegen. Am Ende werde ich die Station finden. Und Sie werden in einer halben Stunde tot sein. Ihre einzige Überlebenschance –« Sie brach ab.

Entlang des Abhangs, neben einigen zerfallenden Ruinen, bewegte sich etwas. Etwas in der Asche. Tasso drehte sich schnell um und zielte. Sie schoss. Ein Feuerstoß loderte auf. Etwas rollte durch die Asche und flitzte davon. Sie schoss noch einmal. Der Greifer zerbarst, Räder flogen umher.

»Sehen Sie?«, fragte Tasso. »Ein Kundschafter. Es wird nicht mehr lange dauern.«

»Werden Sie sie hierher zurückbringen, um mich zu holen?«

»Ja. So bald wie möglich.«

Hendricks sah zu ihr auf. Er musterte sie eingehend. »Sagen Sie die Wahrheit?« Auf seinem Gesicht zeichnete sich jetzt ein merkwürdiger Ausdruck ab, ein gieriger Hunger. »Werden Sie zurückkommen, um mich zu holen? Werden Sie mich zur Mondstation bringen?«

»Ich werde Sie zur Mondstation bringen. Aber sagen Sie mir, wo sie liegt! Es bleibt nur noch wenig Zeit.«

»In Ordnung.« Hendricks ergriff einen Stein und rappelte sich hoch. »Schauen Sie her.«

Hendricks begann, in der Asche zu kratzen. Tasso stand neben ihm und folgte der Bewegung des Steines. Hendricks skizzierte in groben Zügen eine Landkarte des Mondes.

»Hier liegt das Apenninengebirge, hier der Archimedeskrater. Die Mondstation liegt etwa zweihundert Meilen jenseits der Apenninen. Ich weiß nicht genau, wo. Keiner auf Terra weiß es. Doch wenn Sie über den Apenninen sind, geben Sie Leuchtsignale: eine rote Leuchtkugel, eine grüne Leuchtkugel, danach schnell hintereinander zwei rote Leuchtkugeln. Der Stationsmonitor wird Ihr Signal aufzeichnen. Die Station ist natürlich unterirdisch. Sie werden dann per Magnetsteuerung nach unten geleitet.«

»Und die Schaltknöpfe? Kann ich sie bedienen?«

»Die Schaltknöpfe funktionieren praktisch automatisch. Sie müssen bloß zur rechten Zeit das richtige Signal geben.«

»Das werde ich.«

»Der Sitz fängt die Erschütterung beim Start weitgehend auf. Luft und Temperatur werden automatisch geregelt. Das Schiff wird Terra verlassen und in den freien Raum hinausfliegen. Es wird sich selbst auf Kurs zum Mond bringen und etwa einhundert Meilen über der Mondoberfläche in eine Mondumlaufbahn einschwenken. Die Umlaufbahn wird Sie über die Station führen. Wenn Sie in die Apenninenregion kommen, lösen Sie die Signalraketen aus.«

Tasso glitt ins Innere des Schiffes und ließ sich in den Druckausgleichssitz sinken. Automatisch schlossen sich die Haltevorrichtungen für die Arme. Sie spielte mit den Schaltknöpfen. »Schade, dass Sie nicht fliegen, Major. All das steht hier für Sie bereit, und Sie können die Reise nicht antreten.«

»Lassen Sie mir die Pistole hier.«

Tasso zog die Pistole aus dem Gürtel. Sie hielt sie nachdenklich abwägend in der Hand. »Entfernen Sie sich nicht allzu weit von diesem Standort. Es wird ohnehin schwer sein, Sie zu finden.«

»Nein, ich bleibe hier neben dem Brunnen.«

Tasso umklammerte den Starthebel und strich mit den Fingern über das glatte Metall. »Ein schönes Schiff, Major. Gut gebaut. Ich bewundere Ihre Kunstfertigkeit. Ihre Leute haben immer gute Arbeit geleistet. Sie bauen wunderbare Dinge. Ihre Arbeit und Ihre Konstruktionen sind Ihre größten Errungenschaften.«

»Geben Sie mir die Pistole«, sagte Hendricks ungeduldig und streckte die Hand aus. Er rappelte sich hoch.

»Auf Wiedersehen, Major!« Tasso schleuderte die Pistole an Hendricks vorbei. Die Pistole fiel klappernd zu Boden, hüpfte und rollte davon. Hendricks eilte ihr nach. Er bückte sich und schnappte sie.

Die Luke des Schiffes flog krachend zu. Die Verriegelungsbolzen rasteten ein. Hendricks kämpfte sich zurück. Die Innentür wurde hermetisch verschlossen. Schwankend hob er die Pistole.

Mit ohrenbetäubendem Dröhnen durchbrach das Schiff seinen metallenen Käfig und hinterließ unter sich das geschmolzene Gitter.

Geduckt zog Hendricks sich zurück. Das Schiff schoss in die sich dahinwälzenden Aschewolken hinauf und verschwand am Himmel.

Hendricks stand lange da und schaute ihm nach, bis sich sogar der Kondensstreifen aufgelöst hatte. Nichts regte sich. Die Morgenluft war frostig und still. Ziellos begann er, den Weg zurückzugehen, den sie gekommen waren. Besser, in Bewegung zu bleiben. Es würde lange dauern, bis Hilfe kam – falls sie überhaupt kam.

Er suchte in seinen Taschen, bis er ein Päckchen Zigaretten fand. Grimmig zündete er sich eine an. Sie hatten ihn alle um Zigaretten gebeten, doch Zigaretten waren knapp.

Eine Eidechse schlitterte durch die Asche an ihm vorbei. Angespannt blieb er stehen. Die Eidechse verschwand. Oben am Himmel stieg die Sonne höher. Seitlich von ihm landeten ein paar Fliegen auf einem flachen Stein. Hendricks trat mit dem Fuß nach ihnen.

Es wurde heiß. Schweiß rann ihm übers Gesicht und in den Kragen. Sein Mund war trocken.

Dann setzte er sich auf einen Schutthaufen. Er öffnete seinen Erste-Hilfe-Kasten und schluckte ein paar Betäubungskapseln. Er blickte sich um. Wo war er?

Vor ihm lag etwas. Ausgestreckt auf dem Boden. Still und reglos.

Rasch zog Hendricks die Pistole. Es sah aus wie ein Mensch. Dann erinnerte er sich. Es waren die Überreste von Klaus. Die zweite Variante. Dort, wo Tasso ihn in die Luft gejagt hatte. Er konnte Räder, Relais und Metallteile sehen, die verstreut in der Asche lagen. Sie glitzerten und funkelten im Sonnenlicht.

Hendricks rappelte sich hoch und ging hinüber. Er stieß mit dem Fuß leicht gegen die reglose Gestalt und drehte sie ein wenig herum. Er konnte den Metallschädel sehen, die Rippen und Streben aus Aluminium. Noch mehr Drähte fielen heraus. Wie Eingeweide. Berge von Drähten, Schaltern und Relais. Unzählige Motoren und Stangen.

Er bückte sich. Die Hirnschale war durch den Sturz zerschmettert worden. Er konnte das künstliche Gehirn sehen. Er betrachtete es lange. Ein Labyrinth von Schaltkreisen. Miniaturröhren. Haarfeine Drähte. Er berührte die Hirnschale. Sie schwang beiseite. Das Typenschild wurde sichtbar.

Hendricks untersuchte es.

Und erbleichte.

IV-V.

Er starrte lange auf das Schild. Variante vier. Nicht zwei. Sie hatten sich geirrt. Es gab noch mehr Typen. Nicht nur drei. Vielleicht viel mehr. Mindestens vier. Und Klaus war nicht Variante zwei.

Doch wenn Klaus nicht Variante zwei war –

Plötzlich zuckte er zusammen. Etwas näherte sich, kam jenseits des Hügels durch die Asche. Was war das? Er spähte angestrengt. Gestalten. Gestalten, die langsam daherstapften und sich durch die Asche kämpften.

Sie kamen auf ihn zu.

Hendricks duckte sich schnell und hob die Pistole. Schweiß rann ihm in die Augen. Er kämpfte seine wachsende Panik nieder, während die Gestalten näher kamen.

Die erste war ein David. Der David erblickte ihn und beschleunigte sein Tempo. Die anderen eilten hinterher. Ein zweiter David. Ein dritter. Drei Davids, alle gleich, kamen schweigend auf ihn zu, ausdruckslos, ihre dünnen Beine hoben und senkten sich. Sie umklammerten ihre Teddybären.

Er zielte und schoss. Die beiden ersten Davids lösten sich in Einzelteile auf. Der dritte kam näher. Und die Gestalt hinter ihm. Schweigend kletterte sie durch die graue Asche auf ihn zu. Ein Verwundeter Soldat, der den David weit überragte. Und –

Und hinter dem Verwundeten Soldaten kamen zwei Tassos; sie gingen Seite an Seite. Schwerer Gürtel, russische Armeehosen, Hemd, langes Haar. Die vertraute Gestalt, wie er sie noch vor kurzem gesehen hatte. Wie sie im Druckausgleichssitz des Schiffes saß. Zwei schlanke, schweigende Gestalten, beide genau gleich.

Sie waren ganz nah. Plötzlich beugte sich der David vor und ließ seinen Teddybären fallen. Der Bär raste über den Boden. Automatisch schlossen sich Hendricks' Finger fester um den Abzug. Der Bär war verschwunden, hatte sich in Nebel aufgelöst. Die beiden Tasso-Typen kamen näher, liefen ausdruckslos Seite an Seite durch die graue Asche.

Als sie fast bei ihm waren, hob Hendricks die Pistole in Hüfthöhe und schoss.

Die beiden Tassos lösten sich auf. Doch schon schaute eine neue Gruppe die Anhöhe hinauf, fünf oder sechs Tassos, alle gleich; sie kamen in einer Reihe schnell auf ihn zu.

Und er hatte ihr das Schiff und das Geheimsignal anvertraut. Durch seine Hilfe war sie auf dem Weg zum Mond, zur Mondstation. Er hatte es ermöglicht.

Letztlich hatte er doch recht gehabt, was die Bombe betraf. In ihre Konstruktion war das Wissen über andere Typen eingeflossen, über den David-Typ und den Verwundeter-Soldat-Typ. Und den Klaus-Typ. Sie war nicht von Menschen konstruiert. Sie war in einer der unterirdischen Fabriken konstruiert worden, weitab von jedem menschlichen Kontakt.

Die Reihe Tassos kam näher. Hendricks nahm all seine Kraft zusammen und beobachtete sie ruhig. Das vertraute Gesicht, der Gürtel, das schwere Hemd, die Bombe sorgfältig an ihrem Platz.

Die Bombe –

Als die Tassos nach ihm griffen, ging Hendricks ein letzter, ironischer Gedanke durch den Kopf. Während er darüber nachdachte, fühlte er sich ein wenig besser. Die Bombe. Hergestellt von Variante zwei, um die anderen Varianten zu zerstören. Allein zu diesem Zweck hergestellt.

Schon begannen sie Waffen zu konstruieren, um sich gegenseitig zu vernichten.

Minority Report

I

Als Anderton den jungen Mann sah, war sein erster Gedanke: *Ich werde langsam kahl. Kahl, fett und alt.* Doch das sprach er nicht laut aus. Stattdessen schob er seinen Stuhl nach hinten, stand auf und kam resolut um seinen Schreibtisch herum, die rechte Hand steif ausgestreckt. Er zwang sich zu einem liebenswürdigen Lächeln und schüttelte dem jungen Mann die Hand.

»Witwer?«, erkundigte er sich; es gelang ihm, die Frage wohlwollend klingen zu lassen.

»Stimmt genau«, sagte der junge Mann. »Aber für Sie natürlich Ed. Das heißt, falls Sie meine Abneigung gegen unnötige Förmlichkeiten teilen.« Die übertrieben selbstbewusste Miene des blonden jungen Mannes verriet, dass er die Sache damit als erledigt betrachtete. Dann also Ed und John: Von Anfang an würde alles angenehm harmonisch verlaufen.

»War es sehr schwierig, hierherzufinden?«, fragte Anderton vorsichtig; er ignorierte die überfreundliche Einleitung. *Um Gottes willen, er musste sich an irgendetwas festhalten.* Angst beschlich ihn, und er fing an zu schwitzen. Witwer benahm sich, als wäre es bereits sein Büro – als würde er Maß nehmen. Konnte er denn nicht ein paar Tage warten – anstandshalber?

»Kein Problem«, antwortete Witwer vergnügt, die Hände in den Taschen. Eifrig inspizierte er die voluminösen Aktenordner, die an der Wand aufgereiht standen. »Sie glauben doch nicht etwa, dass ich völlig ahnungslos bei Ihnen antrete. Ich kann mir sogar ziemlich genau vorstellen, wie das bei Prä-Verbrechen so läuft.«

Mit zitternden Fingern steckte Anderton seine Pfeife an. »Und wie läuft das bei Prä-Verbrechen? Das würde ich nun doch gern wissen.«

»Nicht übel«, sagte Witwer. »Eigentlich sogar ziemlich gut.«

Anderton blickte ihn fest an. »Ist das Ihre Privatmeinung? Oder bloß scheinheiliges Gerede?«

Offen begegnete Witwer seinem Blick. »Sowohl privat als auch öffentlich. Der Senat ist mit Ihrer Arbeit zufrieden. Eigentlich ist er sogar begeistert.« Er setzte hinzu: »Soweit man bei diesen Greisen noch von Begeisterung sprechen kann.«

Anderton zuckte zusammen, blieb nach außen hin jedoch gelassen. Das kostete ihn allerdings einige Mühe. Er fragte sich, was Witwer *tatsächlich* dachte. Was ging in diesem kurzgeschorenen Schädel wirklich vor? Die Augen des jungen Mannes waren blau, hell – und beängstigend intelligent. Witwer ließ sich nichts vormachen. Und war offenbar reichlich ehrgeizig.

»Wenn ich recht verstehe«, sagte Anderton vorsichtig, »arbeiten Sie als mein Assistent, bis ich in Rente gehe.«

»Genau so hab ich das auch verstanden«, erwiderte der andere, ohne auch nur einen Augenblick zu zögern.

»Das könnte schon dieses oder nächstes Jahr sein – vielleicht aber auch erst in zehn Jahren.« Die Pfeife in Andertons Hand zitterte. »Ich fühle mich keineswegs gezwungen, in Rente zu gehen. Ich habe Prä-Verbrechen gegründet, und ich mache weiter, solange ich will. Das ist allein *meine* Entscheidung.«

Witwer nickte, seine Miene blieb unverändert offen. »Selbstverständlich.«

Mit Mühe beruhigte Anderton sich ein wenig. »Ich wollte das lediglich klarstellen.«

»Von Anfang an«, räumte Witwer ein. »Sie sind der Boss. Was Sie sagen, wird gemacht.« Sichtlich aufrichtig fragte er: »Hätten Sie was dagegen, mir die Behörde zu zeigen? Ich würde mich gern so schnell wie möglich mit der allgemeinen Routine vertraut machen.«

Während sie die geschäftigen, gelb erleuchteten Reihen von Büros entlanggingen, sagte Anderton: »Die Theorie von Prä-Verbrechen ist

Ihnen selbstverständlich geläufig. Ich nehme doch an, das dürfen wir voraussetzen.«

»Ich habe auch nur die Informationen, die der Öffentlichkeit zugänglich sind«, erwiderte Witwer. »Mit Hilfe Ihrer Präkog-Mutanten und dank Ihrer Courage ist es Ihnen gelungen, das System der Post-Verbrechensbestrafung mit seinen Gefängnissen und Geldbußen endgültig abzuschaffen. Wir sind uns doch alle darüber im Klaren, dass Strafe nie ein sonderlich geeignetes Mittel zur Abschreckung war und einem Opfer, das bereits tot ist, wohl kaum ein großer Trost gewesen sein kann.«

Sie waren beim Fahrstuhl angekommen. Während der sie rasch nach unten brachte, sagte Anderton: »Was die strikte Einhaltung des Gesetzes angeht, haben Sie das grundlegende Hindernis bei der Umsetzung der Methodologie von Prä-Verbrechen vermutlich erkannt. Wir erfassen Individuen, die gegen keinerlei Gesetz verstoßen haben.«

»Was sie aber mit Sicherheit tun werden«, bekräftigte Witwer voller Überzeugung.

»Glücklicherweise *nicht* – wir schnappen sie uns nämlich, noch bevor sie ein Gewaltverbrechen begehen können. Also ist die Tat an sich rein metaphysisch. Wir behaupten, sie sind schuldig. Sie wiederum behaupten ununterbrochen, sie seien unschuldig. Und in gewissem Sinne *sind* sie unschuldig.«

Der Fahrstuhl spuckte sie aus, und wieder gingen sie einen gelben Korridor entlang. »In unserer Gesellschaft gibt es keine Schwerverbrechen«, fuhr Anderton fort, »dafür haben wir ein Straflager voller Pseudoverbrecher.«

Türen gingen auf und zu, und schon waren sie im Analyseflügel. Vor ihnen erhob sich ein beeindruckender Berg von Apparaturen – die Datenrezeptoren und Rechenmechanismen, die das eintreffende Material prüften und neu strukturierten. Und hinter den Maschinen saßen die drei Präkogs, die in dem Labyrinth von Netzleitungen beinahe untergingen.

»Da sind sie«, sagte Anderton trocken. »Was halten Sie von ihnen?«

Im düsteren Halbdunkel saßen die drei lallenden Idioten. Jedes zusammenhanglose Wort, jede unkontrollierte Silbe wurde analysiert, verglichen, in Form visueller Symbole wieder zusammengefügt und auf konventionelle Lochkarten übertragen, die dann in verschiedene kodierte Schlitze ausgeworfen wurden. Den ganzen Tag lallten die Idioten vor sich hin, gefangen in einer starren Haltung, mit Metallbändern, Kabelbündeln und Klammern an Spezialstühle mit hohen Lehnen gefesselt. Ihre körperlichen Bedürfnisse wurden automatisch befriedigt. Geistige Bedürfnisse hatten sie nicht. Dumpf grummelten, dösten und vegetierten sie dahin. Ihre Sinne waren stumpf, verwirrt, in Schatten versunken.

Aber nicht in den Schatten der Gegenwart. Die drei seibernden, brabbelnden Kreaturen mit ihren überdimensionalen Köpfen und nutzlosen Körpern betrachteten die Zukunft. Die Analysemaschinen zeichneten Prophezeiungen auf, und wenn die drei Präkog-Idioten redeten, hörten die Maschinen aufmerksam zu.

Zum ersten Mal wich das forsche Selbstvertrauen aus Witwers Gesicht. Ein angewiderter, entsetzter Blick schlich sich in seine Augen, eine Mischung aus Scham und moralischer Erschütterung. »Ist nicht gerade – angenehm«, murmelte er. »Ich war mir nicht darüber im Klaren, dass sie so –« Gestikulierend suchte er nach dem richtigen Wort, »So deformiert sind.«

»Deformiert und zurückgeblieben«, pflichtete Anderton augenblicklich bei. »Vor allem das Mädchen da. ›Donna‹ ist fünfundvierzig Jahre alt. Aber sie sieht aus wie zehn. Die Begabung verschlingt alles; der Psi-Lappen lässt den Rest des Stirnbereichs zusammenschrumpfen. Aber was interessiert uns das? Wir kriegen ihre Prophezeiungen. Sie liefern uns das, was wir brauchen. Sie haben von all dem keine Ahnung, *wir* schon.«

Zögernd ging Witwer quer durch den Raum zu den Maschinen. Aus einem Schlitz klaubte er einen Stapel Karten. »Sind das Namen, die dabei rausgekommen sind?«, fragte er.

»Sieht ganz danach aus.« Stirnrunzelnd nahm Anderton ihm den Stapel weg. »Ich hatte noch keine Gelegenheit, sie zu überprüfen«, erklärte er; ungeduldig verbarg er seinen Ärger.

Fasziniert schaute Witwer zu, wie die Maschine eine neue Karte in den jetzt leeren Schlitz spuckte. Es folgte eine zweite – und eine dritte. Aus den schwirrenden Scheiben kam eine Karte nach der anderen. »Die Präkogs sehen wohl ziemlich weit in die Zukunft«, stieß Witwer hervor.

»Sie sehen nur eine ziemlich begrenzte Zeitspanne«, erklärte ihm Anderton. »Allerhöchstens ein oder zwei Wochen. Ein Großteil ihrer Daten ist wertlos für uns – für unsere Tätigkeit schlicht und einfach irrelevant. Die geben wir an die zuständigen Behörden weiter. Dafür beliefern die uns dann wiederum mit ihren Daten. In jeder wichtigen Dienststelle gibt es einen ganzen Keller voll strenggehüteter *Affen.*«

»Affen?« Witwer starrte ihn verlegen an. »Ach so, schon kapiert. Nichts sehen, nichts hören und so weiter. Sehr amüsant.«

»Sehr *passend.*« Automatisch griff Anderton nach den neuen Karten, die die rotierende Maschine inzwischen ausgeworfen hatte. »Manche Namen werden sofort aussortiert. Und auf den restlichen Karten sind größtenteils Bagatelldelikte registriert: Diebstahl, Steuerhinterziehung, Überfall, Erpressung. Wie Sie sicher wissen, gibt es dank unserer Arbeit heute neunundneunzig Komma acht Prozent weniger Schwerverbrechen. Einen richtigen Mord oder Hochverrat haben wir nur noch selten. Schließlich weiß der Täter, dass wir ihn eine Woche, bevor er Gelegenheit bekommt, das Verbrechen zu begehen, in ein Straflager stecken.«

»Wann ist denn das letzte Mal ein richtiger Mord begangen worden?«, fragte Witwer.

»Vor fünf Jahren«, sagte Anderton stolz.

»Wie ist das passiert?«

»Der Verbrecher ist unseren Einheiten entwischt. Wir hatten seinen Namen – im Grunde hatten wir sogar alle Einzelheiten der Tat, auch den Namen des Opfers. Wir kannten den genauen Zeitpunkt und Ort des geplanten Verbrechens. Aber trotz unserer Bemühungen hat er es geschafft.«

»Ein Mord in fünf Jahren.« Witwers Selbstvertrauen kehrte zurück. »Recht beachtliche Leistung … darauf können Sie stolz sein.«

»Ich *bin* stolz darauf«, sagte Anderton ruhig. »Vor dreißig Jahren habe ich die Theorie entwickelt – damals, als diese Egoisten nichts anderes im Sinn hatten, als an der Börse das schnelle Geld zu machen. Ich hatte etwas Beständiges vor Augen – etwas von enormer sozialer Bedeutung.«

Er warf seinem Assistenten Wally Page, der für den Affenblock zuständig war, das Kartenpäckchen zu. »Schauen Sie mal, welche wir brauchen können«, sagte er zu ihm. »Entscheiden Sie selbst.«

Als Page mit den Karten verschwand, sagte Witwer nachdenklich: »Eine große Verantwortung.«

»Ja, allerdings«, pflichtete Anderton bei. »Wenn wir auch nur einen Verbrecher entkommen lassen – wie vor fünf Jahren –, haben wir ein Menschenleben auf dem Gewissen. Wir tragen die alleinige Verantwortung. Wenn wir danebenhauen, stirbt jemand.« Verbittert riss er drei neue Karten aus dem Schlitz. »Wir sind ein gemeinnütziges Unternehmen.«

»Kommen Sie schon mal in Versuchung –« Witwer zögerte. »Ich meine, manche Leute bieten Ihnen doch bestimmt sehr viel.«

»Das würde nichts nützen. Von jeder Karte wird im Armee-Hauptquartier eine Aktenkopie ausgespuckt. Wir überwachen uns gegenseitig. Wenn die wollen, können sie uns ununterbrochen im Auge behalten.« Anderton warf einen kurzen Blick auf die oberste Karte. »Also, selbst wenn wir eingehen wollten auf ein –«

Er verstummte; seine Lippen wurden zu einem schmalen Strich.

»Was ist denn los?«, fragte Witwer neugierig.

Sorgfältig faltete Anderton die oberste Karte zusammen und steckte sie sich in die Tasche. »Nichts«, murmelte er. »Gar nichts.«

Sein schroffer Ton ließ Witwer erröten. »Sie können mich wirklich nicht leiden«, bemerkte er.

»Ja«, gestand Anderton. »Stimmt. Aber –«

Er konnte es nicht fassen, dass er eine solche Abneigung gegen den jungen Mann hegte. Das schien einfach unmöglich: Das *war* unmöglich. Irgendetwas stimmte nicht. Verwirrt versuchte er, einen klaren Gedanken zu fassen.

Auf der Karte stand sein Name. Ganz oben – ein bereits angeklagter zukünftiger Mörder! Laut eingestanztem Code würde Commissioner John A. Anderton, Abteilung Prä-Verbrechen, einen Menschen töten – im Lauf der folgenden Woche.

Er glaubte nicht daran, und zwar aus vollster, alles überwältigender Überzeugung.

II

Im Vorzimmer stand Andertons schlanke, gutaussehende junge Frau Lisa und unterhielt sich mit Page. Sie war in eine heftige, lebhafte Grundsatzdiskussion vertieft und blickte kaum auf, als Witwer und ihr Mann hereinkamen.

»Hallo, Schatz«, sagte Anderton.

Witwer schwieg. Aber seine blassen Augen flackerten auf, als sein Blick an der brünetten Frau in der schmucken Polizeiuniform hängenblieb. Lisa war mittlerweile eine leitende Beamtin bei Prä-Verbrechen, war früher jedoch, das wusste Witwer, Andertons Sekretärin gewesen.

Als Anderton das Interesse in Witwers Gesicht bemerkte, hielt er kurz inne und dachte nach. Um die Karte in den Maschinen zu deponieren, brauchte man einen eingeweihten Komplizen – jemanden, der in enger Verbindung mit Prä-Verbrechen stand und Zugang zu den Analysegeräten hatte. Dass Lisa dabei eine Rolle spielte, war unwahrscheinlich. Aber die Möglichkeit bestand.

Bei der Intrige konnte es sich natürlich um eine großangelegte, ausgeklügelte Geschichte handeln, zu der weit mehr gehörte als nur eine »gezinkte« Karte, die an irgendeiner Stelle eingeschleust worden war. Womöglich waren die Originaldaten frisiert worden. Es war nicht festzustellen, an welchem Punkt die Änderung ursprünglich vorgenommen worden war. Eisige Furcht beschlich ihn, als ihm langsam bewusst wurde, was alles möglich war. Sein erster Impuls – die Maschinen aufzubrechen und alle Daten zu entfernen – war sinnlos und primitiv. Wahrscheinlich stimmten die Bänder mit der Karte überein: Damit würde er sich nur noch mehr belasten.

Er hatte ungefähr vierundzwanzig Stunden Zeit. Dann würden die

Armeefritzen ihre Karten überprüfen und die Unstimmigkeit entdecken. In ihren Akten würden sie ein Duplikat der Karte finden, die er an sich genommen hatte. Er hatte lediglich eine von zwei Kopien, und das bedeutete, die zusammengefaltete Karte in seiner Tasche konnte ebensogut auf Pages Schreibtisch liegen, für jeden sichtbar.

Von draußen drang das Dröhnen der Streifenwagen herein, die zu Routinerazzien ausrückten. Wie viele Stunden würde es noch dauern, bis einer davon vor *seinem* Haus hielt?

»Was ist denn los, Schatz?«, fragte Lisa beklommen. »Du siehst aus, als ob du ein Gespenst gesehen hättest. Stimmt irgendwas nicht?«

»Alles in Ordnung«, versicherte er ihr.

Plötzlich schien Lisa zu bemerken, dass Ed Witwer sie bewundernd musterte. »Ist der junge Mann hier dein neuer Mitarbeiter, Schatz?«, fragte sie.

Zögernd stellte Anderton seinen neuen Kollegen vor. Lisa begrüßte ihn mit einem freundlichen Lächeln. Ob zwischen den beiden insgeheim Einvernehmen herrschte? Er wusste es nicht. Gott, er fing schon an, jeden zu verdächtigen – nicht nur seine Frau und Witwer, sondern ein Dutzend Mitglieder seiner Belegschaft.

»Sind Sie aus New York?«, fragte Lisa.

»Nein«, erwiderte Witwer. »Ich hab den größten Teil meines Lebens in Chicago verbracht. Ich wohne im Hotel – in einem von den großen Hotels in der Stadt. Warten Sie – ich hab den Namen irgendwo auf einer Karte notiert.«

Während er hektisch seine Taschen durchwühlte, machte Lisa einen Vorschlag: »Vielleicht möchten Sie mit uns zu Abend essen. Wir werden in Zukunft eng zusammenarbeiten, und ich finde wirklich, wir sollten uns besser kennenlernen.«

Erschrocken wich Anderton zurück. Inwieweit war es möglich, dass seine Frau rein zufällig, aus purer Herzlichkeit so freundlich reagierte? Witwer würde den Rest des Abends mit ihm verbringen und hatte jetzt einen Vorwand, mit in Andertons Privatwohnung zu kommen. Impulsiv drehte er sich um; zutiefst beunruhigt, marschierte er zur Tür.

»Wo willst du denn hin?«, fragte Lisa erstaunt.

»Zurück in den Affenblock«, sagte er zu ihr. »Ein paar ziemlich rätselhafte Datenbänder noch mal überprüfen, bevor die Armee sie zu sehen kriegt.« Er war draußen auf dem Flur, noch bevor ihr ein plausibler Grund einfiel, ihn zurückzuhalten.

Rasch hatte er die Rampe am anderen Ende des Flurs erreicht. Er lief gerade die Außentreppe Richtung Bürgersteig hinunter, als Lisa völlig außer Atem hinter ihm auftauchte.

»Was, um alles in der Welt, ist bloß in dich gefahren?« Sie ergriff seinen Arm und schob sich schnell an ihm vorbei. »Ich hab *gewusst*, dass du verschwindest«, stieß sie hervor und stellte sich ihm in den Weg. »Was ist denn los mit dir? Alle denken, du bist –« Sie stockte. »Ich meine, du benimmst dich so eigentümlich.«

Menschen strömten an ihnen vorüber – das übliche Nachmittagsgetümmel. Anderton schenkte ihnen keinerlei Beachtung und befreite seinen Arm aus der Umklammerung seiner Frau. »Ich muss raus«, sagte er zu ihr. »Solange noch Zeit ist.«

»Aber – *warum*?«

»Die wollen mich aufs Kreuz legen – vorsätzlich und böswillig. Dieses Ungeheuer hat's auf meinen Posten abgesehen. Der Senat will über *ihn* an mich ran.«

Verwirrt blickte Lisa zu ihm auf. »Aber er macht den Eindruck, als wär er ein völlig harmloser junger Mann.«

»Harmlos wie eine Klapperschlange.«

Lisas Entsetzen verwandelte sich in Unglauben. »Das ist doch Unsinn. Schatz, du bist völlig mit den Nerven runter –« Verlegen lächelnd stammelte sie: »Es ist doch reichlich unglaubwürdig, dass Ed Witwer versuchen sollte, dich aufs Kreuz zu legen. Wie könnte er, auch wenn er wollte? Ed würde garantiert nicht –« »Ed?«

»So heißt er doch, oder?«

Ihre braunen Augen blitzten auf, erfüllt von heftigem Zweifel und bestürztem Widerspruch. »Um Gottes willen, du verdächtigst ja jeden. Du glaubst tatsächlich, dass ich irgendwie in die Sache verwickelt bin, stimmt's?«

Er dachte nach. »Ich weiß nicht genau.«

Mit vorwurfsvollem Blick trat sie näher an ihn heran. »Das ist nicht wahr. Du glaubst es wirklich. Vielleicht *solltest* du mal ein paar Wochen wegfahren. Du brauchst dringend Ruhe. Dieser ganze Druck, der Schock, dass jemand Jüngeres ans Ruder kommen könnte. Du benimmst dich wie ein Paranoiker. Merkst du das denn nicht? Eine Intrige gegen dich. Sag mal, hast du dafür irgendeinen stichhaltigen Beweis?«

Anderton zog seine Brieftasche hervor, holte die gefaltete Karte heraus und gab sie ihr. »Schau dir das genau an«, sagte er.

Die Farbe verschwand aus ihrem Gesicht, und leise gab sie einen spitzen, heiseren Schreckenslaut von sich.

»Die Masche ist einigermaßen durchschaubar«, sagte Anderton zu ihr, so ruhig, wie er konnte. »Das verschafft Witwer einen rechtlichen Vorwand, mich sofort aus dem Verkehr zu ziehen. Dann muss er nicht warten, bis ich abdanke.« Grimmig setzte er hinzu: »Die wissen genau, dass ich noch für ein paar Jahre gut bin.«

»Aber –«

»Damit ist es mit der gegenseitigen Überwachung vorbei. Prä-Verbrechen ist dann keine unabhängige Behörde mehr. Der Senat hat dann die Polizei unter Kontrolle, und danach –« Seine Lippen wurden zu einem schmalen Strich. »Dann schlucken sie auch noch die Armee. Nun ja, oberflächlich betrachtet, ist das doch ziemlich logisch. *Natürlich* stehe ich Witwer ablehnend und feindselig gegenüber – *natürlich* hab ich ein Motiv.

Keiner wird gern durch einen Jüngeren ersetzt und vorzeitig in den Ruhestand befördert. Ist doch eigentlich alles ganz einleuchtend – abgesehen davon, dass ich nicht die geringste Absicht habe, Witwer umzubringen. Aber das kann ich nicht beweisen. Also, was soll ich machen?«

Stumm, mit kreidebleichem Gesicht schüttelte Lisa den Kopf. »Ich – weiß nicht. Schatz, wenn doch nur –«

»Und jetzt«, sagte Anderton plötzlich, »geh ich nach Haus und packe. Sehr viel weiter kann ich nicht planen.«

»Du willst also wirklich versuchen, dich – dich abzusetzen?«

»Genau. Und wenn ich mich auf den Kolonialplaneten im Centaur verstecken muss. Das haben auch schon andere geschafft, und ich hab vierundzwanzig Stunden Vorsprung.« Entschlossen drehte er sich um. »Geh wieder rein. Es hat keinen Sinn, dass du mitkommst.«

»Hast du dir etwa eingebildet, das würde ich tun?«, fragte Lisa mit rauer Stimme.

Erschrocken starrte Anderton sie an. »Wirklich nicht?« Dann murmelte er verblüfft: »Nein, ich seh schon, du glaubst mir nicht. Du denkst immer noch, ich bilde mir das alles bloß ein.« Wütend deutete er mit dem Finger auf die Karte. »Sogar der Beweis hier hat dich nicht überzeugt.«

»Nein«, räumte Lisa rasch ein, »hat er nicht. Du hast dir die Karte nicht richtig angeschaut, Schatz. Ed Witwers Name steht gar nicht drauf.«

Ungläubig nahm Anderton ihr die Karte weg. – »Kein Mensch behauptet, dass du Ed Witwer umbringen wirst«, fuhr Lisa schnell fort, mit dünner, zerbrechlicher Stimme. »Die Karte *muss* echt sein, verstehst du? Und mit Ed hat das nichts zu tun. Weder er noch sonst jemand spinnt Intrigen gegen dich.«

Zu verwirrt für eine Antwort, stand Anderton da und sah sich die Karte genau an. Sie hatte recht. Nicht Ed Witwer war als sein Opfer aufgeführt. In Zeile fünf hatte die Maschine säuberlich einen anderen Namen eingeprägt.

LEOPOLD KAPLAN

Wie gelähmt steckte er die Karte ein. Von dem Mann hatte er noch nie im Leben gehört.

III

Das Haus war kühl und verlassen, und Anderton begann sofort mit den Vorbereitungen für seine Reise. Beim Packen gingen ihm wilde Gedanken durch den Kopf.

Möglicherweise irrte er sich, was Witwer betraf – aber wie sollte er das wissen? Auf jeden Fall war die Intrige gegen ihn weitaus komplexer, als er es sich vorgestellt hatte. Witwer war im Großen und Ganzen womöglich bloß eine unbedeutende Marionette, deren Fäden jemand anders zog – irgendeine ferne, dunkle Gestalt, die nur undeutlich im Hintergrund zu sehen war.

Es war ein Fehler gewesen, Lisa die Karte zu zeigen. Sie würde sie Witwer zweifellos in allen Einzelheiten beschreiben. Er würde nie von der Erde wegkommen, nie die Gelegenheit haben zu erfahren, wie es sich auf einem Grenzplaneten lebte.

Derart in Gedanken vertieft, hörte er, wie hinter ihm eine Diele knarrte. Er umklammerte eine stockfleckige Wintersportjacke, drehte sich vom Bett weg und blickte in die Mündung einer graublauen A-Pistole.

»Das ging aber schnell«, sagte er und starrte den schmallippigen, untersetzten Mann im braunen Mantel mit Handschuhen verbittert an, der mit der Kanone in der Hand vor ihm stand. »Sie hat wohl keinen Augenblick gezögert?«

Das Gesicht des Eindringlings zeigte keinerlei Reaktion. »Ich hab keine Ahnung, wovon Sie reden«, sagte er. »Kommen Sie mit.«

Erstaunt legte Anderton die Sportjacke weg. »Sie sind nicht von meiner Behörde? Sie sind kein Polizist?«

Unter verblüfftem Protest wurde er aus dem Haus und zu einer wartenden Limousine geschubst. Augenblicklich postierten sich drei schwerbewaffnete Männer hinter ihm. Die Tür knallte zu, und der Wagen schoss über den Highway, fort von der Stadt. Ungerührt und verschlossen ruckelten die Gesichter ringsum von der Bewegung des rasenden Fahrzeugs, während offene Felder, düster und dunkel, vorüberfegten.

Anderton versuchte noch immer vergeblich, die Hintergründe dessen zu begreifen, was passiert war, als der Wagen zu einer von Furchen durchzogenen Seitenstraße kam, abbog und in eine finstere unterirdische Garage hinunterfuhr. Jemand brüllte einen Befehl. Die schwere Metallsperre fiel knirschend ins Schloss, und flimmernd ging die Deckenbeleuchtung an. Der Fahrer stellte den Motor ab.

»Das werden Sie noch bereuen«, warnte Anderton heiser, als sie ihn aus dem Wagen zerrten. »Sind Sie sich eigentlich darüber im Klaren, wer ich bin?«

»Sind wir«, sagte der Mann im braunen Mantel.

Mit vorgehaltener Waffe wurde Anderton nach oben geführt, aus der klammen Stille der Garage in eine mit dickem Teppich ausgelegte Eingangshalle. Er befand sich offenbar in einem luxuriösen Herrenhaus, draußen auf dem Land, das der Krieg verschlungen hatte. Am Ende der Halle konnte er ein Zimmer erkennen – ein mit Büchern vollgestopftes Arbeitszimmer, einfach, aber geschmackvoll eingerichtet. In einem Lichtkegel, das Gesicht teilweise im Schatten, saß ein Mann, den er noch nie gesehen hatte.

Als Anderton näher kam, rückte der Mann nervös eine randlose Brille zurecht, ließ das Etui zuschnappen und befeuchtete seine trockenen Lippen. Er war fortgeschrittenen Alters, vielleicht siebzig oder älter, und hatte einen dünnen Stock aus Silber unter dem Arm. Sein Körper war schmächtig, drahtig, seine Haltung merkwürdig starr. Das bisschen Haar, das er noch hatte, war von einem staubigen Braun – ein sorgfältig geglätteter Schimmer neutraler Farbe über seinem blassen, knochigen Schädel. Nur seine Augen schienen hellwach.

»Ist das Anderton?«, erkundigte er sich mit quengeliger Stimme bei dem Mann im braunen Mantel. »Wo habt ihr ihn geschnappt?«

»Bei sich zu Hause«, erwiderte der andere. »Er war am Packen – wie erwartet.«

Der Mann am Schreibtisch zitterte sichtlich. »Am Packen.« Er nahm die Brille ab und legte sie mit einer fahrigen Bewegung in ihr Etui zurück. »Hören Sie mal«, fuhr er Anderton an, »was ist eigentlich los mit Ihnen? Sind Sie völlig übergeschnappt? Wie könnten Sie einen Menschen umbringen, den Sie noch nie gesehen haben?«

Der alte Mann, erkannte Anderton mit einem Mal, war Leopold Kaplan.

»Jetzt stelle ich Ihnen erst mal eine Frage«, konterte Anderton auf der Stelle. »Ist Ihnen eigentlich klar, was Sie getan haben? Ich bin Polizeichef. Ich kann Sie für zwanzig Jahre hinter Gitter wandern lassen.«

Er wollte noch mehr sagen, doch eine plötzliche Überlegung brachte ihn jäh aus dem Konzept.

»*Woher wissen Sie das?*«, fragte er. Unwillkürlich wanderte seine Hand zu seiner Tasche, in der die gefaltete Karte versteckt war. »Das ist doch erst –«

»Ich bin nicht von Ihrer Behörde verständigt worden«, fuhr Kaplan mit zorniger Ungeduld dazwischen. »Dass Sie noch nie von mir gehört haben, wundert mich nicht besonders. Leopold Kaplan, General der Armee der Föderalen Westblock-Allianz.« Missgünstig setzte er hinzu: »Im Ruhestand seit Ende des anglochinesischen Krieges und der Abschaffung der AFWA.«

Das klang plausibel. Anderton hatte bereits vermutet, dass die Armee ihre Kartenkopien sofort vervielfältigte, zu ihrem eigenen Schutz. Seine Nervosität ließ ein wenig nach. »Also?«, fragte er. »Sie haben mich hier. Was jetzt?«

»Eins ist klar«, sagte Kaplan, »ich werde Sie nicht beseitigen lassen, sonst wäre das auf einem von diesen jämmerlichen Kärtchen aufgetaucht. Sie haben mich neugierig gemacht. Ich fand es unglaublich, dass ein Mann Ihres Kalibers die Absicht haben könnte, einen völlig Fremden kaltblütig zu ermorden. Da steckt noch mehr dahinter. Offen gesagt, ich stehe vor einem Rätsel. Falls das so etwas wie ein Polizeitrick sein sollte –« Er zuckte mit seinen schmalen Schultern. »Sie hätten doch sicherlich nicht zugelassen, dass die Kartenkopie bei uns ankommt.«

»Es sei denn«, gab einer seiner Männer zu bedenken, »sie ist absichtlich eingeschleust worden.«

Kaplan erhob seine hellen, vogelartigen Augen und musterte Anderton eindringlich. »Was haben Sie dazu zu sagen?«

»Genau so ist es«, sagte Anderton; er hatte schlagartig begriffen, dass es von Vorteil war, wenn er offen mit dem herausrückte, was er für die nackte Wahrheit hielt. »Die Vorhersage auf der Karte ist die vorsätzliche Fälschung einer Clique innerhalb der Polizeibehörde. Die Karte ist präpariert, und ich bin denen ins Netz gegangen. Ich werde automatisch abgesetzt. Mein Assistent tritt auf den Plan und behauptet, er hätte den Mord so effizient wie bei Prä-Verbrechen üblich verhindert. Natürlich gibt es weder einen Mord noch eine Mordabsicht.«

»Ganz Ihrer Meinung, einen Mord wird es nicht geben«, bekräftigte Kaplan grimmig. »Die Polizei wird Sie in Gewahrsam nehmen. Dafür gedenke ich zu sorgen.«

»Sie bringen mich dahin zurück?«, widersprach Anderton angsterfüllt. »Wenn ich verhaftet werde, kann ich doch nie im Leben beweisen –«

»Es ist mir gleich, was Sie beweisen oder nicht«, fuhr Kaplan dazwischen. »Ich bin einzig und allein daran interessiert, Sie aus dem Weg zu schaffen.« Eisig setzte er hinzu: »Zu meinem eigenen Schutz.«

»Er wollte gerade verschwinden«, erklärte einer der Männer.

»Stimmt«, sagte Anderton schwitzend. »Wenn die mich erwischen, werde ich doch sofort ins Straflager gesteckt. Dann übernimmt Witwer den Laden – mit allem, was dazugehört.« Seine Miene verfinsterte sich. »Und meine Frau. Die beiden stecken offenbar unter einer Decke.«

Einen Augenblick schien es, als würde Kaplan ins Schwanken geraten. »Schon möglich«, räumte er ein und blickte Anderton fest an. Dann schüttelte er den Kopf. »Das ist mir zu riskant. Falls Sie jemand aufs Kreuz legen will, tut es mir leid. Aber das ist schlicht und einfach nicht mein Problem.« Er lächelte schwach. »Trotzdem, ich wünsche Ihnen Glück.« Er wandte sich an seine Männer. »Bringt ihn zur Polizei, und liefert ihn in der Chefetage ab.« Er nannte den Namen des amtierenden Commissioners und wartete auf Andertons Reaktion.

»Witwer!«, echote Anderton ungläubig.

Noch immer ein schwaches Lächeln auf den Lippen, drehte Kaplan sich um und stellte das Radio an, das in die Musiktruhe im Arbeitszimmer eingebaut war. »Witwer hat die Amtsgewalt schon übernommen. Er will daraus anscheinend eine ziemlich große Sache machen.«

Erst war ein atmosphärisches Summen zu hören, dann, urplötzlich, plärrte das Radio ins Zimmer – eine laute, ausgebildete Stimme, die eine vorgefertigte Erklärung verlas.

»… werden alle Mitbürger ausdrücklich davor gewarnt, diesem Randindividuum Zuflucht bzw. Hilfe oder Unterstützung jeglicher Art zu gewähren. Die außerordentliche Tatsache, dass sich ein entflohener Straftäter in Freiheit befindet und imstande ist, ein Gewaltverbrechen zu begehen, ist in der Neuzeit einzigartig. Alle Mitbürger werden hiermit davon in Kenntnis gesetzt, dass nach geltendem Gesetz jede Person zur Rechenschaft gezogen wird, die der Polizei bei ihrer schwierigen Aufgabe, John Allison Anderton zu ergreifen, die uneingeschränkte Zusammenarbeit verweigert. Noch einmal: Die Prä-Verbrechensbehörde der Föderalistischen Westblock-Regierung ist damit befasst, deren ehemaligen Commissioner John Allison Anderton aufzuspüren und zu neutralisieren, der gemäß der Methodologie des Prä-Verbrechenssystems hiermit zum potentiellen Mörder erklärt wird und als solcher den Anspruch auf seine Freiheit und seine Grundrechte verwirkt hat.«

»Das ging aber schnell«, murmelte Anderton entsetzt. Kaplan schaltete das Radio ab, und die Stimme verstummte.

»Lisa ist wohl sofort zu ihm gegangen«, mutmaßte Anderton verbittert.

»Weshalb sollte er auch warten?«, fragte Kaplan. »Es ist doch klar, was Sie vorhaben.«

Er nickte seinen Männern zu. »Bringt ihn in die Stadt zurück. Ich werde ganz nervös, wenn er in meiner Nähe ist. In der Beziehung sind Commissioner Witwer und ich uns vollkommen einig. Ich will, dass er so schnell wie möglich neutralisiert wird.«

IV

Ein kalter, schwacher Regen pladderte aufs Pflaster, als sich der Wagen durch die dunklen Straßen von New York City dem Polizeigebäude näherte.

»Sein Motiv ist Ihnen doch klar«, sagte einer der Männer zu Anderton. »Sie an seiner Stelle würden wahrscheinlich genauso entschlossen handeln.«

Mürrisch und gramerfüllt stierte Anderton stur geradeaus.

»Jedenfalls«, fuhr der Mann fort, »sind Sie nur einer von vielen. Tausende sind ins Straflager gewandert. Sie werden jede Menge

Freunde finden. Um die Wahrheit zu sagen, unter Umständen wollen Sie da gar nicht mehr weg.«

Ohnmächtig beobachtete Anderton, wie Fußgänger die regengepeitschten Bürgersteige entlanghasteten. In ihm regte sich nichts. Er war sich lediglich einer überwältigenden Müdigkeit bewusst. Schläfrig registrierte er die Straßennummern: Sie näherten sich dem Polizeirevier.

»Dieser Witwer weiß anscheinend genau, wie man sich schadlos hält«, bemerkte einer der Männer im Plauderton. »Haben Sie den eigentlich mal kennengelernt?«

»Kurz«, antwortete Anderton.

»Er hat's auf Ihren Posten abgesehen – und deshalb hat er Sie aufs Kreuz gelegt. Sind Sie sich da ganz sicher?«

Anderton verzog das Gesicht. »Spielt das eine Rolle?«

»Reine Neugier.« Der Mann musterte ihn träge. »Sie sind also der ehemalige Polizeichef. Die Leute im Lager werden Ihnen einen herzlichen Empfang bereiten. Die haben Sie bestimmt nicht vergessen.«

»Mit Sicherheit nicht«, pflichtete Anderton bei.

»Witwer hat weiß Gott keine Zeit verschwendet. Kaplan kann sich glücklich schätzen – mit so einem Beamten an der Spitze.« Der Mann sah Anderton beinahe flehentlich an. »Sie sind wirklich davon überzeugt, dass es eine Intrige ist, hä?«

»Natürlich.«

»Sie würden Kaplan kein Härchen krümmen? Zum ersten Mal in der Geschichte irrt sich Prä-Verbrechen? Ein Unschuldiger wird mit so einer Karte aufs Kreuz gelegt. Vielleicht hat's ja noch mehr Unschuldige gegeben – oder?«

»Durchaus möglich«, gestand Anderton matt.

»Vielleicht bricht sogar das ganze System zusammen. Klar, Sie werden keinen Mord begehen – und das hätte vielleicht keiner von denen getan. Haben Sie Kaplan deswegen erzählt, dass Sie draußen bleiben wollen? Haben Sie etwa gehofft, Sie könnten beweisen, dass das System nicht funktioniert? Ich bin völlig unvoreingenommen, nur falls Sie drüber reden möchten.«

Ein zweiter Mann lehnte sich nach hinten. »Mal ganz unter uns, ist an dieser Verschwörungsgeschichte wirklich was dran?«, fragte er. »Sollen Sie wirklich aufs Kreuz gelegt werden?«

Anderton seufzte. Mittlerweile wusste er das selbst nicht mehr so genau. Vielleicht war er in einem sinnlosen, geschlossenen Zeitkreis gefangen, ohne Motiv und ohne Anfang. Im Grunde war er fast geneigt, sich einzugestehen, dass er Opfer einer ermüdenden, neurotischen Phantasie geworden war, die seine wachsende Unsicherheit ausgebrütet hatte. Er war am Ende, bereit, sich zu ergeben. Die Erschöpfung lastete schwer auf ihm. Er kämpfte gegen das Unmögliche – und sie hielten alle Trümpfe in der Hand.

Schrilles Reifenquietschen schreckte ihn auf. Verzweifelt bemühte sich der Fahrer, die Kontrolle über den Wagen zu behalten, riss am Lenkrad und stieg auf die Bremse, als aus dem Nebel die Umrisse eines riesigen Bäckereilasters auftauchten, der unmittelbar vor ihnen quer über die Straße rollte. Hätte er Gas gegeben, hätte er sich womöglich retten können. Aber als er seinen Fehler bemerkte, war es schon zu spät. Der Wagen geriet ins Schleudern, schlingerte, stockte einen Augenblick und krachte dann frontal in den Bäckereilaster.

Der Sitz unter Anderton ging in die Höhe und schleuderte ihn mit dem Kopf voran gegen die Tür. Ein jäher, unerträglicher Schmerz schien in seinem Hirn zu explodieren, als er so dalag, nach Luft schnappte und kraftlos auf die Knie zu kommen versuchte. Irgendwo das unheilvolle Echo knisternden Feuers, ein zischend funkelnder Fleck, der in den Dunstwirbeln flimmerte, die in das verzogene Autowrack krochen.

Von draußen griffen Hände nach ihm. Langsam wurde ihm bewusst, dass er durch einen Spalt gezerrt wurde, wo vorher die Tür gewesen war. Ein schweres Sitzpolster wurde brüsk beiseitegestoßen, und mit einem Mal war er wieder auf den Beinen, schwer auf eine dunkle Gestalt gestützt, die ihn ins Halbdunkel einer Gasse führte, nicht weit weg vom Wagen.

In der Ferne heulten Polizeisirenen.

»Sie schaffen es«, krächzte ihm eine Stimme ins Ohr, eindringlich und leise. Eine Stimme, die er noch nie gehört hatte, rau und fremd wie der Regen, der ihm ins Gesicht pladderte. »Haben Sie gehört, was ich gesagt habe?«

»Ja«, bestätigte Anderton. Er zupfte ziellos an seinem zerfetzten Hemdsärmel herum. Eine Schnittwunde an seiner Wange begann zu pochen. Verwirrt versuchte er sich zu orientieren. »Sie sind doch nicht –«

»Seien Sie still, und hören Sie zu.« Der Mann war untersetzt, beinahe fett. Jetzt stützten seine riesigen Pranken Anderton gegen die nasse Backsteinwand eines Hauses, fort vom Regen und dem flackernden Licht des brennenden Wagens. »Wir mussten das so machen«, sagte er. »Es ging nicht anders. Wir hatten nicht viel Zeit. Wir dachten, Kaplan würde sie länger in seinem Haus festhalten.«

»Wer sind Sie?«, brachte Anderton mühsam hervor.

Das feuchte, regentriefende Gesicht verzog sich zu einem humorlosen Grinsen. »Ich heiße Fleming. Wir haben knapp fünf Sekunden, bis die Polizei hier ist. Danach sind wir wieder da, wo wir angefangen haben.« Ein flaches Päckchen wurde Anderton in die Hand gedrückt. »Mit dem Zaster kommen Sie eine Weile durch. Außerdem ist ein kompletter Satz Ausweispapiere drin. Wir werden von Zeit zu Zeit Kontakt mit Ihnen aufnehmen.« Sein Grinsen wurde breiter und entwickelte sich zu einem nervösen Kichern. »Bis Sie bewiesen haben, dass Sie recht haben.«

Anderton blinzelte. »Dann ist das Ganze also eine abgekartete Sache?«

»Na klar.« Der Mann fluchte heftig. »Soll das heißen, die haben Sie so weit gebracht, dass Sie jetzt auch schon dran glauben?«

»Ich dachte –« Anderton hatte Schwierigkeiten beim Sprechen, einer seiner Vorderzähne schien locker zu sein. »Groll gegen Witwer … ausgebootet, meine Frau und ein jüngerer Mann, verständliche Abneigung …«

»Machen Sie sich doch nichts vor«, sagte der andere. »So dumm sind Sie doch nicht. Die ganze Sache ist von langer Hand vorbereitet. Die hatten in jeder Phase alles unter Kontrolle. Die Karte sollte an dem Tag auftauchen, als Witwer auf der Bildfläche erschien. Der erste Teil ist schon mal unter Dach und Fach. Witwer ist Commissioner, und Sie sind ein gesuchter Verbrecher.«

»Wer steckt dahinter?«

»Ihre Frau.«

Andertons Kopf schnellte herum. »Wissen Sie das genau?«

Der Mann lachte. »Da können Sie Gift drauf nehmen.« Er blickte sich rasch um. »Da kommt die Polizei. Hauen Sie ab, hier die Gasse lang. Setzen Sie sich in den Bus, verdrücken Sie sich in den Elendsbezirk, mieten Sie sich ein Zimmer, und kaufen Sie sich 'nen Stapel Zeitschriften, damit Sie was zu tun haben. Besorgen Sie sich andere Klamotten – Sie haben genug Grips, um selbst auf sich aufzupassen. Probieren Sie erst gar nicht, die Erde zu verlassen. Alle Intersystem-Flüge werden überwacht. Wenn Sie sich die nächsten sieben Tage bedeckt halten, haben Sie's geschafft.«

»Wer sind Sie?«, wollte Anderton wissen.

Fleming ließ ihn los. Vorsichtig näherte er sich der Einfahrt zur Gasse und spähte um die Ecke. Der erste Streifenwagen war auf dem feuchten Pflaster zum Stillstand gekommen; mit blechern rasselndem Motor kroch er argwöhnisch auf die schwelenden Trümmer zu, die von Kaplans Wagen übriggeblieben waren. Die Männer im Wrack bewegten sich schwach, begannen mühsam durch das Gewirr aus Stahl und Plastik hinaus in den kalten Regen zu kriechen.

»Betrachten Sie uns als Überwachungsverein«, sagte Fleming leise; sein plumpes, ausdrucksloses Gesicht glänzte vor Nässe. »So 'ne Art Polizei, die die Polizei im Auge behält. Und dafür sorgt«, setzte er hinzu, »dass alles im Lot bleibt.«

Seine feiste Pranke schnellte hervor. Getroffen taumelte Anderton von ihm weg, fiel beinahe in den feuchten Schutt, mit dem die Gasse übersät war.

»Los jetzt«, befahl Fleming mit schneidender Stimme. »Und werfen Sie das Päckchen ja nicht weg.« Als Anderton sich zögernd zum anderen Ende der Gasse vorantastete, wehten die letzten Worte des Mannes zu ihm herüber. »Lesen Sie's sich genau durch, vielleicht überleben Sie dann ja doch.«

V

Die Kennkarten wiesen ihn aus als Ernest Temple, einen arbeitslosen Elektriker, der vom Staat New York eine wöchentliche Unterstützung bezog, mit Frau und vier Kindern in Buffalo und weniger als hundert Dollar in bar. Dank einer schweißfleckigen grünen Karte durfte er reisen, ohne einen festen Wohnsitz nachweisen zu müssen. Ein Mann auf Arbeitssuche musste reisen. Er musste unter Umständen weit weg.

Während er mit dem fast leeren Bus quer durch die Stadt fuhr, studierte Anderton die Beschreibung von Ernest Temple. Die Karten waren offenbar auf ihn zugeschnitten, denn alle Maße stimmten. Nach einer Weile begann er sich Sorgen zu machen, wegen der Fingerabdrücke und des Hirnstrommusters. Die konnten unmöglich einem Vergleich standhalten. Die Karten in seiner Brieftasche würden ihn lediglich durch die oberflächlichsten Kontrollen schleusen.

Aber das war besser als nichts. Und außer den Kennkarten waren da noch zehntausend Dollar in kleinen Scheinen. Er steckte Geld und Karten ein und widmete sich dann der beigelegten, säuberlich getippten Notiz.

Zunächst konnte er ihr keinerlei Sinn abringen. Er las sie sich immer wieder durch, völlig verwirrt.

Die Existenz einer Mehrheit impliziert
logischerweise die einer entsprechenden
Minderheit.

Der Bus war im riesigen Elendsbezirk angekommen; hier gab es meilenweit nichts als billige Hotels und heruntergekommene Mietskasernen, die nach der Massenvernichtung im Krieg wie Pilze aus dem Boden geschossen waren. Langsam kam der Bus zum Stehen, und Anderton stand auf. Ein paar Fahrgäste betrachteten gelangweilt den Schnitt an seiner Wange und seine zerfetzte Kleidung. Er beachtete sie nicht und trat hinaus auf den regengepeitschten Bordstein.

Abgesehen davon, dass er das Geld kassierte, das er zu bekommen hatte, zeigte der Hotelangestellte keinerlei Interesse. Anderton stieg die Treppe hinauf in den ersten Stock und betrat das enge, muffige Zimmer, das jetzt ihm gehörte. Dankbar schloss er die Tür ab und zog die Rouleaus herunter. Das Zimmer war klein, aber sauber. Bett, Kommode, ein Landschaftskalender, Sessel, Lampe, ein Radio mit einem Schlitz für Vierteldollars.

Er warf einen Vierteldollar hinein und ließ sich schwer aufs Bett fallen. Alle wichtigen Sender brachten die Durchsage der Polizei. Es war sensationell, aufregend, etwas, das die heutige Generation nicht kannte. Ein entflohener Verbrecher! Die Öffentlichkeit war mit Begeisterung dabei.

»... infolge seiner hohen Position hatte dieser Mann den Vorteil, sich frühzeitig absetzen zu können«, sagte der Sprecher eben mit geschäftsmäßiger Entrüstung. »Aufgrund seines hohen Amtes hatte er Zugang zu den Vorhersagedaten, und das in ihn gesetzte Vertrauen erlaubte es ihm, sich dem üblichen Vorgang der Erfassung und Umsiedlung zu entziehen. Während seiner Amtszeit schickte er in Ausübung seiner Machtbefugnisse zahllose latent schuldige Individuen ordnungsgemäß in Arrest und rettete so unschuldigen Opfern das Leben. Dieser Mann, John Allison Anderton, war von Anfang an maßgeblich am Aufbau des Prä-Verbrechenssystems beteiligt, der prophylaktischen Prä-Erfassung von Verbrechern mit Hilfe des genialen Einsatzes von Präkog-Mutanten, die in der Lage sind, zukünftige Ereignisse vorherzusehen und diese Daten mündlich an Analysemaschinen zu übermitteln. In ihrer lebenswichtigen Funktion haben diese drei Präkogs –«

Die Stimme verklang, als er aus dem Zimmer ging und das winzige Bad betrat. Dort zog er Jackett und Hemd aus und ließ heißes Wasser ins Waschbecken laufen. Er begann die Schnittwunde an seiner Wange zu säubern. Im Drugstore an der Ecke hatte er Jod und Heftpflaster gekauft, ein Rasiermesser, Kamm, Zahnbürste und andere Kleinigkeiten, die er benötigte. Er wollte sich am nächsten Morgen nach einem Laden für gebrauchte Kleidung umschauen und sich passendere Sachen besorgen. Schließlich war er jetzt ein arbeitsloser Elektriker und kein lädierter Polizeichef mehr.

Nebenan plärrte das Radio weiter vor sich hin. Er nahm es nur unterschwellig wahr, während er vor dem Spiegel stand und einen abgebrochenen Zahn untersuchte.

»... das System der drei Präkogs hat seinen Ursprung bei den Computern der mittleren Dekaden dieses Jahrhunderts. Wie überprüft man die Ergebnisse eines elektronischen Rechners? Man gibt die Daten einem zweiten Rechner identischer Bauart ein. Doch zwei Computer reichen nicht aus. Sollte jeder Computer zu einem anderen Resultat gelangen, ist es unmöglich, *von vornherein* festzustellen, welches das Richtige ist. Zur Lösung des Problems, welche auf gründlichen Studien statistischer Methoden beruht, führt der Einsatz eines dritten Computers, um die Ergebnisse der ersten beiden zu überprüfen. Auf diese Weise erhält man einen sogenannten Mehrheitsbericht. Es darf mit einiger Wahrscheinlichkeit angenommen werden, dass die Übereinstimmung bei zwei von drei Computern erkennen lässt, welches der anderen Ergebnisse zutrifft. Es ist höchst unwahrscheinlich, dass zwei Computer zu demselben inkorrekten Resultat gelangen –«

Anderton ließ das Handtuch fallen, das er umklammert hielt, und rannte nach nebenan. Zitternd beugte er sich vornüber, um jedes Wort mitzubekommen, das aus dem Radio plärrte.

»... die Übereinstimmung aller drei Präkogs ist ein Phänomen, das man sich zwar erhofft, welches jedoch nur selten eintritt, wie der amtierende Polizeichef Witwer erklärt. Weitaus üblicher ist es, einen gemeinschaftlichen Mehrheitsbericht zweier Präkogs zu erhalten und dazu einen Minderheiten-Bericht des dritten Mutanten mit leichten Abweichungen, im Allgemeinen bezüglich Ort und Zeitpunkt. Dies erklärt sich durch die Theorie der *Parallelzukünfte*. Gäbe es nur einen Zeitpfad, wären präkognitive Informationen ohne jede Bedeutung, da selbst bei Kenntnis dieser Informationen keinerlei Möglichkeit bestünde, die Zukunft zu verändern. Was die Arbeit von Prä-Verbrechen betrifft, so müssen wir zunächst einmal davon ausgehen –«

Völlig außer sich, lief Anderton im Zimmer auf und ab. Mehrheitsbericht – lediglich zwei der Präkogs waren bei dem Material, das der Karte zugrunde lag, zu einer Übereinstimmung gelangt. Das war der Sinn der Notiz, die dem Päckchen beigelegen hatte. Der Bericht des dritten Präkogs, der Minderheiten-Bericht, war aus irgendeinem Grunde wichtig. Warum?

Seine Uhr sagte ihm, dass es bereits nach Mitternacht war. Page hatte dienstfrei. Vor morgen Nachmittag würde er nicht wieder im Affenblock sein. Seine Chancen waren gering, aber es war einen Versuch wert. Vielleicht würde Page ihn decken, vielleicht aber auch nicht. Er musste es riskieren.

Er musste den Minderheiten-Bericht sehen.

VI

Mittags zwischen zwölf und ein Uhr wimmelte es auf den abfallübersäten Straßen von Menschen. Diese Zeit, die hektischste Stunde des Tages, suchte er sich für seinen Anruf aus. Er entschied sich für eine Telefonzelle in einem übervollen Super-Drugstore, wählte die ihm nur allzu vertraute Nummer der Polizei und hielt sich den kalten Hörer ans Ohr. Er hatte sich mit Absicht für die Audio-, nicht die Videoleitung entschieden: Trotz seiner gebrauchten Kleider und seines schäbigen, unrasierten Aussehens hätte man ihn sonst vielleicht erkannt.

Die Empfangsdame war ihm unbekannt. Vorsichtig verlangte er Pages Anschluss. Wenn Witwer das Stammpersonal entließ und es durch seine Gefolgsleute ersetzte, hatte er gleich womöglich jemand völlig Fremdes am Apparat.

»Hallo«, ertönte Pages barsche Stimme.

Erleichtert blickte Anderton sich um. Niemand beachtete ihn. Die Kunden schlenderten die Regale entlang, gingen ihrer täglichen Routine nach. »Können Sie sprechen?«, fragte er. »Oder geht's gerade nicht?«

Einen Moment lang herrschte Schweigen. Er sah förmlich vor sich, wie Pages freundliches Gesicht sich vor Unsicherheit verkrampfte, während er verzweifelt überlegte, was er tun sollte. Schließlich die stockenden Worte: »Wieso – rufen Sie hier an?«

Anderton ignorierte die Frage. »Ich hab die Dame am Empfang gar nicht erkannt«, sagte er. »Ist die neu?«

»Nagelneu«, bestätigte Page mit dünner, erstickter Stimme. »Hier hat sich in letzter Zeit einiges geändert.«

»Das hab ich gehört.« Nervös fragte Anderton: »Wie sieht's mit Ihrem Posten aus? Ist der noch sicher?«

»Moment mal.« Der Hörer wurde hingelegt, und gedämpfte Schritte drangen an Andertons Ohr. Dann das Knallen einer Tür, die hastig zugeschlagen wurde. Page kam wieder. »Jetzt können wir besser sprechen«, sagte er heiser.

»Wie viel besser?«

»Kaum. Wo sind Sie?«

»Ich mach 'nen Spaziergang durch den Central Park«, sagte Anderton. »Die Sonne genießen.« Soviel er wusste, war Page nur aufgestanden, um sich davon zu überzeugen, dass die Wanze angebracht war. Ein Lufteinsatztrupp der Polizei war wahrscheinlich schon unterwegs. Aber er musste es riskieren. »Ich habe umgesattelt«, meinte er knapp. »Ich bin jetzt Elektriker.«

»Ach?«, sagte Page verblüfft.

»Ich dachte, Sie hätten vielleicht Arbeit für mich. Falls sich das machen lässt, würde ich ganz gern mal vorbeischauen und Ihre zentralen Recheneinheiten überprüfen. Vor allem die Daten- und Analysebanken im Affenblock.«

Nach kurzem Zögern sagte Page: »Das – lässt sich vielleicht machen. Wenn es wirklich wichtig ist.«

»Ist es«, versicherte ihm Anderton. »Wann würde es Ihnen denn passen?«

»Nun ja«, sagte Page gequält. »Ich habe eine Wartungsmannschaft bestellt, die sich die Sprechanlage angucken soll. Der Commissioner will, dass sie verbessert wird, damit er schneller eingreifen kann. Da könnten Sie sich anschließen.«

»Mach ich. Wann ungefähr?«

»Sagen wir, vier Uhr. Eingang B, Ebene 6. Ich – hol Sie ab.«

»Schön«, willigte Anderton ein. »Hoffentlich sind Sie immer noch dafür zuständig, wenn ich komme.«

Rasch hängte er ein und verließ die Zelle. Einen Augenblick später zwängte er sich durch die dichte Traube von Menschen, die sich in dem nahe gelegenen Café drängten. Dort würde ihn niemand finden.

Er musste dreieinhalb Stunden warten. Und es würde ihm sehr viel länger vorkommen. Es schien ihm, als habe er in seinem ganzen Leben noch nicht so lange gewartet, als er schließlich zum vereinbarten Zeitpunkt mit Page zusammentraf.

Pages erste Worte waren: »Sie sind wohl verrückt geworden. Verflucht nochmal, wieso sind Sie zurückgekommen?«

»Ich bleib nicht lang.« Angestrengt schlich Anderton durch den Affenblock und verriegelte systematisch eine Tür nach der anderen. »Lassen Sie niemand rein. Ich kann kein Risiko eingehen.«

»Sie hätten aussteigen sollen, als Sie noch am Drücker waren.« Von heftiger Besorgnis erfüllt, lief Page hinter ihm her. »Witwer bringt seine Schäfchen ins Trockene, für den ist das ein Kinderspiel. Er hat's geschafft, dass jetzt das ganze Land Ihren Kopf fordert.«

Anderton ignorierte ihn und ließ die Hauptkontrollbank der Analysemaschinen aufschnappen. »Von welchem der drei Affen stammt der Minderheiten-Bericht?«

»Fragen Sie mich nicht – ich bin weg.« Auf dem Weg zur Tür blieb Page kurz stehen, deutete auf die Gestalt in der Mitte und verschwand dann. Die Tür ging zu; Anderton war allein.

Der in der Mitte. Den kannte er genau. Die zwergenhafte, verkrümmte Gestalt saß seit fünfzehn Jahren in einem Wust aus Kabeln und Relais. Sie blickte nicht auf, als Anderton näher kam. Mit leeren, glasigen Augen betrachtete sie eine Welt, die noch nicht existierte, blind gegen die physische Realität um sie herum.

»Jerry« war vierundzwanzig Jahre alt. Er war ursprünglich als hydrozephaler Idiot eingestuft worden, aber im Alter von sechs Jahren hatten die Psycho-Tester die Präkog-Begabung festgestellt, tief unter den zerfressenen Gewebeschichten verborgen. Er war in einem regierungseigenen Ausbildungszentrum untergebracht worden, wo die latente Begabung gefördert wurde. Mit neun Jahren war die Begabung so weit entwickelt, dass sie ein brauchbares Stadium erreicht hatte. »Jerry« jedoch blieb zurück im ziellosen Chaos des Schwachsinns; das keimende Talent hatte seine Persönlichkeit völlig verschlungen.

Anderton hockte sich hin und fing an, die Schutzschilde abzumontieren, die die in den Analysemaschinen untergebrachten Bandspulen sicherten. Anhand von Schaltplänen verfolgte er die Leitungen von den Endstufen der integrierten Rechner zurück zu dem Punkt, wo »Jerrys« Anschluss abzweigte. Nach ein paar Minuten hatte er mit zitternden Händen zwei Halbstunden-Bänder zutage gefördert: Daten, die erst vor kurzem ausgesondert worden waren und nicht mit Mehrheitsberichten übereinstimmten. Er sah in der Kodetabelle nach und wählte den Bandabschnitt, der speziell seine Karte betraf.

Ganz in der Nähe stand ein Bandabtaster. Mit stockendem Atem legte er das Band ein, setzte den Transportmechanismus in Gang und lauschte. Es dauerte bloß einen Augenblick. Schon nach den ersten Sätzen des Berichts war klar, was passiert war. Er hatte, was er wollte; er konnte aufhören zu suchen.

»Jerrys« Visionsphasen waren durcheinandergeraten. Aufgrund der Unberechenbarkeit der Präkognition erforschte er einen anderen Zeitbereich als seine Genossen. Für ihn war der Bericht, dass Anderton einen Mord begehen würde, lediglich ein Vorgang, der, genau wie alles andere, integriert werden musste. Diese Behauptung – und Andertons Reaktion darauf – war nichts weiter als eine Dateneinheit.

Offensichtlich hatte »Jerrys« Bericht den Mehrheitsbericht außer Kraft gesetzt. Nachdem er die Information erhalten hatte, er werde einen Mord begehen, würde Anderton es sich anders überlegen und davon absehen. Die Vorhersage des Mordes hatte den Mord neutralisiert; dem Verbrechen war schlicht dadurch vorgebeugt worden, dass er die Information erhalten hatte. Schon war ein neuer Zeitpfad erzeugt. Doch »Jerry« war überstimmt worden.

Mit zitternden Fingern spulte Anderton das Band zurück und ließ den Aufnahmekopf einrasten. Er machte eine Hochgeschwindigkeitskopie des Berichts, stellte das Original an seinen Platz zurück und nahm das Duplikat aus dem Transportmechanismus. Das war der Beweis dafür, dass die Karte ungültig war: *obsolet.* Jetzt musste er sie bloß noch Witwer zeigen …

Er war verblüfft über seine eigene Dummheit. Ohne Frage hatte Witwer den Bericht gesehen: Und trotzdem hatte er den Posten des Commissioners übernommen, hatte die Polizeitruppen nicht zurückgepfiffen. Witwer hatte gar nicht die Absicht, einen Rückzieher zu machen; Andertons Unschuld interessierte ihn nicht.

Was also sollte er machen? An wen sonst konnte er sich wenden?

»Du verdammter Trottel!«, krächzte eine Stimme hinter ihm, wahnsinnig vor Angst.

Rasch drehte er sich um. Seine Frau stand in ihrer Polizeiuniform an einer Tür, ihr Blick wild vor Entsetzen. »Keine Sorge«, sagte er knapp und zeigte ihr das Band. »Ich bin schon weg.«

Völlig außer sich und mit wildverzerrtem Gesicht stürmte Lisa auf ihn zu. »Page meinte, du wärst hier, aber ich konnte es nicht glauben. Er hätte dich nicht reinlassen dürfen. Er will einfach nicht kapieren, was du wirklich bist.«

»Und was bin ich?«, erkundigte sich Anderton sarkastisch. »Bevor du mir eine Antwort gibst, solltest du dir vielleicht besser das Band hier anhören.«

»Ich will mir das nicht anhören! Ich will bloß, dass du verschwindest! Ed Witwer weiß, dass jemand hier unten ist. Page versucht ihn aufzuhalten, aber –« Sie brach ab und drehte steif den Kopf. »Er ist jetzt hier! Er wird die Tür aufbrechen!«

»Hast du denn keinen Einfluss auf ihn? Sei freundlich und charmant. Vielleicht vergisst er mich dann.«

Lisa warf ihm einen bitteren, vorwurfsvollen Blick zu. »Auf dem Dachparkplatz steht ein Schiff. Wenn du verschwinden willst …« Ihre Stimme erstickte, und sie schwieg einen Augenblick. Dann sagte sie: »Ich starte in einer knappen Minute. Wenn du mitkommen möchtest –«

»Ich komm mit«, sagte Anderton. Es blieb ihm nichts anderes übrig. Er hatte sich das Band, seinen Beweis, gesichert, aber er hatte sich nicht überlegt, wie er davonkommen konnte. Erleichtert eilte er der schlanken Gestalt seiner Frau hinterher, die mit schnellen Schritten den Block verließ, durch eine Seitentür und einen Versorgungskorridor entlang; ihre Absätze klackten laut in der menschenleeren Dunkelheit.

»Das Schiff ist ziemlich schnell«, meinte sie über die Schulter zu ihm. »Mit Reservetank – es ist startklar. Ich wollte ein paar Einheiten kontrollieren.«

VII

Hinterm Steuer des Hochgeschwindigkeits-Polizeikreuzers erläuterte Anderton in groben Zügen, was auf dem Band mit dem Minderheiten-Bericht gespeichert war. Lisa hörte kommentarlos zu, das Gesicht verkniffen und angespannt, die Hände nervös im Schoß gefaltet. Unter dem Schiff erstreckte sich die kriegszerfurchte Landschaft wie eine Reliefkarte, die unbewohnten Regionen zwischen Städten waren von Kratern zerfressen und gespickt mit den Ruinen von Farmen und kleinen Industriebetrieben.

»Mich würde interessieren«, sagte sie, als er fertig war, »wie oft das wohl schon vorgekommen ist.«

»Ein Minderheiten-Bericht? X-mal.«

»Ich meine, dass bei einem Präkog die Phasen verrückt spielen. Dass er den Bericht der anderen als Grundlage nimmt – und sie außer Kraft setzt.« Mit einem ernsten, finsteren Blick setzte sie hinzu: »Vielleicht gibt es in den Lagern jede Menge Leute wie dich.«

»Nein«, beharrte Anderton. Aber langsam wurde auch ihm mulmig zumute. »Ich war in der Lage, die Karte zu sehen, einen Blick in den Bericht zu werfen. Das war der springende Punkt.«

»Aber –« Lisa machte eine vielsagende Geste. »Vielleicht hätten alle anderen ja auch so reagiert. Wir hätten ihnen die Wahrheit sagen können.«

»Das Risiko war zu groß gewesen«, gab er störrisch zurück.

Lisa lachte schrill. »Risiko? Wagnis? Ungewissheit? Und das bei Präkogs?«

Anderton konzentrierte sich auf die Steuerung des schnellen, kleinen Schiffs. »Wir haben es hier mit einem einzigartigen Fall zu tun«, wiederholte er. »Und wir haben ein unmittelbares Problem. Die theoretischen Aspekte können wir später in Angriff nehmen. Ich muss dafür sorgen, dass das Band hier in die richtigen Hände kommt – bevor dein schlauer junger Freund es vernichtet.«

»Du willst es zu Kaplan bringen?«

»Allerdings.« Er klopfte auf die Bandspule, die zwischen ihnen auf dem Sitz lag. »Das wird ihn neugierig machen. Der Beweis, dass sein Leben nicht mehr in Gefahr ist, dürfte für ihn von erheblichem Interesse sein.«

Mit zitternden Fingern holte Lisa ein Zigarettenetui aus ihrer Handtasche. »Und du meinst, der wird dir helfen.«

»Vielleicht – vielleicht aber auch nicht. Aber einen Versuch ist es allemal wert.«

»Wie hast du es eigentlich geschafft, so schnell unterzutauchen?«, fragte Lisa. »Eine wirklich effektive Tarnung ist nur schwer zu kriegen.«

»Alles, was man braucht, ist Geld«, lautete seine ausweichende Antwort.

Lisa rauchte und dachte nach. »Vielleicht setzt Kaplan sich ja für dich ein«, sagte sie. »Er ist ziemlich mächtig.«

»Ich dachte, er wär bloß irgendein General im Ruhestand?«

»Ja, schon – technisch gesehen zumindest. Aber Witwer hat mal seine Akte rausgekramt. Kaplan ist der Kopf einer merkwürdigen, exklusiven Veteranen-Organisation. Im Grunde ist es so eine Art Club, mit ein paar ausgewählten Mitgliedern. Alles hohe Offiziere – eine internationale Elite von Kriegsteilnehmern aus beiden Lagern. Hier in New York gehören ihnen eine riesige Villa, drei Hochglanz-Publikationen, und gelegentlich finanzieren sie auch Fernsehbeiträge, was sie ein kleines Vermögen kostet.«

»Was willst du damit sagen?«

»Nur eins. Du hast mich davon überzeugt, dass du unschuldig bist. Das heißt, es ist doch offensichtlich, dass du *keinen* Mord begehen wirst. Aber du musst dir endlich darüber klarwerden, dass der Originalbericht, der Mehrheitsbericht, *echt* war. Den hat niemand gefälscht. Den hat nicht Ed Witwer fabriziert. Es gibt keine Intrige gegen dich, und es hat nie eine gegeben. Wenn du den Minderheiten-Bericht hier für echt hältst, musst du auch den der Mehrheit anerkennen.«

Widerwillig stimmte er ihr zu. »Scheint so.«

»Ed Witwer«, fuhr Lisa fort, »handelt lediglich in gutem Glauben. Er hält dich wirklich für einen potentiellen Verbrecher – wieso auch nicht? Er hat den Mehrheitsbericht auf seinem Schreibtisch liegen, aber du hast diese Karte in der Tasche.«

»Die hab ich vernichtet«, sagte Anderton ruhig.

Ernst lehnte Lisa sich zu ihm herüber. »Ed Witwer wird nicht im Geringsten von dem Verlangen getrieben, dir deinen Posten wegzunehmen«, sagte sie. »Er wird von demselben Verlangen getrieben, das auch dich immer beherrscht hat. Er glaubt an Prä-Verbrechen. Er möchte, dass das System bestehen bleibt. Ich hab mit ihm gesprochen, und ich bin davon überzeugt, dass er die Wahrheit sagt.«

»Soll ich die Spule hier etwa zu Witwer bringen?«, fragte Anderton. »Wenn ich das mache – vernichtet er sie.«

»Unsinn«, gab Lisa zurück. »Er hatte die Originale von Anfang an in der Hand. Wenn er wollte, hätte er sie jederzeit vernichten können.«

»Stimmt.« Anderton gab sich geschlagen. »Gut möglich, dass er's gar nicht wusste.«

»Natürlich nicht. Sieh das doch mal so. Wenn Kaplan das Band da in die Finger kriegt, wirft das ein schlechtes Licht auf die Polizei. Verstehst du denn nicht, warum? Das würde beweisen, dass der Mehrheitsbericht ein Irrtum war. Ed Witwer verhält sich völlig richtig. Du musst gefasst werden – wenn Prä-Verbrechen überleben soll. Du denkst bloß an deine eigene Sicherheit. Denk doch auch mal einen Moment an das System.« Sie beugte sich vor, drückte ihre Zigarette aus und tastete dann in ihrer Handtasche nach der nächsten. »Was ist dir wichtiger – deine persönliche Sicherheit oder die Erhaltung des Systems?«

»Meine Sicherheit«, antwortete Anderton, ohne zu zögern.

»Ist das dein Ernst?«

»Wenn das System nur überleben kann, wenn unschuldige Menschen eingesperrt werden, dann hat es nichts Besseres verdient, als vernichtet zu werden. Meine persönliche Sicherheit ist wichtig, weil ich ein Mensch bin. Und außerdem –«

Aus ihrer Handtasche zog Lisa eine unglaublich winzige Pistole. »Ich glaube«, sagte sie mit rauer Stimme, »ich hab den Finger am Auslöser. Ich hab so eine Waffe noch nie benutzt. Aber wenn's sein muss, versuch ich's.«

Nach einem Augenblick fragte Anderton: »Willst du, dass ich umdrehe?«

»Ja, zurück zur Polizei. Tut mir leid. Wenn dir die Erhaltung des Systems weniger wert ist als deine egoistische –«

»Spar dir deine Predigt«, sagte Anderton. »Ich bring das Schiff zurück. Aber ich hab keine Lust, mir anzuhören, wie du einen Verhaltenskodex rechtfertigst, den kein vernünftiger Mensch gutheißen kann.«

Lisas Lippen wurden zu einem schmalen, blutleeren Strich. Die Pistole fest umklammernd, saß sie ihm gegenüber, ihr Blick gespannt auf ihn gerichtet, als er das Schiff in weitem Bogen wendete. Ein paar lose Gegenstände klapperten aus dem Handschuhfach, als das kleine Flugzeug in extreme Schräglage ging; eine Tragfläche erhob sich majestätisch, bis sie senkrecht in den Himmel ragte.

Anderton und seine Frau wurden von Metallvorrichtungen an den Armlehnen auf ihren Sitzen festgehalten. Nicht so der Dritte im Bunde.

Aus den Augenwinkeln sah Anderton eine blitzartige Bewegung. Gleichzeitig hörte er, wie ein stämmiger Mann, der sich krampfhaft festzuklammern versuchte, plötzlich den Halt verlor und kopfüber gegen die verstärkte Schiffswand krachte. Dann ging alles sehr schnell. Fleming rappelte sich augenblicklich hoch, taumelnd und vorsichtig, und schlug mit einem Arm heftig nach der Pistole der Frau. Anderton war vor Entsetzen wie gelähmt. Lisa drehte sich um, sah den Mann – und schrie. Fleming schlug ihr die Kanone aus der Hand, und sie polterte zu Boden.

Grunzend stieß Fleming sie zur Seite und brachte die Kanone in Sicherheit. »Tut mir leid«, japste er und richtete sich auf, so gut es ging. »Ich dachte, sie plaudert vielleicht noch mehr aus. Deswegen hab ich so lang gewartet.«

»Sie waren hier drin, als – « begann Anderton – und hielt inne. Es war offensichtlich, dass Fleming und seine Männer ihn überwacht hatten. Dass Lisa über ein Schiff verfügte, war rechtzeitig bemerkt und mit eingeplant worden, und während Lisa noch überlegte, ob es ratsam sei, ihn in Sicherheit zu bringen, war Fleming in den Lagerraum des Schiffes gekrochen.

»Vielleicht«, sagte Fleming, »ist es besser, wenn Sie mir das Band geben.« Seine feuchten, plumpen Finger griffen danach. »Sie haben recht – Witwer hätte es durch den Fleischwolf gedreht.«

»Kaplan auch?«, fragte Anderton mit erstickter Stimme, nach wie vor verwirrt durch das Auftauchen des Mannes.

»Kaplan arbeitet unmittelbar mit Witwer zusammen. Deswegen stand auch sein Name auf der Karte, in Zeile fünf. Welcher von denen nun der eigentliche Drahtzieher ist, wissen wir nicht genau. Vielleicht sogar keiner von beiden.« Fleming warf die winzige Pistole weg und holte seine eigene schwere Militärwaffe hervor. »Da haben Sie 'nen echten Bock geschossen, mit der Frau hier die Mücke zu machen. Ich hab Ihnen doch gesagt, dass sie hinter der ganzen Sache steckt.«

»Das nehm ich Ihnen einfach nicht ab«, widersprach Anderton. »Wenn sie –«

»Sie kapieren aber auch gar nichts. Witwer hat den Befehl gegeben, das Schiff warmlaufen zu lassen. Die wollten Sie aus dem Gebäude schaffen, damit wir nicht an Sie rankonnten. Ganz allein, ohne uns, hätten Sie keine Chance.«

Ein seltsamer Ausdruck glitt über Lisas verzweifeltes Gesicht hinweg. »Das ist nicht wahr«, flüsterte sie. »Witwer hat das Schiff nicht mal gesehen. Ich wollte einen Kontrollflug –«

»Beinahe wären Sie damit durchgekommen«, fuhr Fleming unerbittlich dazwischen. »Wir können von Glück sagen, wenn uns nicht schon eine Flugstreife der Polizei an den Fersen klebt. Ich hab noch keine Zeit gehabt, das zu überprüfen.« Mit diesen Worten hockte er sich unmittelbar hinter dem Sessel der Frau auf den Boden. »Als Erstes müssen wir die Frau hier aus dem Weg schaffen. Wir müssen Sie ganz aus diesem Bereich abziehen. Page hat Witwer verklickert, wie Ihre neue Verkleidung aussieht, und Sie können sich drauf verlassen, dass das inzwischen über alle Sender gegangen ist.«

Fleming, der noch immer in der Hocke saß, packte Lisa. Er warf Anderton seine schwere Kanone zu, stemmte ihr Kinn geschickt nach oben und rammte ihre Schläfe dann rückwärts gegen den Sitz. Lisa zerrte wie wild an ihm; ein schwacher Angstschrei kam über ihre Lippen. Fleming ignorierte sie, schloss seine riesigen Pranken um ihren Hals und drückte erbarmungslos zu.

»Keine Schusswunde«, erklärte er keuchend. »Sie fällt einfach raus – ein ganz normaler Unfall. Passiert doch dauernd. Aber in diesem Fall bricht sie sich *vorher* das Genick.«

Es schien merkwürdig, dass Anderton so lange wartete. Wie die Dinge lagen, grub Fleming seine feisten Finger unbarmherzig ins blasse Fleisch der Frau, bis Anderton den Kolben der schweren Pistole hob und ihn auf Flemings Hinterkopf niedersausen ließ. Die riesigen Hände erschlafften. Fleming wankte, sein Kopf fiel nach vorn, und er sackte gegen die Schiffswand. Kraftlos versuchte er sich zusammenzunehmen und begann sich hochzuziehen. Anderton schlug noch einmal zu, diesmal über dem linken Auge. Fleming kippte hintenüber und lag dann still.

Nach Atem ringend, blieb Lisa noch einen Augenblick zusammengekrümmt sitzen, ihr Körper schwankte vor und zurück. Dann, nach und nach, kam wieder Farbe in ihr Gesicht.

»Kannst du die Steuerung übernehmen?«, fragte Anderton mit drängender Stimme und schüttelte sie.

»Ja, ich glaub schon.« Beinahe mechanisch griff sie nach der Lenkung. »Ich werd schon wieder. Mach dir meinetwegen keine Sorgen.«

»Die Pistole hier«, sagte Anderton, »stammt aus Artilleriebeständen der Armee. Aber nicht aus dem Krieg. Das ist eins von diesen handlichen, neuentwickelten Dingern. Vielleicht lieg ich ja völlig schief damit, aber es könnte doch sein –«

Er kletterte zurück auf das Deck, wo Fleming ausgestreckt lag. Er versuchte, den Kopf des Mannes nicht zu berühren, als er die Jacke aufriss und seine Taschen durchwühlte. Einen Augenblick später lag Flemings schweißgetränkte Brieftasche in seiner Hand.

Dem Ausweis zufolge war Tod Fleming Major der Armee und dem Internen Nachrichtendienst für Militärinformationen unterstellt. Unter den verschiedenen Papieren war auch ein von General Leopold Kaplan unterzeichnetes Dokument, das besagte, dass Fleming unter besonderem Schutz seiner Truppe stand – des Internationalen Veteranenbundes.

Fleming und seine Männer arbeiteten unter Kaplans Befehl. Der Bäckereilaster, der Unfall; alles war bewusst inszeniert worden.

Das bedeutete, dass Kaplan ihn bewusst dem Zugriff der Polizei entzogen hatte. Der Plan reichte zurück bis zum ersten Kontakt in seiner Wohnung, als Kaplans Männer ihn beim Packen geschnappt hatten. Ungläubig begriff er, was tatsächlich passiert war. Selbst damals hatten sie dafür gesorgt, dass sie ihn noch vor der Polizei erwischten. Sie hatten eine ausgeklügelte Strategie entwickelt, um von Anfang an sicherzustellen, dass Witwer ihn nicht festnehmen konnte.

»Du hast die Wahrheit gesagt«, meinte Anderton zu seiner Frau, als er auf den Sitz zurückkletterte. »Können wir Witwer irgendwie erreichen?«

Sie nickte stumm. Sie deutete auf die Telefonanlage am Armaturenbrett und fragte: »Was – hast du gefunden?«

»Hol mir Witwer an den Apparat. Ich will so schnell wie möglich mit ihm sprechen. Es ist sehr dringend.«

Nervös wählte sie, wurde automatisch auf Geheimfrequenz geschaltet, und alarmierte das Polizeihauptquartier in New York. Immer neue Bilder von kleinen Polizeibeamten flimmerten vorbei, bis ein winziges Abbild von Ed Witwers Gesicht auf dem Schirm erschien.

»Kennen Sie mich noch?«, fragte ihn Anderton.

Witwer erbleichte. »Um Himmels willen. Was ist passiert? Lisa, bringen Sie ihn etwa hierher?« Plötzlich blieb sein Blick an der Kanone in Andertons Hand hängen. »Hören Sie«, sagte er wütend, »tun Sie ihr nichts. Egal, was Sie denken, sie ist nicht dafür verantwortlich.«

»Das weiß ich alles längst«, antwortete Anderton. »Können Sie unsere Position bestimmen lassen? Vielleicht brauchen wir Schutz für den Rückflug.«

»*Rückflug!*« Witwer blickte ihn ungläubig an. »Sie wollen zurückkommen? Sie wollen sich stellen?«

»Stimmt genau.« Er sprach schnell und eindringlich, als er hinzusetzte: »Eins müssen Sie sofort erledigen. Machen Sie den Affenblock dicht. Sorgen Sie dafür, dass keiner reinkommt – weder Page noch sonst jemand. *Und schon gar keine Armeeangehörigen.*«

»Kaplan«, sagte das Miniaturbild.

»Was ist mit ihm?«

»Er ist hier gewesen. Er – er ist gerade weg.«

Anderton stockte das Herz. »Was hat er gemacht?«

»Daten abgeholt. Kopien transkribiert von unseren Präkog-Berichten über Sie. Er hat behauptet, er wollte sie einzig und allein zu seinem Schutz.«

»Dann hat er sie schon«, sagte Anderton. »Jetzt ist es zu spät.«

Aufgeregt schrie Witwer: »Was soll denn das alles heißen? Was ist los?«

»Das erklär ich Ihnen«, sagte Anderton schwerfällig, »wenn ich wieder in meinem Büro bin.«

VIII

Witwer erwartete ihn auf dem Dach des Polizeigebäudes. Als das kleine Schiff zum Stillstand kam, senkte ein Schwarm von Geleitschiffen die Steuerflossen und flog davon. Anderton ging sofort auf den blonden jungen Mann zu.

»Jetzt haben Sie erreicht, was Sie wollten«, sagte er zu ihm. »Sie können mich einsperren und ins Straflager schicken. Aber das wird nicht viel bringen.«

Witwers blaue Augen waren ganz blass vor Unsicherheit. »Ich fürchte, ich verstehe nicht ganz –«

»Es ist nicht meine Schuld. Ich hätte das Polizeigebäude nie verlassen dürfen. Wo ist Wally Page?«

»Den haben wir uns schon geschnappt«, erwiderte Witwer. »Der macht uns keinen Ärger mehr.«

Anderton verzog grimmig das Gesicht.

»Sie halten ihn aus dem falschen Grund fest«, sagte er. »Mich in den Affenblock zu lassen war kein Verbrechen. Informationen an die Armee weiterzugeben, das ist allerdings eins. Unter Ihren Leuten war ein Armeespitzel.« Er verbesserte sich mit der etwas lahmen Bemerkung: »Das heißt natürlich unter meinen Leuten.«

»Ich hab den Haftbefehl gegen Sie zurückgezogen. Die Einheiten suchen jetzt nach Kaplan.«

»Schon irgendwelche Resultate?«

»Er ist mit einem Armeelaster hier weg. Wir haben ihn verfolgt, aber der Laster hat es bis in eine bewaffnete Kaserne geschafft. Jetzt haben sie mit einem großen R-3-Kampfpanzer die Straße blockiert. Man müsste schon einen Bürgerkrieg vom Zaun brechen, um den aus dem Weg zu räumen.«

Langsam, zögernd kletterte Lisa aus dem Schiff. Sie war noch immer blass und aufgewühlt, und an ihrem Hals bildete sich ein hässlicher blauer Fleck.

»Was ist denn mit Ihnen passiert?«, wollte Witwer wissen. Dann erblickte er Flemings schlaffe Gestalt, die im Schiff ausgestreckt lag. Er sah Anderton ins Gesicht und sagte: »Dann ist die Sache mit dem Komplott, das ich angezettelt haben soll, wohl endgültig passé.«

»Ja.«

»Sie glauben also nicht, dass ich –« Er machte ein angewidertes Gesicht. »Intrigen spinne, um Ihren Posten zu bekommen.«

»Doch, natürlich. So was tut doch jeder. Und ich spinne Intrigen, um ihn zu behalten. Aber hier geht es um was anderes – und dafür sind Sie nicht verantwortlich.«

»Wieso bleiben Sie eigentlich felsenfest dabei«, erkundigte sich Witwer, »dass es zu spät ist, sich zu stellen? Mein Gott, wir stecken Sie ins Lager. Und wenn die Woche um ist, lebt Kaplan noch.«

»Er bleibt am Leben, ja«, räumte Anderton ein. »Aber er kann beweisen, dass er genauso lebendig wäre, wenn ich frei herumlaufen würde. Er hat die Informationen, die beweisen, dass der Mehrheitsbericht obsolet ist. Er kann das Prä-Verbrechenssystem zerschlagen.« Er schloss: »So oder so, er gewinnt – und wir verlieren. Die Armee bringt uns in Misskredit; ihre Strategie hat sich bezahlt gemacht.«

»Aber weshalb riskieren die so viel? Was genau wollen die?«

»Nach dem anglochinesischen Krieg war die Armee geschlagen. Sie ist nicht mehr das, was sie in den guten alten Zeiten der AFWA mal war. Damals haben die den ganzen Laden geschmissen, sowohl militärisch als auch innenpolitisch. Und sie haben ihre eigene Polizeiarbeit gemacht.«

»Wie Fleming«, sagte Lisa schwächlich.

»Nach dem Krieg wurde der Westblock entmilitarisiert. Offiziere wie Kaplan wurden in den Ruhestand versetzt und entlassen. Das lässt keiner gerne mit sich machen.« Anderton verzog das Gesicht. »Das kann ich ihm nachfühlen. Da ist er nicht der Einzige. Aber so konnte es nicht weitergehen. Wir brauchten unbedingt Gewaltenteilung.«

»Sie meinen also, Kaplan hat gewonnen«, sagte Witwer. »Können wir denn gar nichts unternehmen?«

»Ich werde ihn nicht umbringen. Das weiß er genauso gut wie wir. Wahrscheinlich wird er sich eines Besseren besinnen und uns irgendeinen Handel vorschlagen. Wir werden zwar weiterhin arbeiten, aber der Senat nimmt uns alle Fäden aus der Hand. Das würde Ihnen doch wohl kaum gefallen, oder?«

»Darauf können Sie sich verlassen«, erwiderte Witwer nachdrücklich. »Nicht mehr lange, dann bin ich Leiter dieser Behörde.« Er errötete. »Aber das dauert natürlich noch ein Weilchen.«

Anderton machte ein finsteres Gesicht. »Zu dumm, dass Sie den Mehrheitsbericht bekanntgemacht haben. Wenn Sie ihn geheim gehalten hätten, könnten wir ihn vorsichtig zurückziehen. Aber jeder hat davon gehört. Jetzt können wir ihn nicht mehr widerrufen.«

»Wohl kaum«, räumte Witwer beklommen ein. »Vielleicht – hab ich die Arbeit hier doch nicht so gut im Griff, wie ich dachte.«

»Das kommt mit der Zeit. Sie werden bestimmt noch ein guter Polizist. Sie glauben an den Status quo. Aber Sie müssen lernen, Ruhe zu bewahren.« Anderton ließ die beiden stehen. »Ich gehe die

Datenbänder des Mehrheitsberichts überprüfen. Ich will mal sehen, wie ich Kaplan eigentlich umbringen sollte.« Nachdenklich schloss er: »Vielleicht bringt mich das auf ein paar Ideen.«

Die Datenbänder der Präkogs »Donna« und »Mike« wurden getrennt aufbewahrt. Er entschied sich für die Maschine, die für die Analyse von »Donna« zuständig war, öffnete den Schutzschild und breitete den Inhalt aus. Wie beim ersten Mal zeigte ihm der Kode, welche Spulen relevant waren, und einen Augenblick später hatte er den Transportmechanismus in Gang gesetzt.

Es war ungefähr das, was er vermutet hatte. Dies war das Material, das »Jerry« verwendet hatte – der außer Kraft gesetzte Zeitpfad. Darin wurde er von Agenten von Kaplans militärischem Abwehrdienst entführt, als er von der Arbeit nach Hause fuhr. In Kaplans Villa verschleppt, das organisatorische Hauptquartier des Internationalen Veteranenbundes. Anderton wurde ein Ultimatum gestellt: Entweder er löste das Prä-Verbrechenssystem freiwillig auf, oder er blickte einem offenen Konflikt mit der Armee ins Auge.

In diesem ausgesonderten Zeitpfad hatte Anderton in seiner Eigenschaft als Polizeichef den Senat um Unterstützung gebeten. Doch es kam keinerlei Unterstützung. Um einen Bürgerkrieg zu vermeiden, hatte der Senat die Auflösung des Polizeisystems ratifiziert und eine Wiederherstellung des Kriegsrechts verfügt, »um des Notstands Herr zu werden«. Mit Hilfe eines Korps fanatischer Polizisten hatte Anderton Kaplan ausfindig gemacht und niedergeschossen, zusammen mit anderen Funktionären des Veteranenbundes. Nur Kaplan war gestorben. Die anderen hatte man wieder zusammengeflickt. Und der Coup war ein Erfolg gewesen.

So weit also »Donna«. Er spulte das Band zurück und wandte sich dann dem Material zu, das »Mike« vorhergesehen hatte. Es musste identisch sein; beide Präkogs hatten sich zusammengeschlossen, um ein einheitliches Bild zu präsentieren. »Mike« begann, wie »Donna« begonnen hatte: Anderton hatte von Kaplans Komplott gegen die Polizei erfahren. Aber irgendetwas stimmte nicht. Verwirrt spulte er das Band zurück. Unverständlicherweise deckte es sich nicht mit dem ersten. Er spielte das Band noch einmal ab und hörte aufmerksam zu.

»Mikes« Bericht war ganz anders als »Donnas« Bericht.

Eine Stunde später hatte er seine Untersuchung beendet, die Bänder verstaut, und verließ den Affenblock. Als er auftauchte, fragte Witwer: »Was ist los? Irgendwas stimmt nicht, das sehe ich doch.«

»Nein«, antwortete Anderton langsam, noch immer tief in Gedanken versunken. »Das stimmt so nicht ganz.« Ein Laut drang an sein Ohr. Geistesabwesend ging er zum Fenster und spähte nach draußen.

Auf der Straße drängten sich die Menschen. In Viererkolonnen zog eine Reihe uniformierter Truppen über die Mittelspur. Gewehre, Helme … marschierende Soldaten in schmuddeligen Kriegsuniformen mit ihren heißgeliebten AFWA-Wimpeln, die im kalten Nachmittagswind flatterten.

»Eine Armeekundgebung«, erklärte Witwer düster. »Ich hab mich getäuscht. Die lassen sich mit uns auf keinen Handel ein. Wieso sollten sie auch? Kaplan geht an die Öffentlichkeit.«

Das wunderte Anderton nicht. »Er verliest den Minderheiten-Bericht?«

»Sieht ganz so aus. Sie werden den Senat auffordern, uns aufzulösen und uns die Machtbefugnis zu entziehen. Sie werden behaupten, wir hätten unschuldige Männer verhaftet – nächtliche Polizeirazzien, so was in der Art. Ein Terrorregime.«

»Meinen Sie, der Senat wird dem zustimmen?«

Witwer zögerte. »Da möchte ich lieber gar nicht drüber nachdenken.«

»Ich schon«, sagte Anderton. »Er wird zustimmen. Die Sache da draußen passt zu dem, was ich unten erfahren habe. Wir haben uns in die Ecke drängen lassen, und jetzt gibt's nur noch einen Ausweg. Ob's uns gefällt oder nicht, aber den müssen wir nehmen.« Seine Augen hatten einen stählernen Glanz.

»Und der wäre?«, fragte Witwer ängstlich.

»Wenn ich's Ihnen gesagt habe, fragen Sie sich bestimmt, weshalb Sie nicht von selbst drauf gekommen sind. Ganz offensichtlich muss ich den veröffentlichten Mehrheitsbericht erfüllen. Ich muss Kaplan umbringen. Nur so können wir sie davon abhalten, uns in Misskredit zu bringen.«

»Aber«, sagte Witwer erstaunt, »der Mehrheitsbericht ist doch außer Kraft gesetzt.«

»Ich werd's schon schaffen«, meinte Anderton zu ihm, »aber das kommt mich teuer zu stehen. Sie kennen doch die Rechtsvorschriften in Sachen Mord?«

»Lebenslänglich.«

»Mindestens. Vielleicht können Sie ein paar Beziehungen spielen lassen und erreichen, dass die Strafe in Exil umgewandelt wird. Man könnte mich ja auf einen der Kolonialplaneten schicken, ins gute alte Grenzgebiet.«

»Wäre Ihnen – das lieber?«

»Verdammt, nein«, gestand Anderton freimütig. »Aber das wäre insgesamt das kleinere Übel. Und irgendjemand muss es ja schließlich machen.«

»Mir ist nicht ganz klar, wie Sie Kaplan umbringen wollen.«

Anderton holte die schwere Militärwaffe hervor, die Fleming ihm zugeworfen hatte. »Damit.«

»Und die werden Sie nicht daran hindern?«

»Wieso sollten sie? Die haben doch den Minderheiten-Bericht, in dem steht, dass ich's mir anders überlegt hab.«

»Dann ist der Minderheiten-Bericht also inkorrekt?«

»Nein«, sagte Anderton, »der ist völlig korrekt. Aber umbringen werde ich Kaplan trotzdem.«

IX

Er hatte noch nie einen Menschen umgebracht. Er hatte noch nicht einmal gesehen, wie ein Mensch umgebracht worden war. Und er war dreißig Jahre Polizeichef gewesen. Die heutige Generation hielt vorsätzlichen Mord für ausgestorben. So etwas gab es einfach nicht.

Ein Streifenwagen brachte ihn bis auf einen Block an die Armeekundgebung heran. Dort, im Halbdunkel des Wagenfonds, prüfte er gewissenhaft die Pistole, die Fleming ihm besorgt hatte. Sie schien zu funktionieren. Eigentlich gab es keinen Zweifel, wie die Sache ausgehen würde. Er wusste ganz genau, was in der nächsten halben Stunde passieren würde. Er setzte die Pistole wieder zusammen, öffnete den Verschlag des geparkten Wagens und stieg vorsichtig aus.

Niemand schenkte ihm auch nur die geringste Beachtung. Wogende Menschenmassen drängten begierig nach vorn, um in Hörweite der Kundgebung zu gelangen. Es waren überwiegend Armeeuniformen zu sehen, und am Rande des geräumten Geländes wurde eine Reihe von Panzern und größeres Kriegsgerät zur Schau gestellt – ein fürchterliches Waffenarsenal, das nach wie vor produziert wurde.

Die Armee hatte ein Rednerpodium aus Metall mit einer Treppe errichtet. Hinter dem Podium hing das riesige AFWA-Banner, Symbol der vereinigten Streitkräfte, die im Krieg gekämpft hatten. Aufgrund einer kuriosen Zeitkorrosion gab es im Veteranenbund der AFWA auch Offiziere, die in Kriegszeiten dem Feind gedient hatten. Doch General war General, und im Lauf der Jahre waren die feinen Unterschiede verblasst.

Die ersten Sitzreihen waren mit den hohen Tieren des AFWA-Kommandos besetzt. Hinter ihnen saßen die untergeordneten Offiziere. Überall wirbelten Truppenstandarten, eine Vielzahl von Farben und Symbolen. Im Grunde glich das Ereignis immer mehr einem Festzug. Auf dem erhöhten Podium saßen streng dreinblickende Würdenträger des Veteranenbundes, allesamt gespannt vor Erwartung. Links und rechts am äußersten Rand warteten beinahe unbemerkt ein paar Polizeieinheiten, anscheinend um die Ordnung zu wahren. In Wirklichkeit handelte es sich um Informanten, die Beobachtungen anstellten. Wenn hier einer die Ordnung wahrte, dann war es die Armee.

Der Spätnachmittagswind trieb das gedämpfte Geschrei vieler Menschen vor sich her, die eng beieinanderstanden. Als Anderton sich einen Weg durch den dichtgedrängten Pöbel bahnte, versank er im undurchdringlichen Menschengewühl. Ein heftiges Gefühl der Vorfreude hielt alle auf den Beinen. Die Menge schien zu spüren, dass sich etwas Spektakuläres anbahnte. Mühsam zwängte sich Anderton an den Sitzreihen vorbei und hinüber zu dem dichten Pulk von Armee-Funktionären am Rand der Tribüne.

Kaplan war auch unter ihnen. Aber hier war er General Kaplan.

Die Weste, die goldene Taschenuhr, der Stock, der konservative Straßenanzug – das alles war verschwunden. Für diesen Anlass hatte Kaplan seine alte Uniform aus der Mottenkiste geholt. Aufrecht und imposant stand er da, umringt von seinem ehemaligen Generalstab. Er trug seine Streifen, seine Metallabzeichen, seine Stiefel, sein kurzes Zierschwert und seine Schirmmütze. Es war verblüffend, wie stark eine spitze Offiziersschirmmütze einen Mann mit Glatze doch veränderte.

Als er Anderton bemerkte, löste General Kaplan sich von der Gruppe und ging dorthin, wo der Jüngere jetzt stand. Sein schmales, bewegliches Gesicht verriet, wie unglaublich erfreut er darüber war, den Polizeichef zu sehen.

»Das ist ja eine Überraschung«, meinte er zu Anderton und streckte seine kleine, grau behandschuhte Hand aus. »Ich hatte den Eindruck, der amtierende Commissioner hätte Sie gefasst.«

»Ich bin immer noch draußen«, antwortete Anderton knapp und schüttelte Kaplan die Hand. »Schließlich hat Witwer genau dasselbe Band.« Er deutete auf das Päckchen, das Kaplan mit stählernen Fingern umklammert hielt, und begegnete dem Blick des Mannes voller Selbstbewusstsein.

Trotz seiner Nervosität hatte General Kaplan gute Laune. »Das ist ein großer Tag für die Armee«, verriet er. »Es wird Sie freuen, zu hören, dass ich der Öffentlichkeit vollständigen Bericht über die falschen Anschuldigungen gegen Sie erstatten werde.«

»Schön«, lautete Andertons zurückhaltende Antwort.

»Ich werde deutlich machen, dass Sie zu Unrecht angeklagt worden sind.« General Kaplan versuchte herauszubekommen, wie viel Anderton wusste. »Hat Fleming Gelegenheit gehabt, Sie mit der Situation vertraut zu machen?«

»Bis zu einem gewissen Grad«, erwiderte Anderton. »Sie werden nur den Minderheiten-Bericht verlesen? Mehr haben Sie nicht?«

»Ich werde ihn mit dem Mehrheitsbericht vergleichen.« General Kaplan gab einem seiner Adjutanten ein Zeichen, und ein lederner Aktenkoffer kam zum Vorschein. »Hier ist alles drin – alle Beweise, die wir brauchen«, sagte er. »Es macht Ihnen doch nichts aus, wenn ich Sie als Beispiel nehme, oder? Ihr Fall steht als Symbol für die ungerechtfertigten Festnahmen zahlloser Menschen.« Steif warf General Kaplan einen Blick auf seine Armbanduhr. »Ich muss anfangen. Möchten Sie mit mir aufs Podium kommen?«

»Warum?«

Kalt, doch mit irgendwie unterdrückter Vehemenz, sagte General Kaplan: »Damit sie den lebenden Beweis vor Augen haben. Sie und ich zusammen – der Mörder und sein Opfer. Seite an Seite decken wir das finstere Täuschungsmanöver auf, das die Polizei in die Wege geleitet hat.«

»Gern«, willigte Anderton ein. »Worauf warten wir noch?«

Beunruhigt näherte sich General Kaplan der Tribüne. Erneut warf er Anderton einen beklommenen Blick zu, als würde er überlegen, weshalb Anderton aufgetaucht war und wie viel er tatsächlich wusste. Seine Unsicherheit wuchs, als Anderton bereitwillig die Stufen zur Tribüne hinaufstieg und sich einen Platz unmittelbar neben dem Rednerpult aussuchte.

»Sind Sie sich auch völlig im Klaren darüber, was ich sagen werde?«, wollte General Kaplan wissen. »Die Enthüllung wird beträchtliche Konsequenzen nach sich ziehen. Sie könnte den Senat veranlassen, die Rechtmäßigkeit des Prä-Verbrechenssystems von Grund auf zu überdenken.«

»Verstehe«, antwortete Anderton mit verschränkten Armen. »Fangen wir an.«

Stille war eingetreten. Doch es herrschte erregte, gespannte Unruhe, als General Kaplan die Aktentasche entgegennahm und anfing, seine Unterlagen vor sich auszubreiten.

»Der Mann hier neben mir«, begann er mit klarer, durchdringender Stimme, »ist Ihnen allen bekannt. Es wird Sie vielleicht überraschen, ihn hier zu sehen, denn noch bis vor kurzem wurde er von der Polizei als gefährlicher Mörder bezeichnet.«

Die Blicke der Menge konzentrierten sich auf Anderton. Begierig beäugten sie den einzigen potentiellen Mörder, den aus nächster Nähe zu betrachten ihnen jemals vergönnt gewesen war.

»Vor ein paar Stunden jedoch«, fuhr General Kaplan fort, »ist der polizeiliche Haftbefehl gegen ihn aufgehoben worden; weil sich der ehemalige Commissioner Anderton freiwillig gestellt hat? Nein, das stimmt so nicht ganz. Er sitzt jetzt hier. Er hat sich zwar nicht gestellt, doch hat die Polizei keinerlei Interesse mehr an ihm. John Allison Anderton hat sich keines Verbrechens schuldig gemacht, weder in der Vergangenheit noch in der Gegenwart oder Zukunft. Bei den Anschuldigungen gegen ihn handelte es sich um offenkundige Fälschungen, diabolische Entstellungen eines verseuchten Strafsystems, das auf falschen Voraussetzungen beruht – einer riesigen, unpersönlichen Vernichtungsmaschinerie, die Männer und Frauen ins Verderben stürzt.«

Fasziniert blickte die Menge von Kaplan zu Anderton. Jeder war mit der Situation vertraut.

»Seitdem das sogenannte prophylaktische Prä-Verbrechenssystem besteht, sind viele Menschen festgenommen und eingesperrt worden«, fuhr General Kaplan fort; seine Stimme gewann an Kraft und Gefühl. »Angeklagt nicht etwa wegen eines Verbrechens, das sie begangen haben, *sondern wegen eines Verbrechens, das sie begehen werden.* Es wird behauptet, dass diese Menschen, falls man ihnen gestattet, in Freiheit zu bleiben, sich irgendwann in naher Zukunft eines schweren Vergehens schuldig machen werden.

Verbindliche Kenntnisse über die Zukunft kann es jedoch nicht geben. Sobald man eine präkognitive Information erhält, *neutralisiert diese sich selbst.* Die Behauptung, dieser Mann werde in naher Zukunft ein Verbrechen begehen, ist paradox. Schon durch die Tatsache, dass er in den Besitz dieser Daten gelangen konnte, wird sie entkräftet. In jedem Fall, ohne Ausnahme, hat der Bericht der drei Polizei-Präkogs deren eigene Daten hinfällig werden lassen. Auch wenn keinerlei Festnahmen erfolgt wären, hätte kein Verbrechen stattgefunden.«

Anderton hörte gelangweilt zu, war nur mit halbem Ohr dabei. Die Menge jedoch lauschte mit großem Interesse. General Kaplan gab jetzt eine kurze Zusammenfassung des Minderheiten-Berichts. Er erläuterte, worum es sich dabei handelte und wie er zustande gekommen war.

Anderton zog die Kanone aus seiner Manteltasche und legte sie sich auf den Schoß. Schon hatte Kaplan den Minderheiten-Bericht beiseitegepackt, das präkognitive Material, das von »Jerry« stammte. Seine hageren, knochigen Finger tasteten erst nach der Zusammenfassung von »Donna«, dann nach der von »Mike«.

»Dies war der ursprüngliche Mehrheitsbericht«, erklärte er. »Die Behauptung, aufgestellt von den ersten beiden Präkogs, dass Anderton einen Mord begehen werde. Das Material also, das automatisch hinfällig wurde. Ich werde es Ihnen vorlesen.« Er zückte seine randlose Brille, schob sie sich auf die Nase und fing langsam an zu lesen.

Ein merkwürdiger Ausdruck machte sich auf seinem Gesicht breit. Er hielt inne, begann zu stammeln und brach plötzlich ab. Die Papiere flatterten ihm aus den Händen. Wie ein in die Enge getriebenes Tier wirbelte er herum, duckte sich und stürzte vom Rednerpult.

Anderton sah, wie Kaplans verzerrtes Gesicht an ihm vorbeischoss. Anderton war aufgestanden, hob nun die Kanone, machte rasch einen Schritt nach vorn und drückte ab. Kaplan hatte sich in der endlosen Reihe von Füßen verheddert, die von den Stühlen auf der Tribüne weggestreckt waren, und ließ mit einem einzigen schrillen Schrei Schmerz und Furcht heraus. Wie ein verwundeter Vogel taumelte er flatternd und mit den Armen schlegelnd von der Tribüne hinunter auf den Boden. Anderton trat ans Geländer, aber es war schon vorbei.

Kaplan war, wie der Mehrheitsbericht es vorhergesagt hatte, tot. Sein schmaler Brustkorb war ein qualmendes, düster gähnendes Loch; bröcklige Asche löste sich, während der Körper sich in Zuckungen wand.

Angewidert drehte Anderton sich um und drängte sich rasch zwischen den verdatterten Gestalten von Armee-Offizieren hindurch, die von ihren Stühlen aufstanden. Er hielt noch immer die Kanone in der Hand; sie war die Garantie dafür, dass sich ihm niemand in den Weg stellte. Er sprang von der Tribüne herunter und zwängte sich hinein in die chaotische Menschenmasse vor dem Podium. Starr vor Schreck, verzweifelt versuchte das Publikum dahinterzukommen, was passiert war. Der Zwischenfall, der sich unmittelbar vor ihren Augen ereignet hatte, war einfach unbegreiflich. Es würde seine Zeit brauchen, bis sie hinnehmen würden, worauf sie jetzt mit blindem Entsetzen reagierten.

Am Rand der Menge wurde Anderton von wartenden Polizisten in Empfang genommen. »Sie können von Glück sagen, dass Sie da rausgekommen sind«, flüsterte ihm einer von ihnen zu, als der Wagen vorsichtig vorwärtskroch.

»Glaub ich auch«, erwiderte Anderton abwesend. Er lehnte sich zurück und versuchte sich zusammenzunehmen. Er zitterte, und ihm war schwindlig. Plötzlich beugte er sich vornüber und übergab sich heftig.

»Armer Teufel«, murmelte einer der Cops voller Mitgefühl.

Von Elend und Übelkeit war Anderton völlig benommen, so dass er nicht mit Bestimmtheit sagen konnte, ob der Cop nun Kaplan meinte oder ihn.

X

Vier stämmige Polizisten halfen Lisa und John Anderton beim Packen und Verladen ihrer Habseligkeiten. Im Lauf von fünfzig Jahren hatte der ehemalige Polizeichef Unmengen von Dingen angesammelt. Trübsinnig und nachdenklich stand er da und beobachtete die Prozession von Kisten auf ihrem Weg zu den wartenden Lastern.

Mit dem Laster ging es direkt zum Flugfeld – und von dort aus per Intersystem-Flug nach Centaur X. Eine lange Reise für einen alten Mann. Wenigstens blieb ihm der Rückweg erspart.

»Das ist die vorletzte Kiste«, verkündete Lisa, voll und ganz von ihrer Arbeit in Anspruch genommen. In Pullover und langen Hosen wanderte sie durch die leeren Zimmer, überprüfte allerletzte Kleinigkeiten. »Ich glaub, mit den neuen Atro-Haushaltsgeräten können wir auf Centzehn nichts anfangen. Da arbeiten sie noch mit Elektrizität.«

»Ich hoffe, das macht dir nicht allzu viel aus«, sagte Anderton.

»Wir werden uns schon dran gewöhnen«, erwiderte Lisa und schenkte ihm ein flüchtiges Lächeln. »Meinst du nicht?«

»Ich will's hoffen. Und du bist auch ganz sicher, dass du es nicht bereuen wirst. Wenn ich mir vorstelle –«

»Ganz sicher«, beteuerte Lisa. »Wie wär's, wenn du mir jetzt mal mit der Kiste hier helfen würdest?«

Als sie in den Hauptlaster stiegen, fuhr Witwer in einem Streifenwagen vor. Er sprang heraus und hastete mit merkwürdig verstörter Miene auf sie zu. »Bevor Sie starten«, sagte er zu Anderton, »müssen Sie mich unbedingt darüber aufklären, was es mit den Präkogs auf sich hat. Ich bekomme dauernd Anfragen vom Senat. Die zerbrechen sich den Kopf darüber, ob der mittlere Bericht, also das Dementi, nun ein Irrtum war – oder was.« Verwirrt schloss er: »Ich kann mir das noch immer nicht erklären. Der Minderheiten-Bericht war doch falsch, oder?«

»Welcher Minderheiten-Bericht?«, erkundigte sich Anderton amüsiert.

Witwer blinzelte. »*Das* ist es also. Ich hätte es wissen müssen.«

Als Anderton es sich im Führerhäuschen des Lasters bequem gemacht hatte, holte er seine Pfeife hervor und schüttete Tabak hinein. Mit Lisas Feuerzeug zündete er den Tabak an und begann zu rauchen. Lisa war ins Haus zurückgegangen, um sich zu vergewissern, dass sie nichts Wesentliches übersehen hatten.

»Es gab drei Minderheiten-Berichte«, eröffnete er Witwer; er genoss die Verwirrung des junges Mannes. Eines Tages würde auch Witwer lernen, dass man seine Nase nicht in Angelegenheiten steckte, von denen man keine Ahnung hatte. Genugtuung war das Einzige, was Anderton noch empfand. Er war alt und ausgebrannt, und doch hatte er als Einziger das eigentliche Problem erkannt.

»Die drei Berichte waren konsekutiv«, erklärte er. »Zuerst kam ›Donna‹. In dem Zeitpfad hat Kaplan mir von dem Komplott erzählt, und ich habe ihn sofort umgebracht. ›Jerry‹, der gegenüber ›Donna‹ einen kleinen Phasenvorsprung hatte, hat ihren Bericht als Grundlage genommen. Er hat meine Kenntnis des Plans als Faktor mit einbezogen. In diesem zweiten Zeitpfad wollte ich nichts anderes als meinen Posten behalten. Ich wollte Kaplan nicht umbringen. Ich war ausschließlich an meiner Stellung, an meinem Leben interessiert.«

»Und von ›Mike‹ kam der dritte Bericht? Also der *nach* dem Minderheiten-Bericht?« Witwer verbesserte sich. »Ich meine, der letzte?«

»›Mike‹ war der letzte von den dreien, ja. Da ich von dem ersten Bericht wusste, hatte ich beschlossen, Kaplan *nicht* umzubringen. Daraus resultierte dann der zweite Bericht. Aufgrund *dieses* Berichts hab ich es mir noch mal anders überlegt. Zweiter Bericht, zweite Situation, das war genau die Situation, die Kaplan schaffen wollte. Für die Polizei war es am günstigsten, die Ausgangslage wiederherzustellen. Und zu diesem Zeitpunkt dachte ich an die Polizei. Ich hatte rausgekriegt, was Kaplan vorhatte. Der dritte Bericht hat den zweiten genauso außer Kraft gesetzt wie der zweite den ersten. Das hat uns dahin zurückgebracht, wo wir angefangen hatten.«

Lisa kam an, atemlos und keuchend. »Fahren wir – hier sind wir endgültig fertig.« Flink und geschmeidig stieg sie die Metallsprossen des Lasters hinauf und quetschte sich neben ihren Mann und den Fahrer. Der ließ seinen Wagen gehorsam anspringen, und die anderen taten es ihm nach.

»Jeder Bericht war anders«, schloss Anderton. »Jeder war einzigartig. Aber zwei stimmten in einem Punkt überein. Wenn ich nicht gefasst wurde, *würde ich Kaplan umbringen*. Dadurch kam die Illusion eines Mehrheitsberichts zustande. Im Grunde war es nichts anderes als das – eine Illusion. ›Donna‹ und ›Mike‹ haben dasselbe Ereignis vorhergesehen – allerdings in zwei völlig verschiedenen Zeitpfaden, wo es unter völlig verschiedenen Umständen stattfand. ›Donna‹ und ›Jerry‹, der sogenannte Minderheiten-Bericht und die Hälfte des Mehrheitsberichts, waren inkorrekt. Von den dreien war nur ›Mike‹ korrekt – weil nach seinem Bericht keiner mehr kam, der ihn hätte außer Kraft setzen können. Das ist eigentlich alles.«

Ängstlich trottete Witwer neben dem Lastwagen her; das glatte Gesicht des blonden jungen Mannes war von Besorgnis zerfurcht. »Ob das noch mal passiert? Sollen wir vielleicht die Anlage überholen lassen?«

»Es kann passieren, aber nur unter einer Bedingung«, sagte Anderton. »Mein Fall war einzigartig, weil ich Zugang zu den Daten hatte. Es *könnte* noch mal passieren – aber nur dem nächsten Polizeichef. Also passen Sie auf, was Sie machen.« Er grinste kurz, schöpfte nicht eben geringen Trost aus Witwers gequältem Gesichtsausdruck. Neben ihm zuckten Lisas rote Lippen, und sie nahm seine Hand und umschloss sie mit den Fingern.

»Halten Sie lieber die Augen offen«, meinte er zu Witwer. »Ihnen kann jederzeit dasselbe passieren.«

Die elektrische Ameise

Um vier Uhr fünfzehn, T. S. T., wachte Garson Poole in seinem Krankenhausbett auf, wusste, dass er in einem Krankenhausbett in einem Dreibettzimmer lag, und begriff auch noch zwei weitere Dinge: dass er keine rechte Hand mehr hatte und dass er keine Schmerzen spürte.

Sie haben mir ein starkes Schmerzmittel gegeben, sagte er sich, starrte auf die Wand gegenüber, wo man durch die Fenster Downtown New York sehen konnte. Wie in einem glitzernden Netz bewegten sich Fahrzeuge und Peds in der Nachmittagssonne, und die Strahlen des schwächer werdenden Lichts taten ihm gut. Sie ist noch nicht untergegangen, dachte er. Und ich bin es auch nicht.

Ein Videofon stand auf dem Tisch an seinem Bett; er zögerte, hob dann den Hörer ab und wählte eine Außenleitung an. Im nächsten Moment hatte er Louis Danceman vor sich, der die Tri-Plan-Geschäfte leitete, solange er selbst, Garson Poole, nicht da war.

»Gott sei Dank, Sie sind am Leben«, sagte Danceman, als er ihn sah; Erleichterung ebnete sein großes, fleischiges Gesicht mit der Mondlandschaft von Pockennarben. »Ich habe schon bei sämtlichen –«

»Ich habe nur keine rechte Hand mehr«, sagte Poole.

»Wird schon wieder. Ich meine, die können Ihnen ja eine neue verpassen.«

»Wie lange bin ich schon hier?«, fragte Poole. Er wunderte sich, dass keine Schwestern und Ärzte da waren; warum schwirrte niemand herum und regte sich darüber auf, dass er videofonierte?

»Seit vier Tagen«, sagte Danceman. »Hier im Werk läuft akquimäßig alles bestens. Wir haben sogar Bestellungen von drei separaten

Polizeiapparaten, alle hier auf Terra, akquiriert. Zwei in Ohio, eine in Wyoming. Gute, seriöse Bestellungen, ein Drittel im Voraus und die übliche Drei-Jahres-Leasing-Option.«

»Holen Sie mich hier raus«, sagte Poole.

»Ich kann Sie nicht rausholen, bis nicht die neue Hand –«

»Die lasse ich später machen.« Er wollte unbedingt zurück in seine vertraute Umgebung; Erinnerungen an den Schwärmer mit dem Firmenschild, der auf dem Leitschirm grotesk verzerrt auftauchte, schossen ihm durch den Kopf; wenn er die Augen schloss, befand er sich wieder in seinem demolierten Flieger, der von einem Vehikel zum anderen prallte und haufenweise Blechschaden hinterließ. Die kinetischen Sensationen … er zuckte zusammen, als er daran dachte. Ich hab wirklich Schwein gehabt, sagte er sich.

»Ist Sarah Benton bei Ihnen?«, fragte Danceman.

»Nein.« Natürlich; seine persönliche Sekretärin würde – schon aus Rücksicht auf ihren Job – irgendwo in der Nähe sein, ihn auf ihre langweilige und alberne Art bemuttern. Üppige Frauen bemuttern gerne andere, dachte er. Und sie sind gefährlich; wenn sie auf einen drauffallen, können sie einen umbringen. »Vielleicht ist sie es gewesen«, sagte er laut. »Vielleicht ist Sarah auf meinen Schwärmer gefallen.«

»Nein, nein; eine Spurstange im Steuerruder Ihres Schwärmers hat mitten in der Rushhour den Geist aufgegeben, und –«

»Ich erinnere mich.« Er drehte sich im Bett um, als die Zimmertür aufging; ein weißgekleideter Arzt und zwei blaugekleidete Schwestern erschienen und traten an sein Bett. »Wir reden später weiter«, sagte Poole und legte das Videofon auf. Er holte tief und erwartungsvoll Luft.

»Sie sollten so früh noch nicht videofonieren«, sagte der Arzt, während er Pooles Krankenblatt studierte. »Mr. Garson Poole, Besitzer von Tri-Plan Electronics. Hersteller von Zufalls-Ident-Darts, die ihre Beute im Umkreis von tausend Meilen aufspüren, anhand der unverwechselbaren Hirnstrommuster. Sie sind ein erfolgreicher Mann, Mr. Poole. Nur sind Sie, Mr. Poole, kein Mann. Sie sind eine elektrische Ameise.«

»Mein Gott«, sagte Poole erschüttert.

»Wir können Sie hier also wirklich nicht behandeln, nachdem wir das festgestellt haben. Wir haben die Entdeckung gemacht, als wir Ihre verletzte Hand untersuchten; wir haben die Elektronik gesehen und haben sofort Röntgenbilder vom Thorax gemacht, die unsere Hypothese selbstredend bestätigten.«

»Was«, fragte Poole, »ist eine ›elektrische Ameise‹?« Aber er wusste es; er konnte sich die Bedeutung zusammenreimen.

Eine Schwester sagte: »Ein organischer Roboter.«

»Ich verstehe«, sagte Poole. Kalter Schweiß trat ihm aus allen Poren seines Körpers.

»Sie haben es nicht gewusst«, sagte der Arzt.

»Nein.« Poole schüttelte den Kopf.

Der Arzt sagte: »Wir bekommen fast jede Woche eine elektrische Ameise rein. Entweder nach einem Schwärmerunfall eingeliefert – wie Sie – oder sie bitten aus freien Stücken um Aufnahme ... elektrische Ameisen, denen es, wie Ihnen, nie gesagt wurde, die neben Menschen funktionieren, sich selbst für menschlich gehalten haben. Was Ihre Hand angeht –« Er unterbrach sich.

»Vergessen Sie meine Hand«, sagte Poole heftig.

»Nur die Ruhe.« Der Arzt beugte sich über ihn, sah Poole ernst ins Gesicht. »Wir lassen Sie mit einem Klinikschiff in eine Vertragswerkstatt überstellen, in der die Reparaturen oder der Austausch Ihrer Hand vorgenommen werden können, und das zu Kosten, die für Sie, falls Sie Selbsteigner sind, oder für Ihre Eigentümer, falls es die gibt, durchaus vertretbar sind. Auf jeden Fall werden Sie wieder an Ihrem Schreibtisch bei Tri-Plan sitzen und funktionieren wie früher.«

»Nur«, sagte Poole, »dass ich es jetzt weiß.« Er fragte sich, ob Danceman oder Sarah oder sonst jemand im Büro Bescheid wusste. Hatten sie – oder einer von ihnen – ihn angeschafft? Oder entworfen? Eine Marionette, sagte er sich; mehr bin ich nie gewesen. Ich kann die Firma nie wirklich geleitet haben; das war eine Illusion, die mir bei der Herstellung eingepflanzt wurde ... zusammen mit der Illusion, dass ich menschlich und lebendig bin.

»Ehe Sie die Vertragswerkstatt aufsuchen«, sagte der Doktor, »seien Sie doch so nett, an der Anmeldung die Rechnung zu begleichen.«

Poole sagte ätzend: »Wie kann es eine Rechnung geben, wenn Ameisen hier nicht behandelt werden?«

»Für unsere Bemühungen«, sagte die Schwester. »Bis zu dem Zeitpunkt, da die Lage der Dinge klar wurde.«

»Schicken Sie mir die Rechnung zu«, sagte Poole mit wildem, hilflosem Zorn. »Schicken Sie die Rechnung an meine Firma.« Mit großer Mühe gelang es ihm, sich aufzusetzen; ganz schwummrig im Kopf, hob er schwerfällig die Beine aus dem Bett und stellte sie auf den Boden. »Ich bin froh, wenn ich hier rauskomme«, sagte er, als er aufstand. »Und vielen Dank für Ihre menschliche Anteilnahme.«

»Wir danken ebenfalls, Mr. Poole«, sagte der Doktor. »Oder schlicht Poole, wie ich lieber sagen sollte.«

In der Vertragswerkstatt ließ er seine fehlende Hand ersetzen.

Sie war wirklich faszinierend, diese Hand; er begutachtete sie lange, ehe er sie von den Mechanikern anpassen ließ. Oberflächlich wirkte sie organisch – die Oberfläche war das sogar. Natürliche Haut überzog natürliches Fleisch, und echtes Blut füllte die Adern und Kapillaren. Aber darunter schimmerten Drähte und Schaltkreise, winzig kleine Bauteile … bei einem tieferen Blick ins Handgelenk sah er Widerstände, Motoren, mehrstufige Ventile, alle sehr klein. Äußerst kompliziert. Und – die Hand kostete vierzig Frösche. Ein Wochenlohn, soweit er ihn aus der Firmenkasse bezog.

»Gibt es darauf Garantie?«, fragte er die Mechaniker, als sie den »Knochen«-Teil der Hand an den Armstumpf anschweißten.

»Neunzig Tage, Ersatzteile und Einbau«, sagte einer der Mechaniker. »Bei sachgemäßer und schonender Behandlung.«

»Das kommt mir irgendwie bekannt vor«, sagte Poole.

Der Mechaniker, ein Mann – es waren alles Männer –, sagte, während er ihn neugierig musterte: »Haben Sie sich verstellt?«

»Unabsichtlich«, sagte Poole.

»Und jetzt tun Sie es mit Absicht?«

Poole sagte: »Genau.«

»Wissen Sie, warum Sie nie drauf gekommen sind? Es muss Anzeichen gegeben haben … gelegentliches Klicken und Surren in Ihrem Inneren. Sie sind nie drauf gekommen, weil Sie darauf programmiert waren, es nicht zu beachten. Genauso schwierig wird es jetzt für Sie sein, herauszufinden, warum Sie hergestellt wurden und für wen Sie gearbeitet haben.«

»Ein Sklave«, sagte Poole. »Ein mechanischer Sklave.«

»Sie hatten Ihren Spaß.«

»Ich habe ein gutes Leben geführt«, sagte Poole. »Ich habe hart gearbeitet.«

Er zahlte dem Reparaturdienst seine vierzig Frösche, ließ seine neuen Finger spielen, erprobte sie, indem er diverse Gegenstände, ein paar Münzen, aufhob, und ging dann. Zehn Minuten später war er im öffentlichen Transporter, auf dem Heimweg. Der Tag hatte es in sich gehabt.

Daheim in seinem Einzimmerapartment goss er sich einen Schluck Jack Daniels Purple Label ein – sechzig Jahre alt –, saß da und trank und blickte dabei durch sein einziges Fenster auf das Gebäude auf der anderen Straßenseite. Soll ich ins Büro gehen?, fragte er sich. Und wenn, warum? Und wenn nicht, warum nicht? Such dir eins aus. Jesus, dachte er, es zieht einem den Boden unter den Füßen weg, das zu wissen. Ich bin ein Monstrum, dachte er. Ein unbelebtes Objekt, das ein belebtes nachäfft. Aber – er fühlte sich lebendig. Und dennoch … fühlte er jetzt anders. Was ihn selbst betraf. Und auch was alle andern, besonders Danceman und Sarah und jeden bei Tri-Plan betraf.

Ich glaube, ich bring mich um, sagte er sich. Aber wahrscheinlich bin ich darauf programmiert, es nicht zu tun; die Kosten wären zu hoch, für die mein Besitzer aufkommen müsste. Und das würde er nicht wollen.

Programmiert. Irgendwo in mir, dachte er, ist eine Matrix installiert, ein Rasterschirm, der bestimmte Gedanken, bestimmte Handlungen bei mir unterbindet. Und mich zu anderen zwingt. Ich bin nicht frei. Ich war es nie, aber jetzt weiß ich es; das macht den Unterschied.

Er stellte sein Fenster auf opak, knipste die Deckenbeleuchtung an und machte sich vorsichtig daran, seine Kleidung abzulegen. Er hatte gut zugesehen, als die Mechaniker in der Vertragswerkstatt seine neue Hand anmontiert hatten: Er hatte jetzt eine ziemlich genaue Vorstellung davon, wie sein Körper zusammengesetzt war. Zwei Hauptverschalungen, eine in jedem Schenkel; die Mechaniker hatten die Verschalungen ausgebaut, um die darunterliegenden Schaltkreise zu überprüfen. Wenn ich programmiert bin, dachte er, ist die Matrix vielleicht dort zu finden.

Das Gewirr der Kabel ließ ihn verzweifeln. Ich brauche Hilfe, sagte er sich. Mal sehen … wie war noch die Fonnummer des Computers der BBB-Klasse, den wir im Büro benutzen?

Er hob den Hörer ab, wählte den Computer an dessen festem Standort in Boise, Idaho, an.

»Die Benutzung dieses Computers wird mit fünf Fröschen pro Minute berechnet«, sagte eine Automatenstimme aus dem Videofon. »Bitte halten Sie Ihre Masterkreditplakette vor den Bildschirm.«

Er tat es.

»Beim Signalton werden Sie mit dem Computer verbunden«, fuhr die Stimme fort. »Bitte stellen Sie Ihre Frage so zügig wie möglich, und beachten Sie auch, dass die Antwort innerhalb von Mikrosekunden erfolgen wird, sobald Ihre Anfrage –« Er stellte den Ton ab. Stellte ihn aber schnell wieder an, als der leere Audio-Input des Computers auf dem Schirm erschien. In diesem Moment war der Computer zum gigantischen Ohr geworden, das ihm zuhörte – sowie fünfzigtausend weiteren Fragestellern von ganz Terra.

»Taste mich visuell ab«, instruierte er den Computer. »Und sag mir, wo ich den Programmiermechanismus finde, der meine Gedanken und mein Verhalten steuert.« Er wartete. Auf dem Schirm des Fons guckte ihn ein großes, bewegliches Facettenauge an; er stellte sich dort in seinem Einzimmerapartment vor ihm zur Schau.

Der Computer sagte: »Nehmen Sie Ihre Brustverschalung ab. Üben Sie Druck auf Ihr Brustbein aus und lockern es dann nach außen.«

Er tat es. Ein Teil seiner Brust löste sich; benommen legte er es auf den Fußboden.

»Ich kann Steuermodule erkennen«, sagte der Computer, »kann aber nicht genau sagen, welches –« Er unterbrach sich, während sein Auge über den Fonschirm wanderte. »Ich erkenne eine über Ihrem Herzmechanismus montierte Lochstreifenspule. Sehen Sie sie?« Poole reckte den Hals und spähte nach unten. Er sah sie auch. »Ich muss aus der Leitung rausgehen«, sagte der Computer. »Nachdem ich die mir verfügbaren Daten geprüft habe, setze ich mich mit Ihnen in Verbindung und werde Ihnen eine Antwort geben. Guten Tag.« Der Bildschirm erlosch.

Ich reiße mir den Streifen raus, sagte sich Poole. Winzig … nicht größer als zwei Garnspulen, mit einem zwischen Zuführspule und Aufnahmespule montierten Scanner. Er sah kein Anzeichen von Bewegung; die Spulen schienen stillzustehen. Wahrscheinlich schalten sie sich nur ein, wenn bestimmte Situationen auftreten, überlegte er. Und setzen meine Hirntätigkeit außer Kraft. Und das haben sie mein Leben lang getan.

Er griff nach unten, berührte die Zuführspule. Ich muss das einfach nur ausreißen, dachte er, und dann –

Der Videofonschirm wurde wieder hell. »Masterkreditplakettennummer 3-BNX-882-HQR446-T«, ertönte die Stimme des Computers. »Hier ist BBB-307DR mit erneuter Rückmeldung auf Ihre Anfrage von sechzehn Sekunden Dauer, 4. November 1992. Die Lochstreifenspule oberhalb Ihres Herzmechanismus ist keine Programmiervorrichtung, sondern ein Mechanismus, der die Realitätszufuhr steuert. Alle von Ihrem Zentralnervensystem empfangenen Sinnesreize gehen von dieser Einheit aus, sie zu manipulieren wäre riskant, wenn nicht tödlich.« Er fügte hinzu: »Sie verfügen, wie es scheint, über gar keinen Programmierungsschaltkreis. Anfrage beantwortet. Guten Tag.« Er klickte und war weg.

Poole berührte, nackt vor dem Bildschirm stehend, noch einmal die Spule mit allergrößter Vorsicht. Ich verstehe, dachte er aufgebracht. Oder? Diese Einheit –

Wenn ich den Streifen kappen würde, überlegte er, würde meine Welt verschwinden. Für andere wird die Realität bestehen bleiben, aber nicht für mich. Weil meine Realität, mein Universum, mir über diese winzig kleine Einheit vermittelt wird. Vom Scanner abgetastet und dann in mein zentrales Nervensystem eingespeist wird, während der Lochstreifen im Schneckentempo abrollt.

So rollt er seit Jahren, schloss er.

Er nahm seine Kleider, zog sich wieder an, setzte sich in einen schweren Sessel – ein aus den Chefbüros von Tri-Plan in seine Wohnung importierter Luxus – und steckte sich eine Tabakzigarette an. Seine Hand zitterte, als er das Feuerzeug mit seinen Initialen niederlegte; er lehnte sich zurück und blies einen grauen Rauchring von sich.

Ich muss langsam vorgehen, sagte er sich. Was habe ich vor? Meine Programmierung überbrücken? Aber der Computer hat keinen Programmierungsschaltkreis gefunden. Will ich das Realitätsband manipulieren? Und wenn, warum?

Weil ich, wenn ich das kontrolliere, die Realität kontrolliere, dachte er. Jedenfalls soweit sie mich betrifft. Meine subjektive Realität … aber eine andere gibt es ohnehin nicht. Objektive Realität ist ein synthetisches Konstrukt, das Resultat einer hypothetischen Universalisierung einer Vielzahl subjektiver Realitäten.

Ich hab mein Universum in der Hand, überlegte er. Wenn ich nur dahinterkomme, wie das Mistding funktioniert. Ursprünglich hatte ich nichts anderes vor, als meinen Programmierungsschaltkreis zu suchen und zu lokalisieren, umso erst wirklich homöostatisch fungieren zu können, um so die Kontrolle über mich selbst zu gewinnen. Aber damit –

Damit gewann er nicht nur Kontrolle über sich selbst; er gewann Kontrolle über alles.

Und das unterscheidet mich von jedem Menschen, ob lebend oder tot, überlegte er düster.

Er ging hin zum Videofon und rief sein Büro an. Als er Danceman auf dem Bildschirm hatte, sagte er knapp: »Ich möchte, dass Sie mir einen kompletten Satz Mikrowerkzeug und einen Vergrößerungsschirm in die Wohnung schicken. Ich habe hier an einigen Mikroschaltungen zu arbeiten.« Er unterbrach die Verbindung, um jede Diskussion zu vermeiden.

Eine halbe Stunde später ertönte ein Klopfen an seiner Tür. Als er öffnete, sah er einen der Werkmeister vor sich, der mit allem möglichen Mikrowerkzeug bepackt war. »Sie haben nicht genau gesagt, was Sie wollen«, sagte der Werkmeister, als er in die Wohnung trat. »Also hat Mr. Danceman mir alles mitgegeben.«

»Das Vergrößerungssystem?«

»Im Laster, oben auf dem Dach.«

Vielleicht will ich auch einfach nur sterben, dachte Poole. Er steckte sich eine Zigarette an, stand rauchend und wartend da, während der Werkmeister den schweren Vergrößerungsschirm mitsamt Netzteil und Steuergerät in die Wohnung schleppte. Was ich hier mache, ist Selbstmord. Er schauderte.

»Stimmt was nicht, Mr. Poole?«, sagte der Werkmeister, als er sich, von der Last des Linsensystems befreit, wieder aufrichtete. »Sie müssen nach Ihrem Unfall noch ganz weiche Knie haben.«

»Ja«, sagte Poole leise. Er wartete nervös, bis der Werkmeister ging.

Unter dem optischen System nahm der Plastikstreifen eine ganz neue Gestalt an: eine breite Spur, in der Hunderttausende Stanzlöcher verliefen. Das dachte ich mir, dachte Poole. Nicht als elektronische Ladung auf einem Eisenoxidfilm gespeichert, sondern richtig ausgestanzte Schlitze.

Unter der Linse kroch das Band erkennbar vorwärts. Es bewegte sich, wenn auch sehr langsam, in gleichbleibendem Tempo auf den Scanner zu.

Soweit ich es verstehe, dachte er, sind die Stanzlöcher die »An«-Fenster. Es funktioniert wie ein Walzenklavier; ungelocht heißt nein, Stanzloch heißt ja. Wie kann ich das testen?

Indem ich einige Löcher abdichte, natürlich.

Er maß die auf der Zuführspule verbliebene Bandmenge ab, rechnete – mit größter Mühe – aus, wie schnell sich der Streifen vorwärtsbewegte, und kam dann zu einem Ergebnis. Wenn er den an der hereinführenden Kante des Scanners zu sehenden Streifen änderte, würden fünf bis sieben Stunden vergehen, bis die bewusste Zeitspanne eintraf. Er würde somit die in einigen Stunden fälligen Stimuli überpinseln.

Mit einem Mikropinsel betupfte er einen großen – relativ großen – Abschnitt des Streifens mit undurchsichtigem Lack … er entstammte dem Zubehörset, das zu den Mikrowerkzeugen gehörte. Ich habe Stimuli für etwa eine halbe Stunde zugekleistert, überlegte er. Ich habe mindestens tausend Stanzlöcher abgedeckt.

Es würde interessant sein zu sehen, welche Veränderungen – wenn denn überhaupt – sich in etwa sechs Stunden in seiner Umgebung einstellen würden.

Fünfeinhalb Stunden später saß er bei Krackter's, einer ausgezeichneten Bar in Manhattan, und genehmigte sich mit Danceman einen Drink.

»Sie sehen schlecht aus«, sagte Danceman.

»Mir geht's auch schlecht«, sagte Poole. Er trank seinen Drink, einen Scotch Sour, aus und bestellte einen neuen.

»Wegen des Unfalls?«

»Gewissermaßen, ja.«

Danceman sagte: »Weil … weil Sie etwas über sich herausgefunden haben?«

Poole hob den Kopf und musterte ihn im schummrigen Licht der Bar. »Dann wissen Sie es also.«

»Ich weiß nur«, sagte Danceman, »dass ich Sie ›Poole‹ anstatt ›Mr. Poole‹ nennen sollte. Aber Letzteres ist mir lieber, und ich werde dabei bleiben.«

»Seit wann wissen Sie es?«, sagte Poole.

»Seit Sie die Firma übernommen haben. Mir wurde gesagt, die eigentlichen Besitzer von Tri-Plan, die im Prox-System ansässig sind, wollten Tri-Plan von einer elektrischen Ameise leiten lassen, die sie kontrollieren konnten. Sie wollten einen hervorragenden und energischen –«

»Die eigentlichen Besitzer? Wir haben zweitausend Aktionäre. Überall verstreut.«

»Marvis Bey und ihr Mann Ernan auf Prox-4 kontrollieren 51 Prozent der Stimmanteile. Das galt von Anfang an.«

»Warum wusste ich nichts?«

»Mir wurde befohlen, Ihnen nichts zu sagen. Sie sollten glauben, dass Sie selbst die ganze Firmenpolitik machen. Mit meiner Hilfe. Aber tatsächlich habe ich Ihnen eingetrichtert, was die Beys mir eingetrichtert haben.«

»Ich bin ein Strohmann«, sagte Poole.

»Gewissermaßen, ja.« Danceman nickte. »Aber für mich bleiben Sie immer ›Mr. Poole‹.«

Ein Abschnitt der gegenüberliegenden Wand verschwand. Und mit ihm mehrere Menschen an Nebentischen. Und –

Hinter der großen Glaswand der Bar fing die New Yorker Skyline kurz zu flackern an und verschwand urplötzlich.

Danceman sah sein Gesicht und fragte: »Was ist denn?«

Poole sagte mit rauer Stimme: »Sehen Sie sich um. Sehen Sie irgendwelche Veränderungen?«

Nach einem Blick durch den Raum sagte Danceman: »Nein. Welche denn?«

»Sehen Sie die Skyline noch?«

»Klar. Versmogt wie immer. Die Lichter funkeln –«

»Jetzt weiß ich's«, sagte Poole. Er hatte recht gehabt; jedes verdeckte Stanzloch bedeutete das Verschwinden eines Objekts in seiner Realitätswelt. Er stand schon, als er sagte: »Bis später, Danceman. Ich muss in meine Wohnung zurück; ich arbeite noch an etwas. Gute Nacht.« Er verließ rasch die Bar und trat auf die Straße, um sich nach einem Taxi umzusehen.

Keine Taxis.

Die auch, dachte er. Ich frage mich, was ich sonst noch übermalt habe. Prostituierte? Blumen? Gefängnisse?

Da, Dancemans Schwärmer, auf dem Parkplatz der Bar. Ich nehme den, entschloss er sich. In Dancemans Welt gibt es noch Taxis; er kann später eines bekommen. Ist sowieso ein Firmenwagen, und ich habe einen Zweitschlüssel.

Kurz darauf war er in der Luft und bog ab zu seiner Wohnung.

New York war nicht zurückgekehrt. Zur Linken und zur Rechten Fahrzeuge und Gebäude, Straßen, Ped-Läufer, Schilder … und in der Mitte nichts. Wie soll ich da hineinfliegen?, fragte er sich. Ich würde verschwinden.

Oder etwa nicht? Er flog ins Nichts hinein.

Eine Zigarette nach der anderen rauchend, flog er fünfzehn Minuten lang im Kreis … und dann tauchte geräuschlos New York wieder auf. Er konnte seine Reise beenden. Er drückte seine Zigarette aus (eine Verschwendung, wertvoll, wie sie waren) und zischte ab zu seiner Wohnung.

Wenn ich einen schmalen undurchsichtigen Streifen einfüge, grübelte er, als er seine Wohnungstür aufschloss, dann kann ich –

Seine Gedanken brachen ab. Jemand saß in seinem Wohnzimmersessel und sah sich einen Kaptainkirk im Fernsehen an. »Sarah«, sagte er gereizt.

Sie erhob sich, sie war mollig, bewegte sich aber doch graziös. »Du warst nicht im Krankenhaus, da bin ich hergekommen. Ich habe noch immer den Schlüssel, den du mir im März nach unserem scheußlichen Streit gegeben hast. Oh … du siehst so niedergeschlagen aus.« Sie kam zu ihm, sah ihm besorgt ins Gesicht. »Tut deine Verletzung so weh?«

»Das ist es nicht.« Er legte Mantel, Schlips und Hemd ab, und dann seine Brustverschalung; er kniete nieder und zog die Mikrowerkzeug-Handschuhe an. Nach kurzem Zögern sah er zu ihr hoch und sagte: »Ich habe herausgefunden, dass ich eine elektrische Ameise bin. Was von meinem Standpunkt aus gewisse Möglichkeiten eröffnet, denen ich im Moment nachgehe.« Er bewegte seine Finger, und am anderen Ende des linken Waldo bewegte sich ein Mikroschraubenzieher, den das optische System auf Sichtbarkeit vergrößert hatte. »Du kannst zusehen«, informierte er sie. »Wenn du willst.«

Sie hatte angefangen zu weinen.

»Was ist los?«, fragte er sie ungehalten, ohne von seiner Arbeit aufzuschauen.

»Ich – es ist einfach so traurig. Du warst uns allen bei Tri-Plan ein so guter Chef. Wir haben dich sehr respektiert. Und jetzt ist alles anders.«

Das Plastikband hatte an der Ober- und Unterseite einen ungelochten Rand; er schnitt einen waagerechten Streifen ab, sehr schmal, und kappte dann, in einem Augenblick äußerster Konzentration, das eigentliche Band vier Stunden vor dem Scannerkopf. Dann drehte er den abgeschnittenen Streifen im rechten Winkel zum Scanner und schweißte mit einem Mikrolötkolben rechts und links davon die Bandspule an. Er hatte praktisch zwanzig tote Minuten in den Fluss seiner Realität eingefügt. Sie würden – seinen Berechnungen nach – einige Minuten nach Mitternacht ihre Wirkung tun.

»Reparierst du dich selbst?«, fragte Sarah schüchtern.

Poole sagte: »Ich befreie mich.« Er hatte noch andere Änderungen im Sinn. Aber zuerst musste er seine Theorie testen; ein leerer, ungestanzter Streifen hieß keine Stimuli, folglich bedeutete ein fehlender Streifen …

»Du machst ein Gesicht …«, sagte Sarah. Sie begann ihre Handtasche, ihren Mantel, ihr aufgerolltes Audi-Vid-Magazin zusammenzusuchen. »Ich gehe; ich sehe ja, was du von meiner Anwesenheit hältst.«

»Bleib«, sagte er. »Ich sehe mir den Kaptainkirk mit dir an.« Er zog sich sein Hemd an. »Weißt du noch, vor Jahren, als es – wie viele waren es? – zwanzig oder zweiundzwanzig Fernsehsender gab? Bevor die Regierung die unabhängigen Sender dichtmachte?«

Sie nickte.

»Wie hätte es wohl ausgesehen«, sagte er, »wenn dieser Fernseher alle Sender auf einmal auf den Kathodenstrahlschirm projiziert hätte? Hätten wir in dem Mischmasch irgendwas unterscheiden können?«

»Ich glaube nicht.«

»Vielleicht könnten wir es lernen. Lernen, selektiv zu sein; es selbst in die Hand nehmen, wahrzunehmen, was wir wollen und was nicht. Stell dir die Möglichkeiten vor, wenn unser Gehirn zwanzig Bilder auf einmal verarbeiten könnte; denk mal an die Menge von Wissen, die in einer bestimmten Zeitspanne gespeichert werden könnte. Ich frage mich, ob das Gehirn, das menschliche Gehirn –« Er unterbrach sich. »Das menschliche Gehirn könnte es nicht«, sagte er kurz darauf, sich selbst widersprechend. »Aber ein quasi-organisches Hirn könnte es theoretisch.«

»Und so eins hast du?«, fragte Sarah.

»Ja«, sagte Poole.

Sie sahen sich den Kaptainkirk zu Ende an, und dann gingen sie ins Bett. Aber Poole saß an seine Kissen gelehnt da, rauchte und grübelte. Neben ihm wälzte sich Sarah unruhig herum und fragte sich, warum er das Licht nicht löschte.

Elf Uhr fünfzig. Jetzt musste es jeden Moment so weit sein.

»Sarah«, sagte er. »Ich möchte, dass du mir hilfst. In wenigen Minuten wird etwas Seltsames mit mir geschehen. Es wird nicht lange dauern, aber ich möchte, dass du mich genau beobachtest. Dir ansiehst, ob ich –« Er gestikulierte. »Ob ich mich irgendwie verändere. Ob es aussieht, als würde ich einschlafen, oder ob ich Blödsinn rede oder –« Er wollte sagen: oder ob ich verschwinde. Aber er tat es nicht. »Ich werde dir nichts tun, aber es könnte nicht schaden, wenn du dich bewaffnen würdest. Hast du deine Waffe gegen Straßenräuber dabei?«

»In meiner Tasche.« Sie war jetzt völlig wach; sie saß aufrecht im Bett und starrte ihn voller Entsetzen an; ihre fleischigen Schultern im Licht des Zimmers waren gebräunt und sommersprossig.

Er holte ihre Waffe für sie.

Der Raum erstarrte zu völliger Unbeweglichkeit. Dann verblassten langsam die Farben. Gegenstände lösten sich auf wie in Rauch, bis sie in Dunkelheit verschwanden. Schwärze legte sich auf alles, während die Gegenstände im Zimmer schwächer und schwächer wurden.

Die letzten Stimuli schwinden, begriff Poole. Er kniff die Augen zusammen, um besser sehen zu können. Er konnte Sarah Benton erkennen, wie sie im Bett saß: eine zweidimensionale Gestalt, die dort lehnte wie eine Puppe und darauf wartete, zu verblassen und hinzuschwinden. Verirrte Böen dematerialisierter Substanz wirbelten in flüchtigen Wolken herum; die Elemente sammelten sich, brachen auseinander, sammelten sich erneut. Und dann verflogen als Letztes Hitze, Energie und Licht; der Raum faltete sich und sank in sich zusammen, wie versiegelt gegen die Realität. Und an diesem Punkt trat absolute Schwärze an die Stelle alles anderen, Raum ohne Tiefe, keine nächtliche Schwärze, sondern eine stocksteife, unerbittliche Schwärze. Und zudem hörte er nichts.

Um sich greifend, versuchte er etwas zu berühren. Aber er hatte nichts, um damit zu greifen. Das Gefühl für seinen Körper war mit allem anderen im Universum zusammen verlorengegangen. Er hatte keine Hände, und selbst wenn er sie hatte, gäbe es für sie nichts zu fühlen.

Ich habe trotzdem recht damit, was das verdammte Band und seine Funktionsweise angeht, sagte er sich, einen nichtexistenten Mund gebrauchend, um eine unhörbare Botschaft auszusprechen.

Ist das in zehn Minuten vorbei?, fragte er sich. Habe ich in dem Punkt auch recht? Er wartete … aber er wusste intuitiv, dass sein Zeitgefühl mit allem anderen verschwunden war. Ich kann nur warten, begriff er. Und ich hoffe, es dauert nicht ewig.

Um sich selbst zu beruhigen, dachte er: Ich stell mir ein Lexikon zusammen; ich versuche alles aufzulisten, was mit »A« beginnt. Mal sehen. Er überlegte. Apfel, Auto, Acksetron, Atmosphäre, Atlantik, Tomaten in Aspik, Anzeigenwesen – er überlegte und überlegte, und die Begriffe jagten durch sein furchtgeplagtes Bewusstsein.

Ganz plötzlich flackerte Licht auf.

Er lag auf der Couch im Wohnzimmer; mildes Sonnenlicht sickerte durch das einzige Fenster. Zwei Männer beugten sich über ihn, in den Händen Werkzeug. Männer vom Wartungsdienst, überlegte er. Sie haben an mir gearbeitet.

»Er kommt zu Bewusstsein«, sagte einer der Mechaniker. Er richtete sich auf, trat zurück; an seiner Stelle erschien Sarah Benton, außer sich vor Sorge.

»Gott sei Dank!«, sagte sie und atmete Poole dabei feucht ins Ohr. »Ich hatte solche Angst; am Ende habe ich Mr. Danceman angerufen, um –«

»Was ist passiert?«, unterbrach Poole schroff. »Erzähl von Anfang an, und sprich um Gottes willen langsam. Ich will alles genau wissen.«

Sarah fasste sich, hielt inne, um sich die Nase zu reiben, und fing dann nervös an: »Du bist ohnmächtig geworden. Du hast dagelegen, als wärst du tot. Ich habe bis halb drei gewartet, und du hast dich nicht gerührt. Ich habe Mr. Danceman angerufen und ihn dummerweise aus dem Bett geschmissen, und er hat die Ameisenklempner – den Wartungsdienst für organische Roboter, meine ich – angerufen, und diese beiden Männer hier kamen gegen Viertel vor fünf und haben seitdem an dir gearbeitet. Es ist jetzt Viertel nach sechs morgens. Und mir ist furchtbar kalt, und ich will ins Bett; heute schaffe ich es nicht ins Büro, nein, wirklich nicht.« Sie wandte sich schniefend ab. Das Geräusch ärgerte ihn.

Einer der uniformierten Wartungsleute sagte: »Sie haben an Ihrem Realitätsband rumgespielt.«

»Ja«, sagte Poole. Warum leugnen? Offensichtlich hatten sie den eingefügten ungelochten Streifen gefunden. »Ich hätte nicht so lange weg sein dürfen«, sagte er. »Ich hatte nur einen Zehn-Minuten-Streifen eingefügt.«

»Er hat den Bandtransport unterbrochen«, erklärte der Mechaniker. »Der Lochstreifen ist nicht mehr weitergelaufen; Ihr Zwischenstück hat ihn blockiert, und er hat automatisch abgeschaltet, um zu vermeiden, dass das Band reißt. Wie sind Sie nur auf die Idee gekommen, daran herumzufummeln? Wissen Sie nicht, was Sie da anrichten können?«

»Ich weiß nicht genau«, sagte Poole.

»Dann müssen Sie schon einen sehr guten Grund gehabt haben.«

Poole sagte bissig: »Den habe ich.«

»Ihre Rechnung wird fünfundneunzig Frösche betragen«, sagte der Wachmann, »Sie können in Raten zahlen, falls Sie es wünschen.«

»Okay«, sagte er. Er setzte sich wackelig auf, rieb sich die Augen und verzog das Gesicht. Sein Kopf tat weh, und sein Magen fühlte sich völlig leer an.

»Schleifen Sie den Streifen beim nächsten Mal ab«, sagte ihm der Obermechaniker. »Dann verklemmt er sich nicht. War Ihnen nicht klar, dass da eine Sicherung eingebaut ist? Damit das Band stehenbleibt, bevor es –«

»Was passiert«, unterbrach ihn Poole mit leiser und betont vorsichtiger Stimme, »wenn kein Band unter dem Scanner durchläuft? Kein Band – gar nichts. Wenn die Fotozelle ungehindert nach oben scheint?«

Die Mechaniker wechselten einen kurzen Blick. Einer sagte: »Die Neuroschaltkreise brennen durch, und es gibt einen Kurzen.«

»Und das bedeutet?«, fragte Poole.

»Das bedeutet das Aus für den Mechanismus.«

Poole sagte: »Ich habe den Schaltkreis untersucht. Er hat viel zu wenig Spannung für so was. Metall brennt bei einer so geringen Stromstärke nicht durch, selbst wenn die Pole sich berühren. Wir reden hier von einem Millionstel Watt bei einem vielleicht anderthalb Millimeter langen Cäsiumkanal. Nehmen wir an, es ergeben sich in einem einzigen Augenblick eine Milliarde mögliche Kombinationen aus den Stanzlöchern im Streifen. Die Gesamtleistung erhöht sich dadurch nicht; die Stromstärke hängt davon ab, was die Batterie diesem Modul zuteilt, und das ist nicht viel. Auch nicht, wenn alle Schleusen offen sind.«

»Meinen Sie, wir lügen?«, fragte einer der Mechaniker müde.

»Warum nicht?«, sagte Poole. »Ich habe nun einmal die Möglichkeit, alles zu erleben. Alles auf einmal. Das Universum in seiner Gesamtheit zu erfahren, für einen Augenblick mit der Realität als Ganzes verbunden zu sein. Etwas, das keinem Menschen möglich ist. Eine symphonische Partitur, die jenseits der Zeit in mein Bewusstsein dringt, und alle Noten, alle Instrumente erklingen zugleich. Und alle Symphonien. Verstehen Sie?«

»Dann brennen Ihnen die Sicherungen durch«, sagten beide Mechaniker zusammen.

»Das glaube ich nicht«, sagte Poole.

Sarah sagte: »Möchten Sie eine Tasse Kaffee, Mr. Poole?«

»Ja«, sagte er, er stellte seine kalten Füße fest auf den Boden, zitterte. Dann stand er auf. Sein ganzer Körper schmerzte. Die haben mich die ganze Nacht auf der Couch liegen lassen, dachte er. Ein bisschen besser hätten sie ihn ruhig behandeln können.

Am Küchentisch in der hinteren Zimmerecke saß Garson Poole Sarah gegenüber und trank Kaffee. Die Mechaniker waren längst gegangen.

»Du wirst doch nicht weiter an dir herumexperimentieren, oder?«, fragte Sarah wehmütig.

Poole presste die Zähne aufeinander: »Ich möchte die Zeit manipulieren. Sie umkehren.« Ich werde einen Abschnitt des Streifens herausschneiden, dachte er, und umgedreht wieder anschweißen. Die kausalen Abfolgen werden dann andersherum laufen. Ich werde also rückwärts die Stufen vom Dachlandefeld hinuntergehen und zurück zu meiner Tür, eine verschlossene Tür aufstoßen, rückwärts zur Spüle gehen, aus der ich einen Haufen schmutziges Geschirr herausnehme. Ich werde mich an den Tisch vor das Geschirr setzen, jeden Teller mit aus meinem Magen hervorgeholten Nahrungsmitteln füllen; die Nahrungsmittel werde ich dann in den Kühlschrank befördern. Am nächsten Tag werde ich die Nahrungsmittel aus dem Kühlschrank nehmen, in Tüten packen, die Tüten in den Supermarkt tragen und sie hier und dort im Laden verteilen. Und schließlich werden sie mir vorne am Eingang aus ihrer Registrierkasse dafür Geld geben. Die Nahrungsmittel werden mit anderen Nahrungsmitteln in große Plastikkisten gepackt und aus der Stadt in die hydroponischen Werke im Atlantik verschickt werden, um dort wieder an Bäume und Büsche, an die Körper toter Tiere angefügt oder tief in den Boden gestopft zu werden. Aber was würde das alles beweisen? Ein rückwärtslaufendes Videoband … ich wüsste nicht mehr, als ich jetzt weiß, und das ist nicht genug.

Was ich will, überlegte er, ist für eine Mikrosekunde absolute, ultimative Wirklichkeit. Danach kommt es nicht mehr darauf an, weil alles bekannt sein wird; danach wird nichts mehr zu sehen oder verstehen übrig sein.

Eine weitere Änderung könnte ich noch versuchen, sagte er sich. Bevor ich den Lochstreifen durchschneide. Ich könnte neue Löcher ins Band stechen und beobachten, was sich dann tut. Das dürfte interessant sein, weil ich nicht wissen werde, was die Löcher, die ich mache, bedeuten.

Mit der Spitze eines Mikrowerkzeugs piekste er auf gut Glück mehrere Löcher ins Band. So nahe er konnte am Scannerkopf … er wollte nicht warten.

»Ich würde gern wissen, ob du es auch siehst«, sagte er zu Sarah. Dem schien noch nicht so, soweit er ermitteln konnte. »Es könnte etwas auftauchen«, sagte er zu ihr. »Ich will dich nur warnen; ich möchte nicht, dass du Angst bekommst.«

»O weh«, sagte Sarah mit dünner Stimme.

Er warf einen Blick auf seine Armbanduhr. Eine Minute verstrich, dann eine zweite, eine dritte. Und dann –

In der Zimmermitte erschien eine Schar grün-schwarzer Enten. Sie quakten aufgeregt, flogen vom Boden auf, flatterten als wilder Haufen Federn und Flügel, getrieben von ihrem unbändigen Drang, ihrem Instinkt zur Flucht an die Decke.

»Enten«, sagte Poole in ungläubigem Staunen. »Ich habe ein Loch für fliegende Wildenten gestanzt.«

Jetzt tauchte etwas anderes auf. Eine Parkbank und darauf sitzend ein ältlicher, schäbig gekleideter Mann, der eine zerfledderte und zerknitterte Zeitung las. Er schaute hoch, nahm Poole undeutlich wahr, lächelte ihn mit schlecht sitzenden dritten Zähnen kurz an und wandte sich dann wieder seiner in der Mitte gefalteten Zeitung zu. Er las weiter.

»Siehst du den?«, fragte Poole Sarah. »Und die Enten.« In diesem Moment verschwanden die Enten und der Stadtstreicher im Park. Von ihnen blieb nichts zurück. Das Intervall ihrer Stanzlöcher war schnell vorbei gewesen.

»Sie waren nicht real«, sagte Sarah. »Oder doch? Also wie –«

»Du bist nicht real«, erklärte er Sarah. »Du bist ein Stimulusfaktor auf meinem Realitätsband. Ein Stanzloch, das man überpinseln kann. Führst du auch ein Dasein auf einem anderen Realitätsband, oder sogar eins in einer objektiven Realität?« Er wusste es nicht; er konnte es nicht überprüfen. Vielleicht wusste Sarah es selbst nicht. Vielleicht gab es sie auf Tausenden von Realitätsbändern; vielleicht auf jedem je produzierten Realitätsband. »Wenn ich das Band abschneide«, sagte er, »wirst du überall und nirgends sein. Wie alles andere im Universum.«

Sarah sagte kleinlaut: »Ich bin real.«

»Ich will dich ganz kennenlernen«, sagte Poole. »Dazu muss ich das Band durchschneiden. Wenn ich es jetzt nicht tue, tue ich es sonst irgendwann; dass ich es tue, steht jedenfalls fest.« Warum dann noch warten?, fragte er sich. Und es kann immerhin sein, dass Danceman meinem Schöpfer Meldung gemacht hat, dass sie Schritte unternehmen, mich davon abzubringen. Weil ich möglicherweise ihr Eigentum gefährde – mich selbst.

»Wenn du so redest, wünschte ich, ich wäre doch ins Büro gegangen«, sagte Sarah und verzog die Lippen zu einer mürrischen Schnute.

»Geh doch«, sagte Poole.

»Ich möchte dich nicht allein lassen.«

»Mir passiert nichts«, sagte Poole.

»Doch, dir wird was passieren. Du wirst dir die Kabel rausziehen oder so was, dich umbringen, weil du gemerkt hast, dass du nur eine elektrische Ameise und kein menschliches Wesen bist.«

Nach einer Weile sagte er: »Kann schon sein.« Vielleicht lief es wirklich darauf hinaus.

»Und ich kann dich nicht abhalten«, sagte sie.

»Nein.« Er nickte zustimmend.

»Aber ich bleibe«, sagte Sarah. »Selbst wenn ich dich nicht aufhalten kann. Denn wenn ich gehe und du dich umbringst, werde ich mich für den Rest meines Lebens immer fragen, was gewesen wäre, wenn ich geblieben wäre. Verstehst du?«

Wieder nickte er.

»Also, nur zu«, sagte Sarah.

Er erhob sich. »Schmerzen werde ich keine haben«, sagte er ihr. »Obwohl es für dich so aussehen mag. Vergiss nicht, dass organische Roboter ein minimales Schmerzsystem in sich haben. Ich werde im Gegenteil die lebhaftesten Erfahrungen –«

»Erzähl mir nichts mehr«, fiel sie ihm ins Wort. »Wenn du es tun willst, tu es, wenn nicht, lass es.«

Unbeholfen – weil er Angst hatte – schlängelte er seine Hände in die Mikrohandschuhkonstruktion, streckte die Hand aus, um ein winziges Werkzeug aufzuheben: eine scharfe Schneideklinge. »Ich werde einen in meiner Brust montierten Lochstreifen kappen«, sagte er mit einem Blick durch das Okular. »Das ist alles.« Seine Hand zitterte, als sie die Schneideklinge anhob. Es kann in einer Sekunde erledigt sein, überlegte er. Alles vorbei. Und – mir bleibt immer noch Zeit, die durchtrennten Enden des Streifens wieder zusammenzuschweißen, überlegte er. Mindestens eine halbe Stunde. Falls ich es mir anders überlege.

Er schnitt den Streifen durch.

Sarah starrte ihn mit eingezogenem Kopf an und flüsterte: »Es ist nichts passiert.«

»Mir bleiben noch dreißig oder vierzig Minuten.« Er setzte sich wieder an den Tisch, nachdem er die Hände aus den Handschuhen gezogen hatte. Er merkte, dass seine Stimme zitterte; ohne Zweifel war es Sarah aufgefallen, und er ärgerte sich über sich selbst, weil er wusste, dass er sie erschreckt hatte. »Tut mir leid«, sagte er unvernünftig; er wollte sich bei ihr entschuldigen. »Vielleicht solltest du besser gehen.« Seine Stimme verriet Panik; er stand wieder auf. Sie tat es ihm nach, reflexartig, als imitiere sie ihn; mit aufgedunsenem Gesicht stand sie da und zitterte. »Geh schon«, sagte er mit belegter Stimme. »Zurück ins Büro, wo du sein solltest. Wo wir beide sein sollten.« Ich werde die Enden des Streifens wieder zusammenschweißen, sagte er sich; der Druck ist einfach nicht auszuhalten.

Er hielt die Hände vor die Handschuhe und wurstelte seine störrischen Finger hinein. Als er auf den Vergrößerungsschirm blickte, sah er den Lichtstrahl aus der Fotozelle aufscheinen, direkt auf den Scanner zielend; im gleichen Augenblick sah er das Ende des Streifens unter dem Scanner verschwinden … er sah es, verstand es; ich bin zu spät dran, kapierte er. Es ist durchgelaufen. Gott hilf mir, dachte er. Es ist schneller abgespult, als ich mir ausgerechnet hatte. Dann kommt also *jetzt* –

Er sah Äpfel und Kopfsteinpflaster und Zebras. Er spürte Wärme, die seidige Beschaffenheit von Stoff; er spürte den Ozean, der ihn umspülte, und einen heftigen Wind von Norden, der an ihm zerrte, wie um ihn fortzutragen. Sarah war immer da, ebenso Danceman. New York funkelte in der Nacht, und die Schwärmer um ihn herum flitzten und kurvten durch Nachthimmel und Tageslicht, bei Hochwasser und Dürre. Butter zerlief in seinem Mund, und zugleich drängten abscheuliche Gerüche und Geschmacksempfindungen auf ihn ein: der bittere Geschmack von Giften und Zitronen und Halmen von Sommergras. Er ging unter; er fiel; er lag in den Armen einer Frau in einem riesigen, weißen Bett, das zugleich schrill in sein Ohr lärmte: das Alarmsignal eines stecken gebliebenen Aufzugs in einem der uralten, heruntergekommenen Downtown-Hotels. Ich lebe, ich habe gelebt, werde nie leben, sagte er zu sich, und jedes Wort, jeder Laut begleitete seine Gedanken; Insekten zirpten und wimmelten, und er sank halb in das komplexe Gebilde einer homöostatischen Maschine irgendwo in den Tri-Plan-Labors.

Er wollte etwas zu Sarah sagen. Mit geöffnetem Mund versuchte er, Worte zu bilden – eine bestimmte Folge von Worten aus der Urzahl von Begriffen, die sein Bewusstsein gleißend hell erleuchteten, ihn mit ihrer allumfassenden Bedeutung versengten.

Sein Mund brannte. Er fragte sich, warum.

Stocksteif gegen die Wand gepresst, öffnete Sarah Benton die Augen und sah die Rauchspirale aus Pooles halbgeöffnetem Mund aufsteigen. Dann sank der Rob zu Boden, stützte sich auf Ellbogen und Knie und zerfiel dann langsam zu einem kaputten Haufen lebloser Materie. Sie wusste, ohne es nachzuprüfen, dass der Roboter »gestorben« war.

Poole hat sich das selbst angetan, versuchte sie sich klarzumachen. Und der Roboter konnte keine Schmerzen empfinden, wie er selbst gesagt hatte. Keine großen Schmerzen zumindest; leichte vielleicht schon. Jetzt ist es jedenfalls vorbei.

Ich rufe besser Mr. Danceman an und sage ihm, was vorgefallen ist, beschloss sie. Mit wackeligen Beinen ging sie durchs Zimmer zum Videofon; sie hob ab und wählte aus dem Gedächtnis Dancemans Nummer.

Er hielt mich für einen Stimulusfaktor auf seinem Realitätsband, überlegte sie. Darum dachte er, ich würde sterben, wenn er selbst »stirbt«. Wie seltsam, dachte sie. Wie konnte er sich das nur einbilden? Er war nie richtig mit der realen Welt verbunden gewesen, hat ausschließlich in seiner eigenen elektronischen Welt »gelebt«. Wie absurd.

»Mr. Danceman«, sagte sie, als sie zu seinem Büro durchgestellt worden war. »Poole ist hinüber. Er hat sich direkt vor meinen Augen zerstört. Sie sollten besser vorbeikommen.«

»Wir sind ihn also endlich los.«

»Ja, wir können froh sein.«

Danceman sagte: »Ich schicke ein paar Leute aus der Werkstatt.« Er blickte an ihr vorbei, sah den neben dem Küchentisch liegenden Poole. »Sie gehen nach Hause und ruhen sich aus«, wies er Sarah an. »Das alles muss Sie sehr mitgenommen haben.«

»Ja«, sagte sie. »Danke, Mr. Danceman.« Sie legte auf und blieb unschlüssig stehen.

Und dann bemerkte sie etwas.

Meine Hände, dachte sie. Sie hielt sie hoch. Wie kommt es, dass ich durch sie hindurchsehen kann?

Auch die Zimmerwände waren nur noch schwach zu erkennen.

Zitternd ging sie zu dem reglosen Roboter zurück, blieb neben ihm stehen, ohne zu wissen, was sie anfangen sollte. Durch ihre Beine sah sie den Teppich, und dann verblasste der Teppich, und sie sah durch ihn hindurch weitere darunterliegende Schichten sich auflösender Materie.

Wenn ich die Enden des Lochstreifens nur wieder zusammenschweißen könnte, dachte sie. Aber sie wusste nicht, wie. Und Poole war bereits kaum noch zu sehen.

Der Wind des frühen Morgens umwehte sie. Sie spürte ihn nicht; sie hatte jetzt aufgehört, etwas zu spüren.

Der Wind wehte weiter.

Das Vater-Ding

»Abendessen ist fertig«, befahl Mrs. Walton. »Geh deinen Vater holen und sag ihm, er soll sich die Hände waschen. Das Gleiche gilt für dich, junger Mann.« Sie trug eine dampfende Kasserolle zu dem hübsch gedeckten Tisch. »Er ist draußen in der Garage.«

Charles zögerte. Er war erst acht Jahre alt, und das Problem, das ihn bedrückte, hätte sogar einen so weisen Mann wie Rabbi Hillel verwirrt. »Ich – «, begann er unsicher.

»Was ist los?« June Walton bemerkte den ängstlichen Ton in der Stimme ihres Sohnes, und plötzliche Besorgnis regte sich in ihrem mütterlichen Busen. »Ist Ted nicht draußen in der Garage? Meine Güte, vor einem Augenblick hat er noch die Heckenschere geschärft. Er ist doch wohl nicht zu den Andersons rübergegangen, oder? Ich habe ihm gesagt, dass das Abendessen praktisch schon auf dem Tisch steht.«

»Er ist in der Garage«, sagte Charles. »Aber er – redet mit sich selbst.«

»Redet mit sich selbst!« Mrs. Walton nahm ihre glänzende Plastikschürze ab und hängte sie über den Türknauf. »Ted? Na, hör mal, er redet nie mit sich selbst. Geh, sag ihm, er soll reinkommen.« Sie goss kochend heißen schwarzen Kaffee in kleine blau-weiße Porzellantassen und fing an, Mais in Rahmsoße auszuteilen. »Was ist bloß los mit dir? Geh und sag's ihm!«

»Ich weiß nicht, wem von ihnen ich es sagen soll«, platzte Charles verzweifelt heraus. »Sie sehen beide gleich aus.«

June Waltons Finger rutschten von der Aluminiumpfanne; einen Moment lang schwappte die Soße bedenklich. »Junger Mann – «, setzte sie zornig an, aber in diesem Moment kam Ted Walton in die

Küche geschlendert, atmete tief ein, schnupperte und rieb sich die Hände.

»Ah«, rief er fröhlich. »Lammbraten.«

»Rinderbraten«, murmelte June. »Ted, was hast du da draußen gemacht?«

Ted ließ sich auf seinen Platz fallen und entfaltete seine Serviette. »Ich hab die Heckenschere so scharf wie ein Rasiermesser geschliffen. Geölt und geschliffen. Fasst sie lieber nicht an – die schneidet euch die Hand ab.« Er war ein gutaussehender Mann Anfang dreißig; dichtes blondes Haar, starke Arme, geschickte Hände, scharfgeschnittene Gesichtszüge und blitzende braune Augen. »Mensch, der Braten sieht gut aus. Harter Tag im Büro – eben ein Freitag. Die Sachen häufen sich, und wir müssen alle Abrechnungen bis fünf raus haben. Al McKinley behauptet, die Abteilung könnte zwanzig Prozent mehr bringen, wenn wir unsere Mittagspausen koordinieren würden.« Er winkte Charles heran. »Setz dich und lass uns anfangen.«

Mrs. Walton trug die Erbsen auf. »Ted«, sagte sie, während sie sich langsam auf ihren Platz setzte, »geht dir irgendwas durch den Kopf?«

»Durch den Kopf?« Er blinzelte. »Nein, nichts Besonderes. Nur normales Zeugs. Wieso?«

Beklommen sah June Walton zu ihrem Sohn hinüber. Charles saß kerzengerade auf seinem Platz, das Gesicht ausdruckslos, kreidebleich. Er hatte sich nicht bewegt, hatte seine Serviette nicht auseinandergefaltet, geschweige denn seine Milch angerührt. Spannung lag in der Luft; sie konnte sie spüren. Charles hatte seinen Stuhl von dem seines Vaters weggerückt; er war zu einem angespannten kleinen Bündel zusammengekauert, so weit weg von seinem Vater wie möglich. Seine Lippen bewegten sich, aber sie konnte nicht verstehen, was er sagte.

»Was ist?«, fragte sie und beugte sich vor.

»*Der andere*«, murmelte Charles mit angehaltenem Atem. »Der andere ist reingekommen.«

»Was meinst du damit, Schatz?«, fragte June Walton laut. »Welcher andere?«

Ted zuckte zusammen. Ein seltsamer Ausdruck huschte über sein Gesicht. Er verschwand sofort wieder; aber in dem kurzen Augenblick verlor Ted Waltons Gesicht jede Vertrautheit. Etwas Fremdes und Kaltes schimmerte durch, eine zuckende, sich windende Masse. Die Augen verschwammen und traten zurück, als sich ein archaischer Glanz über sie legte. Der gewöhnliche Blick eines müden Ehemannes mittleren Alters war verschwunden.

Und dann war er wieder da – oder fast da. Ted grinste und fing an, gierig seinen Braten und die Erbsen und den Mais zu essen. Er lachte, rührte seinen Kaffee, witzelte und aß. Aber etwas Schreckliches stimmte nicht.

»Der andere«, murmelte Charles mit bleichem Gesicht, und seine Hände begannen zu zittern. Plötzlich sprang er auf und wich vom Tisch zurück. »Hau ab!«, schrie er. »Raus hier!«

»He«, grollte Ted bedrohlich. »Was ist denn in dich gefahren?« Er wies streng auf den Stuhl des Jungen. »Du setzt dich jetzt dahin und isst dein Abendessen, junger Mann. Deine Mutter hat das nicht zum Spaß gekocht.«

Charles drehte sich um und rannte aus der Küche, die Treppe hinauf, zu seinem Zimmer. June Walton stockte der Atem, und sie bebte vor Schrecken. »Was in aller Welt –«

Ted aß weiter. Sein Gesicht war grimmig; die Augen hart und dunkel. »Dieses Kind«, knirschte er, »wird noch einiges lernen müssen. Vielleicht sollte ich mich mal mit ihm unter vier Augen unterhalten.«

Charles kauerte sich hin und lauschte.

Das Vater-Ding kam die Treppe herauf, näher und immer näher. »Charles!«, rief es wütend. »Bist du da oben?«

Er antwortete nicht. Geräuschlos ging er rückwärts in sein Zimmer und zog die Tür zu. Sein Herz pochte wie wild. Das Vater-Ding hatte den Treppenabsatz erreicht; jeden Augenblick würde es in sein Zimmer kommen.

Er hastete zum Fenster. Er war zu Tode verängstigt; schon tastete es im dunklen Flur nach dem Türknopf. Er schob das Fenster hoch und stieg hinaus aufs Dach. Mit einem Ächzen ließ er sich in den

Blumengarten fallen, der sich neben der Haustür erstreckte, taumelte und keuchte, dann sprang er auf und rannte weg vom Licht, das sich aus dem Fenster ergoss, ein gelber Fleck in der abendlichen Dunkelheit.

Er kam zur Garage; sie zeichnete sich als ein schwarzes Viereck gegen den Himmel ab. Rasch atmend tastete er in seiner Tasche nach der Taschenlampe, dann schob er vorsichtig die Tür auf und ging hinein.

Die Garage war leer. Der Wagen parkte davor. Zur Linken war die Werkbank seines Vaters. Hämmer und Sägen an den Holzwänden. Im Hintergrund waren der Rasenmäher, Harke, Schaufel, Hacke. Ein Kanister Kerosin. Überall waren Nummernschilder angenagelt. Der Boden war Beton und Erde; ein großer Ölfleck verunzierte die Mitte, Unkrautbüschel, schmierig und schwarz, im flackernden Strahl der Taschenlampe.

Knapp hinter der Tür war eine große Abfalltonne. Oben auf der Tonne waren Stapel durchnässter Zeitungen und Zeitschriften, schimmlig und feucht. Ein schwerer Verwesungsgestank ging von ihnen aus, als Charles anfing, sie zu bewegen. Spinnen fielen auf den Boden und huschten davon; er zertrat sie mit dem Fuß und suchte weiter.

Bei dem Anblick schrie er auf. Er ließ die Taschenlampe fallen und sprang erschrocken zurück. Sofort war die Garage in Dunkelheit getaucht. Er zwang sich dazu, sich hinzuknien, und einen nicht enden wollenden Augenblick lang tastete er in der Dunkelheit nach der Lampe, zwischen den Spinnen und dem schmierigen Unkraut. Endlich hatte er sie wieder. Er schaffte es, den Lichtstrahl in das Fass zu richten, hinunter in den Schacht, der dadurch entstanden war, dass er die Zeitschriftenstapel weggeschoben hatte.

Das Vater-Ding hatte es bis hinunter auf den Grund des Fasses gestopft. Zwischen das Laub und zerrissene Kartons, die vermoderten Überreste von Zeitschriften und Vorhängen, Müll, den seine Mutter vom Speicher hierhergeschafft hatte, wo er eines Tages verbrannt werden sollte. Es sah noch immer ein wenig nach seinem Vater aus, noch so sehr, dass er ihn erkennen konnte. Er hatte es gefunden –

und bei dem Anblick wurde ihm übel. Er klammerte sich an dem Fass fest und schloss die Augen, bis er schließlich in der Lage war, erneut hinzusehen. Im Fass waren die Überreste seines Vaters, seines echten Vaters. Teile, für die das Vater-Ding keine Verwendung hatte. Teile, die es ausrangiert hatte.

Er holte die Harke und schob sie nach unten, um die Überreste zu bewegen. Sie waren trocken. Sie knisterten und zerbrachen, als die Harke sie berührte. Sie waren wie eine abgelegte Schlangenhaut, blätterig und krümelig, raschelten, wenn man sie berührte. *Eine leere Haut.* Das Innere war verschwunden. Der wichtige Teil. Das war alles, was geblieben war, nur die spröde, knisternde Haut, die zu einem kleinen Haufen am Grunde der Abfalltonne zusammengepresst war. Das war alles, was das Vater-Ding übrig gelassen hatte; es hatte den Rest gegessen. Das Innere vereinnahmt – und den Platz seines Vaters.

Ein Geräusch.

Er ließ die Harke fallen und hastete zur Tür. Das Vater-Ding kam den Gartenweg herunter, auf die Garage zu. Seine Schuhe knirschten auf dem Kies; es ertastete sich unsicher seinen Weg. »Charles!«, rief es wütend. »Bist du da drin? Warte, bis ich dich zu fassen kriege, junger Mann!«

Die ausladende, nervöse Gestalt seiner Mutter hob sich als Silhouette gegen den hellen Hauseingang ab. »Ted, bitte tu ihm nicht weh. Er ist wegen irgendwas völlig durcheinander.«

»Ich werde ihm nicht weh tun«, krächzte das Vater-Ding; es blieb stehen, um ein Streichholz anzuzünden. »Ich werde mich nur ein bisschen mit ihm unterhalten. Er muss bessere Manieren lernen. Einfach so vom Tisch aufzustehen und abends rauszurennen, das Dach runterzuklettern –«

Charles schlich sich von der Garage weg; der Lichtschein des Streichholzes fiel auf seine sich bewegende Gestalt, und das Vater-Ding brüllte auf und sprang vorwärts.

»Komm her!«

Charles rannte. Er kannte das Grundstück besser als das Vater-Ding; es wusste viel, hatte viel erfahren, als es das Innere seines Vaters bekam, aber keiner kannte sich so gut aus wie *er.* Er erreichte den

Zaun, kletterte hinüber, sprang in den Hof der Andersons, jagte an ihrer Wäscheleine vorüber, den Pfad hinunter, an der Seite ihres Hauses entlang und hinaus auf die Maple Street.

Er lauschte, kauerte sich hin, wagte nicht zu atmen. Das Vater-Ding war nicht hinter ihm hergekommen. Es war zurückgegangen. Oder es kam über den Bürgersteig.

Er holte tief, zitternd, Luft. Er musste weiter. Früher oder später würde es ihn finden. Er blickte nach rechts und links, vergewisserte sich, dass es ihn nicht beobachtete, und trabte eilig los.

»Was willst du?«, fragte Tony Peretti streitlustig. Tony war vierzehn. Er saß am Tisch in dem mit Eiche vertäfelten Esszimmer der Perettis, Bücher und Stifte um sich herum verstreut, ein halbes Schinken-Erdnussbutter-Brot und eine Cola neben sich. »Du bist Walton, nicht?«

Tony Peretti arbeitete nach der Schule in Johnsons Elektrogeschäft im Stadtzentrum, wo er Küchenherde und Kühlschränke auspackte. Er war groß und hatte grobe Gesichtszüge. Schwarzes Haar, olivfarbene Haut, weiße Zähne. Zweimal hatte er Charles verprügelt; er hatte jedes Kind in der Nachbarschaft verprügelt.

Charles wand sich. »Hör mal, Peretti. Tust du mir einen Gefallen?«

»Was willst du?« Peretti war ärgerlich. »Dir ein blaues Auge abholen?«

Charles starrte unglücklich zu Boden, hielt die Fäuste geballt und erklärte, was passiert war, in knappen, leise gemurmelten Worten.

Als er fertig war, gab Peretti einen lauten Pfiff von sich. »Kein Witz?«

»Es ist wahr.« Charles nickte schnell. »Ich zeig's dir. Komm mit, und ich zeig's dir.«

Peretti stand langsam auf. »Ja, zeig's mir. Das will ich sehen.«

Er holte sein Luftgewehr aus seinem Zimmer, und die beiden gingen still die dunkle Straße hinauf, zu Charles' Haus. Keiner von ihnen sprach viel. Peretti war tief in Gedanken, ernst, und blickte gewichtig drein. Charles war noch immer benommen; sein Kopf war völlig leer.

Sie bogen in die Einfahrt zu den Andersons, durchquerten den Hof hinter dem Haus, kletterten über den Zaun und ließen sich vorsichtig in Charles' Hinterhof herunter. Nichts rührte sich. Der Hof war still. Die Haustür war geschlossen.

Sie spähten durch das Wohnzimmerfenster. Die Jalousien waren heruntergelassen, aber ein schmaler gelber Streifen fiel nach draußen. Mrs. Walton saß auf der Couch und nähte ein Baumwoll-T-Shirt. Ein trauriger, besorgter Ausdruck lag in ihrem flächigen Gesicht. Sie arbeitete lustlos, ohne Interesse. Ihr gegenüber war das Vater-Ding. Zurückgelehnt in den Sessel seines Vaters, die Schuhe ausgezogen, las es die Abendzeitung. Der Fernseher war eingeschaltet, lief in der Ecke vor sich hin. Eine Dose Bier stand auf der Lehne des Sessels. Das Vater-Ding saß exakt so, wie sein eigener Vater gesessen hatte; es hatte viel gelernt.

»Sieht genauso aus wie er«, flüsterte Peretti misstrauisch. »Du hast mich doch wohl nicht auf den Arm genommen?«

Charles führte ihn zur Garage und zeigte ihm die Abfalltonne. Peretti streckte seinen langen braunen Arm tief hinein und zog die trockenen, blättrigen Überreste heraus. Sie breiteten sich aus, entfalteten sich, bis die ganze Gestalt seines Vaters in ihren Umrissen erkennbar war. Peretti legte die Überreste auf den Boden und setzte abgetrennte Teile an den richtigen Stellen an. Die Überreste waren farblos. Fast transparent. Bernsteingelb, dünn wie Papier. Trocken und völlig leblos.

»Das ist alles«, sagte Charles. Tränen stiegen ihm in die Augen. »Das ist alles, was von ihm übrig ist. Das Ding hat das Innere aufgegessen.«

Peretti war blass geworden. Zittrig stopfte er die Überreste zurück in die Abfalltonne. »Das ist wirklich allerhand«, murmelte er. »Du sagst, du hast die beiden zusammen gesehen?«

»Sie haben geredet. Sahen genau gleich aus. Ich bin reingerannt.« Charles wischte sich die Tränen ab und zog die Nase hoch; er konnte es nicht mehr länger zurückhalten. »Es hat ihn gegessen, während ich drinnen war. Dann ist es ins Haus gekommen. Es hat so getan, als ob es er wäre. Aber das ist es nicht. Es hat ihn getötet und sein Inneres gegessen.«

Einen Moment lang schwieg Peretti. »Ich sag dir was«, meinte er plötzlich. »Ich hab von solchen Sachen gehört. Schlimme Geschichte. Du musst deinen Kopf gebrauchen und darfst keine Angst haben. Du hast doch keine Angst, oder?«

»Nein«, brachte Charles leise heraus.

»Als Erstes müssen wir rausfinden, wie man es töten kann.« Er schüttelte sein Luftgewehr. »Ich weiß nicht, ob das ausreicht. Es muss ziemlich zäh sein, wenn es deinen Vater besiegt hat. Er war ein großer Mann.« Peretti dachte nach. »Lass uns von hier abhauen. Es könnte zurückkommen. Man sagt, Mörder machen das.«

Sie verließen die Garage. Peretti kauerte sich hin und spähte erneut durch das Fenster. Mrs. Walton war aufgestanden. Sie redete ängstlich. Undeutliche Laute drangen bis zu ihnen. Das Vater-Ding warf die Zeitung zu Boden. Sie stritten sich.

»Zum Donnerwetter!«, brüllte das Vater-Ding. »Sei doch nicht so dumm.«

»Irgendetwas stimmt nicht«, jammerte Mrs. Walton. »Irgendetwas Schreckliches. Lass mich einfach das Krankenhaus anrufen und mich erkundigen.«

»Du rufst niemanden an. Es geht ihm gut. Wahrscheinlich spielt er weiter oben auf der Straße.«

»Er ist nie so spät draußen. Er ist nie ungehorsam. Er war schrecklich aufgeregt – verängstigt wegen dir. Und ich mache ihm keinen Vorwurf deswegen.« Ihre Stimme brach vor Kummer. »Was ist los mit dir? Du bist so seltsam.« Sie ging aus dem Zimmer, in den Flur. »Ich werde die Nachbarn anrufen.«

Das Vater-Ding sah ihr zornig nach, bis sie verschwunden war. Dann geschah etwas Beängstigendes. Charles keuchte; selbst Peretti stöhnte mit angehaltenem Atem.

»Sieh nur«, sagte Charles leise. »Was –«

»Mann!«, sagte Peretti, die schwarzen Augen weit aufgerissen.

Sobald Mrs. Walton das Zimmer verlassen hatte, sackte das Vater-Ding in seinem Sessel zusammen. Es wurde schlaff. Sein Mund fiel auf. Seine Augen blickten leer. Sein Kopf fiel nach vorn, wie eine ausrangierte Stoffpuppe.

Peretti entfernte sich vom Fenster. »Das ist es«, flüsterte er. »So läuft der Hase.«

»Was denn?«, fragte Charles. Er war schockiert und durcheinander. »Es hat so ausgesehen, als ob ihm jemand den Strom abgedreht hätte.«

»Genau.« Peretti nickte langsam, finster und erschüttert. »Es wird von außen gesteuert.«

Grauen senkte sich über Charles. »Du meinst, von außerhalb unserer Welt?«

Peretti schüttelte angewidert den Kopf. »Von außerhalb des Hauses! Im Hof. Bist du gut im Suchen?«

»Nicht besonders.« Charles suchte seine Gedanken zusammen. »Aber ich kenne jemanden, der gut suchen kann.« Er zermarterte sich den Kopf nach dem Namen. »Bobby Daniels.«

»Der kleine Schwarze? Der ist gut im Suchen?«

»Der Beste.«

»Na schön«, sagte Peretti. »Gehen wir ihn holen. Wir müssen das Ding finden, das draußen ist. Es hat *das* da drinnen gemacht und hält es in Gang …«

»Es ist in der Nähe der Garage«, sagte Peretti zu dem kleinen, schmalgesichtigen Schwarzen, der neben ihnen in der Dunkelheit kauerte. »Als es ihn erwischt hat, war er in der Garage. Also, such da.«

»In der Garage?«, fragte Daniels.

»*Um* die Garage *herum*. Walton hat die Garage innen schon durchsucht. Sieh dich draußen um. In der Nähe.

Neben der Garage befand sich ein kleines Blumenbeet, und zwischen Garage und Rückseite des Hauses war ein hohes Bambusgebüsch und ein Abfallhaufen. Der Mond war hervorgekommen; ein kaltes, dunstiges Licht legte sich über alles. »Wenn wir es nicht ziemlich bald finden«, sagte Daniels, »muss ich zurück nach Hause. Ich darf nicht mehr lange aufbleiben.« Er war kaum älter als Charles. Vielleicht neun.

»Na schön«, stimmte Peretti zu. »Dann fang an zu suchen.«

Die drei verteilten sich und fingen an, den Boden sorgfältig abzusuchen. Daniels arbeitete mit einer unglaublichen Geschwindigkeit; sein dünner kleiner Körper bewegte sich rasend schnell, während er zwischen den Blumen umherkroch, Steine umdrehte, unter das Haus spähte, Pflanzenstauden teilte, seine geschickten Hände über Blätter und Stämme gleiten ließ, in Haufen von Kompost und Unkraut steckte. Kein Zentimeter wurde ausgelassen.

Peretti hielt nach kurzer Zeit inne. »Ich werde Wache halten. Es könnte gefährlich sein. Das Vater-Ding könnte kommen und versuchen, uns aufzuhalten.« Er postierte sich auf der Hintertreppe, mit seinem Luftgewehr, während Charles und Bobby Daniels suchten. Charles arbeitete langsam. Er war müde, und sein Körper war kalt und gefühllos. Es erschien ihm unglaublich, das Vater-Ding und das, was mit seinem eigenen Vater, seinem richtigen Vater, passiert war. Aber der Schrecken spornte ihn an; was, wenn es mit seiner Mutter passierte, oder mit ihm? Oder mit allen? Vielleicht der ganzen Welt.

»Ich hab's gefunden!«, rief Daniels mit dünner, hoher Stimme. »Kommt her, schnell!«

Peretti hob sein Gewehr und stand vorsichtig auf. Charles eilte herüber; er richtete den gelben Lichtstrahl seiner Taschenlampe dahin, wo Daniels stand.

Der kleine Schwarze hatte eine Betonplatte umgedreht. In der feuchten, modrigen Erde schimmerte das Licht auf einem metallischen Körper. Ein dünnes, vielgliedriges Ding mit endlosen, gekrümmten Beinen grub wie verzweifelt. Gepanzert, wie eine Ameise; ein rotbrauner Käfer, der rasch vor ihren Augen verschwand. Seine Beinreihen schabten und kratzten. Der Boden gab rasch unter ihm nach. Sein gefährlich aussehender Schwanz zuckte wütend, während er sich den Tunnel hinunterzwängte, den er gegraben hatte.

Peretti rannte in die Garage und hob die Harke auf. Er klemmte den Schwanz des Käfers damit ein. »Schnell! Schieß mit dem Luftgewehr auf ihn!«

Daniels packte das Gewehr und zielte. Der erste Schuss riss den Schwanz des Käfers los. Er wand sich und zuckte verzweifelt; sein Schwanz schleifte nutzlos, und ein paar seiner Beine brachen ab.

Er war ungefähr dreißig Zentimeter lang, wie ein sehr großer Tausendfüßler. Er kämpfte verbissen, um hinunter in sein Loch zu entkommen.

»Schieß noch mal«, befahl Peretti.

Daniels hantierte mit dem Gewehr. Der Käfer schlängelte sich und zischte. Sein Kopf ruckte vor und zurück; er wand sich um und biss in die Harke, die ihn festhielt. Seine bösartigen Augenpunkte funkelten vor Hass. Einen Moment lang griff er vergeblich die Harke an; dann mit einem Mal, ohne Vorwarnung, zappelte er wild zuckend hin und her, dass sie alle verschreckt zurückwichen.

Etwas surrte durch Charles' Gehirn. Ein lautes Summen, metallisch und rau, eine Milliarde Metalldrähte tanzten und vibrierten auf einmal. Er wurde mit Gewalt herumgeschleudert; der tosende Krach von Metall machte ihn taub und konfus. Er kam taumelnd auf die Beine und wich zurück; die anderen taten das Gleiche, mit bleichen Gesichtern und schwankend.

»Wenn wir es nicht mit dem Gewehr töten können«, keuchte Peretti, »können wir es ertränken. Oder es verbrennen. Oder einen Stock durch sein Gehirn stechen.« Er hielt krampfhaft die Harke fest, presste den Käfer mit aller Kraft auf den Boden.

»Ich habe ein Glas mit Formaldehyd«, murmelte Daniels. Er fingerte nervös an dem Luftgewehr herum. »Wie funktioniert das Ding? Irgendwie krieg ich es nicht –«

Charles entriss ihm das Gewehr. »Ich werde es töten.« Er hockte sich hin, ein Auge am Visier, und umfasste den Abzug. Der Käfer peitschte und kämpfte. Sein Kräftefeld hämmerte Charles in den Ohren, aber er hielt das Gewehr fest. Sein Finger krümmte sich …

»Na schön, Charles«, sagte das Vater-Ding. Kraftvolle Finger packten ihn, ein lähmender Druck um sein Handgelenk. Das Gewehr fiel zu Boden, als er sich vergeblich wehrte. Das Vater-Ding versetzte Peretti einen Stoß. Der Junge sprang weg, und der Käfer, von der Harke befreit, glitt triumphierend hinunter in seinen Tunnel.

»Du kannst dich auf eine Tracht Prügel gefasst machen, Charles«, sagte das Vater-Ding schleppend. »Was ist in dich gefahren? Deine arme Mutter macht sich wer weiß was für Sorgen.«

Es war da gewesen, im Schatten versteckt. Hatte in der Dunkelheit gekauert und sie beobachtet. Seine ruhige emotionslose Stimme, eine grässliche Parodie der Stimme seines Vaters, dröhnte dicht neben seinem Ohr, während es ihn unnachgiebig zur Garage zerrte. Sein kalter Atem wehte ihm ins Gesicht, ein eisig-süßer Geruch, wie modrige Erde. Seine Stärke war gewaltig; er konnte nichts dagegen machen.

»Wehr dich nicht«, sagte es ruhig. »Komm mit, in die Garage. Es ist zu deinem eigenen Nutzen. Ich weiß es am besten, Charles.«

»Hast du ihn gefunden?«, rief seine Mutter ängstlich und öffnete die Hintertür.

»Ja, ich habe ihn gefunden.«

»Was hast du vor?«

»Eine kleine Tracht Prügel.« Das Vater-Ding schob das Garagentor auf. »In der Garage.« In dem Dämmerlicht zeigte sich ein schwaches Lächeln, humorlos und völlig ohne Gefühl, auf seinen Lippen. »Geh zurück ins Wohnzimmer, June. Ich mach das schon. Hier bin ich zuständig. Du hast ihn noch nie gern bestraft.«

Die Hintertür schloss sich zögernd. Als das Licht erlosch, bückte sich Peretti und tastete nach dem Luftgewehr. Im gleichen Augenblick erstarrte das Vater-Ding.

»Geht nach Hause, Jungs«, schnarrte es.

Peretti blieb unschlüssig stehen, das Luftgewehr fest in der Hand.

»Los jetzt«, beharrte das Vater-Ding. »Leg das Spielzeug hin und macht, dass ihr wegkommt.« Er ging langsam auf Peretti zu, während er Charles mit einer Hand festhielt und die andere nach Peretti ausstreckte. »Luftgewehre sind in der Stadt verboten, Bürschchen. Weiß dein Vater, dass du so etwas hast? Es gibt eine städtische Verordnung. Es ist wohl besser, du gibst es mir, bevor –«

Peretti schoss ins Auge.

Das Vater-Ding grunzte und fasste sich auf das zerstörte Auge. Unvermittelt schlug es nach Peretti. Peretti bewegte sich die Einfahrt hinunter und versuchte dabei, das Gewehr zu spannen. Das Vater-Ding sprang vor. Seine kraftvollen Finger rissen Peretti das Gewehr aus den Händen. Das Vater-Ding zerschmetterte stumm das Gewehr an der Hauswand.

Charles riss sich los und rannte steif davon. Wo konnte er sich verstecken? Es war zwischen ihm und dem Haus. Schon kam es wieder hinter ihm her, eine schwarze Gestalt, die, vorsichtig schleichend, in die Dunkelheit spähte, versuchte, ihn auszumachen. Charles zog sich zurück. Wenn es nur einen Platz gäbe, wo er sich verstecken könnte …

Der Bambus.

Er kroch rasch in den Bambus. Die Stangen waren groß und alt. Sie schlossen sich mit einem leisen Rascheln hinter ihm. Das Vater-Ding suchte in seiner Tasche herum; es zündete ein Streichholz an, dann flammte die ganze Packung auf. »Charles«, sagte es. »Ich weiß, dass du hier irgendwo bist. Es hat keinen Zweck, sich zu verstecken. Du machst es nur noch schlimmer.«

Mit pochendem Herzen kauerte Charles zwischen dem Bambus. Müll und Dreck verrotteten hier. Unkraut, Abfall, Papier, Schachteln, alte Kleider, Bretter, Blechdosen, Flaschen, Spinnen und Salamander wimmelten um ihn herum. Der Bambus wiegte sich sacht im Nachtwind. Insekten und Dreck.

Und noch etwas anderes.

Eine Gestalt, eine stumme unbewegliche Gestalt, die aus einem Dreckhügel herauswuchs, wie ein Nachtpilz. Eine weiße Säule, eine schwammige Masse, die feucht im Mondlicht glänzte. Gespinst bedeckte sie, ein modriger Kokon. Sie hatte schemenhafte Arme und Beine. Einen undeutlichen, halb ausgeformten Kopf. Die Gesichtszüge hatten sich noch nicht ganz gebildet. Aber er konnte erkennen, was es war.

Ein Mutter-Ding. Es wuchs hier in dem Dreck und der Feuchtigkeit, zwischen Garage und Haus. Hinter dem hohen Bambus.

Es war fast fertig. Noch ein paar Tage, und es würde reif sein. Es war noch eine Larve, weiß und weich und schwammig. Aber die Sonne würde es trocknen und erwärmen. Seine Schale härten. Es dunkel und stark werden lassen. Es würde aus seinem Kokon herauskommen, und eines Tages, wenn seine Mutter in die Garage ging … Hinter dem Mutter-Ding waren weitere schwammige, weiße Larven, kürzlich von dem Käfer gelegt. Klein. Gerade im Entstehen begriffen. Er konnte sehen, wo das Vater-Ding abgetrennt worden war; die Stelle, an der es gewachsen war. Dort war es herangereift. Und in der Garage war sein Vater ihm begegnet.

Charles rückte Stück für Stück weg, wie betäubt, vorbei an den modernden Brettern, dem Dreck und dem Abfall, den schwammigen Pilzlarven. Schwach streckte er den Arm aus, um den Zaun zu ergreifen – und fuhr zurück.

Noch eine. Noch eine Larve. Er hatte sie nicht gesehen, anfänglich. Sie war nicht weiß. Sie war schon dunkel geworden. Das Gespinst, die schwammige Weichheit, die Feuchtigkeit waren verschwunden. Sie war fertig. Sie bewegte sich ein bisschen, bewegte schwach die Arme.

Das Charles-Ding.

Der Bambus teilte sich, und die Hand des Vater-Dings legte sich fest um das Handgelenk des Jungen. »Du bleibst schön hier«, sagte es. »Das ist genau der richtige Platz für dich. Rühr dich nicht.« Mit der anderen Hand zerrte es an den Überresten des Kokons, die das Charles-Ding festhielten. »Ich werde ihm heraushelfen – es ist noch ein bisschen schwach.«

Der letzte Fetzen aus feuchtem Grau wurde abgestreift, und das Charles-Ding kam herausgetorkelt. Es zappelte unsicher, als das Vater-Ding ihm einen Weg bahnte, auf Charles zu.

»Hier entlang«, brummte das Vater-Ding. »Ich werde ihn für dich halten. Wenn du gegessen hast, wirst du stärker sein.«

Der Mund des Charles-Dings öffnete und schloss sich. Es streckte gierig die Arme nach Charles aus. Der Junge wehrte sich verzweifelt, aber die gewaltige Hand des Vater-Dings drückte ihn hinab.

»Hör auf damit, junger Mann«, befahl das Vater-Ding. »Es wird sehr viel einfacher für dich sein, wenn du –«

Es schrie und krümmte sich. Es ließ Charles los und taumelte zurück. Sein Körper wand sich heftig. Es krachte gegen die Garage, mit zuckenden Gliedern. Eine Weile rollte und zappelte es wie in einem qualvollen Todestanz. Es winselte, stöhnte, versuchte wegzukriechen. Allmählich wurde es still. Das Charles-Ding sank zu einem stummen Häufchen zusammen. Es lag benommen zwischen Bambus und den modernden Abfällen, der Körper schlaff, das Gesicht leer und ausdruckslos.

Schließlich hörte das Vater-Ding auf, sich zu bewegen. Nur noch das schwache Rascheln des Bambus im Nachtwind war zu hören.

Charles stand unbeholfen auf. Er trat hinaus auf die Zementeinfahrt. Peretti und Daniels kamen auf ihn zu, mit großen Augen und vorsichtig. »Geh nicht zu nah ran«, befahl Daniels scharf. »Es ist noch nicht tot. Dauert ein bisschen.«

»Was habt ihr gemacht?«, murmelte Charles.

Daniels setzte mit einem erleichterten Stöhnen den Kerosinkanister ab. »Haben wir in der Garage gefunden. Bei uns zu Hause haben wir immer Kerosin gegen die Moskitos benutzt, unten in Virginia.«

»Daniels hat das Kerosin in den Tunnel von dem Käfer gegossen«, erklärte Peretti, noch immer beeindruckt. »Es war seine Idee.«

Daniels trat vorsichtig gegen den gekrümmten Körper des Vater-Dings. »Es ist jetzt tot. Ist gestorben, als der Käfer gestorben ist.«

»Ich denke, die anderen werden auch sterben«, sagte Peretti. Er schob den Bambus beiseite, um die Larven zu prüfen, die verstreut zwischen den Abfällen wuchsen. Das Charles-Ding bewegte sich nicht im Geringsten, als Peretti ihm die Spitze eines Stockes in die Brust stieß. »Dies hier ist tot.«

»Wir sollten lieber auf Nummer sicher gehen«, sagte Daniels grimmig. Er hob den schweren Kerosinkanister auf und zerrte ihn zum Rand des Bambus. »Es hat ein paar Streichhölzer in der Einfahrt fallen gelassen. Hol sie, Peretti.«

Sie sahen sich an.

»Klar«, sagte Peretti leise.

»Wir drehen besser den Gartenschlauch auf«, sagte Charles. »Damit es sich nicht ausbreitet.«

»Fangen wir an«, sagte Peretti ungeduldig. Er war schon auf dem Weg. Charles folgte ihm rasch, und sie fingen an, in der vom Mond erhellten Dunkelheit nach den Streichhölzern zu suchen.

Verwirrspiel

Ein Geräusch riss O'Keefe aus dem Schlaf. Er warf seine Decken zurück, glitt aus der Koje, schnappte sich seine S-Pistole von der Wand und trat mit dem Fuß den Alarmkasten ein. Hochfrequenzwellen lösten im ganzen Camp Sirenen aus. Als O'Keefe aus dem Haus stürmte, gingen bereits überall Lichter an.

»Wo?«, schrie Fisher. Er tauchte neben O'Keefe auf, noch im Pyjama mit verschlafenem Gesicht.

»Da hinten rechts.« O'Keefe sprang zur Seite, um einem wuchtigen Geschütz Platz zu machen, das aus seinem unterirdischen Lagerraum gerollt wurde. Zwischen den nächtlich gekleideten Gestalten tauchten Soldaten auf. Rechts von ihnen lag der schwarze Sumpf, Nebel und dichter Bewuchs, Farne und fleischige Knollen, versunken im Schlamm, aus dem die Oberfläche von Beteigeuze II bestand. Nachtphosphoreszenz tanzte und huschte über dem Sumpf, gespenstisch gelbe Lichter zerplatzten in der Dunkelheit.

»Ich vermute«, sagte Horstokowski, »sie sind über die Straße reingekommen, aber nicht direkt auf ihr. Auf beiden Seiten gibt es einen knapp zwanzig Meter breiten Streifen, wo der Schlamm aufgehäuft ist. Deshalb sagt unser Radar nichts.«

Ein riesiger mechanischer »Fusionskäfer« fraß sich seinen Weg in den Schlamm und das treibende Wasser des Sumpfes und hinterließ eine Spur aus harter Schlacke. Die Vegetation, die morschen Wurzeln und toten Blätter wurden aufgesaugt und säuberlich an den Rand geräumt.

»Was haben Sie gesehen?«, fragte Portbane O'Keefe.

»Ich habe nichts gesehen. Ich habe fest geschlafen. Aber ich habe sie *gehört.*«

»Was haben Sie gehört?«

»Ich habe gehört, wie sie versuchten, Nervengas in mein Haus zu pumpen, wie sie den Schlauch von tragbaren Zylindern abgerollt und die Druckbehälter aufgeschraubt haben. Aber, bei Gott, ich war draußen, bevor sie die Verbindungsstücke richtig dicht hatten!«

Daniels kam herbeigeeilt. »Sie meinen, ein Gasangriff?« Er tastete nach der Gasmaske an seinem Gürtel. »Steht hier nicht rum – setzt eure Masken auf!«

»Sie haben die Geräte nicht in Gang gebracht«, sagte Silberman. »O'Keefe hat rechtzeitig Alarm geschlagen. Sie haben sich in den Sumpf zurückgezogen.«

»Sind Sie sicher?«, wollte Daniels wissen.

»Sie riechen doch nichts, oder?«

»Nein«, gab Daniels zu. »Aber der geruchlose Typ ist der tödlichste. Und bevor man merkt, dass ein Gasangriff stattgefunden hat, ist es zu spät.« Er setzte seine Gasmaske auf, um sicherzugehen.

Ein paar Frauen tauchten vor den Reihenhäusern auf – schlanke, großäugige Gestalten im flackernden Licht der Suchscheinwerfer. Ein paar Kinder schlichen vorsichtig hinter ihnen her.

Silberman und Horstokowski begaben sich in den Schatten des schweren Geschützes.

»Interessant«, sagte Horstokowski. »Der dritte Gasangriff in diesem Monat. Plus zwei Versuche, auf dem Camp-Gelände Bombenterminals zu installieren. Sie werden aktiver.«

»Sie wissen, was das bedeutet, nicht wahr?«

»Ich muss nicht erst auf den Bericht warten, um festzustellen, dass es immer schwieriger für uns wird.« Horstokowski blickte sich argwöhnisch um, dann zog er Silberman näher zu sich heran. »Vielleicht gibt es einen Grund dafür, warum der Radarschirm nicht reagiert hat. Er soll alles erfassen, sogar Fledermäuse.«

»Aber wenn sie über die Randstreifen gekommen sind, wie Sie gesagt haben –«

»Das war nur ein Trick. *Irgendjemand schleust sie ein, stört den Radar.*«

»Sie meinen, einer von uns?«

Horstokowski beobachtete Fisher aufmerksam in der klammen Finsternis. Fisher war zum Straßenrand geschlendert, dorthin, wo der harte Belag endete und die schlammige, verkohlte Erde begann. Er hockte sich hin und wühlte im Matsch.

»Was macht er da?«, wollte Horstokowski wissen.

»Er hebt was auf«, sagte Silberman gleichgültig. »Warum nicht? Er soll sich doch umsehen, oder?«

»Passen Sie auf«, warnte Horstokowski, »wenn er zurückkommt, wird er so tun, als ob nichts gewesen wäre.«

In diesem Moment kam Fisher zurück, er ging schnell und rieb sich dabei den Schlamm von den Händen.

Horstokowski schnitt ihm den Weg ab. »Was haben Sie gefunden?«

»Ich?« Fisher blickte erstaunt. »Nichts.«

»Machen Sie mir nichts vor! Sie haben sich hingehockt und im Schlamm rumgewühlt.«

»Ich – dachte, ich hätte irgendetwas Metallisches gesehen, das ist alles.«

Horstowski geriet in helle Aufregung. Er hatte recht gehabt.

»Raus damit!«, brüllte er. »Was haben Sie gefunden?«

»Ich dachte, es wäre ein Gasleitungsrohr«, murmelte Fisher. »Aber es war nur eine Wurzel. Eine große, nasse Wurzel.«

Angespannte Stille trat ein.

»Durchsucht ihn«, befahl Portbane.

Zwei Soldaten packten Fisher. Silberman und Daniels durchsuchten ihn rasch.

Sie brachten Gurtpistole, Messer, Alarmpfeife, automatischen Relaisprüfer, Geigerzähler, Pulsmesser, Erste-Hilfe-Kästchen und Ausweispapiere zum Vorschein. Sonst nichts.

Die Soldaten ließen ihn enttäuscht los, und Fisher sammelte mürrisch seine Sachen ein.

»Nein, er hat nichts gefunden«, stellte Portbane fest. »Entschuldigung, Fisher. Wir müssen vorsichtig sein. Wir müssen immer auf der Hut sein, solange die da draußen sind und Pläne gegen uns aushecken und konspirieren.«

Silberman und Horstokowski tauschten Blicke aus, dann entfernten sie sich still.

»Ich glaube, ich weiß, was Sache ist«, sagte Silberman leise.

»Richtig«, antwortete Horstokowski. »Er hat etwas *versteckt*. Wir werden den Teil des Sumpfes, in dem er sich zu schaffen gemacht hat, umgraben. Ich denke, dass wir da vielleicht was Interessantes finden werden.« Er zog kampflustig die Schultern hoch. »Ich weiß, dass einer für die gearbeitet hat, einer hier im Camp. Ein Spion für Terra.«

Silberman zuckte zusammen. »Terra? Sind die es, die uns angreifen?«

»Natürlich sind es die.«

Ein verwirrter Ausdruck lag auf Silbermans Gesicht.

»Ich dachte, wir kämpfen gegen jemand anderen.«

Horstokowski war empört. »Zum Beispiel?«

Silberman schüttelte den Kopf. »Ich weiß nicht. Ich habe weniger darüber nachgedacht, wer, als vielmehr, was man dagegen tun kann. Ich glaube, ich bin einfach davon ausgegangen, dass es fremde Wesen sind.«

»Und, was meinen Sie, sind diese terrestrischen Affenmenschen anderes?«, fragte Horstokowski herausfordernd.

Die wöchentliche Planungskonferenz führte die neun Leiter des Camps in ihrem stahlbetonverstärkten unterirdischen Konferenzsaal zusammen. Bewaffnete Wachen schützten den Eingang, der hermetisch verschlossen wurde, sobald der letzte Leiter überprüft, abgetastet und schließlich eingelassen worden war.

Domgraf-Schwach, der Vorsitzende der Konferenz, saß aufmerksam in seinem wuchtigen Sessel, eine Hand auf dem Lagebericht, die andere auf einem Schalter, der ihn augenblicklich aus dem Raum in eine spezielle Kammer katapultieren konnte, die vor Angriffen geschützt war. Portbane machte seine Routineinspektion des Saals, überprüfte jeden Sessel und jeden Tisch nach Abtastlinsen. Daniels saß da, die Augen auf seinen Geigerzähler gerichtet. Silberman war völlig von einem kunstvollen Anzug aus Stahl und Plastik umhüllt, der mit Drähten überzogen war, von denen ein beständiges Surren ausging.

»In Gottes Namen, was ist das für eine Rüstung?«, fragte Domgraf-Schwach verärgert. »Legen Sie das ab, damit wir Sie sehen können.«

»Ich bin doch nicht verrückt«, zischte Silberman, und seine Stimme klang gedämpft durch die komplizierte Hülle. »Das trage ich von jetzt an. Letzte Nacht hat jemand versucht, mich mit bakterienverseuchten Nadeln zu stechen.«

Lanoir, der auf seinem Platz halb eingedöst war, wurde wach. »Bakterienverseuchte Nadeln?« Er sprang auf und eilte hinüber zu Silberman. »Darf ich Sie fragen, ob –«

»Bleiben Sie mir vom Leib!«, brüllte Silberman. »Wenn Sie einen Schritt näher kommen, verpasse ich Ihnen einen tödlichen Stromschlag!«

»Der Anschlag, von dem ich letzte Woche berichtet habe«, keuchte Lanoir aufgeregt, »als sie versucht haben, die Wasserversorgung mit metallischen Salzen zu vergiften. Mir ist der Gedanke gekommen, dass sie als Nächstes bakterielle Abfälle einsetzen könnten, filtrierbare Viren, die wir bis zum eigentlichen Ausbruch der Krankheit nicht feststellen könnten.« Er riss eine Flasche aus seiner Tasche und schüttelte eine Handvoll weißer Kapseln heraus. Nacheinander warf er sich die Kapseln in den Mund.

Jeder Mann im Raum war auf irgendeine Weise geschützt. Jeder hatte sich für eine Apparatur entschieden, die seiner individuellen Erfahrung entsprach. Aber die Gesamtheit der Verteidigungssysteme war in das umfassende Planungssystem integriert. Der Einzige, der sich nicht mit irgendeinem Apparat zu beschäftigen schien, war Tate. Er saß blass und angespannt da und schien völlig untätig. Domgraf-Schwach machte sich im Geist eine Notiz – Tates Vertrauenslevel war ungewöhnlich hoch. Das ließ darauf schließen, dass er sich irgendwie vor einem Angriff sicher fühlte.

»Schluss mit dem Gerede«, sagte Domgraf-Schwach. »Fangen wir endlich an.«

Er war durch Losentscheid zum Vorsitzenden gewählt worden. Ein solches System schloss jede Umsturzmöglichkeit aus. In einer isolierten autonomen Kolonie von sechzig Männern und fünfzig Frauen war eine derartige Zufallsmethode notwendig.

»Daniels wird den Lagebericht dieser Woche verlesen«, befahl Domgraf-Schwach.

»Warum?«, fragte Portbane offen. »Schließlich sind wir es, die ihn zusammengestellt haben. Wir wissen alle, was drinsteht.«

»Aus ebendiesem Grund wird er immer vorgelesen«, antwortete Silberman. »Damit wir wissen, dass er nicht verfälscht worden ist.«

»Nur das Resümee!«, sagte Horstokowski laut. »Ich will nicht länger als nötig hier unten in dieser Gruft bleiben.«

»Angst, dass jemand den Durchgang zuschüttet?«, höhnte Daniels. »Es gibt ein halbes Dutzend Notausgänge. Sie sollten das wissen – Sie haben auf jedem einzelnen bestanden.«

»Lesen Sie das Resümee«, forderte Lanoir.

Daniels räusperte sich. »Im Verlauf der letzten sieben Tage hat es alles in allem elf offene Angriffe gegeben. Der Hauptangriff richtete sich gegen unser neues Brückennetz der A-Klasse, das sabotiert und zerstört wurde. Die Stützstreben wurden gelockert, und die Plastikmischung, die als Basismaterial diente, wurde verdünnt, so dass das Ganze bereits zusammenbrach, als der erste Lastwagenkonvoi darüberfuhr …«

»Das wissen wir«, sagte Portbane düster.

»Wir verloren sechs Menschenleben, und es entstand erheblicher Sachschaden. Truppen haben das Gebiet einen ganzen Tag lang durchkämmt, aber den Saboteuren gelang die Flucht. Kurz nach diesem Angriff wurde entdeckt, dass die Wasserversorgung mit metallischen Salzen vergiftet worden war. Daher wurden die Brunnen zugeschüttet und neue gebohrt. Jetzt durchläuft unser ganzes Wasser Filter- und Analysesysteme.«

»Ich koche meins ab«, fügte Lanoir mit Nachdruck hinzu.

»Alle sind sich darüber einig, dass Frequenz und Heftigkeit der Angriffe zugenommen haben.« Daniels wies auf die riesigen Wandkarten und Graphiken. »Ohne unseren bombensicheren Schutzschirm und unser Daueralarmsystem würden wir von heute auf morgen überwältigt werden. Die eigentliche Frage ist – *wer sind unsere Angreifer?*«

»Terraner«, sagte Horstokowski.

Tate schüttelte den Kopf. »Terraner, so ein Quatsch! Was sollten denn Affenmenschen so weit draußen wollen?«

»Wir sind auch so weit draußen, oder etwa nicht?«, widersprach Lanoir. »Und wir waren auch einmal Terraner.«

»Niemals!«, rief Fisher aus. »Wir mögen ja auf Terra gelebt haben, aber wir sind keine Terraner. Wir sind eine überlegene Mutantenrasse.«

»Wer sind dann die anderen?«, beharrte Horstokowski.

»Andere Überlebende aus dem Schiff«, sagte Tate.

»Woher wissen Sie das?«, fragte Silberman. »Haben Sie sie je gesehen?«

»*Wir haben keine Rettungsboote geborgen, erinnern Sie sich?* Sie müssen damit abgehauen sein.«

»Wenn sie vereinzelte Überlebende wären«, widersprach O'Keefe, »hätten sie nicht die Ausrüstung und die Waffen und Maschinen, die sie benutzen. Es handelt sich um eine ausgebildete und organisierte Streitkraft. In fünf Jahren haben wir es nicht geschafft, sie zu schlagen oder auch nur einen von ihnen zu *töten*. Das zeigt zweifellos ihre Stärke.«

»Wir haben nicht versucht, sie zu schlagen«, sagte Fisher, »wir haben nur versucht, uns zu verteidigen.«

Augenblicklich senkte sich eine angespannte Stille über die neun Männer.

»Sie meinen das Schiff«, sagte Horstokowski.

»Es wird bald aus dem Sumpf geborgen sein«, antwortete Tate. »Und dann können wir ihnen was zeigen – etwas, das sie nicht vergessen werden.«

»Großer Gott!«, rief Lanoir aus, angewidert. »Das Schiff ist ein Wrack – der Meteor hat es völlig zerstört. Was ist denn, wenn wir es wirklich hochholen können? Wir können es erst dann in Betrieb nehmen, wenn wir es komplett wiederherstellen können.«

»Wenn die Affenmenschen das Ding bauen konnten«, sagte Portbane, »können wir es reparieren. Wir haben die Werkzeuge und Maschinen.«

»Und wir haben endlich die Steuerkabine lokalisiert«, betonte O'Keefe. »Ich sehe nicht, was gegen die Bergung spricht.«

Der Ausdruck auf Lanoirs Gesicht änderte sich abrupt. »Na gut. Ich ziehe meine Einwände zurück. Sehen wir zu, dass wir es raufbringen.«

»Was haben Sie für ein Motiv?«, schrie Daniels aufgeregt. »Sie versuchen, uns reinzulegen!«

»Er hat irgendwas vor«, stimmte Fisher wütend zu. »Hört nicht auf ihn. Lasst das verdammte Ding da unten!«

»Dafür ist es zu spät«, sagte O'Keefe. »Es steigt schon seit Wochen auf.«

»Sie stecken mit ihm unter einer Decke«, kreischte Daniels. »Man will uns reinlegen.«

Das Schiff war ein triefendes korrodiertes Wrack. Schlamm floss herab, als die magnetischen Greifer es aus dem Sumpf zogen und auf den festen Untergrund legten, den die Fusionskäfer vorbereitet hatten.

Die Käfer brannten eine harte Spur durch den Sumpf bis hin zur Steuerkabine. Während der Heber die Kabine in der Schwebe hielt, wurden schwere, verstärkte Plastikträger daruntergeschoben. Verschlungenes Gras, stumpf wie altes Haar, bedeckte die kugelförmige Kabine in der Mittagssonne, seit fünf Jahren das erste Licht, das auf sie fiel.

»Nichts wie rein«, sagte Domgraf-Schwach eifrig.

Portbane und Lanoir gingen über die Wegspur zu der vertäuten Steuerkabine. Ihre Taschenlampen blitzten bedrohlich gelb über die dampfenden Wände und schlammverkrusteten Armaturen. Bläuliche Aale krümmten und wanden sich in den matschigen Tümpeln am Boden. Lanoir, der zuerst da war, winkte Portbane ungeduldig, ihm zu folgen.

»Sie sehen sich die Steuerung an – Sie sind der Ingenieur.«

Portbane richtete seine Lampe nach unten auf einen schrägen

Haufen von verrostetem Metall und patschte durch den knietiefen Müll zu dem demolierten Steuerpult. Es war ein einziger Wirrwarr von durchgeschmorten, verbogenen Apparaturen. Er hockte sich davor und fing an, die zerbeulten Schutzplatten abzureißen.

Lanoir stieß einen Vorratsschrank auf und holte metallverpackte Audio- und Videobänder herunter. Er zog eifrig eine der Videoaufnahmen aus der Dose und hielt ein paar Einzelbilder gegen das flackernde Licht. »Das sind die Schiffsdaten. Jetzt werde ich beweisen können, dass außer uns niemand an Bord war.«

O'Keefe erschien in der ausgezackten Türöffnung. »Wie sieht's aus?«

Lanoir drängte sich an ihm vorbei und hinaus auf die Stützbalken. Er stellte eine Ladung Banddosen ab und kehrte in die durchnässte Kabine zurück. »An der Steuerung irgendwas entdeckt?«, fragte er Portbane.

»Seltsam«, murmelte Portbane.

»Was ist los?«, wollte Tate wissen. »Ist sie zu schwer beschädigt?«

»Es gibt jede Menge Drähte und Relais. Unmengen Messgeräte und Energiekreise. Aber keine Schalter, um sie zu bedienen.«

Lanoir kam herübergeeilt. »Es muss welche geben!«

»Für Reparaturen muss man all die Platten abnehmen – praktisch die Anlage zerlegen, um sie überhaupt sehen zu können. Hier könnte niemand sitzen und das Schiff steuern. Das ist lediglich eine nahtlos versiegelte Schale.«

»Vielleicht war das nicht die Steuerkabine«, schlug Fisher vor.

»Das ist der Steuermechanismus – daran besteht kein Zweifel.« Portbane zog einen Haufen verschmorter Drähte hervor. »Aber das Ganze war in sich geschlossen. Das ist eine Robotersteuerung. Eine Automatik.«

Sie blickten einander an.

»Dann waren wir Gefangene«, sagte Tate benommen.

»Wessen Gefangene?«, fragte Fisher verwirrt.

»Der Terraner!«, sagte Lanoir.

»Ich kapier das nicht«, murmelte Fisher undeutlich. »*Wir* haben die ganze Flucht geplant – oder nicht? *Wir* sind auf Ganymed ausgebrochen und abgehauen.«

»Legen Sie die Bänder ein«, sagte Portbane zu Lanoir. »Mal sehen, was drauf ist.«

Daniels schaltete den Videoband-Abtaster aus und das Licht an.

»Tja«, sagte er. »Sie haben selbst gesehen, dass das ein Krankenschiff war. Es hatte keine Besatzung. Es wurde von einem zentralen Leitstrahl von Jupiter aus gelenkt. Der Strahl hat es vom Sol-System bis hierher gebracht, wo, aufgrund eines mechanischen Fehlers, ein Meteor den Schutzschirm durchschlug und das Schiff eine Bruchlandung machte.«

»Und wenn es keine Bruchlandung gegeben hätte?«, fragte Domgraf-Schwach zaghaft.

»Dann wären wir zum Zentralkrankenhaus auf Fomalhaut IV gebracht worden.«

»Spielen Sie das letzte Band noch mal ab«, drängte Tate.

Der Wandlautsprecher krächzte, dann sagte er mit ruhiger Stimme: »Bei der Behandlung dieser Patienten muss die Unterscheidung zwischen Paranoikern und paranoiden Syndromen innerhalb anderer psychotischer Persönlichkeitsstörungen berücksichtigt werden. Die allgemeine Persönlichkeitsstruktur des Paranoikers bleibt unbeeinträchtigt. Außerhalb seines Komplexbereiches ist er logisch, rational, sogar äußerst begabt. Er ist ansprechbar – er kann über sich selbst sprechen – er ist sich seiner Umgebung bewusst.

Der Paranoiker unterscheidet sich von anderen Psychotikern dadurch, dass er aktiv auf die Außenwelt reagiert. Er unterscheidet sich von sogenannten normalen Persönlichkeitstypen dadurch, dass er eine Reihe von fixen Ideen nährt, falsche Postulate, aufgrund deren er ein ausgeklügeltes System von Überzeugungen aufgebaut hat, das zu diesen falschen Postulaten in einem logischen und folgerichtigen Zusammenhang steht.«

Zitternd unterbrach Daniels das Band. »Diese Bänder waren für die Krankenhausleitung auf Fomalhaut IV. Verschlossen in einem Vorratsschrank in der Steuerungskabine. Die Kabine selbst war vom übrigen Schiff hermetisch abgeschlossen. Keiner von uns konnte sie betreten.«

»Der Paranoiker ist völlig unflexibel«, fuhr die ruhige Stimme des terranischen Arztes fort. »Seine fixen Ideen sind durch nichts zu erschüttern. Sie dominieren sein Leben. Er fügt alle Geschehnisse, alle Personen, alle zufälligen Bemerkungen und Ereignisse logisch in sein System ein. Er ist davon überzeugt, dass sich die Welt gegen ihn verschworen hat – dass er eine ungewöhnlich wichtige und fähige Person ist, gegen die sich zahllose Anschläge richten. Um diese Verschwörungen zu vereiteln, nimmt der Paranoiker unendliche Mühen auf sich, um sich zu schützen. Er macht immer wieder Videoaufnahmen von den Behörden, zieht ständig von Ort zu Ort, und in der letzten gefährlichen Phase kann er sogar –«

Silberman schaltete es abrupt ab, und es wurde still im Saal. Die neun Leiter des Camps saßen unbeweglich auf ihren Plätzen.

»Wir sind ein Haufen Verrückter«, sagte Tate schließlich. »Eine Schiffsladung von Psychoten, die zufällig von einem Meteor getroffen wurde.«

»Machen Sie sich nichts vor«, zischte Horstokowski. »Dieser Meteor war ganz und gar nicht zufällig.«

Fisher kicherte hysterisch. »Noch mehr paranoides Gerede. Großer Gott – all die Angriffe – Halluzinationen – alles eingebildet!«

Lanoir stieß unsicher gegen den Stapel von Bändern. »Was sollen wir glauben? *Gibt es überhaupt Angreifer?*«

»Wir haben uns fünf Jahre lang gegen sie verteidigt!«, widersprach Portbane. »Ist das nicht Beweis genug?«

»Haben Sie sie jemals gesehen?«, fragte Fisher spöttisch.

»Wir haben es mit den besten Agenten in der Galaxie zu tun. Terrestrische Stoßtruppen und Militärspione, die sorgfältig in Subversion und Sabotage ausgebildet sind. Sie sind zu clever, sich zu zeigen.«

»Sie haben das Brückennetz zerstört«, sagte O'Keefe. »Stimmt, wir haben sie nicht gesehen, aber die Brücke liegt in Trümmern, so viel ist sicher.«

»Vielleicht war sie schlecht gebaut«, schlug Fisher vor. »Vielleicht ist sie einfach zusammengebrochen.«

»Sachen brechen nicht ›einfach‹ zusammen! Es gibt einen Grund für all das, was geschehen ist!«

»Zum Beispiel?«, wollte Tate wissen.

»Wöchentliche Gasangriffe«, sagte Portbane. »Metallische Rückstände in unserer Wasserversorgung, um nur zwei zu nennen.«

»Und bakteriologische Kristalle«, fügte Daniels hinzu.

»Vielleicht existiert nichts davon«, führte Lanoir an. »Aber wie sollen wir das beweisen? Wenn wir alle verrückt sind, *wie könnten wir es dann feststellen?*«

»Wir sind über hundert Leute«, sagte Domgraf-Schwach. »Wir alle haben diese Angriffe erlebt. Ist das nicht Beweis genug?«

»Ein Märchen kann von einer ganzen Gesellschaft aufgegriffen, geglaubt und von Generation zu Generation weitergegeben werden. Götter, Feen, Hexen – an eine Sache zu glauben macht sie nicht wahr. Jahrhundertelang haben die Terraner geglaubt, die Erde sei flach.«

»Wenn sämtliche Metermaße auf hundertzehn Zentimeter verlängert würden«, fragte Fisher, »wie sollte das irgendjemand beweisen können. Es müsste hundert Zentimeter lang bleiben, invariabel, konstant. Wir sind ein Haufen falscher Metermaße, alle hundertzehn Zentimeter lang. Wir brauchen einen Nichtparanoiden zum Vergleich.«

»Oder vielleicht gehört das alles zu ihrer Strategie«, sagte Silberman. »Vielleicht haben die die Steuerungskabine ausgerüstet und die Bänder dort deponiert.«

»Das hier sollte doch nicht schwieriger sein als der Versuch, irgendeine Annahme zu überprüfen«, erklärte Portbane. »Was ist das Charakteristikum eines wissenschaftlichen Versuchs?«

»Er ist wiederholbar«, sagte Fisher prompt. »Hören Sie, wir drehen uns im Kreis. *Wir versuchen uns selbst zu messen.* Sie können nicht Ihr Metermaß, sei es nun hundert oder hundertzehn Zentimeter lang, nehmen und es bitten, sich selbst zu messen. Kein Instrument kann seine eigene Genauigkeit testen.«

»Falsch«, antwortete Portbane ruhig. »Ich kann einen gültigen, objektiven Test entwerfen.«

»Einen solchen Test gibt es nicht!«, rief Tate aufgeregt aus.

»Und ob es den gibt. In einer Woche habe ich ihn vorbereitet.«

»Gas!«, brüllte der Soldat. Von allen Seiten fingen Sirenen an zu heulen. Frauen und Kinder hasteten zu ihren Schutzmasken. Hochleistungsgeschütze kamen aus ihren unterirdischen Kammern heraufgerumpelt und gingen in Position. Den Rand des Sumpfes entlang sengten die Fusionskäfer einen Streifen Erde fort. Scheinwerfer strichen über das nächtliche Farndickicht.

Portbane ließ den Verschluss des Stahltanks zuschnappen und gab den Arbeitern ein Zeichen. Der Tank wurde rasch aus dem Gelände fortgerollt.

»Schön«, keuchte Portbane. »Schafft ihn nach unten.«

Portbane tauchte in der unterirdischen Kammer auf, als der Zylinder gerade in Position gerollt wurde.

»Dieser Zylinder«, sagte Portbane, »müsste Zyanwasserstoffdampf enthalten. Es handelt sich um eine Probe, die am Angriffsort genommen wurde.«

»Das ist doch sinnlos«, beklagte sich Fisher. »Die greifen uns an, und wir tun nichts.«

Portbane gab den Arbeitern ein Zeichen, und sie fingen an, die Versuchsanlage aufzubauen. »Es wird zwei Proben geben, Niederschläge von verschiedenen Dämpfen, beide deutlich gekennzeichnet und mit A und B beschriftet. Eine stammt aus dem Zylinder, der am Ort des Angriffs gefüllt worden ist. Die andere enthält kondensierte Luft, die diesem Raum entnommen wurde.«

»Angenommen, wir beschreiben beide als negativ?«, fragte Silberman besorgt. »Würde das Ihren Test nicht über den Haufen werfen?«

»Dann werden wir weitere Tests vornehmen. Wenn wir nach ein paar Monaten noch immer ausschließlich negative Ergebnisse haben, hat sich die Angriffshypothese erledigt.« »Wir könnten beide für positiv halten«, sagte Tate, verwirrt.

»In diesem Fall wären wir in diesem Moment schon tot. Wenn wir beide Proben für positiv halten, so denke ich, ist die Paranoiker-Hypothese bewiesen.«

Nach einem Moment stimmte Domgraf-Schwach widerwillig zu. »Eine ist zur Kontrolle. Wenn wir behaupten, dass es nicht möglich ist, eine Kontrollprobe zu nehmen, die frei von Zyanwasserstoffdampf ist …«

»Ganz schön raffiniert«, gab O'Keefe zu. »Sie legen den einzigen bekannten Faktor zugrunde – unsere eigene Existenz. *Die* können wir wohl kaum in Frage stellen.«

»Wir haben folgende Möglichkeiten«, sagte Portbane. »Beide positiv heißt, wir sind psychotisch. Beide negativ heißt, entweder der Angriff war falscher Alarm, oder es gibt keine Angreifer. Eine positiv und eine negativ würde bedeuten, dass es reale Angreifer gibt, dass wir völlig gesund und rational sind.« Er sah die führenden Köpfe des Camps um sich herum an. *»Aber wir müssen uns alle darüber einigen, welche Probe was ist.«*

»Unsere Reaktionen werden geheim aufgezeichnet?«, fragte Tate.

»Von dem mechanischen Auge tabellarisiert, auf Platte gelocht und automatisch kontrolliert. Jeder von uns wird einzeln sein Urteil fällen.«

Nach einer Pause sagte Fisher: »Ich versuch's.« Er kam nach vorn, beugte sich über den Kolorimeter und studierte aufmerksam die beiden Proben. Er betrachtete sie abwechselnd und ergriff dann mit fester Hand den Testschreiber.

»Sind Sie sicher?«, fragte Domgraf-Schwach. »Wissen Sie wirklich, welches die negative Probe ist?«

»Ganz sicher.« Fisher notierte seine Ergebnisse auf der Lochplatte und trat zurück.

»Ich bin der Nächste«, sagte Tate, ungeduldig drängelnd. »Bringen wir es hinter uns.«

Einer nach dem anderen prüften die Männer die beiden Proben, zeichneten ihre Ergebnisse auf, traten zurück und standen dann unbehaglich wartend herum.

»In Ordnung«, sagte Portbane schließlich. »Ich bin der Letzte.« Er spähte kurz hinab, kritzelte seine Resultate nieder, schob dann die Geräte beiseite. »Ich möchte die Anzeige sehen«, wies er die Arbeiter am Abtaster an.

Einen Moment später leuchteten die Ergebnisse für jedermann sichtbar auf.

Fisher	A
Tate	A
O'Keefe	B
Horstokowski	B
Silberman	B
Daniels	B
Portbane	A
Domgraf-Schwach	B
Lanoir	A

»Verdammt«, sagte Silberman leise. »So einfach ist das. Wir sind paranoid.«

»Sie Blödmann!«, schrie Tate Horstokowki an. »Es war A, nicht B! Wie zum Teufel konnten Sie sich da irren?«

»B hat so hell gestrahlt wie ein Scheinwerfer!«, antwortete Domgraf-Schwach wütend. »A war völlig farblos!«

O'Keefe drängte sich nach vorn. »Welche war es, Portbane! Welche war die positive Probe?«

»Keine Ahnung«, gestand Portbane. »Wer kann das mit Sicherheit sagen?«

Der Summer auf Domgraf-Schwachs Schreibtisch meldete sich, und er schaltete den Bildschirm an.

Das Gesicht eines Meldesoldaten erschien. »Der Angriff ist vorüber, Sir. Wir haben sie zurückgeschlagen.«

Domgraf-Schwach lächelte ironisch. »Irgendwelche Gefangenen?«

»Nein, Sir. Sie sind zurück in den Sumpf entwischt. Ich glaube aber, wir haben ein paar getroffen. Wir werden morgen rausgehen und nach den Leichen suchen.«

»Glauben Sie, dass Sie sie finden?«

»Tja, normalerweise verschluckt der Sumpf sie. Aber vielleicht diesmal –«

»Na gut«, unterbrach Domgraf-Schwach. »Falls es dieses Mal eine Ausnahme gibt, lassen Sie es mich wissen.« Er unterbrach die Verbindung.

»Was nun?«, forschte Daniels eisig.

»Es ist sinnlos, die Arbeit am Schiff fortzuführen«, sagte O'Keefe. »Warum sollen wir unsere Zeit damit vergeuden, leere Sümpfe zu bombardieren?«

»Ich schlage vor, weiter am Schiff zu arbeiten«, widersprach Tate.

»Wieso?«, fragte O'Keefe.

»Damit wir nach Fomalhaut fahren und uns der Krankenstation stellen können.«

Silberman starrte ihn ungläubig an. »Uns selbst einliefern? Warum nicht hierbleiben? Wir tun niemandem etwas.«

»Nein, noch nicht. Ich denke an die Zukunft, in Hunderten von Jahren.«

»Dann sind wir tot.«

»Wir hier in dem Raum sicher, aber was ist mit unseren Nachkommen?«

»Er hat recht«, gab Lanoir zu. »Letzten Endes werden unsere Nachkommen dieses ganze Sonnensystem füllen. Früher oder später könnten unsere Schiffe in die Galaxis ausschwärmen.« Er versuchte zu lächeln, aber seine Muskeln wollten nicht reagieren. »Aus den Bändern geht hervor, wie hartnäckig Paranoiker sind. Sie klammern sich fanatisch an ihre festen Überzeugungen. Falls sich unsere Nachkommen in terranisches Gebiet begeben sollten, wird es zum Kampf kommen, und es könnte sein, dass wir ihn gewinnen, weil wir eingleisig denken. Wir würden niemals abweichen.«

»Fanatiker«, flüsterte Daniels.

»Wir werden diese Informationen vor dem übrigen Camp geheim halten müssen«, sagte O'Keefe.

»Unbedingt«, stimmte Fisher zu. »Wir werden sie weiter in dem Glauben lassen müssen, das Schiff sei für H-Bomben-Angriffe. Sonst würden wir in eine ungeheuer schwierige Lage geraten.«

Sie bewegten sich unterdessen wie betäubt auf die hermetisch verschlossene Tür zu.

»Einen Moment«, sagte Domgraf-Schwach eindringlich. »Die beiden Arbeiter.« Er machte kehrt, während ein paar von ihnen hinaus auf den Korridor gingen, die Übrigen zurück zu ihren Plätzen.

Und dann geschah es.

Silberman schoss zuerst. Fisher kreischte, als die Hälfte von ihm sich in wirbelnde Partikel radioaktiver Asche auflöste. Silberman ließ sich auf ein Knie fallen und feuerte zu Tate hoch. Tate sprang zurück und zog seine eigene S-Pistole hervor. Daniels wich der Bahn von Lanoirs Strahl aus. Er verfehlte ihn und traf die erste Sitzreihe.

Lanoir kroch ruhig die Wand entlang durch die wabernden Rauchwolken. Eine Gestalt ragte vor ihm auf; er hob seine Pistole und feuerte. Die Gestalt fiel zur Seite und feuerte zurück. Lanoir taumelte und sank zusammen, wie ein Ballon, aus dem die Luft entweicht, und Silberman hastete weiter.

An seinem Schreibtisch tastete Domgraf-Schwach verzweifelt nach dem Fluchtknopf. Seine Finger berührten ihn, aber als er den Stift niederdrückte, riss ein Stoß aus Portbanes Pistole ihm den oberen Teil des Kopfes ab. Der leblose Körper blieb einen Moment stehen, dann wurde er von der komplizierten Apparatur unter dem Schreibtisch in »Sicherheit« katapultiert.

»Hier lang!«, rief Portbane, über das Zischen der S-Stöße hinweg. »Komm schon, Tate!«

Mehrere Strahlen wurden auf ihn gerichtet. Die halbe Kammer explodierte und brach donnernd zusammen, löste sich in Schutt und flammende Trümmer auf. Er und Tate hasteten auf einen der Notausgänge zu. Hinter ihnen rannten die anderen, wild feuernd.

Horstokowski erreichte den Ausgang und glitt an der verkeilten Schleuse vorbei. Er feuerte, als die beiden Gestalten vor ihm den Durchgang hinaushasteten. Einer von ihnen stolperte, aber der andere packte ihn, und sie humpelten gemeinsam davon. Daniels war ein besserer Schütze. Als Tate und Portbane an der Oberfläche auftauchten, erfasste einer von Daniels Feuerstößen den größeren der beiden.

Portbane lief noch ein kleines Stückchen weiter, und dann fiel er still mit dem Gesicht voran gegen die Seitenwand eines Plastikhauses, ein düsteres Rechteck aus undurchdringlicher Finsternis gegen den nächtlichen Himmel.

»Wo sind sie hin?«, fragte Silberman heiser, als er in der Mündung des Durchgangs erschien. Sein rechter Arm war von Lanoirs Feuerstoß weggerissen worden. Der Stumpf war stark verkohlt.

»Ich habe einen von ihnen erwischt.« Daniels und O'Keefe näherten sich argwöhnisch der unbeweglichen Gestalt. »Es ist Portbane. Dann bleibt noch Tate. Wir haben drei von den vieren. Nicht schlecht, in so kurzer Zeit.«

»Tate ist verdammt schlau«, keuchte Silberman. »Ich denke, er hat etwas geahnt.«

Er blickte suchend in die Dunkelheit, die sie umgab. Soldaten, die von dem Gasangriff zurückkehrten, kamen herbeigeeilt. Scheinwerfer holperten zum Ort der Schießerei. In der Ferne heulten Sirenen.

»Wohin ist er gelaufen?«, fragte Daniels.

»Rüber zum Sumpf.«

O'Keefe bewegte sich vorsichtig die schmale Straße entlang. Die anderen kamen ihm langsam nach.

»Sie haben es als Erster begriffen«, sagte Horstokowski zu Silberman. »Eine Zeitlang habe ich an den Test geglaubt. Dann habe ich begriffen, dass man uns auszutricksen versuchte – die vier haben sich gemeinsam verschworen.«

»Ich hatte nicht damit gerechnet, dass es vier sind«, gab Silberman zu. »Ich wusste, dass es mindestens einen terranischen Spion unter uns gibt. Aber Lanoir …«

»Ich habe schon immer gewusst, dass Lanoir ein terrestrischer Agent ist«, erklärte O'Keefe kategorisch. »Ich war von den Testresultaten nicht überrascht. Sie haben sich selbst verraten, indem sie die Ergebnisse manipuliert haben.«

Silberman winkte eine Gruppe Soldaten herbei. »Nehmt Tate fest und bringt ihn her. Er ist irgendwo an der Peripherie des Camps.«

Die Soldaten eilten davon, verblüfft und miteinander tuschelnd. Überall heulten Sirenen. Gestalten hasteten hin und her. Wie eine aufgebrachte Ameisenkolonie vibrierte das ganze Camp vor Aufregung.

»Mit anderen Worten«, sagte Daniels, »die vier haben in Wirklichkeit dasselbe gesehen wie wir. Sie haben gesehen, dass B die positive Probe war, aber sie haben stattdessen A hingeschrieben.«

»Sie wussten, dass wir B hinschreiben würden«, sagte O'Keefe, »denn B war die positive Probe, die am Ort des Angriffs genommen wurde. Sie mussten lediglich das Gegenteil notieren. Die Ergebnisse bestätigten scheinbar Lanoirs Paranoiker-Theorie, was der eigentliche Grund dafür war, dass Portbane den Test entworfen hat. Das ist vor langer Zeit geplant worden – war Teil ihres Gesamtauftrags.«

»Schließlich war es Lanoir, der die Bänder ausgegraben hat!«, rief Daniels aus. »Fisher und er haben die da unten im Wrack des Schiffs deponiert. Portbane hat uns dazu gebracht, sein Testvorhaben zu akzeptieren.«

»Was hatten sie vor?«, fragte Silberman unvermittelt. »Wieso wollten sie uns davon überzeugen, dass wir Paranoiker sind?«

»Ist das nicht offensichtlich?«, antwortete O'Keefe. »Sie wollten, dass wir uns selbst einweisen. Die terranischen Affenmenschen wollen natürlich die Rasse loswerden, die sie verdrängen wird. Wir werden uns nicht ergeben, versteht sich. Die vier waren clever – sie hätten mich fast überzeugt. Als die Ergebnisse mit fünf zu vier aufleuchteten, kamen mir plötzlich Zweifel. Doch dann wurde mir klar, was für eine raffinierte Strategie sie sich ausgedacht hatten.«

Horstokowski prüfte seine S-Pistole. »Ich würde Tate gern zu fassen kriegen und die ganze Geschichte aus ihm herauspressen, den ganzen verdammten Bericht über ihren Plan, damit wir ihn schwarz auf weiß haben.«

»Sind Sie noch immer nicht überzeugt?«, forschte Daniels.

»Selbstverständlich. Aber ich würde gerne hören, wie er es zugibt.«

»Ich bezweifle, dass wir Tate je wiedersehen werden«, sagte O'Keefe. »Er muss inzwischen die terranischen Linien erreicht haben. Wahrscheinlich sitzt er mittlerweile in einem dicken Inter-System-Militärtransporter und erzählt einem ordenbehangenen terranischen Befehlshaber seine Geschichte. Ich wette, dass sie dabei sind, schwere Geschütze und Stoßtruppen zusammenzuziehen, während wir hier rumstehen.«

»Wir sollten uns beeilen«, sagte Daniels scharf. »Wir werden das Schiff reparieren und es mit H-Bomben beladen. Nachdem wir ihre hiesigen Stützpunkte ausgelöscht haben, werden wir den Krieg zu ihnen tragen. Ein paar Angriffe auf das Sonnensystem sollten sie lehren, uns in Ruhe zu lassen.«

Horstokowski grinste. »Es wird ein harter Kampf werden – wir stehen allein gegen eine ganze Galaxis. Aber ich denke, wir werden es ihnen zeigen. Einer von uns zählt soviel wie eine Million terranischer Affenmenschen.«

Tate lag zitternd im dunklen Gestrüpp. Triefende schwarze Stiele nächtlicher Pflanzen umrankten ihn und raschelten um ihn herum. Giftige Insekten schwebten über der Oberfläche des fauligen Sumpfes.

Er war mit Schlamm bedeckt. Seine Kleidung war zerrissen und zerfetzt. Irgendwo hatte er unterwegs seine S-Pistole verloren. Seine rechte Schulter schmerzte; er konnte den Arm kaum bewegen. Knochen gebrochen, wahrscheinlich. Er war zu benommen und betäubt, um sich darum zu kümmern. Er lag mit dem Gesicht nach unten auf der lehmigen Erde und schloss die Augen.

Er hatte keine Chance. Niemand überlebte in den Sümpfen. Er zerquetschte kraftlos ein Insekt, das ihm über den Hals kroch. Es wand sich in seiner Hand und starb dann, widerstrebend. Eine ganze Weile noch zuckten seine toten Beine.

Eine Stachelschnecke auf Erkundungstour überzog Tates starren Körper mit einem Netz von Spuren. Als der klebrige Druck der Schnecke schwer über ihn hinkroch, hörte er die ersten schwachen Geräusche, die besagten, dass das Camp mobil machte. Eine Weile begriff er nicht, was vor sich ging. Dann verstand er – und schauderte unglücklich und hilflos.

Die erste Phase der großen Offensive gegen die Erde lief bereits auf vollen Touren.

Die Prä-Personen

Hinter dem Zypressenwäldchen sah Walter – er hatte König auf dem Berg gespielt – den weißen Lieferwagen, und er wusste, was es damit auf sich hatte. Er dachte: Das ist der Abtreibungstransporter. Er ist da, um irgendein Kind zum Postpartum drüben in der Abtreibungsstelle abzuholen.

Und er dachte: Vielleicht haben meine Leute ihn gerufen. Für mich.

Er lief los und versteckte sich zwischen den Brombeeren, spürte, wie ihn die Dornen kratzten, dachte sich aber: Das ist besser, als die Luft aus der Lunge gesaugt zu bekommen. So machen sie es; sie führen alle PPs an allen Kindern da gleichzeitig durch. Sie haben ein großes Zimmer dafür. Für die Kinder, die keiner will.

Während er sich tiefer in die Brombeeren arbeitete, lauschte er, um zu hören, ob der Transporter anhielt; er hörte das Motorengeräusch.

»Ich bin unsichtbar«, sagte er vor sich hin – eine Zeile, die er für die Schulaufführung des »Sommernachtstraums« in der fünften Klasse gelernt hatte, eine Zeile, die Oberon, den er gespielt hatte, sagen musste. Und danach konnte ihn niemand mehr sehen. Vielleicht war das jetzt wahr geworden. Vielleicht wirkte der Zauberspruch im wirklichen Leben; er sagte es wieder zu sich selbst: »Ich bin unsichtbar.« Aber er wusste, er war es nicht. Er konnte noch immer seine Arme und Beine und Schuhe sehen, und er wusste, dass sie – dass alle, besonders der Mann vom Abtreibungstransporter und seine Mum und sein Dad – ihn auch sehen konnten. Wenn sie hinschauten.

Wenn er es war, hinter dem sie diesmal her waren.

Er wünschte sich, König zu sein; er wünschte sich, er sei über und über mit Zauberstaub bedeckt und hätte eine strahlende Krone, die glitzerte, er würde das Feenland regieren und hätte Puck, dem er sich anvertrauen konnte. Und der ihn beraten konnte. Beraten, auch wenn er selbst König war und mit Titania, seiner Frau, zankte.

Ich schätze, dachte er, etwas bloß zu sagen macht es noch lange nicht wahr.

Die Sonne brannte auf ihn herab, und er blinzelte, aber hauptsächlich hörte er auf den Motor des Abtreibungstransporters; er war immer noch zu hören, und insgeheim schöpfte er Hoffnung, als das Geräusch sich weiter und weiter entfernte. Ein anderes Kind wurde in die Abtreibungsklinik verfrachtet, nicht er; irgendeins am anderen Ende der Straße.

Er kämpfte sich zitternd und an vielen Stellen zerkratzt aus den Brombeeren und machte sich auf den Weg zurück zu seinem Haus. Und während er heimtrottete, begann er zu weinen, hauptsächlich, weil die Kratzer weh taten, aber auch aus Furcht und Erleichterung.

»Gute Güte«, rief seine Mutter, als sie ihn sah. »Was in Gottes Namen hast du angestellt?«

Er stammelte: »Ich hab – den Abtreibungstransporter gesehen.«

»Und du dachtest, er wäre für dich?«

Er nickte stumm.

»Hör mal, Walter«, sagte Cynthia Best, kniete nieder und umfasste seine zitternden Hände, »ich verspreche dir, dein Dad und ich versprechen es beide, dass du niemals in die kommunale Sammelstelle gebracht wirst. Du bist sowieso zu alt. Sie nehmen nur Kinder bis zwölf.«

»Aber Jeff Vogel –«

»Seine Eltern brachten ihn unter, kurz bevor das neue Gesetz in Kraft getreten ist. Jetzt könnten sie ihn legal nicht mehr annehmen. Sie könnten dich nicht annehmen. Sieh mal – du hast eine Seele; das Gesetz sagt, ein zwölfjähriger Junge hat eine Seele. Also kann er nicht in die kommunale Sammelstelle kommen. Na siehst du? Du bist sicher. Immer wenn du den Abtreibungstransporter siehst, ist er für jemand anderen, nicht für dich. Niemals für dich. Ist das klar? Er ist wegen einem anderen, kleineren Kind gekommen, das noch keine Seele hat, eine Prä-Person.«

Starr zu Boden schauend, ohne den Blick seiner Mutter zu erwidern, sagte er: »Ich fühle mich nicht, als ob ich eine Seele hätte; ich fühle mich wie immer.«

»Das ist eine rechtliche Frage«, sagte seine Mutter barsch. »Streng nach Alter geregelt. Und du bist über das Alter hinaus. Die Kirche der Überwacher hat den Kongress dazu gebracht, das Gesetz zu verabschieden – eigentlich wollten sie, diese Kirchenleute, ein jüngeres Alter; sie behaupteten, die Seele würde im Alter von drei Jahren in den Körper eintreten, aber es wurde eine Kompromissvorlage durchgesetzt. Das entscheidende für dich ist, dass du rechtlich sicher bist, ganz gleich, wie du dich innerlich fühlst; siehst du das ein?«

»Okay«, sagte er nickend.

»Du wusstest das.«

Zornig und verletzt brach es aus ihm heraus: »Was glaubst du, wie das ist, jeden Tag zu warten, dass vielleicht einer kommt und dich in einen Drahtkäfig in einem Lieferwagen sperrt und –«

»Deine Furcht ist irrational«, sagte seine Mutter.

»Ich habe gesehen, wie sie Jeff Vogel abgeholt haben. Er weinte, und der Mann hat einfach die Hintertür von dem Transporter aufgemacht und Jeff reingeschoben und die Hintertür wieder zugemacht.«

»Das war vor zwei Jahren. Du bist verweichlicht.« Seine Mutter funkelte ihn wütend an. »Dein Großvater würde dich durchprügeln, wenn er dich jetzt sehen und dich so reden hören könnte. Nicht dein Vater. Der würde nur grinsen und etwas Dummes sagen. Zwei Jahre! Und intellektuell weißt du, dass du über das gesetzliche Höchstalter hinaus bist! Du –« Sie rang um das Wort. »Du bist *entartet.*«

»Und er kam nie zurück.«

»Vielleicht ist jemand, der ein Kind wollte, in die kommunale Sammelstelle gegangen, hat ihn gefunden und adoptiert. Vielleicht hat er bessere Eltern bekommen, die ihn richtig gerne haben. Sie behalten sie dreißig Tage, ehe sie sie vernichten.« Sie korrigierte sich. »Sie schlafen legen, meine ich.«

Er war nicht beruhigt. Weil er wusste, dass »sie schlafen legen« ein Mafiaausdruck war. Er rückte von seiner Mutter ab, weil er ihren Trost nicht mehr wollte. Sie konnte ihn mal! Sie hatte etwas offenbart, irgendwie den Grund ihres Denkens, Fühlens und höchstwahrscheinlich auch Handelns. Ihr aller Handeln. Ich weiß, dass ich nicht anders bin, dachte er, als vor zwei Jahren, als ich noch ein kleines Kind war; wenn ich jetzt laut Gesetz eine Seele habe, dann hatte ich damals auch eine Seele, oder wir haben gar keine Seele – das einzig Reale ist nur ein fürchterlicher, metallic-lackierter Transporter mit vergitterten Fenstern, der Kinder abtransportiert, die ihre Eltern nicht mehr haben wollen, Eltern, die eine Erweiterung des alten Abtreibungsgesetzes nutzten, das ihnen erlaubt hatte, ein ungewolltes Kind zu töten, ehe es herauskam: weil es keine »Seele« oder »Persönlichkeit« hatte, konnte es durch eine Vakuumpumpe in weniger als zwei Minuten abgesaugt werden. Ein Arzt konnte hundert am Tag schaffen, und es war legal, weil das ungeborene Kind nicht »menschlich« war. Es war eine Prä-Person. Genau wie dieser Lieferwagen jetzt; sie hatten den Zeitpunkt, an dem die Seele in den Körper eintreten sollte, einfach nach hinten verschoben.

Der Kongress hatte einen simplen Test eingeführt, das ungefähre Alter zu bestimmen, in dem die Seele in den Körper eintrat: die Fähigkeit, höhere Mathematik, Algebra etwa, zu formulieren. Bis dahin war man nur ein Körper, niedere Instinkte und Körper, animalische Reflexe und Reaktionen auf Reize. Wie Pavlow'sche Hunde, wenn sie ein wenig Wasser unter der Tür des Leningrader Labors durchsickern sahen; sie »wussten« etwas, waren aber nicht menschlich.

Ich bin wohl menschlich, dachte Walter und sah auf, schaute in das fahle, strenge Gesicht seiner Mutter mit ihren harten Augen und ihrer unerbittlichen Vernunft. Ich schätze, ich bin wie du, dachte er. Hey, ist doch Spitze, ein Mensch zu sein, dachte er; dann braucht man keine Angst zu haben, dass der Transporter kommt.

»Du fühlst dich besser«, stellte seine Mutter fest. »Ich habe deine Angstschwelle gesenkt.«

»Ich flipp schon nicht aus«, sagte Walter. Es war vorbei; der Transporter war fort und hatte ihn nicht mitgenommen.

Aber er würde in wenigen Tagen wieder da sein. Er fuhr ständig durch die Gegend.

Immerhin blieben ihm ein paar Tage. Und dann dieser Anblick – wenn ich bloß nicht wüsste, dass sie den Kindern, die sie einmal dahaben, die Luft aus den Lungen saugen, dachte er. Sie auf diese Art vernichten. Warum? Billiger, hatte sein Dad gesagt. Spart den Steuerzahlern Geld.

Dann dachte er über Steuerzahler nach, und wie sie wohl aussehen mochten. Leute, die alle Kinder missbilligend ansahen, dachte er. Die nicht antworteten, wenn das Kind eine Frage stellte. Hagere Gesichter, durchzogen von Sorgenfalten, mit ständig nervösem Blick. Oder fett vielleicht; entweder – oder. Es war aber das Hagere, was ihn ängstigte; es hatte keine Freude am Leben, noch wollte es Leben dulden. Es strahlte die Botschaft aus: »Stirb, verschwinde, geh ein, sei nicht am Leben.« Und der Abtreibungstransporter war dafür der Beweis – oder das Mittel.

»Mom«, sagte er, »wie schließt man eine kommunale Sammelstelle? Diese Abtreibungsklinik da, wo sie die Babys und kleinen Kinder hinbringen.«

»Man wendet sich mit einem Antrag an die Bezirkslegislative«, sagte seine Mutter.

»Weißt du, was ich tun würde?«, sagte er. »Ich würde warten, bis keine Kinder da drin wären, nur Verwaltungsangestellte, und dann würde ich eine Brandbombe reinschmeißen.«

»So redet man nicht!«, sagte seine Mutter streng, und auf ihrem Gesicht sah er die tiefen Falten des hageren Steuerzahlers. Und es machte ihm Angst; seine eigene Mutter machte ihm Angst. Die kalten, milchigen Augen spiegelten nichts, keine Seele im Innern, und er dachte: *Ihr seid es, die keine Seele haben*, ihr mit eurer knochigen Nicht-sein-Ausstrahlung. Nicht wir.

Und dann lief er nach draußen, um weiterzuspielen.

Eine Bande anderer Kinder hatte den Transporter gesehen. Er stand mit ihnen zusammen herum. Sie wechselten ab und zu ein paar Worte, kickten aber meistens Steine herum und traten gelegentlich auf einen bösen Käfer.

»Für wen war der Transporter da?«, sagte Walter.

»Fleischhacker, Earl Fleischhacker.«

»Haben sie ihn erwischt?«

»Klar, hast du das Geschrei nicht gehört?«

»Waren seine Alten zu Hause?«

»Nee, sind vorher mit irgend ’ner faulen Ausrede abgehauen, wollten angeblich den Wagen abschmieren lassen.«

»*Die* haben den Transporter gerufen?«, sagte Walter.

»Klar, das ist Gesetz; das müssen die Eltern machen. Aber sie waren zu feige, da zu sein, als der Transporter vorfuhr. Scheiße, er hat echt gebrüllt; bis zu euch kann man es wohl nicht hören, aber er hat echt gebrüllt.«

Walter sagte: »Wisst ihr, was wir machen sollten? Ne Brandbombe auf den Transporter schmeißen und den Fahrer kaltmachen.«

Die anderen Kinder sahen ihn verächtlich an. »Die stecken dich lebenslänglich in die Psychiatrie, wenn du so was abziehst.«

»Nicht immer lebenslänglich«, korrigierte Pete Bride. »In manchen Fällen bauen sie eine neue, sozialverträgliche Persönlichkeit auf.«

»Was sollen wir dann machen?«, sagte Walter.

»Du bist zwölf; du bist sicher.«

»Aber angenommen, sie ändern das Gesetz.« Und irgendwie beschwichtigte es seine Ängste nicht, zu wissen, dass er theoretisch sicher war; der Transporter kam immer noch wegen anderer Kinder und ängstigte ihn nach wie vor. Er dachte an die jüngeren Kinder, die jetzt in der Sammelstelle waren, Stunde für Stunde durch den Zyklonenzaun schauten, Tag für Tag, warteten und registrierten, wie die Zeit verstrich, und hofften, es würde jemand hereinkomen und sie adoptieren.

»Warst du schon mal da?«, fragte er Pete Bride. »In der kommunalen Sammelstelle? Lauter ganz kleine Kinder, manche wie Babys, vielleicht gerade ein Jahr alt. Und sie wissen nicht mal, was ihnen blüht.«

»Die Babys werden adoptiert«, sagte Zack Yablonski. »Die älteren sind es, die keine Chance haben. Die machen einen echt fertig; die sprechen die Leute an, die reinkommen, und machen einen auf lieb. Aber die Leute wissen, dass sie da nicht drin wären, wenn sie nicht – na ja, unerwünscht wären.«

»Die Luft aus den Reifen lassen«, sagte Walter, in seinem Innern arbeitete es.

»Vom Transporter? Hey, und weißt du, dass der Motor nach etwa 'ner Woche den Geist aufgibt, wenn man eine Mottenkugel in den Tank wirft? Das könnten wir machen.«

Ben Blare sagte: »Aber dann würden sie uns drankriegen.«

»Sie kriegen uns jetzt schon dran«, sagte Walter.

»Ich finde, wir sollten den Transporter in die Luft jagen«, sagte Harry Gottlieb, »aber mal angenommen, es sind Kinder drin. Die würden verbrennen. Der Transporter holt vielleicht – Scheiße, ich weiß nicht. Fünf Kinder aus verschiedenen Landesteilen ab.«

»Weißt du, dass sie sogar Hunde mitnehmen?«, sagte Walter. »Und Katzen; den Transporter dafür sieht man nur etwa einmal im Monat. Den nennt man Zwingertransporter. Davon abgesehen, ist es dasselbe: Sie stecken sie in eine große Kammer und saugen ihnen die Luft aus den Lungen, und sie sterben. Sie tun das sogar Tieren an! Kleinen Tieren!«

»Das glaube ich erst, wenn ich's sehe«, sagte Harry Gottlieb ungläubig mit höhnischem Grinsen. »Ein Transporter, der Hunde wegschafft.«

Aber er wusste, dass es stimmte. Walter hatte den Zwingertransporter bei zwei verschiedenen Gelegenheiten gesehen. Katzen, Hunde, und in erster Linie uns, dachte er bedrückt. Ich meine, wenn sie mit uns einmal angefangen haben, war es klar, dass sie schließlich auch die Haustiere der Leute abholen würden; so verschieden sind wir nicht. Aber was für ein Mensch musste man sein, um so was zu tun, selbst wenn es Gesetz war? »Manche Gesetze sind dazu da, um befolgt, und manche, um gebrochen zu werden«, fiel ihm aus einem Buch ein, das er gelesen hatte. Wir sollten zuerst den Zwingertransporter in die Luft jagen, dachte er; das ist das Schlimmste, dieser Transporter.

Woher kommt es, fragte er sich, dass es den Menschen umso leichter fällt, ein Wesen kaltzumachen, je hilfloser es ist? Ein Baby im Mutterleib zum Beispiel; die ursprünglichen Abtreibungen, »Präpartums« oder »Prä-Personen«, wie sie jetzt hießen. Wie hätten sie sich verteidigen sollen? Wer trat für sie ein? All das Leben, hundert Wesen pro Tag von jedem Arzt … und alle hilflos und sprachlos und dann einfach tot. Die miesen Arschlöcher, dachte er. Darum tun sie es: Sie wissen, dass sie es können; sie haben die Macht dazu, und das macht sie an. Und so ein kleines Ding, das das Licht der Welt sehen wollte, wird in weniger als zwei Minuten abgesaugt. Und der Arzt macht gleich mit dem nächsten Dämchen weiter.

Es sollte eine Organisation geben, dachte er, so ähnlich wie die Mafia. Die Kaltmacher kaltmachen, oder so. Ein bezahlter Killer kommt zu einem der Ärzte, zieht einen Schlauch raus und saugt den Arzt hinein, wo er zu einem ungeborenen Baby schrumpft. Ein ungeborener Babyarzt, mit einem Stethoskop, so groß wie ein Stecknadelkopf … er lachte bei dem Gedanken.

Kinder haben keine Ahnung. Aber Kinder wissen Bescheid, wussten zu viel. Der Abtreibungstransporter spielte im Vorbeifahren eine Gute-Laune-Erkennungsmelodie:

Jack und Jill
Went up the hill
To fetch a pail of water

Das plärrte von einem Endlosband in der Musikanlage – einer Ampex-Spezialanfertigung für GM – des Transporters, wenn nicht unmittelbar eine Gefangennahme bevorstand. Dann stellte der Fahrer die Musikanlage aus und schwebte rum, bis er das richtige Haus fand. Doch sobald er das unerwünschte Kind hinten im Transporter hatte und sich entweder auf den Rückweg in die kommunale Sammelstelle oder an ein weiteres Prä-Personen-Kidnapping machte, stellte er es wieder an:

Jack and Jill
Went up the hill
To fetch a pail of water

Gedankenversunken schloss Oscar Ferris, der Fahrer von Transporter drei: »Jack fell down and broke his crown and Jill came tumbling after.« Was zum Teufel war noch mal eine »Krone« grübelte Ferris. Wahrscheinlich was Schweinisches. Er grinste. Wahrscheinlich hat Jack dran rumgespielt, oder Jill, oder beide zusammen. Wasser, dachte er. Ich weiß, wozu sie sich in die Büsche geschlagen haben. Bloß, dass Jack hinfiel und sich glatt das Ding abbrach. »Pech gehabt, Jill«, sagte er laut, als er den vier Jahre alten Transporter gekonnt um die gewundenen Kurven des California Highway One steuerte.

So sind Kinder, dachte Ferris. Dreckig und spielen mit dreckigen Sachen, mit sich selbst zum Beispiel.

Dies war noch wildes, offenes Land, und viele Streuner trieben sich hier in den Canyons und auf den Feldern herum; er hielt die Augen offen, und richtig – zu seiner Rechten huschte ein Kleiner, etwa sechs, er versuchte, sich außer Sicht zu bringen. Ferris drückte sofort den Knopf, der die Sirene des Transporters in Gang setzte. Der Junge erstarrte, stand furchtsam da, während der Transporter, immer noch »Jack and Jill« spielend, neben ihm ausrollte und stehen blieb.

»Zeig mir deine E-Papiere«, sagte Ferris, ohne aus dem Transporter zu steigen; er lehnte einen Arm aus dem Fenster, damit seine Uniform und der Aufnäher zu sehen waren; die Symbole seiner Autorität.

Der Junge wirkte dürr, wie viele Streuner, trug aber andererseits eine Brille. Strubbelköpfig, in Jeans und T-Shirt, starrte er furchtsam zu Ferris hoch und machte keine Anstalten, seinen Identitätsnachweis vorzuholen.

»Hast du eine E-Karte oder nicht?«, sagte Ferris.

»W-was ist eine ›E-Karte‹?«

Mit offizieller Stimme erklärte Ferris dem Jungen seine gesetzlichen Rechte.

»Dein Elternteil, einer von beiden, oder dein Vormund, füllt Formblatt 36-W aus, das ist eine formelle Erwünschtheitserklärung. Dass beide oder er oder sie dich als erwünscht betrachten. Du hast keine? Vor dem Gesetz macht dich das zum Streuner, selbst wenn du Eltern hast, die dich behalten wollen; ihnen droht eine Geldstrafe von 500 Dollar.«

»Oh«, sagte der Junge. »Na ja, ich hab sie verloren.«

»Dann müsste eine Kopie in den Akten sein. Sie speichern diese ganzen Dokumente und Unterlagen auf Mikrobild. Ich bringe dich in die –«

»In die kommunale Sammelstelle?« Die streichholzdünnen Beine schlackerten angstvoll.

»Deine Eltern haben dreißig Tage Zeit, indem sie Formblatt 36-W ausfüllen. Wenn sie es bis dahin nicht gemacht haben –«

»Meine Mum und mein Dad sind sich nie einig. Im Moment lebe ich bei meinem Dad.«

»Er hat dir keine E-Karte gegeben, mit der du dich ausweisen kannst.« Quer übers Führerhaus des Transporters war eine Flinte montiert. Es bestand immer die Möglichkeit, dass es Ärger gab, wenn er einen Streuner aufgriff. Mechanisch sah Ferris zu ihr hoch. Sie war, wo sie hingehörte, eine Pumpgun. Er hatte sie in seiner Laufbahn als Vollstreckungsbeamter nur fünfmal benutzt. Sie konnte einen Mann in seine Moleküle zerlegen. »Ich muss dich einkassieren«, sagte er, während er die Wagentür öffnete und seine Schlüssel zückte. »Hinten ist noch ein anderes Kind drin; ihr könnt euch Gesellschaft leisten.«

»Nein«, sagte der Junge. »Ich geh nicht.« Störrisch bot er Ferris die Stirn, er blinzelte.

»Oh, du hast wahrscheinlich alle möglichen Geschichten über die Sammelstelle gehört. Es sind nur die Idis und Spastis, die schlafengelegt werden; jedes nette, normal aussehende Kind wird adoptiert – wir schneiden dir die Haare und polieren dich auf, damit du richtig adrett aussiehst. Wir wollen für dich ein Zuhause finden. Das ist ja der Sinn der Veranstaltung. Es sind nur die mit – na ja – geistigen oder körperlichen Mängeln, die keiner will. Es wird keine Minute dauern, bis dich irgendein betuchter Mensch aufgabelt; du wirst sehen. Dann wirst du nicht mehr alleine hier rumlaufen, ohne elterliche Aufsicht. Du wirst neue Eltern haben, und hör zu – sie werden ganz schön was für dich springen lassen; Teufel nochmal, sie werden dich registrieren lassen. Verstehst du? Das, wohin wir dich jetzt bringen, ist eher ein Übergangswohnheim, damit du für interessierte Eltern verfügbar bist.«

»Aber wenn mich in einem Monat niemand adoptiert –«

»Zum Teufel, du könntest hier in Big Sur von einer Klippe stürzen und tot sein. Mach dir keine Sorgen. Die Rezeption in der Sammelstelle wird sich mit deinen Bluteltern in Verbindung setzen, und höchstwahrscheinlich kommen sie noch heute mit dem Erwünschtheits-Formular – 36-W – rüber. Und in der Zwischenzeit machst du eine nette Spritztour und lernst viele neue Kinder kennen. Und wie oft –«

»Nein«, sagte der Junge.

»Ich setze dich hiermit in Kenntnis«, sagte Ferris in anderem Tonfall, »dass ich Bezirksbeamter bin.« Er öffnete seine Wagentür, sprang runter, zeigte dem Jungen sein glänzendes Metallabzeichen. »Ich bin Ordnungspolizist Ferris, und ich befehle dir jetzt, hinten in den Transporter einzusteigen.«

Ein hochgewachsener Mann kam argwöhnisch auf sie zu; er trug, wie der Junge, Jeans und ein T-Shirt, aber keine Brille.

»Sie sind der Vater des Jungen?«, fragte Ferris.

Der Mann sagte heiser: »Schaffen Sie ihn in den Zwinger?«

»Wir betrachten es als Kinderschutzheim«, sagte Ferris. »Die Verwendung des Begriffs ›Zwinger‹ ist eine Verunglimpfung durch radikale Hippies und verzerrt – böswillig – das Gesamtbild dessen, was wir tun.«

Auf den Transporter deutend, sagte der Mann: »Sie haben Kinder da in den Käfigen eingesperrt, oder?«

»Ich würde gerne Ihren Identitätsnachweis sehen«, sagte Ferris. »Und ich wüsste gerne, ob Sie schon mal festgenommen wurden.«

»Festgenommen und freigesprochen? Oder festgenommen und verknackt?«

»Beantworten Sie meine Frage, Sir«, sagte Ferris und klappte sein schwarzes Etui auf, mit dem er sich Erwachsenen gegenüber als Ordnungspolizist auswies. »Wer sind Sie? Machen Sie schon, sehen wir uns mal Ihren Ausweis an.«

Der Mann sagte: »Ed Gantro ist mein Name, und ich bin vorbestraft. Mit achtzehn habe ich vier Kästen Coca-Cola von einem geparkten Lieferwagen gestohlen.«

»Hat man Sie auf frischer Tat erwischt?«

»Nein«, sagte der Mann. »Als ich das Leergut zurückbrachte, um Pfand zu kassieren. Da haben sie mich geschnappt. Ich habe sechs Monate gesessen.«

»Haben Sie die Erwünschtheits-Karte für den Jungen hier?«, fragte Ferris.

»Wir konnten uns die 90 Dollar, die sie kostete, nicht leisten.«

»Tja, jetzt kostet sie Sie 500. Sie hätten sich von vornherein eine besorgen sollen. Ich schlage vor, Sie nehmen sich einen Anwalt.« Ferris ging auf den Jungen zu und wurde amtlich. »Ich möchte, dass du dich zu den anderen Kindern im hinteren Teil des Transporters begibst.« Zu dem Mann sagte er: »Sagen Sie ihm, er soll tun, was ihm gesagt wird.«

Der Mann zögerte und sagte: »Tim, steig in den gottverdammten Truck. Und wir nehmen uns einen Anwalt; wir besorgen dir deine E-Karte. Es hat keinen Sinn, Ärger zu machen – rechtlich gesehen, bist du ein Streuner.«

»Ein *Streuner*«, sagte der Junge und betrachtete seinen Vater.

Ferris sagte: »Stimmt genau. Sie haben dreißig Tage, wie Sie wissen, um den Antrag auf –«

»Holen Sie auch Katzen?«, sagte der Junge. »Sind da Katzen drin? Ich mag Katzen; Katzen sind okay.«

»Ich bin nur für P.P.-Fälle zuständig«, sagte Ferris. »Solche wie dich.« Er schloss mit einem Schlüssel den hinteren Teil des Transporters auf. »Versuch bitte, dich nicht zu erleichtern, solange du im Transporter bist; es ist höllisch schwer, den Geruch und die Flecken rauszukriegen.«

Der Junge schien das Wort nicht zu verstehen; er sah verdutzt von Ferris zu seinem Vater.

»Nicht aufs Klo gehen, im Transporter«, erklärte sein Vater. »Sie wollen ihn sauber halten, weil sie dadurch Wartungskosten sparen.« Seine Stimme verriet Wut und Aggression.

»Streunende Hunde oder Katzen«, sagte Ferris, »schießt man einfach ab, wenn man sie sieht, oder legt vergiftete Köder aus.«

»O ja, ich kenne dieses Warfarin«, sagte der Vater des Jungen.

»Das Tier frisst es über den Zeitraum einer Woche, und dann verblutet es innerlich.«

»Völlig schmerzlos«, betonte Ferris.

»Ist das nicht besser, als ihnen die Luft aus den Lungen zu saugen?«, sagte Ed Gantro. »Sie in Massen ersticken zu lassen?«

»Nun, bei Tieren haben die Bezirksbehörden –«

»Ich meine die Kinder. Wie Tim.« Sein Vater stand neben ihm, und sie schauten beide in den hinteren Teil des Transporters. Es waren vage zwei dunkle Umrisse zu erkennen, die sich in nackter Verzweiflung in der hintersten Ecke zusammenkauerten.

»Fleischhacker!«, rief Tim. »Hattest du nicht eine E-Karte?«

»Wegen der Energie- und Benzinknappheit«, sagte Ferris gerade, »muss die Bevölkerungszahl radikal reduziert werden. Oder es wird in zehn Jahren für niemanden mehr Nahrung geben. Dies ist eine Phase der –«

»Ich hatte eine E-Karte«, sagte Earl Fleischhacker, »aber meine Alten haben sie mir weggenommen. Sie wollten mich nicht mehr; also haben sie sie zurückgenommen und dann den Abtreibungstransporter gerufen.« Seine Stimme war heiser; offensichtlich hatte er geweint.

»Und was ist der Unterschied zwischen einem fünf Monate alten Fötus und dem, was wir hier haben?«, sagte Ferris gerade. »In beiden Fällen haben wir ein ungewolltes Kind. Sie haben schlicht und einfach die Gesetze gelockert.«

Tims Vater, der ihn anstarrte, sagte: »Sind Sie mit diesen Gesetzen einverstanden?«

»Tja, das ist wirklich allein Sache von Washington, und was immer sie beschließen, wird unsere Nöte in diesen Krisenzeiten lösen«, sagte Ferris. »Ich setze nur ihre Edikte durch. Wenn dieses Gesetz geändert würde – Teufel noch mal. Ich würde leere Milchkartons zum Recyceln karren oder sonst was und wäre genauso zufrieden.«

»Genauso zufrieden? Ihnen macht die Arbeit Spaß?«

Ferris sagte mechanisch: »Sie gibt mir Gelegenheit, viel zu reisen und Menschen kennenzulernen.«

Ed Gantro sagte: »Sie sind wahnsinnig. Dieses Post-partum-Abtreibungs-System und die Abtreibungsgesetze davor, wo das ungeborene Kind keine gesetzlichen Rechte hatte – es wurde entfernt wie ein Tumor. Sehen Sie sich an, wohin es gekommen ist. Wenn ein ungeborenes Kind ohne ordentlichen Prozess getötet werden kann, warum nicht ein geborenes? Die Gemeinsamkeit, die ich in beiden Fällen sehe, ist ihre Schutzlosigkeit; der getötete Organismus hatte keine Chance, nicht die Fähigkeit, sich selbst zu schützen. Wissen Sie was? Ich will, dass Sie mich auch mitnehmen.«

»Aber der Präsident und der Kongress haben erklärt, dass man, wenn man über zwölf ist, eine Seele hat«, sagte Ferris. »Ich kann Sie nicht mitnehmen. Das wäre nicht richtig.«

»Ich habe keine Seele«, sagte Tims Vater. »Ich wurde zwölf, und nichts passierte. Nehmen Sie mich auch mit. Es sei denn, Sie finden meine Seele.«

»Jesses«, sagte Ferris.

»Wenn Sie mir meine Seele nicht zeigen können«, sagte Tims Vater, »wenn Sie sie nicht genau lokalisieren, bestehe ich darauf, dass Sie mich mitnehmen, genauso wie diese Kinder.«

Ferris sagte: »Ich muss das Funkgerät benutzen, um mich mit der kommunalen Sammelstelle in Verbindung zu setzen, mal sehen, was sie sagen.«

»Tun Sie das«, sagte Tims Vater, kletterte mühsam ins Heck des Transporters und half Tim zu sich hoch. Mit den anderen beiden Jungen warteten sie, während Ordnungspolizist Ferris seine gesamte bürokratische Identifizierung, wer und was er war, über Funk durchgab.

»Ich habe hier einen männlichen Weißen, schätzungsweise dreißig, der darauf besteht, mit seinem minderjährigen Sohn in die kommunale Sammelstelle transportiert zu weden«, sagte Ferris in sein Mikro. »Er behauptet beharrlich, keine Seele zu haben, was ihn, wie er sagt, in die Klasse der Unter-Zwölfjährigen versetzt. Ich habe und kenne keinen Test zum Nachweis der Existenz von Seelen, jedenfalls keinen, den ich hier draußen in der Pampa erbringen kann und der später vor Gericht bestehen würde. Ich meine, er beherrscht vielleicht Algebra und höhere Mathematik; er scheint intelligent zu sein. Aber –«

»Genehmigt, bringen Sie ihn her«, kam die Stimme seines Vorgesetzten über Funk zurück. »Wir befassen uns hier mit ihm.«

»Wir befassen uns in der Stadt mit Ihnen«, sagte Ferris zu Tims Vater, der mit den drei kleineren Gestalten in den dunklen Winkeln im Heck des Transporters kauerte. Ferris knallte die Tür zu, schloss sie ab – eine zusätzliche Vorsichtsmaßnahme, da die Jungen bereits elektronisch verschnürt waren – und startete dann den Transporter.

Jack and Jill went up the hill
To fletch a pail of water
Jack fell down
And broke his crown

Irgendwer kriegt todsicher die Krone zerschlagen, dachte Ferris, und ich werde es nicht sein.

»Algebra kann ich nicht«, hörte er Tims Vater zu den drei Jungen sagen, »also kann ich keine Seele haben.«

Der Fleischhacker-Junge sagte: »Ich kann Algebra, aber ich bin erst neun. Was nützt mir das also?«

»Das werde ich in der Sammelstelle als Plädoyer vorbringen«, fuhr Tims Vater fort. »Sogar schriftlich Dividieren fiel mir schwer. Ich habe keine Seele. Ich gehöre zu euch drei kleinen Kerlen.«

Ferris rief mit lauter Stimme nach hinten: »Ich will nicht, dass ihr den Transporter einsaut, habt ihr verstanden? Es kostet uns –«

»Erzählen Sie mir das nicht«, sagte Tims Vater, »weil ich es nicht verstehen werde. Es wäre zu komplex, die anteiligen Kosten und Abschreibungen und ähnliches fiskalisches Fachchinesisch.«

Ich habe einen Irren da hinten, dachte Ferris und war froh, dass er die Pumpgun in Reichweite hatte. »Sie wissen, dass auf der Welt alles knapp wird«, rief Ferris zu ihnen nach hinten. »Energie und Apfelsaft und Treibstoff und Brot; wir müssen also die Bevölkerung niedrighalten, und das Embolierisiko bei Einnahme der Pille macht es unmöglich –«

»Keiner von uns kennt diese großen Worte«, fiel ihm Tims Vater ins Wort.

Verärgert und perplex sagte Ferris: »Bevölkerungs-Nullwachstum; das ist die Antwort auf die Energie- und Nahrungskrise. Es ist wie – Scheiße, es ist wie damals, als sie Kaninchen in Australien ansiedelten, und sie hatten keine natürlichen Feinde, und darum vermehrten sie sich, wie Menschen –«

»Das Multiplizieren beherrsche ich«, sagte Tims Vater. »Und Addieren und Subtrahieren. Aber das ist alles.«

Vier irre Kaninchen, die über die Straße hoppeln, dachte Ferris. Menschen verschandeln die Landschaft, dachte er. Wie muss dieser Landstrich ausgesehen haben, ehe der Mensch kam? Na ja, dachte er, da in jedem Teil der USA Post-partum-Abtreibungen durchgeführt werden, werden wir den Tag vielleicht noch erleben; wir könnten einst wieder dastehen und auf unberührte Natur blicken.

Wir, dachte er. Ich nehme an, ein »wir« wird es dann nicht mehr geben. Ich meine, eher werden wohl riesige empfindungsfähige Computer ihre Videorezeptoren über die Landschaft schweifen lassen, dachte er, und sie gefällig finden.

Der Gedanke heiterte ihn auf.

»Lass uns abtreiben!«, verkündete Cynthia aufgeregt, als sie mit einem Armvoll synthetischer Lebensmittel ins Haus trat. »Wär das nicht schick? Macht dich das nicht an?«

Ihr Ehemann Ian Best sagte trocken: »Erst mal musst du schwanger werden. Mach also einen Termin bei Dr. Guido – sollte mich nicht mehr als sechzig oder siebzig Dollar kosten –, und lass deine Spirale entfernen.«

»Ich glaube, sie rutscht sowieso. Vielleicht wenn –« Ihr kecker, dunkler, fransenhaariger Kopf tanzte schadenfroh. »Wahrscheinlich funktioniert sie seit einem Jahr nicht richtig. Ich könnte also jetzt schwanger sein.«

Ian sagte bissig: »Du kannst ja eine Anzeige in die *Free Press* setzen: ›Mann gesucht, der Spirale mit Kleiderbügel rausfischt.‹«

»Aber versteh doch«, sagte Cynthia, die ihm folgte, als er zum großen Kleiderschrank ging, um seinen Status-Schlips und Klasse-Mantel aufzuhängen, »abtreiben lassen ist jetzt das Ding. Was haben wir denn? Ein Kind. Wir haben Walter. Jedes Mal, wenn jemand zu Besuch kommt und ihn sieht, weiß ich, dass sie sich fragen: ›Wie habt ihr das verbockt?‹ Es ist peinlich.« Sie fügte hinzu: »Und die Art von Abtreibungen, die sie jetzt durchführen, für Frauen in frühen Stadien – das kostet nur hundert Dollar … der Preis für vierzig Liter Sprit! Und du kannst mit praktisch jedem, der vorbeischaut, stundenlang darüber reden.«

Ian drehte sich zu ihr um und sagte in beherrschtem Ton: »Darfst du denn den Embryo behalten? Ihn in einer Flasche mit nach Hause nehmen, oder mit fluoreszierender Farbe besprühen, damit er im Dunkeln leuchtet wie ein Nachtlicht?«

»In jeder gewünschten Farbe!«

»Der *Embryo*?«

»Nein, die Flasche. Und die Farbe der Lösung. Es ist eine Konservierungslösung, also wirklich eine Anschaffung fürs Leben. Ich glaube, man bekommt sogar eine schriftliche Garantie.«

Ian verschränkte die Arme, um sich ruhig zu halten: Alphastadiumbedingungen. »Weißt du, dass es Menschen gibt, die gerne ein Kind hätten? Selbst ein ganz normales, dummes? Die Woche für Woche in die kommunale Sammelstelle gehen und nach einem kleinen, neugeborenen Baby suchen? Diese Ideen – es hat diese weltweite Panik vor Überbevölkerung gegeben. Neun Billionen Menschen, in jeder Straße jeder Stadt wie Feuerholz gestapelt. Okay, wenn das der Fall wäre –« Er warf die Arme hoch. »Aber was wir jetzt haben, sind nicht genug Kinder. Oder siehst du nicht fern oder liest die *Times*?«

»Es ist so lästig«, sagte Cynthia. »Heute zum Beispiel kam Walter völlig verstört ins Haus, weil der Abtreibungstransporter vorbeigefahren kam. Es ist so lästig, für ihn zu sorgen. *Du* hast es leicht; du bist auf der Arbeit. Aber ich –«

»Weißt du, was ich mit dem Gestapo-Abtreibungskarren gerne machen würde? Gib mir zwei meiner früheren Saufkumpel, mit Browning Automatics bewaffnet, einen auf jeder Straßenseite. Und wenn der Karren vorbeikommt –«

»Es ist ein gut belüfteter, vollklimatisierter Transporter, kein Karren.«

Er warf ihr einen bösen Blick zu und ging dann zur Bar in der Küche, um sich einen Drink zu machen. Scotch ist das Richtige, beschloss er. Scotch mit Milch, ein guter Drink vor dem »Dinner«.

Während er seinen Drink mixte, kam sein Sohn Walter herein. Sein Gesicht war unnatürlich blass.

»Der Abtreibungstransporter ist heute vorbeigekommen, oder?«, sagte Ian.

»Ich dachte, vielleicht –«

»Kein Gedanke. Selbst wenn deine Mutter und ich zum Anwalt gehen und ein juristisches Dokument aufsetzen lassen würden, ein Un-E-Formular, du bist zu alt. Also beruhige dich.«

»Vom Verstand her weiß ich es«, sagte Walter. »Aber –«

»Verlang nicht zu wissen, wem die Stunde schlägt, sie schlägt für dich«, zitierte Ian – ungenau. »Hör zu, Walt, ich will dir was sagen.« Er nahm einen kräftigen Schluck Scotch mit Milch. »Der Name des Ganzen ist *Töte mich*. Töte sie, wenn sie so groß wie ein Fingernagel sind, oder ein Baseball, oder saug später, wenn du es nicht schon getan hast, die Luft aus den Lungen eines zehnjährigen Jungen und lass ihn sterben. Es ist eine gewisse Sorte Frauen, die sich dafür starkmacht. Früher nannte man sie ›kastrierende Weibchen‹. Vielleicht war das einmal die zutreffende Bezeichnung, nur wollten diese Frauen, diese harten, kalten Frauen, nicht nur – tja, sie wollten den *ganzen* Jungen oder Mann abservieren, nicht nur das Teil, das ihn zum Mann macht. Verstehst du?«

»Nein«, sagte Walter, aber in einem vagen, einem sehr beunruhigenden Sinn tat er es.

Nach einem weiteren kräftigen Schluck von seinem Drink sagte Ian: »Und wir haben eine direkt in unserer Mitte wohnen, Walter. Gleich hier in unserem Haus.«

»Was haben wir hier wohnen?«

»Was die Schweizer Psychiater eine *Kindsmörderin* nennen«, sagte Ian, wobei er absichtlich einen Begriff wählte, von dem er wusste, dass sein Junge ihn nicht verstehen würde. »Weißt du was«, sagte er,

»du und ich, wir könnten uns in ein Amtrak-Abteil setzen und nordwärts fahren, bis wir Vancouver, British Columbia, erreichen, und wir könnten eine Fähre nach Vancouver Island nehmen, und dann sieht uns keiner hier unten je wieder.«

»Aber was ist mit Mom?«

»Ich würde ihr einen Scheck schicken«, sagte Ian. »Jeden Monat. Und sie wäre ganz zufrieden damit.«

»Es ist kalt da oben, oder?«, sagte Walter. »Ich meine, sie haben kaum Treibstoff, und sie tragen –«

»Ungefähr so wie in San Francisco. Warum? Hast du Angst davor, viele Pullover zu tragen und dicht am Kamin zu sitzen? Was hast du heute gesehen? War das nicht vielleicht schlimmer, verdammt?«

»O ja.« Er nickte düster.

»Wir könnten auf einer kleinen Insel vor Vancouver Island leben und unser eigenes Gemüse anbauen. Da oben kann man Zeug anpflanzen, und es wächst. Und der Transporter wird da nicht hinkommen; du wirst ihn nie wiedersehen. Sie haben andere Gesetze. Die Frauen da oben sind anders. Es gab da mal ein Mädchen, das ich kannte, als ich eine Zeitlang oben war, vor langer Zeit; sie hatte langes, schwarzes Haar und rauchte die ganze Zeit Players-Zigaretten und aß nie und hörte nie auf zu reden. Hier unten erleben wir eine Zivilisation, in der das Verlangen der Frauen, zu vernichten, was sie –« Ian brach ab; seine Frau hatte die Küche betreten.

»Wenn du noch mehr von dem Zeug trinkst«, sagte sie, »kommt es dir bald wieder hoch.«

»Okay«, sagte Ian gereizt. »Okay!«

»Und brüll nicht«, sagte Cynthia. »Ich dachte, es wäre nett, wenn du uns heute Abend zum Dinner ausführen würdest. Das Del Rey hat im Fernsehen gemeldet, dass sie für frühe Gäste Steak anbieten.«

Die Nase kraus ziehend, sagte Walter: »Da gibt es rohe Austern.«

»Blue Points«, sagte Cynthia. »In der offenen Schale, auf Eis. Ich liebe sie. In Ordnung, Ian? Ist das abgemacht?«

Zu seinem Sohn Walter sagte Ian: »Eine rohe Blue-Point-Auster sieht nichts auf der Welt ähnlicher als dem, was der Arzt aus –« Dann verstummte er. Cynthia funkelte ihn böse an, und sein Sohn war verwirrt. »Okay«, sagte Ian, »aber ich nehme Steak.«

»Ich auch«, sagte Walter.

Während er seinen Drink austrank, sagte Ian leise: »Wann hast du das letzte Mal hier zu Hause Abendessen gemacht? Für uns drei?«

»Am Freitag habe ich euch dieses Gericht aus Schweineöhrchen und Reis gemacht«, sagte Cynthia. »Von dem das meiste in den Abfall gewandert ist, weil es etwas Neues und auf der nichtobligatorischen Liste war. Erinnerst du dich, *Schatz*?«

Ohne auf sie zu achten, sagte Ian zu seinem Sohn: »Natürlich findet sich dieser Typ Frauen manchmal, sogar oft, auch da oben. Sie hat zu allen Zeiten und in allen Kulturen existiert. Aber da Kanada kein Gesetz hat, das es erlaubt, post partum –« Er brach ab. »Aus mir spricht der Milchkarton«, erklärte er Cynthia. »Sie panschen die Milch heutzutage mit Schwefel. Achte nicht drauf oder verklag irgendwen; du hast die Wahl.«

Cynthia sah ihn scharf an und sagte: »Spukt dir wieder dein Hirngespinst vom Abhauen im Kopf herum?«

»Wir beide«, schaltete Walter sich ein. »Dad nimmt mich mit.«

»Wohin?«, sagte Cynthia beiläufig.

Ian sagte: »Wohin uns Amtrak gerade bringt.«

»Wir fahren nach Vancouver Island nach Kanada«, sagte Walter.

»Ach, wirklich?«, sagte Cynthia.

Nach einer Pause sagte Ian: »Wirklich.«

»Und was zum Teufel soll ich anfangen, wenn du weg bist? Mir drüben in der Eckkneipe den Arsch versilbern lassen? Wie soll ich die Raten für die zahllosen –«

»Ich werde dir regelmäßig Schecks mit der Post schicken«, sagte Ian. »Bezogen auf gigantische Bankhäuser.«

»Klar. Darauf kannst du wetten. Yep. Genau.«

»Du könntest mitkommen«, sagte Ian, »und Fische fangen, indem du in die English Bay springst und deine scharfen Zähne in sie schlägst. Du könntest British Columbia über Nacht von seinem gesamten Fischbestand säubern. Die ganzen zerfleischten Fische, die sich undeutlich fragen, wie ihnen geschah … vor einer Minute noch herumgeschwommen, und dann stürzt sich dieser – Oger, dieses fischvernichtende Monster mit dem einen fluoreszierenden Auge mitten auf der Stirn auf sie und zermalmt sie zu Mus. Das würde bald zur Legende werden. So was spricht sich rum. Wenigstens unter den letzten überlebenden Fischen.«

»Ja, Dad, aber«, sagte Walter, »angenommen, es gibt keine überlebenden Fische.«

»Dann war alles umsonst«, sagte Ian, »bis auf die ganz private Befriedigung deiner Mutter, in British Columbia eine ganze Spezies totgebissen zu haben, wo der Fischfang der größte Industriezweig ist und das Überleben so vieler anderer Spezies davon abhängt.«

»Aber dann werden in British Columbia alle arbeitslos sein«, sagte Walter.

»Nein«, sagte Ian, »sie werden die toten Fische in Dosen stopfen und an die Amerikaner verkaufen. Verstehst du, Walter, in den alten Zeiten, ehe deine Mutter vielzahnig alle Fische in British Columbia totgebissen hatte, standen die einfachen Bauern mit dem Stock in der Hand da, und wenn ein Fisch vorbeischwamm, verpassten sie dem Fisch einen Schlag auf den Schädel. Das wird Jobs *schaffen*, nicht vernichten. Millionen entsprechend beschriftete Dosen –«

»Hör mal«, sagte Cynthia rasch, »er glaubt, was du ihm erzählst.«

Ian sagte: »Was ich ihm sage, ist wahr.« Wenn auch nicht in einem buchstäblichen Sinn, wurde ihm klar. Zu seiner Frau sagte er: »Ich führe euch zum Essen aus. Hol deine Lebensmittelmarken, zieh die blaue Strickbluse an, die deine Titten betont; auf die Art ziehst du die Aufmerksamkeit auf dich, und sie vergessen vielleicht, die Marken zu kassieren.«

»Was ist eine ›Titte‹?«, fragte Walter.

»Etwas, das sehr schnell obsolet wird«, sagte Ian, »genau wie der Pontiac GTO. Ausgenommen als Dekorationsgegenstand, der zum Bewundern und Betatschen da ist. Ihre Funktion verkümmert.« Genau wie unsere Rasse, dachte er, nachdem wir einmal denen, die das Ungeborene – in anderen Worten, die hilflosesten Kreaturen auf Erden – vernichten wollen, freien Lauf gelassen haben.

»Eine Titte«, sagte Cynthia streng zu ihrem Sohn, »ist eine Brustdrüse, die Damen haben, um ihren Nachwuchs mit Milch zu versorgen.«

»Im Allgemeinen gibt es zwei von ihnen«, sagte Ian. »Eine betriebsbereite Titte und dann eine Ersatztitte, falls der betriebsbereiten Titte der Saft ausgeht. Ich schlage die Eliminierung eines Schritts in diesem ganzen Prä-Personenabtreibungsfieber vor«, sagte er. »Wir werden alle Titten der Welt in die kommunalen Sammelstellen schicken. Die Milch, sofern vorhanden, wird aus ihnen herausgesaugt werden, natürlich mechanisch; sie werden nutzlos und leer werden, und dann werden die Säuglinge, ihrer Nahrungsquelle samt und sonders beraubt, eines natürlichen Todes sterben.«

»Es gibt Säuglingsnahrung«, sagte Cynthia vernichtend. »Similac und so was. Ich ziehe mich um, damit wir ausgehen können.« Sie drehte sich um und ging mit langen Schritten auf ihr Schlafzimmer zu.

»Weißt du«, sagte Ian und blickte ihr hinterher, »wenn es irgendeinen Weg gäbe, wie du mich als Prä-Person einstufen lassen könntest, würdest du mich dahin schicken. In die Sammelstelle.« Und ich wette, dachte er, ich wäre nicht der einzige Ehemann in Kalifornien, der da landen würde.

»Hört sich an wie ein guter Plan«, erreichte ihn Cynthias Stimme gedämpft; sie hatte mitgehört.

»Es ist nicht nur Hass auf die Hilflosen«, sagte Ian Best. »Es steckt mehr dahinter. Hass auf was? Auf alles, das wächst?« Ihr macht sie zunichte, dachte er, ehe sie so groß werden, dass sie Muskeln und die Taktik und Gewandtheit zum Kampf haben – so groß, wie ich im Vergleich zu dir bin, mit meiner vollentwickelten Muskulatur, meinem Gewicht. So viel einfacher, wenn die andere Person – Prä-Person sollte ich sagen – träumend im Fruchtwasser treibt und weder einen Weg noch den Wunsch kennt, zurückzuschlagen.

Wo waren die mütterlichen Tugenden hingekommen?, fragte er sich. Wo Müttter gerade das, was klein und schwach und schutzlos war, *besonders* behüteten?

Unsere Ellbogengesellschaft, entschied er. Das Überleben der Starken. Nicht der Besten. Nur derjenigen, die die *Macht* haben. Und nicht bereit sind, sie der nächsten Generation kampflos zu überlassen: Es sind die mächtigen und bösartigen Alten gegen die hilflosen und sanftmütigen Jungen.

»Dad«, sagte Walter, »ziehen wir wirklich nach Vancouver Island in Kanada und bauen echtes Essen an und haben nichts mehr, wovor wir uns fürchten müssen?«

Halb zu sich selbst sagte Ian: »Sobald ich das Geld habe.«

»Ich weiß, was das bedeutet. Das ist bloß so 'n Mal-sehen-Gerede von dir. Wir fahren nicht, oder?« Er sah seinem Vater scharf ins Gesicht. »Sie wird es nicht erlauben, na ja, mich aus der Schule zu nehmen und so; damit fängt sie immer an … stimmt's?«

»Eines Tages werden wir es tun«, sagte Ian halsstarrig. »Vielleicht nicht diesen Monat, aber eines Tages, irgendwann. Ich verspreche es.«

»Und da gibt es keine Abtreibungstransporter.«

»Nein. Keine. Kanada hat andere Gesetze.«

»Lass es uns bald tun, Dad, bitte.«

Sein Vater machte sich einen zweiten Scotch mit Milch und antwortete nicht; sein Gesicht war düster und unglücklich, fast, als sei er kurz davor, zu weinen.

Im Heck des Transporters kauerten drei Kinder und ein Erwachsener, sie wurden durchgeschüttelt, wenn der Transporter in die Kurve ging. Sie fielen gegen die Absperrdrähte, die sie trennten, und Tim Gantros Vater fühlte sich schrecklich verzweifelt, von seinem eigenen Jungen mechanisch abgeschnitten zu sein. Ein Albtraum bei Tag, dachte er. In Käfige gesperrt wie Tiere; seine noble Geste hatte ihm nur noch mehr Leid eingebracht.

»Warum hast du gesagt, du könntest keine Algebra?«, fragte Tim einmal. »Ich weiß, du kannst sogar Intefisi … Infetisimalrechnung und Trigometrie. Du warst auf der Stanford University.«

»Ich will damit zeigen«, sagte Ed Gantro, »dass sie entweder uns alle oder keinen von uns töten sollen. Aber nicht diese willkürlichen bürokratischen Trennlinien ziehen. Wann tritt die Seele in den Körper ein? Soll das heutzutage und in diesem Zeitalter eine rationale Frage sein? Sie ist mittelalterlich.« Im Grunde, dachte er, ist es ein Vorwand – ein Vorwand, über die Hilflosen herzufallen. Und er war nicht hilflos. Der Abtreibungstransporter hatte einen ausgewachsenen Mann aufgegriffen, mit seiner ganzen Erfahrung, seiner ganzen Gerissenheit. Wie wollen sie mit mir fertig werden?, fragte er sich. Offenkundig habe ich, was alle Männer haben; wenn sie Seelen haben, dann ich auch. Wenn nicht, habe ich keine, aber auf welcher realen Basis können sie mich schlafenlegen? Ich bin nicht klein und schwach, kein unwissendes Kind, das sich schutzlos duckt. Ich kann jederzeit Spitzfindigkeiten mit den besten Bezirksanwälten diskutieren; mit dem Bezirksstaatsanwalt persönlich, wenn nötig.

Wenn sie mich kaltmachen, dachte er, werden sie jeden kaltmachen müssen, sich selbst eingeschlossen. Und darum geht es bei alldem ja nicht. Das ist ein faules Spiel, durch das die Etablierten, diejenigen, die bereits die wirtschaftlichen und politischen Schlüsselstellen besetzt haben, den Nachwuchs raushalten – ihn wenn nötig ermorden. In diesem Land, dachte er, herrscht ein Hass der Alten auf die Jungen, es herrschen Hass und Furcht. Was werden sie also mit mir machen? Ich gehöre in ihre Altersgruppe, und ich bin im Heck dieses Abtreibungstransporters in einen Käfig gesperrt. Ich, dachte er, stelle eine andere Art von Bedrohung dar; ich bin einer von ihnen, stehe aber auf der anderen Seite, bei den streunenden Hunden und Katzen und Babys und unmündigen Kindern. Sollen sie sich selbst einen Reim darauf machen; soll doch ein neuer Thomas von Aquin kommen, der das entwirren kann.

»Alls, was ich kann«, sagte er laut, »ist Dividieren und Multiplizieren und Subtrahieren. Sogar im Bruchrechnen bin ich keine Leuchte.«

»Aber das konntest du früher!«, sagte Tim.

»Komisch, wie man so was vergisst, wenn man die Schule hinter sich hat«, sagte Ed Gantro. »Ihr Kinder seid darin wahrscheinlich besser als ich.«

»Dad, sie werden dich kaltmachen«, sagte sein Sohn Tim wild. »Dich wird keiner adoptieren. Nicht in deinem Alter. Du bist zu alt.«

»Mal sehen«, sagte Ed Gantro. »Die Binomischen Formeln. Wie gingen die noch? Ich bekomme es nicht ganz zusammen: irgendwas über a und b.« Und während es aus seinem Kopf hinaussickerte, wie es seine unsterbliche Seele getan hatte … kicherte er in sich hinein. Ich kann den Seelentest nicht bestehen, dachte er. Jedenfalls nicht, wenn ich so rede. Ich bin ein Straßenköter, ein Tier in einer Schlammkuhle.

Der ganze Fehler der Abtreibungsbefürworter, sagte er sich, war von vornherein die *willkürliche* Grenze, die sie gezogen haben. Ein Embryo hat keine verfassungsmäßigen Rechte und kann ganz legal von einem Arzt getötet werden. Aber ein Fötus war eine »Person«, mit Rechten, zumindest eine Zeitlang; und dann beschlossen die Abtreibungsbefürworter, dass selbst ein Fötus von sieben Monaten nicht »menschlich« sei und ganz legal von einem zugelassenen Arzt getötet werden könne. Und eines Tages – ist ein neugeborenes Baby eine Pflanze; es kann nicht aus den Augen gucken, versteht und sagt nichts … so argumentierte die Lobby für Abtreibung vor Gericht und gewann, mit ihrer Behauptung, ein neugeborenes Baby sei nur ein Fötus, der zufällig oder durch organische Prozesse aus dem Mutterleib ausgestoßen worden sei. Aber selbst dann, wo wollte man die endgültige Grenze ziehen? Wenn das Baby zum ersten Mal lächelte? Wenn es sein erstes Wort gesprochen oder das erste Mal nach einem Spielzeug gegriffen hatte, das ihm gefiel? Die rechtliche Grenze wurde unbarmherzig immer weiter hinausgeschoben. Und jetzt die barbarischste und willkürlichste Definition von allen: wenn es »höhere Mathematik« beherrschte.

Das machte die alten Griechen aus Platos Zeiten zu Nichtmenschen, da ihnen Arithmetik unbekannt war; sie kannten nur Geometrie; und Algebra wurde viel später in der Geschichte von den Arabern erfunden. *Willkürlich.* Es war auch keine theologische Willkür; es war eine rein rechtliche. Die Kirche hatte seit langem – eigentlich von Anfang an – darauf bestanden, dass selbst die Eizelle und der Embryo, der daraus entstand, eine ebenso heilige Lebensform war wie jede, die die Erde bevölkerte. Sie hatten erlebt, wozu willkürliche Definitionen wie »Jetzt tritt die Seele in den Körper ein« oder, im modernen Sprachgebrauch, »Ab jetzt ist es eine Person, die vollen rechtlichen Schutz genießt wie jede andere auch«, führen konnten. Was jetzt so traurig war, war der Anblick des kleinen Kindes, das Tag für Tag tapfer in seinem Hof spielte, zu hoffen versuchte, eine Sicherheit vorzutäuschen versuchte, die es nicht hatte.

Na ja, dachte er, wir werden sehen, was sie mit mir anstellen werden; ich bin fünfunddreißig Jahre alt und habe meinen Abschluss in Stanford gemacht. Werden sie mich für dreißig Tage in einen Käfig stecken, mit Plastikfressnapf und Wasserspender und einem Platz, um mich – vor aller Augen – zu erleichtern, und wenn mich keiner adoptiert, werden sie mich, zusammen mit den anderen, in den automatischen Tod schicken?

Ich riskiere viel, dachte er. Aber sie haben heute meinen Sohn kassiert, und das Risiko begann da, wo sie ihn hatten, nicht als ich vortrat und selbst zum Opfer wurde.

Er sah zwischen den drei verängstigten Jungen hin und her und überlegte, was er ihnen sagen konnte – nicht nur seinem eigenen Sohn, sondern allen dreien.

»Siehe«, zitierte er, »ich sage euch ein Geheimnis. Wir werden nicht alle entschlafen, sondern werden –« Aber dann fiel ihm der Rest nicht mehr ein. Schöner Reinfall, dachte er niedergeschlagen. »Sondern werden aufwachen«, behalf er sich, so gut er konnte. »In Null Komma nichts. Im Handumdrehen.«

»Ruhe dahinten«, knurrte der Fahrer des Transporters durch sein Drahtgitter. »Ich kann mich nicht auf die Scheißstraße konzentrieren.« Er ergänzte: »Denkt dran, ich kann Gas da hinten bei euch versprühen, und ihr werdet ohnmächtig; das ist für widersetzliche Prä-Personen, die wir aufgreifen. Also, wollt ihr jetzt Ruhe geben, oder wollt ihr, dass ich auf den Gasknopf drücke?«

»Wir werden nichts sagen«, sagte Tim schnell, mit einem stummen, ängstlich flehenden Blick zu seinem Vater. Eine schweigende Bitte, sich zu fügen.

Sein Vater sagte nichts. Der flehentlich bittende, schnelle Blick war zu viel für ihn, und er kapitulierte. Und überhaupt, rechtfertigte er sich, kam es nicht darauf an, was im Transporter geschah. Wenn sie die kommunale Sammelstelle erreichten, kam es darauf an – da, wo beim ersten Anzeichen von Ärger Zeitungs- und Fernsehreporter auftauchen würden.

Also fuhren sie schweigend, jeder mit seinen eigenen Ängsten, seinen eigenen Plänen im Kopf. Ed Gantro brütete vor sich hin, spielte in Gedanken durch, was er tun wollte – was er tun *musste*. Und nicht nur für Tim, sondern für alle P. P.-Abtreibungskandidaten; er durchdachte es in allen Konsequenzen, während der Transporter vorwärtsruckelte und -ratterte.

Als der Transporter auf dem abgesperrten Parkplatz der kommunalen Sammelstelle einparkte und seine Hecktüren aufgeschwungen waren, ging Sam B. Carpenter, der die ganze gottverdammte Operation leitete, zu ihm hin, glotzte, sagte: »Du hast einen erwachsenen Mann da drin, Ferris. Kapierst du eigentlich, was du da hast? Einen Protestler hast du dir da aufgehalst.«

»Aber er hat steif und fest behauptet, er verstünde von Mathe nichts, was übers Addieren hinausgeht«, sagte Ferris.

Zu Ed Gantro sagte Carpenter: »Geben Sie mir Ihre Brieftasche. Ich will Ihren richtigen Namen. Sozialversicherungsummer, Polizeibezirks-Wohnsitzident – machen Sie schon, ich will wissen, wer Sie sind.«

»Das ist einfach einer vom Land«, sagte Ferris, während er zusah, wie Gantro seine klumpige Brieftasche übergab.

»Und ich will zur Sicherheit Abdrücke von seinen Füßen«, sagte Carpenter. »Das volle Programm. Auf der Stelle – erste Priorität.« Er redete gerne so.

Eine Stunde später hatte er die Berichte aus dem Dschungel vernetzter Sicherheitsdaten-Computer in der künstlich auf ländlich getrimmten Sperrzone in Virginia zurück. »Das Individuum schloss am Stanford College mit akademischem Grad in Mathe ab. Und er hat einen Magister in Psychologie, den er ohne Zweifel gegen uns verwendet hat. Wir müssen ihn hier rausschaffen.«

»Ich hatte eine Seele«, sagte Ed Gantro, »aber ich hab sie verloren.«

»Wie?«, wollte Carpenter wissen, weil er nichts darüber in Gantros offiziellen Unterlagen sah.

»Eine Embolie. Der Teil meiner Hirnrinde, in dem meine Seele saß, wurde zerstört, als ich versehentlich die Dämpfe von Insektenspray einatmete. Darum habe ich draußen auf dem Land von Wurzeln und Knollen gelebt, mit meinem Jungen hier, Tim.«

»Wir unterziehen Sie einem EEG«, sagte Carpenter.

»Was ist das?«, sagte Gantro. »Einer von diesen Gehirntests?«

Zu Ferris sagte Carpenter: »Laut Gesetz tritt die Seele im Alter von zwölf Jahren ein. Und du bringst dieses männliche, erwachsene Individuum an, das gut über dreißig ist. Dafür können wir wegen Mord angeklagt werden. Wir müssen ihn loswerden. Du fährst ihn genau dahin zurück, wo du ihn herhast und schmeißt ihn raus. Wenn er nicht freiwillig aus dem Transporter steigt, vergifte ihn mit Gas, bis ihm Hören und Sehen vergeht, und schmeiß ihn dann raus. Das erfordert die nationale Sicherheit. Dein Job hängt davon ab, auch dein Status im Sinne des Strafgesetzbuchs dieses Staates.«

»Ich gehöre hierher«, sagte Ed Gantro. »Ich bin ein Hohlkopf.«

»Und seinen Jungen«, sagte Carpenter. »Er ist womöglich ein mathematischer Mentalmutant, wie man sie im Fernsehen sieht. Sie haben dich angeschmiert; sie haben wahrscheinlich die Medien schon alarmiert. Bring sie zurück und nebel sie ein und schmeiß sie raus, wo immer du sie gefunden hast, oder, falls das nicht geht, auf jeden Fall außer Sichtweite.«

»Du wirst hysterisch«, sagte Ferris ärgerlich. »Mach mit Gantro das EEG und den Hirnscan, und wir werden ihn wahrscheinlich freilassen müssen, aber diese drei Jugendlichen hier –«

»Lauter Genies«, sagte Carpenter. »Sind alle Teil des Komplotts, nur bist du zu blöd, es zu merken. Schmeiß sie aus dem Transporter und von unserem Grundstück runter, und leugne – hast du kapiert? – leugne, dass du je einen von den vieren aufgegriffen hast. Bleib bei dieser Story.«

»Raus aus dem Wagen«, befahl Ferris und drückte den Knopf, der die Drahtgitter hochrollte.

Die drei Jungen krabbelten heraus. Aber Ed Gantro blieb, wo er war.

»Er wird nicht freiwillig aussteigen«, sagte Carpenter. »Okay, Gantro, wir werden Sie gewaltsam entfernen.« Er nickte Ferris zu, und die beiden stiegen ins Heck des Transporters. Einen Augenblick später luden sie Ed Gantro auf dem Asphalt des Parkplatzes ab.

»Jetzt sind Sie ein ganz gewöhnlicher Bürger«, sagte Carpenter erleichtert. »Sie können behaupten, was Sie wollen, aber Sie haben keinen Beweis.«

»Dad«, sagte Tim, »wie kommen wir nach Hause?« Die drei Jungen drängten sich um Ed Gantro.

»Sie könnten irgendwen von da drüben anrufen«, sagte der Junge von Fleischhackers. »Ich wette, Walter Bests Dad hat genug Benzin, um herzukommen und uns abzuholen. Er unternimmt viele lange Fahrten; er hat einen Sondergutschein.«

»Er und seine Frau, Mrs. Best, streiten sich oft«, sagte Tim. »Da fährt er gerne nachts alleine rum; ohne sie, meine ich.«

Ed Gantro sagte: »Ich bleibe hier. Ich will in einen Käfig gesperrt werden.«

»Aber wir dürfen gehen«, protestierte Tim. Er zupfte drängend am Ärmel seines Vaters. »Das ist die Hauptsache, oder? Sie haben uns gehen lassen, als sie dich sahen. Wir haben's geschafft.«

Ed Gantro sagte zu Carpenter: »Ich bestehe darauf, hier zu den anderen Prä-Personen gesperrt zu werden, die Sie da drin haben.« Er zeigte auf das heiter-imposante, schön knallgrün gestrichene Gebäude der Sammelstelle.

Zu Mr. Sam B. Carpenter sagte Tim: »Rufen Sie Mr. Best an, da draußen, wo wir waren, auf der Halbinsel. Es ist eine Nummer mit 669er-Vorwahl. Sagen Sie ihm, er soll uns holen kommen, und das wird er. Ich verspreche es. Bitte.«

Der kleine Fleischhacker fügte hinzu: »Im Telefonbuch steht nur ein Mr. Best mit 669er-Vorwahl. Bitte, Mister.«

Carpenter ging ins Haus, an eins der vielen offiziellen Telefone der Einrichtung, schlug die Nummer nach. Ian Best. Er tippte die Nummer ein.

»Sie haben eine halb arbeitende, halb faulenzende Nummer gewählt«, meldete sich die Stimme eines, wie es schien, angetrunkenen Penners. Im Hintergrund konnte Carpenter die schneidende Stimme einer zornigen Frau hören, die Ian Best zusammenstauchte.

»Mr. Best«, sagte Carpenter, »mehrere Ihnen bekannte Personen sitzen hier unten Ecke Vierte und A-Street in Verde Gabriel fest, ein Ed Gantro und sein Sohn Tim, ein als Ronald oder Donald Fleischhacker identifizierter Junge und ein weiterer nicht identifizierter minderjähriger Junge. Der kleine Gantro hatte angedeutet, Sie würden nichts dagegen haben, hier runterzufahren, sie abzuholen und nach Hause zu bringen.«

»Vierte und A-Street«, sagte Ian Best. Eine Pause. »Ist das der Zwinger?«

»Die kommunale Sammelstelle«, sagte Carpenter.

»Sie Hurensohn«, sagte Best. »Klar komme ich sie holen; erwarten Sie mich in zwanzig Minuten. Sie halten *Ed* Gantro als Prä-Person fest? Wissen Sie, dass er Stanford-Absolvent ist?«

»Das ist uns bewusst«, sagte Carpenter frostig. »Aber sie sind nicht festgenommen; sie sind lediglich – hier. Nicht – ich wiederhole – nicht in Gewahrsam.«

Ian Best, aus dessen Stimme jedes Lallen verschwunden war, sagte: »Es werden Reporter von sämtlichen Medien da sein, ehe ich ankomme.« Klick. Er hatte aufgelegt.

Carpenter ging wieder hinaus und sagte zu dem Jungen Tim: »Tja, scheint, als hättest du mich dazu gebracht, einen glühenden, militanten Abtreibungsgegner von eurer Anwesenheit hier zu benachrichtigen. Clever, wirklich clever.«

Ein paar Augenblicke vergingen, und dann schoss ein knallroter Mazda auf den Eingang der Sammelstelle zu. Ein großgewachsener Mann mit hellem Bart stieg aus, sortierte Kamera- und Tonausrüstung auseinander, schlenderte auf Carpenter zu. »Wie wir erfahren, haben Sie einen Stanford-Absolventen in Mathe hier in der Sammelstelle«, sagte er mit neutraler, beiläufiger Stimme. »Könnte ich ihn für eine mögliche Story interviewen?«

Carpenter sagte: »Wir haben keine solche Person gebucht. Sie können unsere Unterlagen einsehen.« Aber der Reporter hatte seinen Blick bereits auf die drei um Ed Gantro gedrängten Jungen geheftet.

Mit lauter Stimme rief der Reporter: »Mr. Gantro?«

»Jawohl, Sir«, antwortete Ed Gantro.

Du lieber Himmel, dachte Carpenter. Wir haben ihn in eins unserer offiziellen Fahrzeuge gesperrt und hierher transportiert; das wird in allen Zeitungen stehen. Es war bereits ein blauer Lieferwagen mit dem Signet einer Fernsehstation auf den Parkplatz gerollt. Und dahinter zwei weitere Wagen.

Abtreibungsstelle killt Stanford-Absolventen

So sah es Carpenter in Gedanken. Oder –

Illegaler Tötungsversuch in
kommunaler Sammelstelle vereitelt

Und so weiter. Eine Meldung in den 6-Uhr-Abendnachrichten. Gantro, und, wenn er auftauchte, Ian Best, der wahrscheinlich Anwalt war, umringt von Tonbändern und Mikros und Videokameras.

Wir haben irrsinnige Scheiße gebaut, dachte er. Irrsinnige Scheiße. Die in Sacramento werden unsere Mittel kürzen; wir werden wieder streunende Hunde und Katzen jagen müssen, wie vorher. Riesenreinfall.

Als Ian Best in seinem Mercedes-Benz mit Kohlevergaser eintraf, war er immer noch leicht besäuselt. Zu Ed Gantro sagte er: »Was dagegen, wenn wir den landschaftlich schöneren Umweg nach Hause nehmen?«

»Welche Strecke?«, sagte Ed Gantro. Er war müde und wollte jetzt gehen. Der kleine Pulk von Medienleuten hatte ihn interviewt und war verschwunden. Er hatte ihnen seinen Standpunkt erläutert, und jetzt fühlte er sich ausgelaugt und wollte heim.

Ian Best sagte: »Über Vancouver Island, British Columbia.«

Ed Gantro sagte mit einem Lächeln: »Diese Jungs gehören sofort ins Bett. Mein Junge und die anderen beiden. Teufel auch, sie haben noch nicht mal zu Abend gegessen.«

»Wir halten an einer McDonald's-Bude«, sagte Ian Best. »Und

dann können wir uns nach Kanada absetzen, wo es Fische gibt und viele Berge noch schneebedeckt sind, selbst in dieser Jahreszeit.«

»Klar«, sagte Gantro grinsend. »Da können wir hinfahren.«

»Haben Sie Lust?«, fragte Ian Best ihn prüfend. »Sie wollen wirklich mit?«

»Ich regel ein paar Dinge, und dann, klar, dann können Sie und ich uns zusammen absetzen.«

»Verdammich«, schnaufte Best. »Es ist Ihr Ernst!«

»Ja«, sagte er. »Ist es. Natürlich muss ich die Zustimmung meiner Frau einholen. Man kann nicht nach Kanada, wenn die Frau nicht ein schriftliches Dokument unterzeichnet, dass sie einem nicht folgen wird. Sie werden ein sogenannter Immigrant mit Grundbesitz.«

»Dann muss ich mir Cynthias schriftliche Erlaubnis holen.«

»Sie wird sie Ihnen geben. Willigen Sie nur ein, Unterhaltszahlungen zu schicken.«

»Sie glauben, das wird sie? Sie wird mich gehen lassen?«

»Natürlich«, sagte Ed Gantro.

»Sie glauben tatsächlich, unsere Frauen werden uns gehen lassen«, sagte Ian Best, als er und Gantro die Kinder in den Mercedes-Benz bugsierten. »Ich wette, Sie haben recht; Cynthia würde mich liebend gerne loswerden. Wissen Sie, wie sie mich nennt, direkt vor Walter? ›Einen aggressiven Feigling‹ und solches Zeug. Sie hat keinen Respekt vor mir.«

»Unsere Frauen«, sagte Gantro, »werden uns gehen lassen.« Aber er wusste es besser.

Er schaute sich um zum Leiter der Sammelstelle, Mr. Sam B. Carpenter, und zu dem Fahrer des Transporters, Ferris, der, wie Mr. Carpenter Presse und Fernsehen mitgeteilt hatte, mit sofortiger Wirkung entlassen, ein Neuling und ein insgesamt unerfahrener Angestellter war.

»Nein«, sagte er. »Sie werden uns nicht gehen lassen. Keine von ihnen.«

Ian Best fummelte ungeschickt an dem komplexen Mechanismus herum, der den bockigen Kohlevergasermotor in Gang setzte. »Klar werden sie uns gehen lassen; sehen Sie mal, sie stehen einfach rum.

Was können sie tun, nach allem, was Sie im Fernsehen gesagt haben und was dieser eine Reporter sich für den Leitartikel notiert hat?«

»Das meine ich nicht«, sagte Gantro tonlos.

»Wir könnten einfach abhauen.«

»Wir sitzen fest«, sagte Gantro. »Wir sitzen fest und können nicht weg. Fragen Sie Cynthia trotzdem. Einen Versuch ist es wert.«

»Wir werden niemals Vancouver Island sehen, und die großen Hochseefähren, die im Nebel auftauchen und verschwinden, oder?«, fragte Ian Best.

»Klar werden wir das, irgendwann.« Aber er wusste, es war eine Lüge, eine absolute Lüge, genau wie man manchmal etwas sagt, von dem man ohne jeden rationalen Grund weiß, dass es absolut wahr ist.

Sie fuhren vom Parkplatz auf die öffentliche Straße hinaus.

»Gutes Gefühl«, sagte Ian Best, »frei zu sein … stimmt's?« Die drei Jungen nickten, aber Ed Gantro sagte nichts. Frei, dachte er. Frei, heimzugehen. Um in einem größeren Netz gefangen, in einen größeren Transporter gestoßen zu werden als den, den die kommunale Sammelstelle benutzt.

»Das ist ein großer Tag«, sagte Ian Best.

»Ja«, pflichtete Ed Gantro bei. »Ein großer Tag, an dem eine noble und effektive Schlacht für alle hilflosen Wesen geschlagen wurde, für alles, von dem man sagen könnte, ›es lebt‹.«

Während er ihn in dem dünn hereinsickernden Licht scharf ansah, sagte Ian Best: »Ich will nicht nach Hause; ich will jetzt gleich nach Kanada aufbrechen.«

»Wir müssen heim«, erinnerte ihn Ed Gantro. »Vorübergehend, meine ich. Um unsere Angelegenheiten zu regeln. Rechtliche Fragen, einpacken, was wir brauchen.«

Ian Best sagte, während er fuhr: »Wir werden nie dort hinkommen, nach British Columbia und Vancouver Island und Stanley Park und English Bay und wo sie Gemüse ziehen und Pferde halten und wo es Hochseefähren gibt.«

»Nein, werden wir nicht«, sagte Ed Gantro.

»Nicht jetzt, und später auch nicht?«

»Niemals«, sagte Ed Gantro.

»Das hatte ich befürchtet«, sagte Best, und ihm versagte die Stimme, und sein Fahrstil wurde komisch. »Das dachte ich mir von Anfang an.«

Daraufhin fuhren sie schweigend, hatten einander nichts zu sagen. Es gab nichts mehr zu sagen.

Foster, du bist tot

Die Schule war eine Qual, wie immer. Nur heute war es noch schlimmer. Mike Foster hatte seine zwei wasserdichten Flechtkörbe fertig und saß unbeweglich da, während um ihn herum die anderen Kinder arbeiteten. Außerhalb des Gebäudes aus Beton und Stahl schien kühl die Spätnachmittagssonne. Die Berge funkelten grün und braun in der frischen Herbstluft. Hoch am Himmel kreisten ein paar NATS träge über der Stadt.

Die riesige, bedrohliche Gestalt von Mrs. Cummings, der Lehrerin, näherte sich leise seinem Tisch. »Foster, bist du fertig?«

»Ja, Ma'am«, antwortete er eifrig. Er hielt seine Körbe hoch. »Kann ich jetzt gehen?«

Mrs. Cummings untersuchte seine Körbe kritisch. »Was ist mit deinen Fallen?«, wollte sie wissen.

Er suchte tastend unter seinem Tisch und holte eine komplizierte Kleintierfalle hervor. »Alles erledigt, Mrs. Cummings. Und mein Messer ist auch fertig.« Er zeigte ihr die scharfe Klinge seines Messers, glänzendes Metall, das er aus einem ausrangierten Benzinkanister gefertigt hatte. Sie hob das Messer auf und ließ ihren sachkundigen Finger über die Klinge gleiten.

»Nicht stark genug«, stellte sie fest. »Du hast es zu scharf gemacht. Es wird seine Schärfe verlieren, sobald du es das erste Mal benutzt. Geh runter ins Hauptwaffenlabor und sieh dir die Messer an, die da sind. Dann schleif es etwas zurück, mach die Klinge dicker.«

»Mrs. Cummings«, flehte Mike Foster, »könnte ich das *morgen* in Ordnung bringen? Könnte ich bitte sofort gehen?«

Alle im Klassenzimmer sahen neugierig zu. Mike Foster wurde rot; er hasste es, im Mittelpunkt zu stehen und aufzufallen, aber er *musste* weg. Er konnte nicht eine Minute länger in der Schule bleiben.

Unerbittlich polterte Mrs. Cummings: »Morgen steht Graben auf dem Stundenplan. Du hast dann keine Zeit, an deinem Messer zu arbeiten.«

»Doch«, beteuerte er rasch. »Nach dem Graben.«

»Nein, du bist nicht besonders gut im Graben.« Die alte Frau taxierte die spindeldürren Arme und Beine des Jungen. »Ich denke, du solltest dein Messer besser heute fertigmachen. Und morgen den ganzen Tag unten auf dem Feld verbringen.«

»Was hat das Graben für einen Sinn?«, fragte Mike Foster verzweifelt.

»Jeder muss wissen, wie man gräbt«, antwortete Mrs. Cummings geduldig. Um sie herum kicherten die Kinder; sie brachte sie mit einem strengen Blick zum Schweigen. »Ihr alle wisst, wie wichtig Graben ist. Wenn der Krieg beginnt, wird die ganze Oberfläche mit Schutt und Asche übersät sein. Wenn wir überleben wollen, werden wir graben müssen. Hat einer von euch schon mal einen Ziesel zwischen den Wurzeln der Pflanzen graben sehen? Der Ziesel weiß, dass er dort unten, unter der Erdoberfläche, etwas Wertvolles finden wird. Wir alle werden kleine braune Ziesel sein. Wir alle werden lernen müssen, uns durch den Schutt zu graben und nach den guten Sachen zu suchen, weil sie nur dort zu finden sein werden.«

Mike Foster saß unglücklich da und zupfte an seinem Messer, während Mrs. Cummings seinen Tisch verließ und den Gang hinaufging. Ein paar Kinder grinsten ihn verächtlich an, aber nichts durchdrang den Schleier seines Kummers. Das Graben würde ihm nichts nützen. Wenn die Bomben kamen, würde er auf der Stelle getötet werden. All die Impfungen, die er von oben bis unten in beide Arme bekommen hatte, in die Schenkel, ins Gesäß, würden sinnlos sein. Er hatte sein Taschengeld vergeudet: Mike Foster würde nicht mehr leben, um eine der bakteriellen Seuchen zu bekommen. Es sei denn –

Er sprang auf und folgte Mrs. Cummings zu ihrem Pult. In qualvoller Verzweiflung platzte er damit heraus: »Bitte, ich muss gehen. Ich muss etwas erledigen.«

Mrs. Cummings' müde Lippen verzogen sich ärgerlich. Aber die furchtsamen Augen des Jungen ließen sie innehalten. »Was ist los?«, wollte sie wissen. »Fühlst du dich nicht gut?«

Der Junge stand wie erstarrt, unfähig, ihr zu antworten. Die Klasse, von der Szene amüsiert, tuschelte und kicherte, bis Mrs. Cummings ärgerlich mit einem Schreiber auf ihr Pult klopfte. »Seid still«, zischte sie. Ihre Stimme wurde eine Spur sanfter. »Michael, wenn du nicht richtig funktionierst, geh hinunter in die Psychoambulanz. Der Versuch zu arbeiten ist sinnlos, wenn deine Reaktionen im Widerspruch dazu stehen. Miss Groves wird dich gern optimieren.«

»Nein«, sagte Foster.

»Was ist es dann?«

Die Klasse wurde unruhig. Stimmen antworteten für Foster; vor Kummer und Erniedrigung brachte er keinen Ton heraus: »Sein Vater ist ein Anti-B«, erklärten die Stimmen. »Sie haben keinen Bunker, und er ist nicht in der Bürgerwehr gemeldet. Sein Vater hat noch nicht mal die NATS unterstützt. Sie haben überhaupt nichts getan.«

Mrs. Cummings starrte den stummen Jungen verwundert an. »Ihr habt keinen Bunker?«

Er schüttelte den Kopf.

Ein seltsames Gefühl erfüllte die Frau. »Aber –« Sie hatte sagen wollen: *Aber du wirst hier oben sterben.* Sie wandelte es ab in: »Aber wohin willst du denn dann gehen?«

»Nirgendwohin«, antworteten die sanften Stimmen für ihn. »Alle anderen werden unten in ihren Bunkern sein, und er wird hier oben sein. Er hat noch nicht mal eine Zulassung für den Schulbunker.«

Mrs. Cummings war schockiert. Auf ihre teilnahmslose akademische Art war sie davon ausgegangen, dass jedes Kind eine Zulassung für die komplizierten unterirdischen Kammern unter dem Gebäude hatte. Dem war natürlich nicht so. Es galt nur für Kinder, deren Eltern der BW angehörten, die zur Bewaffnung der Gemeinschaft beitrug. Und wenn Fosters Vater ein Anti-B war …

»Er hat Angst, hier zu sitzen«, tönten die Stimmen ruhig. »Er hat Angst, dass es passieren wird, während er hier sitzt und alle anderen unten im Bunker in Sicherheit sind.«

Er schlenderte langsam dahin, die Hände tief in den Taschen, und trat gegen dunkle Steine auf dem Bürgersteig. Die Sonne ging unter. Stumpfnasige Pendlerraketen entluden müde Menschen, die froh waren, von der Fabrikzone hundert Meilen westlich wieder nach Hause zu kommen. Auf den fernen Bergen blitzte etwas auf: ein Radar-Tower, der sich still in der abendlichen Dunkelheit drehte. Die kreisenden NATS waren zahlreicher geworden. Die Dämmerstunden waren am gefährlichsten; visuelle Luftspäher konnten keine Hochgeschwindigkeitsflugkörper ausmachen, die dicht am Boden herangeflogen kamen. Vorausgesetzt, die Flugkörper kamen.

Eine mechanische Nachrichtenmaschine schrie ihn aufgeregt an, als er vorbeiging. Krieg, Tod, erstaunliche neue Waffen, die zu Hause und im Ausland entwickelt worden waren. Er zog die Schultern hoch und ging weiter, vorbei an den kleinen Betonbunkern, die als Häuser dienten, alle genau gleich aussehend, robuste gesicherte Unterstände. Vor ihm leuchteten Neonreklamen in der tiefer werdenden Dunkelheit: das Geschäftsviertel, in dem es von Fahrzeugen und Menschen wimmelte.

Einen halben Block von den vielen Neonreklamen entfernt, blieb er stehen. Zu seiner Rechten war ein öffentlicher Bunker, ein dunkler tunnelähnlicher Eingang mit einem mechanischen Drehkreuz, das schwach leuchtete. Fünfzig Cent Eintritt. Wenn er hier war, auf der Straße, und er fünfzig Cent hatte, wäre alles in Ordnung. Er hatte sich schon viele Male in öffentliche Bunker hinabgedrängt, bei Probealarm. Doch bei anderen Gelegenheiten, die ihm nie aus dem Sinn gingen, hatte er die fünfzig Cent nicht gehabt. Er hatte stumm und zu Tode verängstigt dagestanden, während sich Menschen aufgeregt an ihm vorbeidrängten; und das schrille Kreischen der Sirenen dröhnte überall.

Er ging langsam weiter, bis er zu dem hellsten Lichtfleck kam, den großen leuchtenden Ausstellungsräumen von General Electronics, zwei Blocks lang, auf allen Seiten beleuchtet, ein riesiges Viereck, das in grellen Farben erstrahlte. Er blieb stehen und studierte zum millionsten Mal die faszinierenden Formen, die Auslage, die ihn immer dazu brachte, wie hypnotisiert stehen zu bleiben, jedes Mal, wenn er vorbeikam.

Im Zentrum des riesigen Raums war ein einzelnes Objekt. Ein kompliziertes, pulsierendes, formloses Gebilde aus Apparaturen und Stützstreben, Balken und Wänden und versiegelten Schleusen. Alle Spotlights waren darauf gerichtet; gewaltige Reklameschilder kündeten von seinen hunderterlei Vorzügen – als ob es daran einen Zweifel geben könnte.

DER NEUE »1972« – DER BOMBENSICHERE STRAHLUNGSDICHTE UNTERIRDISCHE BUNKER IST DA! ÜBERPRÜFEN SIE DIE FOLGENDEN UNÜBERTROFFENEN EIGENSCHAFTEN

- automatischer Abfahrtslift – Blockierschutz, eigene Stromversorgung, E-Z-Schleuse
- dreischichtige Hülle, hält garantiert einen Druck von 5 g aus, ohne zu verziehen
- A-getriebenes Heiz- und Kühlsystem – selbstreinigende Luftversorgung
- drei Dekontaminationsphasen für Lebensmittel und Wasser
- vier Reinigungsphasen bei vorausgegangener Verstrahlung
- umfassende antibiotische Behandlung
- E-Z-Finanzierung

Er starrte lange auf den Bunker. Er bestand im Wesentlichen aus einem wuchtigen Tank, mit einer Verlängerung an einem Ende – der Röhre für den Lift – und einer Notausstiegsluke am anderen. Er war völlig autark: eine Miniaturwelt, die sich selbst mit Licht, Wärme, Luft, Wasser, Medikamenten und nahezu unerschöpflich mit Nahrungsmitteln versorgte. Im voll ausgestatteten Zustand gab es Video- und Audiobänder, Unterhaltung, Betten, Sessel, Videoschirme, alles, was das oberirdische Leben in den eigenen vier Wänden ausmachte. Es war praktisch ein Zuhause unter der Erde. Es fehlte nichts, was notwendig oder angenehm war. Eine Familie würde während der schwersten Angriffe mit H-Bomben und bakteriellem Nebel sicher, sogar behaglich wohnen.

Er kostete zwanzigtausend Dollar.

Während er stumm das massige Ausstellungsstück anstarrte, trat einer der Verkäufer auf den dunklen Bürgersteig, auf seinem Weg in die Kantine. »Hi, Kleiner«, sagte er automatisch, als er an Mike Foster vorbeikam. »Nicht schlecht, was?«

»Kann ich mal reingehen?«, fragte Foster rasch. »Kann ich mal nach unten fahren?«

Der Verkäufer blieb stehen, als er den Jungen erkannte. »Du bist doch dieser Junge«, sagte er langsam, »dieser verdammte Junge, der uns so auf die Nerven geht.«

»Ich würde gern reingehen. Nur ein paar Minuten. Ich mache auch nichts kaputt – versprochen. Ich fasse noch nicht mal was an.«

Der Verkäufer war jung und blond, ein gutaussehender Mann Anfang zwanzig. Er zögerte, seine Reaktionen waren zwiespältig. Der Junge war eine Nervensäge. Aber er hatte eine Familie, und damit war er ein ernstzunehmender potentieller Käufer. Das Geschäft lief schlecht; es war Ende September, und der saisonbedingte Verkaufsrückgang war noch spürbar. Wenn er dem Jungen sagte, er solle sich davonscheren, brachte das keinen Gewinn; andererseits war es schlecht fürs Geschäft, junges Gemüse dazu zu ermutigen, zwischen den Waren herumzulungern. Sie stahlen einem die Zeit; sie machten Sachen kaputt; sie stibitzten irgendwelchen Kleinkram, wenn niemand hinsah.

»Kommt nicht in Frage«, sagte der Verkäufer. »Hör mal, schick doch deinen alten Herrn mal her. Hat er gesehen, was wir haben?«

»Ja«, sagte Mike Foster angespannt.

»Was hält ihn noch zurück?« Der Verkäufer machte eine ausladende Armbewegung in Richtung auf das große schimmernde Ausstellungsstück. »Wir nehmen seinen alten günstig in Zahlung, unter Berücksichtigung der Wertminderung und des Alters. Welches Modell hat er?«

»Wir haben gar keinen«, sagte Mike Foster.

Der Verkäufer blinzelte. »Wie war das?«

»Mein Vater sagt, es ist Geldverschwendung. Er sagt, sie versuchen, Menschen Angst einzujagen, damit sie Sachen kaufen, die sie gar nicht brauchen. Er sagt –«

»Ist dein Vater ein Anti-B?«

»Ja«, antwortete Mike Foster unglücklich.

Der Verkäufer atmete tief aus. »Okay, Junge. Tut mir leid, dass wir nicht ins Geschäft kommen. Ist nicht deine Schuld.« Er zögerte. »Was zum Teufel ist mit ihm los? Unterstützt er die NATS?«

»Nein.«

Der Verkäufer fluchte leise. Ein Trittbrettfahrer, der mitfuhr, gefahrlos, weil der Rest der Gemeinschaft dreißig Prozent ihres Einkommens dafür aufwandte, ein kontinuierliches Verteidigungssystem in Gang zu halten. Von denen gab es immer ein paar, in jeder Stadt. »Wie denkt deine Mutter darüber?«, fragte der Verkäufer. »Ist sie mit ihm einer Meinung?«

»Sie sagt –« Mike Foster brach ab. »Könnte ich nicht mal kurz runterfahren? Ich mache nichts kaputt. Nur *einmal.*«

»Wie sollen wir ihn denn verkaufen, wenn wir Kinder drin rumlaufen lassen? Wir werden ihn als Vorführmodell nicht im Preis runtersetzen – damit hat man uns schon zu oft reingelegt.« Die Neugier des Verkäufers war geweckt. »Wie kommt ein Mann dazu, ein Anti-B zu sein? Hat er schon immer so gedacht, oder hat ihn irgendwas gestochen?«

»Er sagt, sie haben den Leuten so viele Autos und Waschmaschinen und Fernsehapparate verkauft, wie sie gebrauchen konnten. Er sagt, NATS und Bombenschutzbunker sind zu nichts nütze, deshalb kriegen die Leute nie genug davon. Er sagt, die Fabriken können ständig Gewehre und Gasmasken herstellen, und solange die Menschen Angst haben, werden sie dafür bezahlen, weil sie denken, wenn sie das nicht tun, können sie getötet werden, und es kann sein, dass einer es irgendwann satt hat, jedes Jahr ein neues Auto zu kaufen, und damit aufhört, aber er wird nie aufhören, Bunker zu kaufen, um seine Kinder zu schützen.«

»Glaubst du das?«, fragte der Verkäufer.

»Ich wünschte, wir hätten diesen Bunker«, antwortete Mike Foster. »Wenn wir so einen Bunker hätten, würde ich jede Nacht runterfahren und drin schlafen. Ich wäre drin, wenn wir ihn brauchen.«

»Vielleicht gibt es ja keinen Krieg«, sagte der Verkäufer. Er spürte die Not und Angst des Jungen, und er grinste gutmütig zu ihm hinunter. »Mach dir nicht die ganze Zeit Sorgen. Wahrscheinlich siehst du dir zu viele Videobänder an – geh mal raus spielen, zur Abwechslung.«

»Hier oben ist niemand sicher«, sagte Mike Foster. »Wir müssen unten, unter der Erde sein. Und es gibt keinen Platz, wo ich hin kann.«

»Schick deinen alten Herrn vorbei«, murmelte der Verkäufer unbehaglich. »Vielleicht können wir ihn überreden. Wir haben jede Menge Ratenzahlungspläne. Sag ihm, er soll nach Bill O'Neill fragen. Okay?«

Mike Foster schlenderte davon, die dunkle abendliche Straße hinab. Er wusste, dass er eigentlich zu Hause sein sollte, aber seine Füße bewegten sich schleppend, und sein Körper war schwer und gefühllos. Seine Müdigkeit erinnerte ihn daran, was der Sportlehrer am Tag zuvor gesagt hatte, beim Training. Sie hatten geübt, wie man lange den Atem anhält, die Lunge voll Luft pumpt und läuft. Er war nicht gut gewesen; die anderen rannten noch immer rotgesichtig um die Wette, als er anhielt, die Luft ausstieß und verzweifelt keuchend nach Atem rang.

»Foster«, sagte der Sportlehrer verärgert. »Du bist tot. Weißt du das? Wenn das ein Gasangriff gewesen wäre –« Er schüttelte müde den Kopf. »Geh dahinten hin und üb für dich alleine. Du musst besser werden, wenn du dir Hoffnungen machst zu überleben.«

Aber er machte sich keine Hoffnungen zu überleben.

Als er die Stufen zur Veranda seines Elternhauses hinaufstieg, sah er, dass die Lichter im Wohnzimmer bereits an waren. Er konnte die Stimme seines Vaters hören und, schwächer, die Stimme seiner Mutter aus der Küche. Er schloss die Tür hinter sich und fing an, seine Jacke auszuziehen.

»Bist du das?«, fragte sein Vater. Bob Foster saß ausgestreckt in seinem Sessel, den Schoß voller Bänder und Unterlagen aus seinem

Möbeleinzelhandelsgeschäft. »Wo bist du gewesen? Das Abendessen ist seit einer halben Stunde fertig.« Er hatte sein Jackett ausgezogen und die Ärmel aufgerollt. Seine Arme waren blass und dünn, aber muskulös. Er war müde; seine Augen waren groß und dunkel, das Haar lichtete sich. Ruhelos schob er die Bänder hin und her, von einem Stapel auf den anderen.

»Tut mir leid«, sagte Mike Foster.

Sein Vater sah prüfend auf seine Taschenuhr; er war zweifellos der einzige Mann, der noch immer eine Uhr trug. »Geh dir die Hände waschen. Was hast du gemacht?« Er sah seinen Sohn forschend an. »Du siehst seltsam aus. Fühlst du dich nicht gut?«

»Ich war in der Stadt«, sagte Mike Foster.

»Was hast du gemacht?«

»Die Bunker angesehen.«

Wortlos hob sein Vater eine Handvoll Berichte auf und stopfte sie in eine Mappe. Seine dünnen Lippen waren zusammengepresst; harte Linien durchfurchten die Stirn. Er schnaubte wütend, als sich Bänder überallhin ergossen; er bückte sich steif, um sie aufzuheben. Mike Foster machte keine Anstalten, ihm zu helfen. Er ging hinüber zum Schrank und gab dem Kleiderbügel seine Jacke. Als er sich umdrehte, lenkte seine Mutter gerade den Tisch mit dem Essen ins Esszimmer.

Sie aßen, ohne zu reden, auf ihr Essen konzentriert und ohne einander anzusehen. Schließlich sagte sein Vater: »Was hast du gesehen? Immer denselben alten Kram, nehme ich an.«

»Die neuen 72er-Modelle sind raus«, antwortete Mike Foster.

»Die sind genau wie die 71er-Modelle.« Sein Vater warf vehement die Gabel hin; der Tisch fing sie auf und verschluckte sie. »Ein paar neue Kinkerlitzchen, etwas mehr Chrom. Das ist alles.« Plötzlich sah er seinen Sohn trotzig an. »Richtig?«

Mike Foster spielte unglücklich mit seinem Hühnchen in Rahmsoße. »Die neuen haben einen blockierungsgeschützten Abfahrtslift. Du kannst nicht auf halbem Weg nach unten stecken bleiben. Du musst nur reingehen, und er macht den Rest.«

»Nächstes Jahr wird es einen geben, der dich aufhebt und nach unten trägt. Dieser hier wird in dem Augenblick veraltet sein, wo die Leute ihn kaufen. Das wollen sie ja – sie wollen, dass du immer weiter kaufst. Dauernd bringen sie neue raus, so schnell sie können. Wir haben noch gar nicht 1972, es ist noch 1971. Wieso ist dieses Ding schon raus? Können sie nicht warten?«

Mike Foster antwortete nicht. Er hatte das alles schon gehört, viele Male. Nie gab es irgendetwas Neues, nur Chrom und Kinkerlitzchen; trotzdem wurden die alten unmodern, irgendwie. Sein Vater argumentierte laut, leidenschaftlich, fast hysterisch, aber es ergab keinen Sinn. »Dann lass uns einen alten nehmen«, platzte er heraus. »Ist mir egal, Hauptsache irgendeinen. Sogar einen gebrauchten.«

»Nein, du willst den *neuen*. Glänzend und schimmernd, um die Nachbarn zu beeindrucken. Mit ganz vielen Anzeigen und Knöpfen und Geräten. Wie viel wollen sie dafür haben?«

»Zwanzigtausend Dollar.«

Sein Vater atmete kräftig aus. »Einfach so.«

»Sie haben günstige Ratenzahlungspläne.«

»Klar. Du zahlst bis ans Lebensende. Zinsen, Transportkosten, und wie lange hat er Garantie?«

»Drei Monate.«

»Was passiert, wenn er kaputtgeht? Dann reinigt und dekontaminiert er sich nicht mehr. Er wird auseinanderfallen, sobald die drei Monate um sind.«

Mike Foster schüttelte den Kopf. »Nein. Er ist groß und stabil.«

Sein Vater wurde rot. Er war ein kleiner Mann, schmächtig und leicht, mit dünnen Knochen. Er dachte plötzlich an all die verlorenen Schlachten in seinem Leben, an den harten Kampf nach oben, das sorgsame Sammeln und Festhalten von Dingen, einen Job, Geld, sein Geschäft, vom Buchhalter zum Geschäftsführer, schließlich Besitzer. »Sie machen uns Angst, um die Räder in Gang zu halten«, schrie er seine Frau und seinen Sohn verzweifelt an. »Sie wollen keine zweite Wirtschaftskrise.«

»Bob«, sagte seine Frau, langsam und leise, »du musst damit aufhören. Ich halte das nicht mehr aus.«

Bob Foster blinzelte. »Wovon redest du?«, murmelte er. »Ich bin müde. Diese gottverdammten Steuern. Ein kleiner Laden kann sich nicht mehr halten, bei all diesen großen Ketten. Es müsste ein Gesetz geben.« Seine Stimme verlor sich. »Ich glaube, ich bin mit dem Essen fertig.« Er schob sich vom Tisch weg und stand auf. »Ich werde mich auf die Couch legen und ein Nickerchen machen.«

Das dünne Gesicht seiner Frau glühte. »Du musst einen kaufen! Ich ertrag es nicht, wie sie über uns reden. Alle Nachbarn und die Händler, jeder, der es weiß. Ich kann nirgendwohin gehen oder irgendwas tun, ohne dass ich es zu hören bekomme. Seit dem Tag, an dem sie die Fahne gehisst haben. Anti-B. Der letzte in der ganzen Stadt. Diese Dinger kreisen da oben, und jeder außer uns zahlt für sie.

»Nein«, sagte Bob Foster. »Ich kann keinen kaufen.«

»Warum nicht?«

»Weil«, antwortete er lapidar, »ich mir keinen leisten kann.«

Es herrschte Stille.

»Du steckst alles in das Geschäft«, sagte Ruth schließlich. »Und es geht trotzdem bankrott. Du bist genau wie ein Hamster, hortest alles da unten in deiner kleinen Höhle. Kein Mensch will noch Holzmöbel. Du bist ein Relikt – eine Kuriosität.« Sie schlug fest auf den Tisch, der wie ein aufgeschrecktes Tier wild herumsprang, um die leeren Teller zusammenzusuchen. Er schoss wütend aus dem Zimmer zurück in die Küche, und das Geschirr rüttelte in seinem Spültank.

Bob Foster seufzte müde. »Lass uns nicht streiten. Ich geh ins Wohnzimmer. Lass mich ein bisschen schlafen, eine Stunde oder so. Vielleicht können wir später darüber reden.«

»Immer später«, sagte Ruth verbittert.

Ihr Ehemann verschwand ins Wohnzimmer, eine schmächtige, gebeugte Gestalt, das Haar schütter und grau, die Schulterblätter wie gebrochene Flügel.

Mike stand auf. »Ich mache meine Hausaufgaben«, sagte er. Er ging hinter seinem Vater her, mit einem seltsamen Ausdruck im Gesicht.

Das Wohnzimmer war still; die Videoanlage war aus, und die Lampe war heruntergedreht. Ruth war in der Küche und programmierte den Herd für die Mahlzeiten des nächsten Monats. Bob Foster lag ausgestreckt auf der Couch, die Schuhe ausgezogen, den Kopf auf einem Kissen. Sein Gesicht war grau vor Müdigkeit. Mike zögerte einen Moment, und dann sagte er: »Kann ich dich was fragen?«

Sein Vater brummte und rührte sich, öffnete die Augen. »Was?«

Mike setzte sich ihm gegenüber. »Erzähl mir noch mal, wie du dem Präsidenten einen Rat gegeben hast.«

Sein Vater schob sich hoch. »Ich habe dem Präsidenten gar keinen Rat gegeben. Ich habe nur mit ihm geredet.«

»Erzähl mir davon.«

»Ich hab dir das schon Millionen Mal erzählt, seit du ein Baby warst. Du warst dabei.« Seine Stimme wurde weicher, als er sich erinnerte. »Du warst noch ganz klein – wir mussten dich tragen.«

»Wie hat er ausgesehen?«

»Tja«, begann sein Vater, der eine Nummer abspulte, die er im Laufe der Jahre erarbeitet und verfeinert hatte, »er sah ungefähr so aus wie auf dem Bildschirm. Aber kleiner.«

»Warum war er hier?«, fragte Mike begeistert, obwohl er jedes Detail kannte. Der Präsident war sein Held, der Mann, den er auf der Welt am meisten bewunderte. »Warum ist er extra hierhergekommen, in *unsere* Stadt?«

»Er war auf einer Rundreise.« Bitterkeit kroch in die Stimme seines Vaters. »Er kam zufällig hier durch.«

»Was für eine Rundreise?«

»Er hat überall im Land Städte besucht.« Die Härte nahm zu. »Wollte sehen, wie wir so zurechtkommen. Wollte sehen, ob wir genug NATS und Bombenschutzbunker und Seuchenspritzen und Gasmasken und Radarsysteme gekauft hatten, um einen Angriff abzuwehren. Die General Electronics Corporation fing gerade an, ihre großen Ausstellungsräume und Schaustücke aufzubauen – alles bunt und glitzernd und teuer. Die erste Verteidigungsausrüstung, die für den privaten Kauf zur Verfügung stand.« Seine Lippen zuckten. »Alles mit günstigen Ratenzahlungsplänen. Anzeigen, Plakate,

Scheinwerfer, für die Damen gab's Gardenien und Geschirr umsonst.«

Mike Foster keuchte aufgeregt. »Das war der Tag, an dem wir unsere Bereitschaftsfahne bekommen haben«, sagte er fiebrig. »Das war der Tag, an dem er gekommen ist, um uns unsere Fahne zu geben. Und sie haben sie an dem Fahnenmast in der Mitte der Stadt hochgezogen, und alle waren da und haben geschrien und applaudiert.«

»Du erinnerst dich daran?«

»Ich – glaube. Ich erinnere mich an Menschen und Lärm. Und dass es heiß war. Es war Juni, nicht?«

»Der 10. Juni 1965. Ein echtes Ereignis. Damals hatten nicht viele Städte die große grüne Fahne. Die Menschen kauften noch immer Autos und Fernsehgeräte. Sie hatten noch nicht bemerkt, dass diese Zeiten vorbei waren. Fernsehgeräte und Autos sind zu etwas nütze – man kann davon nur eine bestimmte Anzahl herstellen und verkaufen.«

»Er hat *dir* die Fahne gegeben, nicht?«

»Na ja, er hat sie uns Händlern ingesamt gegeben. Die Handelskammer hatte das organisiert. Konkurrenz zwischen den Städten, festzustellen, wer am meisten und am schnellsten kauft. Unsere Stadt voranbringen und gleichzeitig das Geschäft beleben. Natürlich war der Gedanke der, so haben sie es dargestellt, dass wir, wenn wir unsere Gasmasken und Bombenschutzbunker *kaufen* müssten, besser darauf achten würden. Als ob wir je Telefone und Bürgersteige demoliert hätten. Oder Highways, weil der Staat sie zur Verfügung gestellt hat. Oder Armeen. Hat es nicht immer Armeen gegeben? Hat die Regierung nicht immer das Volk für die Verteidigung organisiert? Ich vermute, die Verteidigung kostet zu viel. Ich vermute, sie sparen eine Menge Geld, können das nationale Defizit dadurch verringern.«

»Erzähl mir, was er gesagt hat«, flüsterte Mike Foster.

Sein Vater tastete nach der Pfeife und zündete sie mit zitternden Händen an. »Er hat gesagt: *›Da ist eure Fahne, Jungs. Ihr habt gute Arbeit geleistet.‹*« Bob Foster rang nach Luft, als beißender Pfeifenrauch aufstieg. »Er war rot im Gesicht, Sonnenbrand, nicht Verlegenheit. Schwitzte und grinste. Er wusste, wie er sich geben müsste. Er kannte eine Menge Vornamen. Erzählte einen guten Witz.«

Die Augen des Jungen waren vor Ehrfurcht weit aufgerissen. »Er ist hierher gekommen, und du hast mit ihm geredet.«

»Ja«, sagte sein Vater. »Ich habe mit ihm geredet. Alle haben gejohlt und applaudiert. Die Fahne ging hoch, die große grüne Bereitschaftsfahne.«

»Du hast gesagt –«

»Ich habe zu ihm gesagt: *›Ist das alles, was Sie uns mitgebracht haben? Ein Stück grünen Stoff?‹*« Bob Foster zog nervös an der Pfeife. »Damals bin ich zum Anti-B geworden. Nur, dass ich das damals noch nicht wusste. Alles, was ich wusste, war, dass wir auf uns allein gestellt waren, mit lediglich einem Stück grünem Stoff. Wir hätten ein Land, eine ganze Nation sein sollen, einhundertsiebzig Millionen Menschen, die zusammenarbeiten, um sich zu verteidigen. Und stattdessen sind wir ein Haufen einzelner kleiner Städte, kleiner befestigter Forts. Wir rutschen und schliddern zurück ins Mittelalter. Stellen unsere eigenen Armeen auf –«

»Kommt der Präsident irgendwann mal wieder?«, fragte Mike.

»Ich bezweifle es. Er war nur – auf der Durchreise.«

»Falls er zurückkommt«, flüsterte Mike, angespannt und wagte es kaum zu hoffen, »können wir hingehen und ihn *sehen*? Können wir ihn uns *ansehen*?

Bob Foster schob sich in eine sitzende Position. Sein hageres Gesicht wirkte müde. Und resigniert. »Wie teuer war das verdammte Ding, das du gesehen hast?«, fragte er heiser. »Dieser Bombenschutzbunker?«

Mikes Herz hörte auf zu schlagen. »Zwanzigtausend Dollar.«

»Heute ist Donnerstag. Nächsten Samstag gehe ich mit dir und deiner Mutter dahin.« Bob Foster klopfte seine kaum noch brennende Pfeife aus. »Ich werde ihn per Ratenzahlung kaufen. Bald ist Herbstsaison. Meistens läuft es dann ganz gut bei mir – die Leute kaufen Holzmöbel als Weihnachtsgeschenke.« Er stand abrupt von der Couch auf. »Abgemacht?«

Mike konnte nicht antworten; er konnte nur nicken.

»Prima«, sagte sein Vater mit verzweifelter Heiterkeit. »Dann musst du nicht mehr in die Stadt gehen und ihn dir im Schaufenster ansehen.«

Der Bunker wurde von einem schnell arbeitenden Team von Arbeitern in braunen Kitteln, auf deren Rücken die Worte GENERAL ELECTRONICS aufgenäht waren, installiert – für weitere zweihundert Dollar. Der Garten hinter dem Haus wurde schnell in Ordnung gebracht, Erde und Sträucher wieder an Ort und Stelle gebracht, der Boden geglättet und die Rechnung respektvoll unter der Haustür durchgeschoben. Der schwerfällige Lieferwagen rumpelte, nun leer, die Straße hinunter, und in der Nachbarschaft kehrte wieder Ruhe ein.

Mike Foster stand mit seiner Mutter und einer kleinen Gruppe bewundernder Nachbarn auf der rückwärtigen Veranda des Hauses. »Tja«, sagte Mrs. Carlyle schließlich, »jetzt haben Sie einen Bunker. Den besten, den es gibt.«

»Das ist wahr«, stimmte Ruth Foster zu. Sie war sich der Leute um sich herum bewusst; es war einige Zeit her, dass so viele gleichzeitig erschienen waren. Grimmige Befriedigung erfüllte ihre hagere Gestalt, fast Zorn. »Das ändert wirklich einiges«, sagte sie scharf.

»Ja«, stimmte Mr. Douglas zu, der weiter unten in ihrer Straße wohnte. »Jetzt haben Sie einen Platz, wo Sie hinkönnen.« Er hatte die dicke Gebrauchsanweisung, die die Arbeiter dagelassen hatten, in die Hand genommen. »Hier steht, Sie können darin Vorräte für ein ganzes Jahr verstauen. Zwölf Monate da unten leben, ohne auch nur einmal rauszukommen.« Er schüttelte bewundernd den Kopf. »Meiner ist ein altes 69er-Modell. Reicht nur für sechs Monate. Ich denke, vielleicht –«

»Er ist immer noch gut genug für uns«, mischte sich seine Frau ein, aber eine sehnsüchtige Wehmut lag in ihrer Stimme. »Können wir mal runter und einen Blick reinwerfen, Ruth? Es ist ganz fertig, nicht?«

Mike gab ein ersticktes Geräusch von sich, und machte hastig einen Schritt nach vorn. Seine Mutter lächelte verständnisvoll. »Er muss als Erster nach unten. Er darf ihn zuerst sehen – er ist im Grunde für ihn, wissen Sie.«

Die Arme gegen den frostigen Septemberwind verschränkt, stand die Gruppe von Männern und Frauen abwartend da und schaute zu, wie der Junge sich dem Hals des Bunkers näherte und ein paar Schritte davor stehen blieb.

Er betrat den Bunker vorsichtig, fast zu ängstlich, irgendetwas anzufassen. Der Einstieg war groß für ihn; er war so gebaut worden, dass er einem ausgewachsenen Mann Platz bot. Sobald er mit seinem ganzen Gewicht auf dem Abfahrtslift stand, sackte dieser unter ihm weg. Mit einem atemlosen *Zisch* schoss er nach unten durch die pechschwarze Röhre in die Hauptkammer des Bunkers. Der Lift knallte hart auf seine Stoßdämpfer, und der Junge stolperte hinunter. Der Lift sauste zurück an die Oberfläche, wobei er gleichzeitig den unterirdischen Bunker abriegelte, ein undurchdringlicher Pfropfen aus Stahl und Kunststoff in dem engen Hals.

Um ihn herum waren automatisch Lichter angegangen. Der Bunker war kahl und leer; noch waren keine Vorräte heruntergebracht worden. Es roch nach Politur und Motoröl: Unter ihm pochten träge die Generatoren. Seine Anwesenheit aktivierte die Reinigungs- und Dekontaminationssysteme; an den leeren Betonwänden wurden plötzlich Messgeräte und Anzeigen aktiv.

Er setzte sich auf den Boden, die Knie angezogen, mit feierlicher Miene, die Augen weit offen. Es gab kein anderes Geräusch als das der Generatoren; die Welt oben war völlig abgeschnitten. Er war in einem kleinen, in sich geschlossenen Kosmos; alles Notwendige war da – oder würde bald da sein: Lebensmittel, Wasser, Luft, Dinge, um sich zu beschäftigen. Es fehlte an nichts. Er konnte den Arm ausstrecken und alles berühren – was er auch brauchte. Er konnte für immer, für alle Zeit, hier unten bleiben, ohne sich zu rühren. Vollkommen und uneingeschränkt. Ohne Mangel, ohne Angst, nur mit dem Klang der surrenden Generatoren unter sich und den reinen, asketischen Wänden um sich herum und über sich, auf allen Seiten, leicht warm, absolut freundlich, wie ein lebender Container.

Plötzlich schrie er, einen lauten, jubilierenden Schrei, der widerhallte und von Wand zu Wand sprang. Der Widerhall war ohrenbetäubend. Er schloss fest die Augen und ballte die Fäuste. Freude erfüllte ihn. Er schrie wieder – und ließ das Dröhnen des Klangs über sich hinwegströmen, seine eigene Stimme, verstärkt durch die nahen Wände, dicht und hart und unglaublich stark.

Die Kinder in der Schule wussten Bescheid, noch bevor er am nächsten Morgen kam. Sie begrüßten ihn, als er sich näherte, und alle grinsten und stießen sich gegenseitig an. »Ist das wahr, dass ihr ein neues General-Electronics-S-72-Modell habt?«, wollte Earl Peters wissen.

»Das stimmt«, antwortete Mike. Sein Herz weitete sich vor friedlichem Selbstvertrauen, ein Gefühl, das er nie gekannt hatte. »Kommt mal vorbei«, sagte er, so beiläufig er konnte, »ich zeig ihn euch.«

Er ging weiter, war sich ihrer neidischen Gesichter bewusst.

»Nun, Mike«, sagte Mrs. Cummings, als er am Ende des Tages aus dem Klassenraum ging. »Was ist das für ein Gefühl?«

Er blieb neben dem Pult stehen, schüchtern und voll stillen Stolzes. »Ein schönes Gefühl«, gab er zu.

»Zahlt dein Vater Beiträge für die NATS?«

»Ja.«

»Und du hast die Zulassung für unseren Schulbunker?«

Glücklich zeigte er ihr das schmale blaue Siegel, das um sein Handgelenk geklemmt war. »Er hat für alles einen Scheck an die Stadt geschickt. Er hat gesagt: ›Wenn ich schon so weit gegangen bin, kann ich auch den letzten Schritt tun.‹«

»Jetzt hast du alles, was die anderen haben.« Die ältliche Frau lächelte zu ihm hinüber. »Das freut mich. Jetzt bist du ein Pro-B, nur dass es so einen Ausdruck nicht gibt. Du bist einfach – so wie alle anderen.«

Am nächsten Tag kreischten die Nachrichtenmaschinen die Neuigkeit hinaus. Die erste Enthüllung der neuen sowjetischen Bohrgeschosse.

Bob Foster stand mitten im Wohnzimmer, das schmale Gesicht

rot vor Wut und Verzweiflung. »Gottverdammt, das ist eine Verschwörung!« Seine Stimme hob sich vor Erstaunen und Wut. »Gerade haben wir dieses Ding gekauft, und nun sieh dir das an. *Sieh dir das an!*« Er schob seiner Frau das Band hinüber. »Siehst du? Ich hab's dir gesagt!«

»Ich hab's gesehen«, sagte Ruth heftig. »Du denkst wohl, die ganze Welt hat nur auf dich gewartet. Sie verbessern dauernd ihre Waffen, Bob. Letzte Woche waren es diese Getreidebefruchtungsflocken. Diese Woche sind es Bohrgeschosse. Du erwartest doch nicht, dass sie die Räder des Fortschritts anhalten, weil du endlich aufgegeben und einen Bunker gekauft hast, oder?«

Der Mann und die Frau sahen einander an. »Was zum Teufel sollen wir tun?«, fragte Bob Foster leise.

Ruth ging zurück in die Küche. »Ich habe gehört, sie wollen Adapter rausbringen.«

»Adapter! Was soll das heißen?«

»Damit sich die Leute keinen neuen Bunker kaufen müssen. Auf dem Bildschirm ist eine Werbung gelaufen. Sie wollen irgendeine Art Metallgitter auf den Markt bringen, sobald die Regierung zugestimmt hat. Sie breiten es auf dem Boden aus, und es fängt die Bohrgeschosse ab. Es schirmt sie ab, so dass sie an der Oberfläche explodieren und sich nicht in den Bunker graben können.«

»Wie teuer?«

»Haben sie nicht gesagt.«

Mike Foster saß zusammengekauert auf dem Sofa und lauschte. Er hatte die Neuigkeit in der Schule erfahren. Sie wurden gerade in Beerenbestimmung geprüft und untersuchten präparierte Exemplare wilder Beeren, um die harmlosen von den giftigen zu unterscheiden, als die Glocke eine Schulversammlung ankündigte. Der Schulleiter las ihnen die Nachricht über die Bohrgeschosse vor und hielt dann einen Routinevortrag über die neuentwickelte Notbehandlung einer neuen Variante von Typhus.

Seine Eltern stritten sich noch immer. »Wir werden einen kaufen müssen«, sagte Ruth Foster ruhig. »Sonst ist es egal, ob wir einen Bunker haben oder nicht. Die Bohrgeschosse sind speziell dafür bestimmt, die Oberfläche zu durchdringen und Wärme ausfindig zu machen. Sobald die Russen damit in Produktion gehen –«

»Ich werde einen kaufen«, sagte Bob Foster. »Ich werde ein Antigeschoß-Gitter und was sie sonst noch so haben kaufen. Ich werde alles kaufen, was sie auf den Markt bringen. Ich werde niemals aufhören zu kaufen.«

»So schlimm ist es auch wieder nicht.«

»Weißt du, dieses Spiel hat einen echten Vorzug gegenüber dem Verkauf von Autos und Fernsehern an die Leute. Bei so etwas *müssen* wir kaufen. Es ist kein Luxus, etwas Dickes und Glänzendes, um die Nachbarn zu beeindrucken, etwas, auf das wir verzichten könnten. Wenn wir das nicht kaufen, sterben wir. Sie haben immer gesagt, man verkauft etwas, wenn man Angst in den Menschen weckt. Ein Gefühl von Unsicherheit weckt – ihnen erzählt, sie riechen schlecht oder sehen komisch aus. Aber im Vergleich dazu sind Deodorants und Haaröl ein Witz. Davor kannst du nicht fliehen. Wenn du nicht kaufst, *werden sie dich töten*. Die perfekte Verkaufsmasche. Erwerben oder sterben – neuer Slogan. Entweder Sie haben einen neuen General-Electronics-H-Bomben-Schutzbunker im Garten, oder Sie werden abgeschlachtet.«

»Hör auf, so zu reden!«, zischte Ruth.

Bob Foster setzte sich schwerfällig an den Küchentisch. »Also gut. Ich gebe auf. Ich werde mitmachen.«

»Du kaufst einen? Ich denke, bis Weihnachten werden sie auf dem Markt sein.«

»O ja«, sagte Foster. »Bis Weihnachten sind sie raus.« Ein seltsamer Ausdruck lag auf seinem Gesicht. »Ich werde eins von diesen verdammten Dingern zu Weihnachten kaufen, und das werden alle anderen auch tun.«

Die Abschirmgitter-Adapter von GEC waren eine Sensation.

Mike Foster ging langsam durch das spätnachmittägliche Dämmerlicht die überfüllte Dezemberstraße hinunter. In jedem Schaufester glitzerten Adapter. Alle Formen und alle Größen, für jede Art von Bunker. Alle Preise, für jeden Geldbeutel. Die Menschenmassen waren fröhlich und aufgeregt, typische Weihnachtseinkäufer, guter Dinge, schwer an Paketen und dicken Mänteln tragend. Die Luft war weiß von treibenden Schneeböen. Wagen fuhren vorsichtig im Schritttempo die verstopften Straßen entlang. Lichter und Neonreklame, riesige leuchtende Schaufenster schimmerten auf allen Seiten.

Sein eigenes Haus war dunkel und still. Seine Eltern waren noch nicht zu Hause. Sie arbeiteten beide unten im Laden; das Geschäft war schlecht gelaufen, und seine Mutter ersetzte einen der Angestellten. Mike hielt seine Hand vor den Codeschlüssel, und die Haustür ließ ihn hinein. Die automatische Heizung hatte das Haus warm und angenehm gehalten. Er zog seine Jacke aus und legte seine Schulbücher weg.

Er blieb nicht lange im Haus. Sein Herz klopfte vor Aufregung, als er sich seinen Weg zum Hinterausgang ertastete und auf die hintere Veranda trat.

Er zwang sich, anzuhalten, sich umzudrehen und wieder ins Haus zu gehen. Es war besser, wenn er nichts übereilte. Er hatte jeden Moment des Ablaufs ausgearbeitet, vom ersten Augenblick an, als er die niedrige Silhouette der Einstiegsluke hart und fest gegen den Abendhimmel aufragen sah. Er hatte eine Kunst daraus gemacht; es gab keine überflüssige Bewegung. Er hatte seine Vorgehensweise so lange geplant, gestaltet, bis es etwas Schönes war. Das erste überwältigende Gefühl von *Präsenz*, wenn sich der Hals des Bunkers um ihn schloss. Dann der Luftzug, der ihm das Blut in den Adern gefrieren ließ, wenn der Abfahrtslift bis ganz nach unten raste.

Und die Pracht des eigentlichen Bunkers.

Jeden Nachmittag, sobald er zu Hause war, machte er sich auf den Weg nach unten, in den Bunker, unter die Oberfläche, verborgen und geschützt in seiner stählernen Stille, so wie er es seit dem ersten Tag getan hatte. Jetzt war die Kammer voll, nicht leer. Gefüllt mit zahllosen Lebensmitteldosen, Kissen, Büchern, Videobändern, Audiobändern, Drucke an den Wänden, leuchtende Stoffe, Muster und Farben, selbst Blumenvasen. Der Bunker war sein Ort, wo er zusammengekauert hockte, umgeben von allem, was er brauchte.

Er zögerte die Dinge möglichst lange hinaus und eilte zurück ins Haus, um den Stapel Audiobänder zu durchstöbern. Er würde bis zum Abendessen unten im Bunker sitzen, und sich *Der Wind in den Weiden* anhören. Seine Eltern wussten, wo sie ihn finden konnten; er war immer da unten. Zwei Stunden ununterbrochenes Glück, allein für sich im Bunker. Und dann, wenn das Abendessen vorbei war, würde er wieder nach unten eilen, um so lange dort zu bleiben, bis es Zeit war, ins Bett zu gehen. Manchmal spätnachts, wenn seine Eltern fest schliefen, stand er leise auf und ging nach draußen, zum Bunkerhals und hinunter in dessen stille Tiefe. Um sich bis zum Morgen zu verstecken.

Er fand das Audioband und eilte durchs Haus, hinaus auf die rückwärtige Veranda und in den Garten. Der Himmel war trostlos grau, durchzogen von hässlichen schwarzen Wolkenstreifen. Die Lichter der Stadt gingen hier und dort an. Der Garten war kalt und feindselig. Er suchte sich unsicher seinen Weg die Stufen hinab – und erstarrte.

Eine riesige, gähnende Höhle tat sich vor ihm auf. Ein klaffendes Maul, leer und zahnlos, starr zum Nachthimmel geöffnet. Sonst war nichts da. Der Bunker war weg.

Er stand endlos lange da, hielt das Band mit einer Hand umklammert, die andere Hand auf dem Verandageländer. Die Nacht kam; das tote Loch verschwand in der Dunkelheit. Die ganze Welt versank allmählich in Schweigen und abgrundtiefem Dunkel. Blasse Sterne kamen hervor; in den nahe gelegenen Häusern gingen vereinzelt Lichter an, kalt und schwach. Der Junge sah nichts. Er stand unbeweglich, den Körper hart wie Stein, und sah noch immer auf die große Grube, wo der Bunker gewesen war.

Dann stand sein Vater neben ihm. »Wie lange bist du schon hier?«, sagte sein Vater. »Wie lange, Mike? Antworte mir!«

Mit einer heftigen Anstrengung schaffte es Mike, sich zusammenzureißen. »Du bist früh zu Hause«, murmelte er.

»Ich bin absichtlich früher aus dem Laden gegangen. Ich wollte hier sein, wenn du – nach Hause kommst.«

»Er ist weg.«

»Ja.« Die Stimme seines Vaters war kalt, ohne jedes Gefühl. »Der Bunker ist weg. Es tut mir leid, Mike. Ich habe sie angerufen und ihnen gesagt, dass sie ihn wieder zurücknehmen sollen.«

»Wieso?«

»Ich konnte ihn nicht bezahlen. Nicht an diesem Weihnachten, wo jeder die Gitter kauft. Ich kann nicht mit ihnen konkurrieren.« Er brach ab und fuhr dann deprimiert fort: »Sie waren verdammt anständig. Sie haben mir die Hälfte des Geldes wiedergegeben, das ich reingesteckt habe.« Seine Stimme verzehrte sich ironisch. »Ich wusste, dass ich besser davonkomme, wenn ich mich vor Weihnachten mit ihnen einige. Sie können ihn an jemand anders weiterverkaufen.«

Mike sagte nichts.

»Versuch, das zu verstehen«, fuhr sein Vater heiser fort. »Ich musste alles Kapital, was ich zusammenkratzen konnte, in den Laden stecken. Ich muss ihn am Laufen halten. Es hieß, entweder den Bunker oder den Laden aufgeben. Und wenn ich den Laden aufgeben würde –«

»Dann hätten wir nichts mehr.«

Sein Vater packte ihn am Arm. »Dann hätten wir auch den Bunker aufgeben müssen.« Seine dünnen starken Finger pressten sich krampfhaft zusammen. »Du wirst größer – du bist alt genug, um das zu verstehen. Wir werden später einen kaufen, vielleicht nicht den größten, den teuersten, aber immerhin etwas. Es war ein Fehler, Mike. Es ging einfach nicht, nicht jetzt, wo diese gottverdammten Adapterdinger aufgetaucht sind. Aber ich behalte die NAT-Zahlungen bei. Und deine Schulmarke. Dafür sorge ich auch weiter. Das ist keine Frage des Prinzips«, er endete verzweifelt. »Ich kann's nicht ändern. Verstehst du das, Mike? *Ich musste es tun.*«

Mike riss sich los.

»Wo willst du hin?« Sein Vater eilte ihm nach. »Komm zurück!« Er griff panisch nach seinem Sohn, aber in der Dunkelheit stolperte er und fiel. Sterne blendeten ihn, als sein Kopf gegen die Hausecke schlug; er zog sich schmerzerfüllt hoch und tastete nach Halt.

Als er wieder sehen konnte, war der Garten leer. Sein Sohn war fort.

»Mike!«, schrie er. »Wo bist du?«

Es kam keine Antwort. Der Nachtwind wehte Schneeflocken um ihn herum, eine dichte scharfe Bö frostiger Luft. Wind und Dunkelheit, sonst nichts.

Bill O'Neill sah müde auf die Uhr an der Wand. Es war halb zehn: Er konnte endlich die Tür zumachen und den großen glänzenden Laden abschließen. Die sich drängenden, murmelnden Menschenmassen nach draußen schieben und auf den Nachhauseweg schicken.

»Gott sei Dank«, hauchte er, als er der letzten, mit Paketen und Geschenken beladenen alten Dame die Tür aufhielt. Er schob den Coderiegel an Ort und Stelle und zog das Rouleau herunter. »Was für ein Ansturm. Ich habe noch nie so viele Leute auf einem Haufen gesehen.«

»Geschafft«, sagte Al Conners von der Kasse aus. »Ich zähle das Geld – geh du rum und sieh überall nach. Vergewissere dich, dass alle raus sind.«

O'Neill strich sein blondes Haar nach hinten und lockerte seine Krawatte. Er zündete sich dankbar eine Zigarette an und ging dann durch den Laden, überprüfte die Lichtschalter, knipste die massigen GEC-Reklamen und Apparate aus. Zum Schluss ging er zu dem riesigen Bombenschutzbunker, der die Mitte der Verkaufsfläche einnahm.

Er stieg die Leiter zum Einstieg hoch und trat in den Lift. Der Lift sackte mit einem *Zisch* nach unten, und eine Sekunde später trat er hinaus in das höhlenartige Innere des Bunkers.

In einer Ecke saß, zusammengekauert, Mike Foster, die Knie ans Kinn gezogen, die mageren Arme um die Knöchel gelegt. Sein Gesicht war nach unten gewandt; nur seine struppigen braunen Haare waren zu sehen. Er bewegte sich nicht, als der Verkäufer verblüfft näher kam.

»Himmel!«, rief O'Neill. »Es ist der Junge.«

Mike sagte nichts. Er umfasste seine Beine fester und vergrub den Kopf so tief wie möglich.

»Was zum Teufel machst du hier unten?«, fragte O'Neill, überrascht und verärgert. Seine Empörung wuchs. »Ich habe gedacht, deine Eltern hätten so einen gekauft.« Dann fiel es ihm ein. »Stimmt. Wir mussten ihn zurücknehmen.«

Al Conners trat aus dem Abwärtslift. »Was dauert das denn so lange? Lass uns hier abhauen und –« Er sah Mike und brach ab. »Was macht der hier unten? Schaff ihn raus, und dann los.«

»Komm schon, Junge«, sagte O'Neill sanft. »Zeit, nach Hause zu gehen.«

Mike bewegte sich nicht.

Die beiden Männer sahen einander an. »Wir werden ihn wohl hier rausschleifen müssen«, sagte Conners grimmig. Er zog sein Jackett aus und warf es über ein Dekontaminationsgerät. »Komm schon. Bringen wir's hinter uns.«

Sie mussten sich beide anstrengen. Der Junge wehrte sich verzweifelt, geräuschlos, klammerte, kämpfte und kratzte sie mit den Fingernägeln, trat sie, schlug nach ihnen, biss sie, wenn sie ihn packten. Sie schleiften ihn halb, halb trugen sie ihn zum Lift und stießen ihn so lange hinein, bis sie den Mechanismus aktivieren konnten. O'Neill fuhr mit ihm; Conners kam sofort hinterher. Entschlossen und ohne zu zögern verfrachteten sie den Jungen zum Ausgang, warfen ihn hinaus und verriegelten hinter ihm.

»Uff«, keuchte Conners und sank gegen den Ladentisch. Sein Ärmel war zerrissen, und auf seiner Wange klaffte ein Riss. Die Brille hing ihm von einem Ohr; sein Haar war zerwühlt, und er war erschöpft. »Meinst du, wir sollten die Cops holen? Mit dem Jungen stimmt was nicht.«

O'Neill stand an der Tür, rang nach Atem und starrte hinaus in die Dunkelheit. Er konnte den Jungen sehen, der auf dem Pflaster saß. »Er ist noch da draußen«, murmelte er. Menschen schoben sich auf beiden Seiten an dem Jungen vorbei. Schließlich blieb einer stehen und zog ihn hoch. Der Junge riss sich los und verschwand in der Dunkelheit. Die größere Gestalt hob ihre Pakete auf, zögerte einen Moment und ging dann weiter. O'Neill wandte sich ab. »So ein Mist.« Er wischte sich mit einem Taschentuch über das Gesicht. »Er hat sich tapfer geschlagen.«

»Was ist los mit ihm? Er hat kein einziges Wort gesagt, nicht ein gottverdammtes Wort.«

»Weihnachten ist eine miese Zeit, um Sachen zurückzunehmen«, sagte O'Neill. Er griff zittrig nach seinem Jackett. »Wirklich schade. Ich wünschte, sie hätten ihn behalten können.«

Conners zuckte die Achseln. »Geld regiert die Welt.«

»Warum zum Teufel können wir ihnen kein Angebot machen? Vielleicht –« O'Neill suchte nach Worten. »Den Bunker vielleicht zum Großhandelspreis verkaufen, an Leute wie sie.«

Conners funkelte ihn wütend an. »*Zum Großhandelspreis?* Und dann will ihn jeder zum Großhandelspreis. Es wäre ungerecht – und wie lange wären wir dann noch im Geschäft? Wie lange würde GEC auf diese Weise durchhalten?«

»Vermutlich nicht sehr lang«, gab O'Neill trübsinnig zu.

»Benutze deinen Verstand.« Conners lachte scharf. »Was du brauchst, ist ein ordentlicher Drink. Komm mit nach hinten – ich habe noch eine halbe Flasche Haig and Haig dahinten in einer Schublade. 'n Kleinen zum Aufwärmen, bevor du nach Hause gehst. Das ist genau das, was du brauchst.«

Mike Foster wanderte ziellos die dunkle Straße entlang, im dichten Gedränge von Käufern, die nach Hause hasteten. Er sah nichts; Menschen stießen gegen ihn, aber er bemerkte sie nicht. Lichter, lachende Menschen, hupende Autos, aufleuchtende Signale. Er war geistesabwesend, sein Kopf leer und tot. Er ging willenlos, ohne Bewusstsein oder Gefühl.

Zu seiner Rechten blinkte eine grelle Neonreklame in der dunkler werdenden Abenddämmerung. Ein riesiges Schild, hell und farbenfroh.

FRIEDE AUF ERDEN
UND DEN MENSCHEN EIN WOHLGEFALLEN
ÖFFENTLICHER BUNKER EINTRITT 50 CENT

Autofab

I

Nervosität lastete auf den drei wartenden Männern. Sie rauchten, liefen hin und her, traten ziellos nach dem Unkraut am Straßenrand. Die heiße Mittagssonne brannte herab auf braune Felder, hübsche Plastikreihenhäuser, die ferne Gebirgskette im Westen.

»Ist bald so weit«, sagte Earl Perine und verknotete seine knochigen Hände. »Das wechselt je nach Ladung, eine halbe Sekunde für jedes zusätzliche Pfund.«

»Hast du dir das etwa ausgerechnet?«, erwiderte Morrison verbittert. »Du bist schon genauso schlimm wie dieses Ding. Tun wir doch so, als ob es bloß *zufällig* zu spät dran wär.«

Der dritte Mann sagte nichts. O'Neill war zu Gast aus einer anderen Siedlung; er kannte Perine und Morrison nicht gut genug, um sich mit ihnen anzulegen. Stattdessen hockte er sich hin und ordnete die Papiere, die an seiner Kontrolltafel aus Aluminium klemmten. In der glühenden Sonne wirkten O'Neills Arme braungebrannt, sie waren behaart, glänzten vor Schweiß. Er war muskulös, hatte wirres graues Haar, eine Hornbrille und war älter als die beiden anderen. Er trug lange Hosen, ein Sporthemd und Schuhe mit Kreppsohlen. Zwischen seinen Fingern glitzerte sein Füllfederhalter, metallisch und professionell.

»Was schreiben Sie denn da?«, brummte Perine.

»Ich skizziere das Verfahren, nach dem wir vorgehen«, sagte O'Neill nachsichtig. »Das legen wir lieber jetzt fest, statt es auf gut Glück zu probieren. Wir möchten ja schließlich wissen, was wir probiert haben und was nicht funktioniert hat. Sonst bewegen wir uns im Kreis. Wir haben es hier mit einem Kommunikationsproblem zu tun; so sehe ich das zumindest.«

»Kommunikation«, pflichtete Morrison mit seiner tiefen, hohlen Stimme bei. »Ja, wir kommen an die verdammte Kiste einfach nicht ran. Sie taucht hier auf, lädt ab und fährt weiter – wir kriegen einfach keinen Kontakt zwischen ihr und uns zustande.«

»Sie ist eine Maschine«, sagte Perine erregt. »Sie ist tot – blind und taub.«

»Aber sie steht in Kontakt mit der Außenwelt«, erklärte O'Neill. »Es muss doch eine Möglichkeit geben, sie zu packen. Sie spricht auf bestimmte semantische Signale an; wir müssen diese Signale bloß finden. Wiederentdecken, genauer gesagt. Die Chancen stehen vielleicht ein halbes Dutzend zu einer Milliarde.«

Ein schwaches Rattern unterbrach die drei Männer. Wachsam und argwöhnisch blickten sie auf. Es war soweit.

»Da ist sie«, sagte Perine. »Na schön, Sie Klugscheißer, mal sehen, ob Sie auch nur eine einzige Änderung in ihrem Funktionsablauf hinkriegen.«

Der Lastwagen war gewaltig und ächzte unter seiner prallen Ladung. In vieler Hinsicht ähnelte er konventionellen, von Menschen gesteuerten Transportfahrzeugen, mit einer Ausnahme – es gab kein Führerhäuschen. Eine Ladebühne bildete die waagerechte Oberfläche, und der Teil, wo normalerweise Scheinwerfer und Kühlergrill zu sehen waren, bestand aus einer fibrösen, schwammähnlichen Rezeptorenmasse, dem beschränkten Sinnesapparat dieser mobilen Nutzungseinheit.

Als er die drei Männer bemerkte, kam der Lastwagen langsam zum Stillstand, schaltete und zog die Notbremse. Es verging ein Augenblick, während sich Relais in Gang setzten; dann kippte ein Teil der Ladefläche ab, und eine Kaskade von schweren Kartons ergoss sich auf die Straße. Den Gegenständen flatterte eine ausführliche Inventarliste hinterher.

»Sie wissen ja, was wir zu tun haben«, meinte O'Neill rasch. »Beeilen Sie sich, bevor er wieder verschwindet.«

Geschickt, verbissen schnappten sich die drei Männer die abgeladenen Kartons und rissen die Schutzhülle auf. Schimmernde Gegenstände: ein Binokular-Mikroskop, ein tragbares Funkgerät, stapelweise Plastikgeschirr, medizinisches Versorgungsmaterial, Rasierklingen, Kleidung, Lebensmittel. Der größte Teil der Lieferung bestand, wie üblich, aus Lebensmitteln. Die drei Männer begannen, systematisch Gegenstände zu zertrümmern. Nach ein paar Minuten waren sie bloß noch von chaotisch verstreuten Trümmern umgeben.

»Das hätten wir«, keuchte O'Neill und trat zurück. Er tastete nach seiner Kontrollliste. »Mal sehen, was er jetzt macht.«

Der Lastwagen war langsam angefahren; urplötzlich hielt er an und setzte zurück. Seine Rezeptoren hatten mitbekommen, dass die drei Männer den abgeworfenen Teil der Ladung zerstört hatten. Knirschend machte er in einem Halbkreis kehrt, blieb stehen und wandte ihnen seine Rezeptorenbank zu. Seine Antenne fuhr aus; er hatte sich schon mit der Fabrik in Verbindung gesetzt. Instruktionen waren unterwegs.

Eine zweite, identische Ladung wurde abgekippt und vom Lastwagen gestoßen.

»Alles für die Katz«, ächzte Perine, als der neuen Ladung eine entsprechende Inventarliste hinterherflatterte. »Wir haben das ganze Zeug umsonst kaputtgemacht.«

»Was jetzt?«, fragte Morrison O'Neill. »Was steht denn als nächster Schachzug auf unserem Täfelchen?«

»Helfen Sie mir mal.« O'Neill schnappte sich einen Karton und schleppte ihn zum Lastwagen zurück. Er schleifte den Karton auf die Ladefläche und drehte sich dann nach dem nächsten um. Die beiden anderen Männer taten es ihm ungeschickt nach. Sie wuchteten die Ladung auf den Lastwagen zurück. Als der Laster losfuhr, war auch die letzte viereckige Kiste wieder an ihrem Platz.

Der Lastwagen zögerte. Seine Rezeptoren hatten registriert, dass er wieder beladen worden war. Aus dem Innern seines Triebwerks kam ein schwaches, anhaltendes Summen.

»Vielleicht schnappt er jetzt völlig über«, erklärte O'Neill schwitzend. »Er hat seinen Auftrag erfüllt und damit nichts erreicht.«

Der Lastwagen machte einen kurzen, vergeblichen Versuch, sich von der Stelle zu rühren. Dann plötzlich wendete er entschlossen und schüttete die Ladung, fast zu schnell fürs bloße Auge, erneut auf die Straße.

»Greift sie euch!«, schrie O'Neill. Die drei Männer schnappten sich die Kartons und luden sie fieberhaft wieder auf. Aber ebenso schnell, wie die Kartons auf die waagerechte Bühne zurückgeschoben worden waren, kippten die Greifer des Lastwagens sie über die Laderampen auf der anderen Seite hinunter auf die Straße.

»Es hat keinen Zweck«, meinte Morrison schwer atmend. »Als ob man mit einem Sieb Wasser schöpfen würde.«

»Wir sind geliefert«, pflichtete Perine elend und japsend bei, »wie immer. Wir Menschen ziehen jedes Mal den Kürzeren.«

Der Lastwagen betrachtete sie gelassen, seine Rezeptoren teilnahmslos und leer. Er tat nur seine Arbeit. Das erdumspannende System von automatischen Fabriken erfüllte die Aufgabe reibungslos, die man ihm vor fünf Jahren auferlegt hatte, in der Anfangsphase des Totalen Globalen Konflikts.

»Da geht er hin«, bemerkte Morrison traurig. Der Lastwagen hatte die Antenne eingefahren; er schaltete in einen niedrigen Gang und löste die Feststellbremse.

»Ein letzter Versuch«, sagte O'Neill. Er griff sich einen der Kartons und riss ihn auf. Er zerrte einen Vierzig-Liter-Kanister Milch heraus und schraubte den Deckel ab. »So blöd das auch sein mag.«

»Das ist doch albern«, protestierte Perine. Widerwillig suchte er sich in den verstreuten Trümmern einen Becher und tauchte ihn in die Milch. »Einfach kindisch!«

Der Lastwagen hatte angehalten und beobachtete sie.

»Los«, befahl O'Neill spitz. »Genau wie wir's geübt haben.«

Rasch tranken alle drei aus dem Milchkanister, ließen sich die Milch dabei absichtlich übers Kinn rinnen; was sie da taten, durfte auf keinen Fall missverstanden werden.

Wie vorgesehen, war O'Neill der Erste. Mit wild verzerrtem Gesicht schleuderte er den Becher von sich und spuckte die Milch angeekelt auf die Straße.

»Um Gottes willen!«, würgte er.

Die beiden anderen taten dasselbe; sie stampften mit den Füßen auf und fluchten laut, traten den Milchkanister um und funkelten den Lastwagen vorwurfsvoll an.

»Die ist nicht mehr gut!«, brüllte Morrison.

Neugierig geworden, kam der Lastwagen langsam zurück. Elektronische Synapsen klickten und sirrten, reagierten so auf die Situation; seine Antenne schoss in die Höhe wie eine Fahnenstange.

»Ich glaub, das ist es«, sagte O'Neill zitternd. Der Lastwagen schaute zu, wie er einen zweiten Milchkanister hervorzerrte, den Deckel abschraubte und den Inhalt probierte. »Dasselbe!«, schrie er den Lastwagen an. »Die ist genauso schlecht!«

Aus dem Lastwagen ploppte ein Metallzylinder. Der Zylinder fiel Morrison vor die Füße; hastig griff er danach und riss ihn auf.

ERBITTE GENAUE FEHLERANGABE

Das Instruktionsverzeichnis listete reihenweise mögliche Defekte auf, dahinter je ein ordentliches Kästchen; es war ein Lochstab beigelegt, um den speziellen Mangel des Produkts zu kennzeichnen.

»Was soll ich angeben?«, fragte Morrison. »Kontaminiert? Bakteriell verseucht? Sauer? Ranzig? Falsch ausgezeichnet? Zerbrochen? Zerquetscht? Rissig? Verbogen? Verunreinigt?«

O'Neill dachte rasch nach. »Geben Sie gar nichts an«, meinte er. »Die Fabrik ist garantiert in der Lage, sie zu testen und neue Proben zu entnehmen. Sie erstellt ihre eigene Analyse und ignoriert uns dann.« Seine Miene hellte sich auf, als ihn die Eingebung überfiel. »Schreiben Sie in die freie Zeile da unten. Da ist Platz für weitere Daten.«

»Was soll ich denn schreiben?«

»Schreiben Sie: *Das Produkt ist vollkommen fieselig*«, sagte O'Neill.

»Was ist denn das?«, fragte Perine verwirrt.

»Schreiben Sie schon! Das ist semantischer Quark – das versteht die Fabrik bestimmt nicht. Vielleicht können wir so die Arbeiten blockieren.«

Mit O'Neills Füller trug Morrison sorgfältig ein, die Milch sei fieselig. Kopfschüttelnd versiegelte er den Zylinder wieder und gab ihn dem Lastwagen zurück. Der Lastwagen schnappte sich die Milchkanister und ließ seine Ladeklappe säuberlich einrasten. Mit quietschenden Reifen raste er davon. Aus seinem Schlitz titschte ein letzter Zylinder; der Lastwagen fuhr eilig weiter und ließ den Zylinder im Staub liegen.

O'Neill hob ihn auf und hielt das Papier hoch, damit die anderen es sehen konnten.

EIN FABRIKVERTRETER
WIRD SICH BEI IHNEN MELDEN.
HALTEN SIE KOMPLETTE DATEN
ÜBER PRODUKTFEHLER BEREIT.

Einen Augenblick lang schwiegen die drei Männer. Dann fing Perine an zu kichern. »Wir haben's geschafft. Wir haben Kontakt. Wir sind durchgekommen.«

»Allerdings«, pflichtete O'Neill bei. »Von einem fieseligen Produkt hab ich noch nie was gehört.«

Tief in den Bergsockel gehauen, lag der riesige Metallwürfel der Fabrik von Kansas City. Seine Oberfläche war korrodiert, mit Strahlungspocken übersät, rissig und zernarbt von den fünf Kriegsjahren, die über ihn hinweggefegt waren. Der größte Teil der Fabrik war unter der Erdoberfläche begraben, nur die Zufahrtsrampen waren zu sehen. Der Lastwagen war ein Punkt, der mit hoher Geschwindigkeit auf den riesigen Klotz aus schwarzem Metall zuratterte. Augenblicklich entstand eine Öffnung in der gleichförmigen Oberfläche; der Lastwagen tauchte hinein und verschwand im Innern. Die Zufahrt schloss sich krachend.

»Jetzt haben wir das größte Stück Arbeit vor uns«, sagte O'Neill. »Jetzt müssen wir sie dazu bringen, den Betrieb einzustellen – sich selbst abzuschalten.«

II

Judith O'Neill servierte den Leuten im Wohnzimmer heißen schwarzen Kaffee. Ihr Mann redete, und die anderen hörten zu. O'Neill konnte durchaus als Experte für Autofab-Systeme gelten, soweit es überhaupt einen gab.

Zu Hause, im Bezirk Chicago, hatte er den Schutzzaun der örtlichen Fabrik so lange kurzgeschlossen, dass er mit Datenbändern davonkommen konnte, die in ihrem Nachhirn gespeichert waren. Die Fabrik hatte natürlich sofort einen neuen, besseren Zaun konstruiert. Aber er hatte bewiesen, dass die Fabriken nicht unfehlbar waren.

»Das Institut für Angewandte Kybernetik«, erklärte O'Neill, »hatte das System völlig unter Kontrolle. Sei nun der Krieg schuld daran oder die Störgeräusche in den Verbindungsleitungen, die alle Kenntnisse gelöscht haben, die uns fehlen. Das Institut hat es jedenfalls nicht geschafft, uns seine Informationen zu übermitteln, so dass wir unsere Informationen den Fabriken jetzt nicht übermitteln können – die Nachricht, dass der Krieg vorbei ist und wir so weit sind, die Kontrolle über den Industriebetrieb wieder zu übernehmen.«

»Und in der Zwischenzeit«, setzte Morrison säuerlich hinzu, »dehnt sich das verdammte System weiter aus und verbraucht dabei immer mehr von unseren Rohstoffen.«

»Ich habe langsam das Gefühl«, meinte Judith, »ich brauche bloß fest genug mit dem Fuß aufstampfen, und schon lieg ich in einem Fabriktunnel. Die müssen mittlerweile überall Stollen haben.«

»Gibt es denn keinen Sperrbefehl?«, fragte Perine nervös. »Sind die Dinger etwa so konstruiert, dass sie sich unbegrenzt ausdehnen?«

»Jede Fabrik ist auf ihren eigenen Betriebsbereich beschränkt«, sagte O'Neill, »aber das System an sich ist unbegrenzt. Es kann unsere Rohstoffe ewig weiter ausschöpfen. Das Institut hat beschlossen, dass es höchste Priorität genießt; wir einfachen Menschen kommen erst an zweiter Stelle.«

»Ist denn dann *überhaupt* noch was für uns übrig?«, wollte Morrison wissen.

»Nur, wenn wir den Betrieb des Systems stoppen können. Es hat schon ein halbes Dutzend grundlegender Mineralien verbraucht. Seine Suchmannschaften sind ununterbrochen im Einsatz, suchen überall nach irgendeinem letzten Brocken, den sie mit in ihre Fabrik schleifen können.«

»Was würde passieren, wenn sich die Tunnels von zwei Fabriken kreuzen?«

O'Neill zuckte die Achseln. »Normalerweise passiert so etwas nicht. Jede Fabrik verfügt über einen bestimmten Bereich unseres Planeten, hat ihr eigenes kleines Stück vom großen Kuchen zu ihrem ausschließlichen Nutzen.«

»Aber es *könnte* doch passieren.«

»Na ja, sie sind ganz heiß auf Rohstoffe; solange noch irgendwas übrig ist, spüren sie's auch auf.« O'Neill sann mit wachsendem Interesse über diesen Gedanken nach. »Das wäre zu überlegen. Ich nehme an, wenn alles knapper wird –«

Er verstummte. Eine Gestalt war ins Zimmer gekommen; sie stand schweigend an der Tür und musterte sie.

Im trüben Schatten wirkte die Gestalt beinahe menschlich. Einen kleinen Augenblick lang hielt O'Neill sie für einen Nachzügler aus der Siedlung. Dann, als sie sich vorwärtsschob, erkannte er, dass sie lediglich menschenähnlich war: ein funktionelles, aufrechtes Zweifüßer-Chassis mit aufmontierten Datenrezeptoren, dazu Effektoren und Propriozeptoren in Form eines nach unten führenden Wurms, der in Bodengreifern endete. Ihre Ähnlichkeit mit einem menschlichen Wesen war ein Beweis für die Leistungsfähigkeit der Natur; eine sentimentale Nachahmung war nicht beabsichtigt.

Der Fabrikvertreter war da.

Er begann ohne Umschweife. »Dies ist eine Datensammlungsmaschine, die in der Lage ist, auf mündlicher Basis zu kommunizieren. Sie verfügt sowohl über Sende- als auch Empfangseinrichtungen und kann Fakten integrieren, die für ihre derzeitige Untersuchung relevant sind.«

Die Stimme war angenehm, selbstsicher. Offenbar ein Band, das irgendein Techniker des Instituts vor dem Krieg aufgenommen hatte.

So, wie sie aus der menschenähnlichen Gestalt kam, klang sie grotesk: O'Neill konnte sich den toten jungen Mann lebhaft vorstellen, dessen fröhliche Stimme nun aus dem mechanischen Mund dieser aufrechten Konstruktion aus Stahl und Schaltkreisen drang.

»Ein warnendes Wort noch«, fuhr die angenehme Stimme fort. »Es wäre zwecklos, diesen Rezeptor als Menschen zu betrachten und ihn in Diskussionen zu verwickeln, für die er nicht ausgerüstet ist. Obgleich zielorientiert, ist er nicht in der Lage, logisch zu denken; er kann lediglich ihm bereits bekanntes Material neu ordnen.«

Die optimistische Stimme verstummte mit einem Klicken, und eine zweite Stimme war zu hören. Sie ähnelte der ersten, wies jedoch keinerlei Besonderheiten des Tonfalls oder persönliche Manierismen auf. Die Maschine benutzte das phonetische Sprachmuster des Toten zur eigenen Kommunikation.

»Die Analyse des beanstandeten Produkts«, erklärte sie, »lässt keine Fremdelemente oder nachweisbare Verschlechterung erkennen. Das Produkt entspricht den herkömmlichen Teststandards, die innerhalb des gesamten Systems angewandt werden. Die Beanstandung erfolgt daher auf einer Basis außerhalb des Testbereichs; dabei werden dem System nicht bekannte Standards zugrunde gelegt.«

»Stimmt genau«, pflichtete O'Neill bei. Er wägte seine Worte vorsichtig ab, bevor er fortfuhr. »Wir fanden die Milch unter Niveau. Wir können damit nichts anfangen. Wir verlangen eine sorgfältigere Produktion.«

Die Maschine reagierte sofort. »Der semantische Gehalt des Begriffs ›fieselig‹ ist dem System nicht geläufig. Im gespeicherten Vokabular existiert er nicht. Können Sie eine sachliche Analyse der Milch hinsichtlich vorhandener bzw. nicht vorhandener spezifischer Elemente vorlegen?«

»Nein«, sagte O'Neill vorsichtig; das Spiel, das er spielte, war verzwickt und gefährlich. »›Fieselig‹ ist ein allgemeiner Begriff. Man kann ihn nicht auf chemische Komponenten reduzieren.«

»Was bedeutet ›fieselig‹?«, fragte die Maschine. »Können Sie das anhand alternativer semantischer Symbole definieren?«

O'Neill zögerte. Der Vertreter musste von seiner spezifischen Untersuchung abgelenkt und auf allgemeineres Terrain geführt werden, hin zu dem grundlegenden Problem, wie man das System abschalten konnte. Wenn er an irgendeinem Punkt einhaken und die theoretische Diskussion in Gang bringen konnte …

»›Fieselig‹«, erklärte er, »beschreibt den Zustand eines Produkts, das produziert wird, auch wenn keinerlei Bedarf besteht. Es bezeichnet die Verweigerung von Gegenständen mit der Begründung, sie seien nicht mehr erwünscht.«

»Die systeminterne Analyse hat ergeben, dass in dieser Gegend Bedarf besteht an hochwertigem, pasteurisiertem Milchsurrogat«, sagte der Vertreter. »Es gibt keine alternative Bezugsquelle; das System hat alle vorhandenen säugetierähnlichen Produktionsanlagen unter Kontrolle.« Er setzte hinzu: »Den gespeicherten Originalinstruktionen zufolge ist Milch ein unverzichtbarer Bestandteil der menschlichen Ernährung.«

O'Neill war überlistet; die Maschine lenkte die Diskussion jetzt aufs Spezifische zurück. »Wir haben beschlossen«, sagte er verzweifelt, »dass wir keine Milch mehr wollen. Wir würden es vorziehen, ohne auszukommen, zumindest bis wir Kühe gefunden haben.«

»Das widerspricht den Aufzeichnungen des Systems«, wandte der Vertreter ein. »Es gibt keine Kühe. Alle Milch wird synthetisch hergestellt.«

»Dann stellen wir sie eben selbst synthetisch her«, fuhr Morrison ungeduldig dazwischen. »Wieso können wir die Maschinen denn nicht übernehmen? Mein Gott, wir sind doch keine Kinder mehr! Wir können selbst für uns sorgen!«

Der Fabrikvertreter rollte auf die Tür zu. »Bis zu dem Zeitpunkt, da Ihre Gemeinde andere Quellen zur Milchversorgung gefunden hat, wird das System Sie weiterhin versorgen. Analyse- und Auswertungseinrichtungen werden in dieser Gegend verbleiben und die üblichen Stichproben nehmen.«

»Wie sollen wir denn andere Quellen finden?«, brüllte Perine vergeblich. »Euch gehört doch der ganze Laden! Ihr schmeißt die ganze Chose!« Er lief dem Vertreter hinterher und bellte: »Ihr glaubt also, wir sind noch nicht so weit, die Dinge selbst in die Hand zu nehmen –

ihr meint, wir sind unfähig. Woher wisst ihr denn das? Ihr gebt uns ja nicht mal eine Chance! Wir kriegen auch nicht die geringste Chance!«

O'Neill war wie versteinert. Die Maschine ließ sie einfach stehen; ihr eingleisiges Denken hatte einen totalen Triumph errungen.

»Hören Sie«, sagte er heiser und stellte sich ihr in den Weg. »Wir wollen, dass ihr dichtmacht, kapiert. Wir wollen eure Anlagen übernehmen und sie selbst betreiben. Mit dem Krieg ist's vorbei. Verflucht nochmal, ihr seid überflüssig!«

An der Tür hielt der Fabrikvertreter kurz inne. »Die inoperative Periode«, sagte er, »ist erst dann vorgesehen, wenn die systeminterne Produktion der systemexternen Produktion entspricht. Zum augenblicklichen Zeitpunkt gibt es unseren regelmäßigen Stichproben zufolge keinerlei systemexterne Produktion. Daher wird die systeminterne Produktion fortgesetzt.«

Ohne Vorwarnung schwang Morrison das Stahlrohr in seiner Hand. Es knallte gegen die Schulter der Maschine und durchschlug das ausgeklügelte System von Sinneswerkzeugen, aus denen sich ihr Brustkorb zusammensetzte. Der Rezeptorentank zerplatzte; Glassplitter, Schaltungen und winzige Einzelteile prasselten überall zu Boden.

»Das ist doch ein Paradoxon!«, brüllte Morrison. »Ein Wortspiel – ein semantisches Spielchen, das sie da mit uns treiben. Das haben mit Sicherheit die Kybernetiker ausgeheckt.« Er hob das Rohr und ließ es erneut auf die Maschine niedersausen; sie wehrte sich nicht. »Die haben uns blockiert. Wir sind völlig hilflos.«

Das Zimmer war in hellem Aufruhr. »Das ist die einzige Möglichkeit«, japste Perine, als er sich an O'Neill vorbeidrängte. »Wir müssen sie vernichten – entweder das System oder wir.« Er schnappte sich eine Lampe und schleuderte sie dem Fabrikvertreter ins »Gesicht«. Die Lampe und die komplizierte Plastikoberfläche barsten; Perine ging dazwischen und tastete blind nach der Maschine. Alle im Zimmer drängten sich jetzt wütend um den aufrechten Zylinder; ihr ohnmächtiger Groll war am Überkochen. Die Maschine sank in sich zusammen und verschwand, als sie zu Boden gezerrt wurde.

Zitternd wandte O'Neill sich ab. Seine Frau ergriff seinen Arm und führte ihn beiseite.

»Diese Idioten«, meinte er niedergeschlagen. »Sie können sie nicht vernichten; sie bringen sie höchstens dazu, neue Schutzvorrichtungen zu konstruieren. Die machen die ganze Sache nur noch schlimmer.«

Eine Reparaturkolonne des Systems kam ins Wohnzimmer gerollt. Geschickt lösten sich die mechanischen Einheiten von dem Mutterkäfer mit Halbkettenantrieb und trippelten auf den zappelnden Menschenhaufen zu. Sie glitten dazwischen und wühlten sich rasch hindurch. Einen Augenblick später wurde der schlaffe Kadaver des Fabrikvertreters in den Fülltrichter des Mutterkäfers geschleift. Einzelteile wurden zusammengeklaubt, zerfetzte Überreste aufgelesen und fortgeschafft. Plastikverstrebungen und Getriebe wurden untergebracht. Dann postierten sich die Einheiten wieder auf dem Käfer, und die Kolonne fuhr davon.

Durch die offene Tür kam ein zweiter Fabrikvertreter, eine exakte Kopie des ersten. Und draußen im Flur standen zwei weitere aufrechte Maschinen. Ein Vertretertrupp hatte die Siedlung auf gut Glück durchkämmt. Wie eine Horde Ameisen hatten die mobilen Datensammlungsmaschinen die Stadt durchsiebt, bis eine von ihnen zufällig auf O'Neill gestoßen war.

»Die Vernichtung von mobilen Datensammlungseinrichtungen des Systems ist dem Interesse der Menschen nicht zuträglich«, teilte der Fabrikvertreter den Leuten im Zimmer mit. »Die Rohstoffzufuhr hat einen gefährlichen Tiefpunkt erreicht; die noch vorhandenen Rohstoffe sollten zur Herstellung von Konsumgütern verwendet werden.«

O'Neill und die Maschine standen sich Auge in Auge gegenüber.

»Ach?«, sagte O'Neill leise. »Das ist ja interessant. Ich frage mich, wovon ihr wohl am wenigsten habt – und wofür ihr wirklich bereit wärt zu kämpfen.«

Helikopterrotoren jaulten blechern über O'Neills Kopf; er ignorierte sie und spähte durch das Kabinenfenster hinunter auf den nahen Erdboden.

Schlacke und Ruinen erstreckten sich nach allen Seiten. Unkraut stieß in die Höhe, schwächliche Stiele, zwischen denen Insekten umherwuselten. Hier und da waren Rattenkolonien zu sehen: verfilzte Löcher aus Knochen und Schutt. Aufgrund der Strahlung waren die Ratten mutiert, genau wie die meisten anderen Tiere und Insekten. Ein Stück entfernt erkannte O'Neill eine Vogelstaffel, die ein Erdhörnchen jagte. Das Erdhörnchen verschwand in einer sorgfältig angelegten Spalte in der Schlackeoberfläche, und die Vögel drehten ab; ihr Plan war durchkreuzt.

»Meinen Sie, wir kriegen das je wieder aufgebaut?«, fragte Morrison. »Bei dem Anblick wird mir ganz schlecht.«

»Irgendwann schon«, antwortete O'Neill. »Vorausgesetzt natürlich, dass wir die Industrie wieder unter Kontrolle bekommen. Und vorausgesetzt, dass irgendwas übrig bleibt, mit dem man arbeiten kann. Das wird bestenfalls schleppend vorangehen. Wir werden uns langsam aus den Siedlungen herausarbeiten müssen.«

Rechts von ihnen lag eine Menschenkolonie, zerlumpte Vogelscheuchen, hager und verhärmt, die inmitten von Ruinen lebten, die einmal eine Stadt gewesen waren. Ein paar Morgen unfruchtbaren Bodens waren gerodet worden; welkes Gemüse dörrte in der Sonne, Hühner wanderten lustlos hin und her, und ein von Fliegen geplagtes Pferd lag keuchend im Schatten eines primitiven Schuppens.

»Ruinenhocker«, meinte O'Neill düster. »Zu weit weg vom System – ohne Kontakt zu irgendeiner Fabrik.«

»Da sind sie doch selbst schuld«, sagte Morrison aufgebracht. »Sie könnten ja in eine von den Siedlungen kommen.«

»Das war ihre Stadt. Sie versuchen genau das, was wir versuchen – sich ohne fremde Hilfe wieder etwas aufzubauen. Aber sie fangen jetzt an, ohne Werkzeug oder Maschinen, mit bloßen Händen irgendwelchen Schutt zusammenzunageln. Und so geht das nicht. Wir brauchen Maschinen. Wir können keine Ruinen instand setzen; wir müssen die industrielle Produktion wieder in Gang bringen.«

Vor ihnen lag eine Reihe zerklüfteter Hügel, die bröckligen Überreste einer ehemaligen Gebirgskette. Dahinter erstreckte sich die titanenhafte, hässliche Wunde eines H-Bomben-Kraters, halb mit abgestandenem Wasser und Schleim angefüllt, ein verpestetes Binnenmeer.

Und dahinter – das Glitzern emsiger Bewegung.

»Da«, sagte O'Neill nervös. Rasch ging er mit dem Helikopter tiefer. »Können Sie erkennen, aus welcher Fabrik die kommen?«

»Für mich sehen die alle gleich aus«, murmelte Morrison und beugte sich vor, um besser sehen zu können. »Wir werden wohl abwarten und sie auf dem Rückweg verfolgen müssen, wenn sie eine Fuhre kriegen.«

»*Falls* sie eine Fuhre kriegen«, verbesserte O'Neill.

Die Autofab-Forschungsmannschaft schenkte dem Helikopter, der über sie hinwegschwirrte, keinerlei Beachtung und konzentrierte sich auf ihre Aufgabe. Dem größten Laster rasten zwei Traktoren voran; sie wanden sich Schutthügel hinauf, wobei ihre Sonden hervorsprossen wie Stacheln, schossen den Abhang auf der anderen Seite hinunter und verschwanden in der Aschedecke, die über der Schlacke ausgebreitet lag. Die beiden Erkundungsfahrzeuge wühlten sich hinein, bis nur noch ihre Antennen zu sehen waren. Sie brachen wieder durch die Oberfläche und rasten weiter; ihre Gleisketten surrten und rasselten.

»Was die wohl suchen?«, fragte Morrison.

»Wer weiß.« O'Neill blätterte konzentriert in den Papieren an seinem Klemmbrett. »Wir müssen unsere ganzen alten Bestellzettel analysieren.«

Sie ließen die Autofab-Forschungsmannschaft am Boden hinter sich. Der Helikopter überflog einen verlassenen Landstrich aus Sand und Schlacke, wo sich nichts rührte. Ein verkrüppeltes Gehölz tauchte auf und dann, rechts davon, eine Reihe winziger beweglicher Punkte.

Eine Kolonne automatischer Erzloren raste über die öde Schlacke, eine Kette von Metalllastern, die mit raschem Tempo Heck an Schnauze hintereinander herfuhren. O'Neill hielt mit dem Helikopter auf sie zu, und ein paar Minuten später schwebten sie über der eigentlichen Mine.

Unmengen von klobigen Bergbaumaschinen hatten es bis zur

Verarbeitung geschafft. Schächte waren abgeteuft worden; leere Loren warteten geduldig aufgereiht. Ein unablässiger Strom beladener Loren preschte dem Horizont entgegen; Erz rieselte von ihnen herunter. Betriebsamkeit und Maschinenlärm hingen über dem Gebiet, einem jähen Industriezentrum inmitten der öden Schlackewüsten.

»Da kommt die Forschungsmannschaft«, bemerkte Morrison und spähte den Weg zurück, den sie gekommen waren. »Meinen Sie, die lassen sich auf was ein?« Er grinste. »Nein, das ist wahrscheinlich zu viel verlangt.«

»Diesmal noch«, antwortete O'Neill. »Die suchen vermutlich nach anderen Substanzen. Und sie sind normalerweise so konditioniert, dass sie einander ignorieren.«

Der erste Forschungskäfer erreichte die Schlange von Erzloren. Er änderte den Kurs ein wenig und setzte seine Suche fort; die Loren blieben unerbittlich in der Schlange, als sei nichts passiert.

Enttäuscht wandte sich Morrison vom Fenster ab und fluchte. »Es hat keinen Zweck. Als ob sie füreinander nicht existieren.«

Allmählich entfernte sich die Forschungsmannschaft von der Lorenschlange, vorbei an den Bergbauarbeiten und über einen Hügelkamm dahinter. Sie hatten es nicht besonders eilig; sie fuhren davon, ohne auf das Erzsammler-Syndrom zu reagieren.

»Vielleicht sind sie von derselben Fabrik«, meinte Morrison hoffnungsvoll.

O'Neill deutete auf die Antennen, die auf den größeren Bergbaumaschinen zu sehen waren. »Ihre Spiegel haben einen anderen Vektor, also vertreten die hier zwei Fabriken. Das wird schwer; wir müssen es ganz genau hinkriegen, sonst reagieren sie nicht.« Er schaltete das Funkgerät ein und erwischte den Horchfunker der Siedlung. »Irgendwelche Resultate bei den erledigten Bestellungen?«

Der Diensthabende stellte ihn zu den Verwaltungsbüros der Siedlung durch.

»Sie trudeln langsam ein«, sagte Perine. »Sobald wir genügend Proben zusammenhaben, versuchen wir zu bestimmen, welche Rohstoffe welchen Fabriken fehlen. Das wird ziemlich riskant, auf der Basis komplexer Produkte zu extrapolieren. Vielleicht gibt es eine

Reihe von Grundelementen, die die verschiedenen Unterabteilungen gemein haben.«

»Was passiert, wenn wir das fehlende Element identifiziert haben?«, wollte Morrison von O'Neill wissen. »Was passiert, wenn wir zwei Tangentialfabriken haben, denen derselbe Rohstoff ausgeht?«

»Dann«, sagte O'Neill grimmig, »fangen wir an, den Rohstoff selbst zu sammeln – und wenn wir alles einschmelzen müssen, was die Siedlungen hergeben.«

III

In der mottenzerfressenen Dunkelheit der Nacht regte sich ein schwacher Wind, kalt und matt. Dichtes Unterholz klirrte metallisch. Hier und da streifte ein nächtlicher Nager umher, mit überwachen Sinnen, lauernd, Pläne schmiedend, auf der Suche nach Nahrung.

Die Gegend war verlassen. Meilenweit gab es keinerlei menschliche Siedlungen; die gesamte Region lag in Asche, wiederholte H-Bomben-Explosionen hatten sie ausgebrannt. Irgendwo in der dichten Dunkelheit quälte sich ein träges Wasserrinnsal über Schlacke und Unkraut, tropfte dickflüssig in ein ehemals kunstvolles Labyrinth von Abwasserkanälen. Die Rohre waren geborsten und zerbrochen, ragten in die nächtliche Dunkelheit empor, von Kletterpflanzen überwuchert. Der Wind trieb Wolken schwarzer Asche hoch, die zwischen dem Unkraut umherwirbelten und tanzten. Einmal regte sich schläfrig ein riesiger mutierter Zaunkönig, raufte sein grobes schützendes Nachtkleid aus Lumpen um sich und döste ein.

Eine Zeitlang rührte sich nichts. Ein Sternstreifen zeigte sich am Himmel oben, leuchtete starr, fern. Earl Perine schauderte, spähte hinauf und drängte sich näher an das pulsierende Heizelement heran, das zwischen den drei Männern auf der Erde stand.

»Na, und?«, fragte Morrison zähneklappernd.

O'Neill gab keine Antwort. Er rauchte eine Zigarette, drückte sie an einem verwitterten Schlackehügel aus, zog sein Feuerzeug hervor und zündete sich die nächste an. Der Wolframklumpen – ihr Köder – lag unmittelbar vor ihnen, keine hundert Meter entfernt.

In den letzten paar Tagen war den Fabriken in Detroit und Pittsburgh das Wolfram ausgegangen. Und in mindestens einem Bereich überlappten sich ihre Systeme. In diesem schwerfälligen Haufen steckten Präzisionsschneidewerkzeuge, aus elektrischen Schaltern herausgerissene Kleinteile, hochwertige chirurgische Geräte, Teile von Dauermagneten, Messinstrumenten – Wolfram aus jeder erdenklichen Quelle, fieberhaft aus allen Siedlungen zusammengetragen.

Dunkler Nebel lag über dem Wolframhaufen. Gelegentlich kam ein Nachtfalter herabgeflattert, angezogen vom funkelnd reflektierten Sternenlicht. Der Falter hing einen Augenblick in der Luft, schlug mit seinen langen, dünnen Flügeln vergeblich gegen das verflochtene Metallgewirr und schwebte dann davon, hinein in den Schatten der dichtgewachsenen Weinstöcke, die aus den Stümpfen von Abflussrohren aufragten.

»Nicht gerade ein besonders hübsches Plätzchen hier«, meinte Perine bitter.

»Reden Sie sich doch nichts ein«, gab O'Neill zurück. »Das hier ist das hübscheste Plätzchen auf Erden. Das hier ist die Stelle, die das Grab des Autofab-Systems markiert. Eines Tages werden die Menschen hierherkommen und danach suchen. Dann steht hier ein Denkmal, eine Meile hoch.«

»Sie versuchen doch bloß, sich Mut zu machen«, schnaubte Morrison. »Sie glauben doch nicht im Ernst, dass die sich wegen einem Haufen chirurgischer Instrumente und Glühlampenfäden gegenseitig niedermetzeln. Die haben wahrscheinlich eine Maschine unten im tiefsten Stollen, die Wolfram aus dem Gestein gewinnt.«

»Kann schon sein«, sagte O'Neill und klatschte nach einer Mücke. Das Insekt wich geschickt aus und sirrte dann weiter, um Perine zu behelligen. Perine schlug wild danach und hockte sich mürrisch vor die feuchten Pflanzen.

Und da sahen sie, worauf sie gewartet hatten.

Jäh wurde O'Neill klar, dass er ihn schon seit ein paar Minuten angestarrt hatte, ohne ihn zu erkennen. Der Suchkäfer lag völlig regungslos da. Er ruhte auf der Spitze einer kleinen Anhöhe aus Schlacke, das Kopfende leicht erhoben, die Rezeptoren vollständig ausgefahren. Er hätte ein aufgegebenes Wrack sein können; keinerlei Aktivität, kein Anzeichen für Leben oder Bewusstsein. Der Suchkäfer passte sich perfekt ein in die verwüstete, feuergetränkte Landschaft. Eine unscheinbare Wanne aus Metallplatten, Triebwerken und flachen Gleisketten, die ruhte und wartete. Und wachte.

Sie untersuchte den Wolframhaufen. Das erste Opfer hatte angebissen.

»Fische«, meinte Perine dumpf. »Die Schnur hat sich bewegt. Ich glaub, der Schwimmer ist untergegangen.«

»Zum Henker, was brummelst du da eigentlich vor dich hin?«, grunzte Morrison. Da sah auch er den Suchkäfer. »Gott«, flüsterte er. Er richtete sich halb auf, den massiven Körper nach vorn gekrümmt. »Tja, das wäre schon mal einer. Jetzt brauchen wir bloß noch eine Einheit von der anderen Fabrik. Was meinen Sie, woher der kommt?«

O'Neill ortete den Kommunikationsspiegel und peilte dessen Winkel. »Pittsburgh, also beten Sie, dass Detroit bald kommt … beten Sie wie verrückt.«

Zufrieden rollte der Suchkäfer vorwärts. Vorsichtig näherte er sich dem Hügel und begann mit einer Reihe komplizierter Manöver, rollte erst hierhin, dann dorthin. Die drei Männer beobachteten ihn verwirrt – bis sie die ersten Fühler anderer Suchkäfer erblickten.

»Kommunikation«, meinte O'Neill leise. »Wie bei den Bienen.«

Jetzt näherten sich fünf Suchkäfer aus Pittsburgh dem Wolframhaufen. Mit aufgeregt flatternden Rezeptoren erhöhten sie die Geschwindigkeit, hasteten plötzlich in einem Anfall von Entdeckerfreude an der Seite des Hügels zur Spitze hinauf. Ein Käfer wühlte sich hinein und war schnell verschwunden. Der ganze Hügel bebte; der Käfer war unten im Innern und erforschte das Ausmaß ihres Fundes.

Zehn Minuten später erschienen die ersten Erzloren aus Pittsburgh und fingen an, ihre Beute emsig davonzuschleppen.

»Verflucht!«, sagte O'Neill verzweifelt. »Die schnappen sich das ganze Zeug, noch bevor Detroit hier auftaucht.«

»Können wir sie denn nicht irgendwie aufhalten?«, fragte Perine hilflos. Er sprang auf, packte einen Stein und schleuderte ihn nach der nächsten Lore. Der Stein prallte ab, und die Lore setzte ihre Arbeit gelassen fort.

O'Neill stand auf und schlich umher, sein Körper starr vor ohnmächtiger Wut. Wo blieben sie denn bloß? Die Autofabs waren in jeder Hinsicht gleichberechtigt, und die Entfernung von dieser Stelle zu jedem Zentrum war exakt dieselbe. Theoretisch hätten die Trupps gleichzeitig eintreffen müssen. Dennoch war von Detroit noch immer nichts zu sehen – und die letzten Wolframstücke wurden eben vor seinen Augen verladen.

Da flitzte etwas an ihm vorbei.

Er konnte es nicht erkennen, da sich das Objekt zu schnell bewegte. Es raste wie ein Geschoss zwischen die verwachsenen Weinstöcke, jagte an der Seite des Hügelkamms hinauf, hing einen Augenblick lang in der Luft, um sein Ziel anzuvisieren, und sauste dann die andere Seite hinunter. Es stieß unmittelbar mit der Bleilore zusammen. Projektil und Opfer riss es jäh mit einem lauten Schlag in Stücke.

Morrison sprang auf. »Was, zum Henker – ?«

»Das sind sie!«, schrie Perine, tanzte herum und fuchtelte mit seinen dünnen Armen. »Das ist Detroit!«

Ein zweiter Suchkäfer aus Detroit tauchte auf, überblickte zögernd die Lage und stürzte sich dann wütend auf die im Rückzug befindlichen Loren aus Pittsburgh. Überall prasselten Wolframteilchen nieder – Einzelteile, Schaltungen, zerfetzte Platten, Zahnräder und Federn und Bolzen der beiden Widersacher flogen in alle Richtungen. Die restlichen Loren machten quietschend kehrt; eine von ihnen kippte ihre Ladung ab und klapperte mit Höchstgeschwindigkeit davon. Eine zweite folgte, mit Wolfram überladen. Ein Suchkäfer aus Detroit holte sie ein, schnitt ihr mit einer heftigen Drehung den Weg ab und kippte sie glatt um. Käfer und Lore rollten einen flachen Graben hinab in einen brackigen Tümpel. Triefend und glitzernd rangen die beiden miteinander, halb unter Wasser.

»Tja«, meinte O'Neill unsicher, »wir haben's geschafft. Wir können uns auf den Heimweg machen.« Seine Beine waren schwach. »Wo ist unser Wagen?«

Als er den Laster auf Touren brachte, blitzte in weiter Ferne etwas auf, etwas Großes aus Metall, das sich über tote Schlacke und Asche dahinwälzte. Es war ein dichter Haufen von Loren, eine geballte Lawine von schweren Erztransportern, die auf den Ort des Geschehens zurasten. Aus welcher Fabrik sie wohl kamen?

Das spielte keine Rolle, denn aus dem dicken Geflecht von schwarzen, triefenden Weinstöcken kam ein Netz von Kontereinheiten auf sie zugekrochen. Beide Fabriken zogen ihre mobilen Anlagen zusammen. Von überall her schlitterten und krochen Käfer, drängten sich um die Reste des Wolframhaufens. Keine der beiden Fabriken würde sich den dringend benötigten Rohstoff durch die Lappen gehen lassen; keine der beiden würde ihren Fund aufgeben. Blindlings, mechanisch, im Banne unabänderlicher Direktiven, bemühten sich die beiden Gegner, eine Übermacht zusammenzuziehen.

»Los«, drängte Morrison. »Hauen wir endlich ab. Gleich ist hier der Teufel los.«

O'Neill drehte den Lastwagen eilig Richtung Siedlung. Ratternd machten sie sich auf den Rückweg durch die Dunkelheit. Von Zeit zu Zeit schoss ein Metallschatten an ihnen vorbei in die entgegengesetzte Richtung.

»Habt ihr gesehen, was die letzte Lore geladen hatte?«, fragte Perine besorgt. »Die war nicht leer.«

Genauso wenig wie die Loren, die ihr hinterherkamen, eine ganze Kolonne prallvoller Versorgungstransporter, die von einer komplizierten hochrangigen Überwachungseinheit gesteuert wurden.

»Gewehre«, sagte Morrison mit vor Angst weit aufgerissenen Augen. »Die schaffen Waffen ran. Aber wer soll denn damit umgehen?«

»Die da«, antwortete O'Neill. Er deutete auf eine Bewegung rechts von ihnen. »Sehen Sie mal, da drüben. Mit so was hatten wir nicht gerechnet.« Jetzt sahen sie, wie der erste Fabrikvertreter ins Gefecht ging.

Als der Lastwagen in die Kansas-City-Siedlung einfuhr, hetzte Judith ihnen atemlos entgegen. In ihrer Hand flatterte ein Streifen Metallfolien-Papier.

»Was ist denn los?«, fragte O'Neill und riss ihn ihr aus den Fingern.

»Grad gekommen.« Seine Frau schnappte nach Luft. »Ein Wagen – kam angerast, hat's abgeworfen – und ist wieder weg. Riesenaufregung. Mensch, die Fabrik ist – ein loderndes Lichtermeer. Man kann es meilenweit sehen.«

O'Neill überflog das Papier. Es war eine Bescheinigung der Fabrik über den letzten Posten von Siedlungsbestellungen, eine vollständige Tabelle der erbetenen und von der Fabrik analysierten Bedarfsgegenstände. Quer über der Liste prangten in dicken schwarzen Lettern sechs ominöse Wörter:

ALLE LIEFERUNGEN BIS AUF WEITERES EINGESTELLT

O'Neill atmete scharf aus und gab das Papier an Perine weiter. »Keine Konsumgüter mehr«, meinte er spöttisch; ein nervöses Grinsen durchzuckte sein Gesicht. »Das System stellt auf kriegsmäßige Produktion um.«

»Dann haben wir's also geschafft?«, fragte Morrison zögernd.

»Genau«, sagte O'Neill. Jetzt, wo sich der Konflikt entzündet hatte, verspürte er wachsendes, eisiges Entsetzen. »Pittsburgh und Detroit kämpfen bis zur Entscheidung. Jetzt gibt es für uns kein Zurück mehr – die suchen sich Verbündete.«

IV

Das kühle Licht der Morgensonne lag über der wüsten Ebene aus schwarzer Metallasche. Die Asche glomm in einem stumpfen, ungesunden Rot; sie war noch warm.

»Pass auf«, warnte O'Neill. Er nahm den Arm seiner Frau und brachte sie fort von dem verrosteten, durchhängenden Lastwagen, hinauf zur Spitze einer Pyramide aus versprengten Betonblöcken, den verstreuten Überresten eines befestigten Bunkers. Earl Perine folgte ihnen, kam zögernd, vorsichtig nach.

Hinter ihnen erstreckte sich die verfallene Siedlung, ein chaotisches Würfelmuster aus Wohnhäusern, anderen Gebäuden und Straßen. Seitdem das Autofab-System Versorgung und Wartung eingestellt hatte, waren die menschlichen Siedlungen halb in Barbarei zurückgefallen. Die Gebrauchsgegenstände, die ihnen blieben, waren kaputt und nur teilweise zu gebrauchen. Es war über ein Jahr vergangen, seit der letzte Lastwagen der Fabrik erschienen war, beladen mit Lebensmitteln, Werkzeug, Kleidung und Ersatzteilen. Aus dem flachen Quader aus dunklem Beton und Metall am Fuß der Berge war nichts aufgetaucht, das sich in ihre Richtung bewegt hätte.

Ihr Wunsch hatte sich erfüllt – sie waren abgeschnitten, vom System losgelöst.

Auf sich selbst gestellt.

Die Siedlung war umgeben von Weizenfeldern und geknickten, von der Sonne gedörrten Gemüsestauden. Grobe, handgemachte Werkzeuge waren verteilt worden, primitive Gerätschaften, die in den einzelnen Siedlungen unter großen Mühen geschmiedet wurden. Die Siedlungen waren nur durch Pferdekarren und das schleppende Gestotter der Morsetaste miteinander verbunden.

Es war ihnen allerdings gelungen, ihre Organisation aufrechtzuerhalten. Güter und Dienstleistungen wurden langsam und kontinuierlich ausgetauscht. Grundlegende Gebrauchsgegenstände wurden produziert und verteilt. Die Kleidung, die O'Neill, seine Frau und Earl Perine anhatten, war zwar grob und ungebleicht, aber robust. Und es war ihnen gelungen, ein paar Laster von Benzin auf Holz umzustellen.

»Da wären wir«, sagte O'Neill. »Von hier aus können wir sehen.«

»Ob sich das lohnt?«, fragte Judith erschöpft. Sie bückte sich, zupfte ziellos an ihrem Schuh herum und versuchte, einen Kieselstein aus der weichen Fellsohle zu pulen. »Der Weg hierher ist ganz schön weit, nur um das zu sehen, was wir seit dreizehn Monaten tagtäglich sehen.«

»Stimmt«, gestand O'Neill; seine Hand ruhte kurz auf der schlaffen Schulter seiner Frau. »Aber das ist vielleicht das Letzte. Und genau das wollen wir sehen.«

Am grauen Himmel über ihnen kreiselte rasch ein undurchsichtiger schwarzer Punkt. Hoch oben, in der Ferne, flog der Punkt Halbkreise und Zickzacklinien, folgte einem komplizierten, vorsichtigen Kurs. Seine Kreisbewegungen brachten ihn der rauen Oberfläche des zerbombten, in den Fuß der Berge eingebetteten Gebildes immer näher.

»San Francisco«, erklärte O'Neill. »Eins von diesen Langstreckenprojektilen, Typ Falke, drüben von der Westküste.«

»Und Sie meinen, das ist das letzte?«, fragte Perine.

»Es ist das einzige, das wir diesen Monat gesehen haben.« O'Neill setzte sich und streute langsam vertrocknete Tabakskrümel in eine Rille aus braunem Papier. »Und früher haben wir Hunderte davon gesehen.«

»Vielleicht haben sie ja was Besseres«, gab Judith zu bedenken. Sie suchte sich einen glatten Felsen und ließ sich müde darauf nieder. »Könnte doch sein, oder?«

Ihr Mann lächelte spöttisch. »Nein. Die haben nichts Besseres.«

Alle drei schwiegen nervös. Der kreiselnde schwarze Punkt über ihnen kam näher. An der flachen Oberfläche aus Metall und Beton war keinerlei Aktivität auszumachen; die Fabrik von Kansas City blieb völlig untätig, reagierte nicht. Vereinzelt trieben warme Aschewölkchen darüber hinweg, und ein Ende lag teilweise unter Schutt begraben. Die Fabrik hatte zahlreiche unmittelbare Treffer abbekommen. Die Ebene war durchzogen von den freiliegenden Furchen ihrer unterirdischen Tunnels, verstopft mit Trümmern und den dunklen, nach Wasser suchenden Ranken zäher Weinstöcke.

»Dieser verfluchte Wein«, grummelte Perine und kratzte an einer alten Wunde an seinem unrasierten Kinn. »Der überwuchert noch die ganze Welt.«

Hier und da rings um die Fabrik verrosteten die zerstörten Überreste einer mobilen Einheit im Morgentau. Loren, Lastwagen, Suchkäfer, Fabrikvertreter, Waffentransporter, Gewehre, Versorgungszüge, Tiefflugprojektile, beliebige Maschinenteile, in formlosen Haufen miteinander verworren und verschmolzen. Einige waren auf dem Rückweg zur Fabrik zerstört worden; andere waren mit dem Feind aneinandergeraten, als sie an die Oberfläche kamen, schwer mit Kriegsgerät beladen. Die Fabrik selbst – ihre Überreste – hatte sich offenbar noch tiefer in die Erde zurückgezogen. Ihre Oberfläche war kaum zu sehen, beinahe in der Flugasche verschwunden.

Seit vier Tagen hatte keine feststellbare Aktivität mehr stattgefunden, keinerlei sichtbare Bewegung.

»Sie ist tot«, sagte Perine. »Man sieht doch, dass sie tot ist.«

O'Neill gab keine Antwort. Er hockte sich hin, machte es sich bequem und richtete sich aufs Warten ein. Insgeheim war er davon überzeugt, dass in der ausgebrannten Fabrik noch irgendwo ein Funke von Automatenleben glomm. Man brauchte nur abzuwarten. Er sah auf seine Armbanduhr; es war halb neun. Früher hatte die Fabrik um diese Zeit mit ihrem üblichen Tagewerk begonnen. Kolonnen von Lastwagen und verschiedenartigen mobilen Einheiten waren mit Vorräten beladen an die Oberfläche gekommen, um ihre Expeditionen in die menschliche Siedlung zu unternehmen.

Ein Stück weiter rechts von ihnen bewegte sich etwas. Rasch wandte er ihm seine Aufmerksamkeit zu.

Eine einsame verbeulte Erzsammellore kroch schwerfällig auf die Fabrik zu. Eine letzte mobile Einheit, die versuchte, ihren Auftrag zu erfüllen. Die Lore war praktisch leer; ein paar magere Metallbrocken lagen auf ihrer Ladefläche verstreut. Ein Plünderer … die Metallteile hatte er aus den zerstörten Anlagen herausgerissen, auf die er unterwegs gestoßen war. Schwächlich, wie ein blindes Metallinsekt, näherte sich die Lore der Fabrik. Sie kam nur unglaublich ruckartig vorwärts. Von Zeit zu Zeit blieb sie stehen, bockte und bebte und wich ohne Ziel vom Weg ab.

»Mit der Steuerung stimmt was nicht«, sagte Judith mit einem Anflug von Entsetzen in der Stimme. »Die Fabrik hat Schwierigkeiten, sie zurückzulenken.«

Ja, das hatte er schon einmal gesehen. Der Hochfrequenzsender der Fabrik bei New York hatte einen Totalausfall gehabt. Ihre mobilen Einheiten waren wie verrückt im Kreis getaumelt und gerast, gegen Felsen und Bäume gekracht, in Wasserrinnen geschlittert, hatten sich überschlagen, sich schließlich entwirrt und waren widerwillig erstorben.

Die Erzlore erreichte den Rand der verwüsteten Ebene und hielt kurz an. Über ihr am Himmel kreiste immer noch der schwarze Punkt. Eine Zeitlang blieb die Lore starr.

»Die Fabrik versucht, sich zu entscheiden«, meinte Perine. »Sie braucht den Rohstoff, aber sie hat Angst vor dem Falken da oben.«

Die Fabrik ging mit sich zurate, und nichts rührte sich. Dann kroch die Erzlore schwankend weiter. Sie ließ das Gewirr von Weinstöcken hinter sich und fuhr hinaus in die verbrannte, weite Ebene. Mühsam, mit unendlicher Vorsicht, hielt sie auf den Klotz aus dunklem Beton und Metall am Fuß der Berge zu.

Der Falke kreiste jetzt nicht mehr.

»Runter mit euch!«, sagte O'Neill scharf. »Die haben die Dinger mit den neuen Bomben ausgerüstet.«

Seine Frau und Perine kauerten sich neben ihm zu Boden, und die drei spähten vorsichtig in die Ebene, zu dem Metallinsekt, das schwerfällig darüber hinwegkroch. Am Himmel fegte der Falke in einer geraden Linie dahin, bis er unmittelbar über der Lore schwebte. Dann, ohne Laut oder Vorwarnung, kam er senkrecht herunter. Judith schlug die Hände vors Gesicht. »Das kann ich nicht mit ansehen!«, kreischte sie. »Ist ja grässlich! Wie die wilden Tiere!«

»Der hat's nicht auf die Lore abgesehen«, krächzte O'Neill.

Als das Flugprojektil sank, beschleunigte die Lore verzweifelt. Sie raste lärmend auf die Fabrik zu, klappernd und ratternd, unternahm einen letzten vergeblichen Versuch, ihr Ziel sicher zu erreichen. Von wilder Gier erfüllt, vergaß die Fabrik die Bedrohung in der Luft, öffnete sich und lenkte ihre mobile Einheit unmittelbar ins Innere. Und der Falke hatte, was er wollte.

Bevor sich die Sperre wieder schließen konnte, stieß der Falke in langem Gleitflug herab und flog dann parallel zum Boden. Als die Lore in den Tiefen der Fabrik verschwand, schoss der Falke hinterher, ein blitzschneller Metallschimmer, der an der klappernden Lore vorbeiraste. Als die Fabrik sich dessen plötzlich bewusst wurde, ließ sie die Sperre zukrachen. Die Lore zappelte grotesk; sie war fest in der halbgeschlossenen Sperre gefangen.

Aber es spielte keine Rolle, ob sie sich befreite. Irgendetwas rührte sich mit dumpfem Grollen. Die Erde bewegte sich, bäumte sich auf und beruhigte sich dann wieder. Eine schwere Stoßwelle breitete sich unter den drei Zuschauern aus. Von der Fabrik stieg eine einzelne schwarze Rauchsäule auf. Die Betonoberfläche riss wie ein vertrockneter Kokon; sie schrumpelte und barst, und ein Schauer kleiner Trümmerstücke ging nieder. Der Rauch hing eine Weile in der Luft und trieb dann ziellos mit dem Morgenwind davon. Die Fabrik war ein verschmolzener, ausgebrannter Trümmerhaufen. Der Falke war in sie eingedrungen und hatte sie zerstört.

Steif stand O'Neill auf. »Es ist aus. Aus und vorbei. Jetzt haben wir das, was wir erreichen wollten – wir haben das Autofab-System vernichtet.« Er blickte Perine an. »Aber wollten wir das überhaupt?«

Sie schauten zur Siedlung zurück. Nur wenig war von den ordentlichen Häuserreihen und Straßen früherer Jahre übriggeblieben. Ohne das System war die Siedlung schnell verfallen. Die einstige satte Sauberkeit war nicht mehr; die Siedlung war schäbig und verwahrlost.

»Natürlich«, sagte Perine zögernd. »Wenn wir erst mal in den Fabriken drin sind und unsere eigenen Fließbänder montieren …«

»Ist denn überhaupt noch was übrig?«, erkundigte sich Judith.

»Es muss noch was übrig sein. Mein Gott, da unten gab's doch meilenlange tiefe Stollen!«

»Ein paar von den Bomben, die sie gegen Ende entwickelt haben, waren riesengroß«, gab Judith zu bedenken. »Besser als alles, was wir in unserem Krieg hatten.«

»Erinnern Sie sich noch an das Lager, das wir gesehen haben? Die Ruinenhocker?«

»Da war ich nicht dabei«, sagte Perine.

»Die sind wie die wilden Tiere. Fressen Wurzeln und Larven. Schleifen Steine, gerben Felle. Barbaren, Vieh.«

»Aber das wollen solche Leute nun mal«, antwortete Perine abwehrend.

»Wollen sie das? Wollen wir das?« O'Neill deutete auf die zerstreut daliegende Siedlung. »Haben wir damit etwa gerechnet an dem Tag, als wir das Wolfram gesammelt haben? Oder an dem Tag, als wir dem Lastwagen erklärt haben, die Milch wär –« Er konnte sich an das Wort nicht mehr erinnern.

»Fieselig«, half Judith aus.

»Los«, sagte O'Neill. »Brechen wir auf. Mal sehen, was von der Fabrik noch übrig ist – für uns.«

Sie näherten sich der zerstörten Fabrik am späten Nachmittag. Vier Lastwagen ratterten schwankend hinauf an den Rand der ausgebrannten Grube und hielten an, mit dampfenden Motoren und tröpfelnden Auspuffrohren. Wachsam und vorsichtig kletterten Arbeiter herunter und schlichen behutsam über die heiße Asche.

»Vielleicht ist es noch zu früh«, wandte einer von ihnen ein.

O'Neill hatte nicht die Absicht zu warten. »Los«, befahl er. Er schnappte sich eine Taschenlampe und trat in den Krater hinunter.

Der geschützte Rumpf der Fabrik von Kansas City lag unmittelbar vor ihnen. In seinem ausgebrannten Maul hing noch immer die Erzlore fest, zappelte jedoch nicht mehr. Hinter der Lore lag ein düster dräuender Pfuhl. O'Neill leuchtete durch die Zufahrt; die verworrenen, schartigen Überreste aufrechter Träger waren zu sehen.

»Wir müssen tief rein«, sagte er zu Morrison, der achtsam neben ihm her schlich. »Wenn noch was übrig ist, dann ist es ganz unten.«

Morrison grunzte. »Diese Schürfmaulwürfe aus Atlanta haben einen Großteil der unteren Schichten erwischt.«

»Bis die anderen ihre Minen abgeteuft haben.« O'Neill trat vorsichtig durch die abfallende Zufahrt, kletterte auf einen Schutthaufen, der von innen gegen den Schlitz geschleudert worden war, und befand sich im Innern der Fabrik – weit und breit nichts als wirre Trümmer, ohne Bedeutung oder Muster.

»Entropie«, schnaufte Morrison halblaut. »Das, was sie immer gehasst hat. Das, was sie bekämpfen sollte. Überall wahllose Partikel. Ohne Sinn und Zweck.«

»Weiter unten«, sagte O'Neill störrisch, »finden wir vielleicht ein paar abgeschottete Enklaven. Ich weiß genau, dass sie sich in autonome Bereiche unterteilt und versucht hat, die Reparatureinheiten intakt zu halten, um so die Einzelteile der Fabrik wieder zusammenzusetzen.«

»Die Maulwürfe haben die meisten erwischt«, bemerkte Morrison, trottete O'Neill aber trotzdem hinterdrein.

Die Arbeiter hinter ihnen kamen langsam näher. Ein Teil der Trümmer verschob sich bedenklich, und ein Schauer heißer Teilchen regnete herab.

»Ihr geht zu den Lastwagen zurück«, sagte O'Neill. »Es hat keinen Wert, mehr Männer als nötig zu gefährden. Falls Morrison und ich nicht zurückkommen, vergessen Sie uns – gehen Sie bloß nicht das Risiko ein, uns eine Rettungsmannschaft hinterherzuschicken.« Als sie losmarschierten, machte er Morrison auf eine Einfahrtsrampe aufmerksam, die noch teilweise intakt war. »Gehen wir runter.«

Schweigend ließen die beiden Männer einen toten Stollen nach dem anderen hinter sich. Endlose Meilen dunkler Trümmer erstreckten sich vor ihnen, ohne Laut und Regung. Die vagen Umrisse rußgeschwärzter Maschinen, stillstehender Bänder und Förderanlagen waren zu erkennen, und die teilweise fertiggestellten Hülsen von Kriegsprojektilen, verdreht und verformt von der letzten Explosion.

»Davon können wir einiges retten«, meinte O'Neill, glaubte jedoch eigentlich nicht daran. Die Maschinen waren verschmolzen, unförmig. Alles in der Fabrik war ineinandergelaufen, geronnene Schlacke ohne Form und Nutzen. »Wenn wir's erst mal an die Oberfläche geschafft haben …«

»Das können wir nicht«, widersprach Morrison bitter. »Wir haben weder Hebezeug noch Winden.« Er trat nach einem Haufen verkohlten Versorgungsmaterials, der neben einem zerstörten Band liegen geblieben war und sich halb über die Rampe ergossen hatte.

»Damals fand ich die Idee gar nicht so schlecht«, sagte O'Neill, als die beiden ihren Weg fortsetzten, vorbei an leeren Maschinenstollen. »Aber wenn ich jetzt zurückdenke, bin ich mir da nicht mehr so sicher.«

Sie waren tief in die Fabrik eingedrungen. Der Vorstoß des letzten

Stollens erstreckte sich vor ihnen. O'Neill leuchtete mit der Lampe umher, versuchte, unversehrte Bereiche auszumachen, noch intakte Teile des Fertigungsprozesses.

Morrison spürte es zuerst. Er fiel plötzlich auf Hände und Knie; den schweren Körper gegen den Boden gepresst, lag er da und lauschte, mit starrer Miene und aufgerissenen Augen. »Um Gottes willen –«

»Was ist denn?«, schrie O'Neill. Da spürte auch er es. Unter ihnen brummte ein schwaches, nachdrückliches Vibrieren durch den Boden, ein gleichmäßiges Summen von Aktivität. Sie hatten sich getäuscht; der Falke hatte sein Ziel nicht ganz erreicht. Weiter unten, in einem tieferen Stollen, lebte die Fabrik noch immer. Nach wie vor wurden geheime, beschränkte Operationen ausgeführt.

»Ganz auf sich selbst gestellt«, murmelte O'Neill und suchte nach einer Verlängerung des Grubenschachts. »Autonome Aktivität, die andauert, auch wenn alles andere kaputt ist. Wie kommen wir da runter?«

Der Einfahrtschacht war unzugänglich, versperrt mit einem dicken Metallteil. Die fortlebende Schicht unter ihren Füßen war völlig abgeschnitten; es gab keinen Zugang.

O'Neill raste den Weg zurück, den sie gekommen waren, erreichte die Oberfläche und rief den ersten Lastwagen herbei. »Wo, zum Teufel, ist die Lampe? Geben Sie schon her!«

Er bekam die kostbare Lötlampe gereicht und eilte keuchend zurück in die Tiefen der zerstörten Fabrik, wo Morrison wartete. Gemeinsam fingen die beiden an, sich wie wild durch den verzogenen Metallboden zu schneiden, die dichten Schichten schützenden Geflechts auseinanderzubrennen.

»Gleich kommt's«, stieß Morrison hervor und zwinkerte ins grelle Licht der Lötlampe. Die Platte fiel mit einem lauten Klirren, verschwand in den Stollen unter ihnen. Weiße Lohe waberte um sie auf, und die beiden Männer wichen zurück.

Die abgeschottete Kammer dröhnte und hallte von Aktivität, ein kontinuierlicher Prozess von laufenden Bändern, surrenden Werkzeugmaschinen, umherflitzenden mechanischen Kontrolleuren. An einem Ende ergoss sich ein unablässiger Strom von Rohstoffen auf die Fertigungsstraße; an der anderen Seite wurde das Endprodukt heruntergerissen, geprüft und in eine Transportröhre gestopft.

Das alles war nur für den Bruchteil einer Sekunde zu sehen; dann wurde ihr Eindringen bemerkt. Robotrelais schalteten sich dazu. Das Lichtermeer flackerte und wurde dunkler. Das Fließband schien zu gefrieren, hielt jäh an.

Die Maschinen klickten und verstummten dann.

An einem Ende löste sich eine mobile Einheit und raste die Wand hoch, auf das Loch zu, das O'Neill und Morrison geschnitten hatten. Sie rammte eine Notdichtung hinein und schweißte sie fachmännisch fest. Es war nichts mehr zu sehen. Einen Augenblick später erzitterte der Boden, als die Aktivität wiederaufgenommen wurde.

Kreidebleich und bibbernd wandte Morrison sich an O'Neill. »Was machen die bloß? Was stellen die her?«

»Jedenfalls keine Waffen«, meinte O'Neill.

»Das Zeug wird raufgeschickt« – Morrison gestikulierte krampfhaft – »an die Oberfläche.«

Schwankend rappelte O'Neill sich hoch. »Können wir die Stelle finden?«

»Ich – denke schon.«

»Wollen wir's hoffen.« O'Neill schnappte sich die Taschenlampe und marschierte auf die Auffahrtsrampe zu. »Wir müssen rausfinden, was das für Kugeln sind, die sie da nach oben schießen.«

Das Austrittsventil der Transportröhre lag in einem Gewirr von Weinstöcken und Trümmern eine Viertelmeile hinter der Fabrik verborgen. Aus einer Felsspalte am Fuß der Berge ragte das Ventil hervor wie ein Rüssel. Aus gut zehn Metern Entfernung war es nicht zu sehen; die beiden Männer standen beinahe darauf, bevor sie es bemerkten.

Alle paar Sekunden sprang eine Kugel daraus hervor und schoss hinauf in den Himmel. Der Rüssel drehte sich und änderte seinen Krümmungswinkel; jede Kugel wurde mit leicht veränderter Flugbahn herauskatapultiert.

»Wie weit die wohl fliegen?«, überlegte Morrison.

»Je nachdem, wahrscheinlich. Sie verteilt sie völlig wahllos.« O'Neill schob sich behutsam vorwärts, aber der Mechanismus nahm keinerlei Notiz von ihm. An der hochaufragenden Felswand klebte eine zerdrückte Kugel; der Rüssel hatte sie aus Versehen direkt gegen den Berg geschleudert. O'Neill kletterte hinauf, holte sie sich und sprang wieder herunter.

Bei der Kugel handelte es sich um einen zertrümmerten Maschinenbehälter, klitzekleine Metallelemente, zu winzig, um sie ohne Mikroskop zu analysieren.

»Jedenfalls keine Waffe«, meinte O'Neill.

Der Zylinder war geborsten. Zunächst konnte er nicht erkennen, ob das auf den Aufprall oder bewusste innere Mechanismen zurückzuführen war. Aus dem Riss sickerte ein Rinnsal aus Metallteilchen. O'Neill hockte sich hin und untersuchte sie.

Die Teilchen bewegten sich. Mikroskopisch kleine Maschinen, kleiner als Ameisen, kleiner als Nadeln, die energisch, zielstrebig arbeiteten – etwas konstruierten, das aussah wie ein winziges Rechteck aus Stahl.

»Sie bauen«, sagte O'Neill ehrfürchtig. Er stand auf und schlich weiter. Etwas abseits, am anderen Ende der Rinne, stieß er auf eine niedergegangene Kugel, die mit ihrem Bau bereits viel weiter war. Offenbar war sie schon vor einiger Zeit abgeschossen worden.

Sie hatte so große Fortschritte gemacht, dass man etwas erkennen konnte. Obgleich winzig, war ihnen das Gebilde doch vertraut. Die Maschinen bauten die zerstörte Fabrik im Kleinen nach.

»Tja«, sagte O'Neill nachdenklich, »jetzt sind wir wieder da, wo wir angefangen haben. Ob das nun besser oder schlechter ist … ich weiß es nicht.«

»Die sind mittlerweile bestimmt schon überall auf der Welt«, sagte Morrison, »landen und machen sich an die Arbeit.«

O'Neill kam ein Gedanke. »Vielleicht sind ein paar davon sogar für Fluchtgeschwindigkeit eingerichtet. Wär doch nett – Autofab-Systeme im ganzen Universum.«

Hinter ihm verspritzte der Rüssel weiter seinen metallenen Samenstrom.

Eine außerirdische Intelligenz

Reglos im Innern seiner Theta-Kammer, hörte er den feinen Signalton und dann das Synthovoice. »Fünf Minuten.«

»Okay«, sagte er und kämpfte sich aus dem Tiefschlaf hoch. Es blieben ihm fünf Minuten, um den Kurs seines Schiffs zu korrigieren; irgendwas stimmte nicht mit dem Auto-Control-System. Sein Fehler? Unwahrscheinlich; er machte niemals Fehler. Jason Bedford und Fehler machen? Nicht doch.

Als er sich unsicher zum Steuermodul vortastete, sah er, dass Norman, der mitgeschickt worden war, um ihm auf der Reise die Zeit zu verkürzen, ebenfalls wach war. Der Kater schwebte langsam im Kreise und schlug nach einem Stift, der sich irgendwie gelöst hatte. Seltsam, dachte Bedford.

»Ich dachte, du wärst bewusstlos wie ich.« Er kontrollierte die Anzeige des Schiffskurses. Unmöglich! Ein Fünftel-Parsec Kursschwankung auf Sirius zu. Das würde seine Reise um eine Woche verlängern. Mit verbissener Gründlichkeit stellte er die Steuerung neu ein und schickte dann ein Notsignal an Meknos III, seinen Zielhafen.

»Schwierigkeiten?«, antwortete der Funker auf Meknos. Die Stimme war trocken und kalt, hatte die mechanische Gleichförmigkeit von etwas, das Bedford immer an Schlangen denken ließ.

Er schilderte seine Lage.

»Wir brauchen den Impfstoff«, sagte der Meknosianer. »Versuchen Sie den Kurs zu halten.«

Norman, der Kater, schwebte majestätisch über dem Steuermodul, reckte eine Tatze vor und tappte ziellos damit herum; zwei aktivierte Tasten ließen ein leises *Blieps* hören, und das Schiff änderte den Kurs.

»Also du warst das«, sagte Bedford. »Du hast mich vor einem Außerirdischen blamiert. Du hast mich gegenüber einer außerirdischen Intelligenz wie einen Idioten dastehen lassen.« Er schnappte sich den Kater. Und drückte zu,

»Was war das für ein seltsamer Laut?«, fragte der meknosianische Funker. »Es klang wie ein Klagelaut.«

Bedford sagte ruhig: »Hier gibt's keinen Grund zur Klage mehr. Vergessen Sie, was Sie gehört haben.« Er stellte das Funkgerät ab, trug den Katzenkadaver zum Müllschlucker und entsorgte ihn.

Augenblicke später war er wieder in seiner Theta-Kammer und eingedöst. Diesmal würde niemand an seiner Steuerung herumpfuschen. Er schlummerte friedlich.

Als sein Schiff auf Meknos III andockte, begrüßte ihn der leitende Arzt des außerirdischen Sanitätsteams mit einem eigenartigen Begehr. »Wir hätten gerne Ihr Haustier gesehen.«

»Ich habe kein Haustier«, sagte Bedford. Das war die Wahrheit.

»Laut der Frachtliste, die uns vorab zugegangen ist –«

»Das muss Sie nun wirklich nicht kümmern«, sagte Bedford. »Sie haben Ihren Impfstoff; dann kann ich wohl wieder starten.«

Der Meknosianer sagte: »Wir kümmern uns um das Wohlergehen jeder Lebensform. Wir werden Ihr Schiff durchsuchen.«

»Nach einem Kater, der nicht existiert«, sagte Bedford. Ihre Suche blieb erfolglos. Ungeduldig sah Bedford den außerirdischen Geschöpfen zu, wie sie jeden Stauraum und jeden Gang seines Schiffs durchsuchten. Zu dumm, dass die Meknosianer zehn Sack Katzentrockenfutter fanden. Es entzündete sich eine lange Diskussion in ihrer eigenen Sprache.

»Darf ich dann jetzt die Heimreise antreten?«, sagte Bedford grob. »Ich habe einen sehr straffen Zeitplan.« Was die Fremden dachten oder sagten, war ihm gleichgültig; er sehnte sich nur zurück in die stille Theta-Kammer und nach tiefem Schlaf.

»Sie müssen sich noch Entseuchungsprogramm A unterziehen«, sagte der leitende meknosianische Sanitätsoffizier. »Damit keine Sporen oder Viren von –«

»Ich weiß«, sagte Bedford. »Bringen wir's hinter uns.«

Später, als die Dekontamination abgeschlossen war und er wieder in seinem Schiff saß und die Maschinen startklar machte, wurde er über Funk gerufen. Es war wieder einer dieser Meknosianer; für Bedford sahen sie alle gleich aus. »Wie war der Name des Katers?«, fragte der Meknosianer.

»Norman«, sagte Bedford und tippte auf den Zündungsschalter. Sein Schiff schoss hoch, und er lächelte.

Er lächelte nicht mehr, als er entdeckte, dass der Generator seiner Theta-Kammer fehlte. Er lächelte auch nicht, als die Reserveeinheit ebenfalls unauffindbar blieb. Vergessen?, fragte er sich. Nein, entschied er; das wäre mir nie passiert. Sie haben sie.

Zwei Jahre bis nach Terra. Zwei Jahre bei vollem Bewusstsein, ohne Erlösung durch Theta-Schlaf; zwei Jahre lang dasitzen, herumschweben, oder – wie er es in den Holofilmen des Armee-Ausbildungsprogramms gesehen hatte – vollkommen psychotisch in einer Ecke rumkauern.

Er schickte einen Funkruf mit Bitte um Rückkehrerlaubnis nach Meknos III raus. Keine Antwort. Tja, so viel dazu.

Am Steuermodul klickte er den kleinen Bordcomputer an und sagte: »Meine Theta-Kammer funktioniert nicht; sie ist lahmgelegt worden. Was, schlägst du vor, soll ich die nächsten zwei Jahre tun?«

BEACHTEN SIE DAS VIDEOPROGRAMM
FÜR DEN KRISENFALL

»Richtig«, sagte er. Daran hätte er denken können. »Danke sehr.« Ein Druck auf den richtigen Knopf ließ das Bandarchiv aufgleiten.

Keine Bänder. Nur ein Katzenspielzeug – ein winziger Schaumstoffball, der für Norman bestimmt gewesen war; er hatte nie daran gedacht, ihn ihm zu geben. Abgesehen davon … leere Regale.

Eine außerirdische Intelligenz, dachte Bedford. Unergründlich und grausam.

Er programmierte den Audiorecorder des Schiffs und sagte ruhig und mit so viel Zuversicht, wie er aufbieten konnte: »Ich habe mir vorgenommen, mich in den kommenden zwei Jahren an den täglichen Pflichten zu orientieren. Da wären zunächst die Mahlzeiten. So viel Zeit wie möglich werde ich darauf verwenden, Menüs zu planen, zuzubereiten und mit Genuss zu verzehren. In der vor mir liegenden Zeit werde ich jede nur erdenkliche Zusammenstellung von Lebensmitteln durchprobieren.«

Unsicher erhob er sich und ging zu dem riesigen Proviantlager.

Wie er dann dastand und in den rappelvollen Lagerraum starrte – rappelvoll bis zur Decke mit identischen Snacks –, dachte er: Allerdings gibt es nicht viel, was man mit einem Zwei-Jahresvorrat Katzenfutter anfangen kann. Was die Abwechslung betrifft.

Haben sie alle denselben Geschmack?

Sie hatten alle denselben Geschmack.

Thomas von Steinaecker

Nachwort

Sind Sie sicher, dass Sie nicht gerade träumen? Wissen Sie mit Bestimmtheit, dass Ihre Frau, Ihr Mann oder Ihre Freunde keine Roboter sind? Und wie steht es mit Ihnen selbst? Und woher wissen Sie eigentlich, dass Sie nicht schon längst tot sind?

Die Lektüre der Erzählungen und Romane Philip K. Dicks kann zu verstörenden Fragen führen. Dick zu lesen ist (im besten Fall) eine existentielle Erfahrung. *Kafkaesk* nennen wir heute absurde Situationen, in die wir auf rätselhafte Weise und ohne unsere Schuld geraten. Oder *orwellianisch*: Die ständige Überwachung durch Big-Brother-Kameras, das nachträgliche Retuschieren der Geschichte und eine »Neusprech«-Sprache, der jeder Ausdruck für Kritik fehlt. Es ist wohl nur dem Umstand zuzuschreiben, dass Philip K. Dicks Name sich so wenig für Ableitungen eignet, dass uns heute nicht einiges *dicksianisch* vorkommen will. Denn obwohl Dick nur allmählich von Literaturwissenschaftlern und Lesern vermeintlicher Höhenkamm-Literatur wahrgenommen wird, gehört er doch zu jener Handvoll von Künstlern des 20. Jahrhunderts, die gesellschaftliche Entwicklungen vorausahnten und prägnant beschrieben, die erst nach ihrem Tod zutage traten. Und was noch wichtiger ist: Ohne Dick gebe es einen nicht ganz unerheblichen Teil der heutigen Filme und Bücher nicht, was vielleicht deshalb den meisten gar nicht bewusst ist, weil seine Gedanken und Geschichten mittlerweile zum Allgemeingut gehören und vielfach imitiert wurden.

Es ist kein Zufall, dass Dicks Texte erst in den vergangenen Jahren so richtig populär wurden – allerdings paradoxerweise auf einem Weg, der zur Folge hat, dass den meisten Zuschauern und Lesern sein Name unbekannt geblieben sein dürfte. Denn viele seiner Erzählungen – und es handelt sich tatsächlich in diesem Fall vor allem um seine Erzählungen und nicht um seine Romane – sind zu Hollywood-Blockbustern geworden. Angefangen mit der einzigen Verfilmung, deren Entstehung Dick selbst noch vor seinem Tod mit nur 53 Jahren miterlebte (sieht man vom Klassiker ›Die Körperfresser kommen‹ von 1956 ab, der von Dicks Erzählung ›Das Vater-Ding‹ inspiriert ist): Ridley Scotts ›Blade Runner‹ mit Harrison Ford von 1982, ein Film, der wohlgemerkt damals weder bei Kritikern noch an der Kasse sonderlich erfolgreich war und erst allmählich Kultstatus erlangte. Nach dem Arnold Schwarzenegger-Hit ›Total Recall‹ von 1990 und einem Jahrzehnt Pause folgten dann in rascher Folge in den Nullerjahren unseres Jahrhunderts jeweils mit Starbesetzung: ›Minority Report‹ (2002, von Steven Spielberg mit Tom Cruise), ›Paycheck‹ (2003, von John Woo mit Ben Affleck), ›A Scanner Darkly‹ (2006, von Richard Linklater mit Keanu Reeves), ›Next‹ (2007, mit Nicolas Cage) und zuletzt 2012 das Remake von ›Total Recall‹ (mit Colin Farrell). Und zweifellos hätten auch Filme, in denen sich eine der unseren verwandte Welt wahlweise als große Fernsehshow (›The Truman Show‹, 1998) oder Computerprogramm (›Die Matrix‹, 1999) entpuppt oder ein Protagonist seinen Erinnerungen nicht mehr trauen kann (›Memento‹, 2000, oder ›Vergiss mein nicht‹, 2004), ohne Dick nicht entstehen können. Dessen nicht genug. Autoren wie Haruki Murakami, Roberto Bolaño oder Jonathan Lethem, die anders als Dick mittlerweile zum Kanon der »ernsten« Gegenwartsliteratur gehören, berufen sich offen auf ihn als Vorbild, genauso wie Philosophen wie Slavoj Žižek oder der Medientheoretiker Jean Baudrillard, in dessen Augen Dick lange vor ihm selbst das Konzept der referenzlosen Simulation entwarf: »Die Science-Fiction hat schon immer mit dem Element der Dopplung gespielt, sei es auf dem Gebiet der künstlichen Replikation oder alternativer Welten. Aber hier [bei Dick] ist das Doppel verschwunden. Es gibt kein Doppel mehr; man befindet sich immer schon in der anderen Welt, einer anderen Welt, die keine andere ist, ohne Spiegel, Projektionen oder Utopien. Ohne ein Außen kann man der Simulation nicht entkommen. Man ist schachmatt gesetzt.«

Was aber würde dieses Wort *dicksianisch* eigentlich beschreiben? Es ist ein Lebensgefühl, das auf jenen beiden Fragen fußt, um die alle Werke Dicks kreisen: »Was ist wirklich?« Und: »Was ist menschlich?« Es ist kein beglückendes, angenehmes Gefühl. Ein Gefühl, dass etwas mit mir und meiner Gegenwart nicht ganz richtig ist. Die abgründige und aus heiterem Himmel auftretende Ahnung, dass mein Schicksal, ja, alles, was mich in meinem Kern ausmacht, meine Gedanken und Erinnerungen, nicht von mir selbst stammen. Aber die Antwort nach dem Ursprung führt hier nicht zur Religion und zu einem Gott, sondern (meistens) zu undurchschaubaren Netzwerken aus Firmen oder diktatorischen Regierungen, die ihre Bürger mit Hilfe von phantastischen Apparaten oder Drogen manipulieren. Es ist das Gefühl der Paranoia – die sich allerdings als absolut begründet erweist, ohne dass es einen Ausweg gebe. In Orwells abstoßender Diktatur Ozeanien mit ihren überall sichtbar aufgehängten Kameras waren die Mechanismen der Manipulation für uns recht leicht erkennbar. Bei Dick hingegen haben wir es, oberflächlich betrachtet, mit einer schönen neuen Wohlfühl-Welt zu tun, die uns mit ihren Vorzügen des totalen Konsums und der Medialisierung als normal und vertraut erscheint. Doch unvermutet stellt sie sich als bloßes Hirngespinst oder als Inszenierung heraus, und Dicks tragische Hauptfiguren versuchen verzweifelt, Gewissheit darüber zu erlangen, wo sie sich ihr ganzes Leben lang befunden haben und wer sie eigentlich sind. Das Irritierende ist: Bei Dick gibt es, anders als bei Orwell, keinen doppelten Boden; es gibt eine nahezu endlose Reihe von Falltüren, und am Ende können oft weder der Protagonist noch der Leser sicher sein, was sie glauben sollen. Es ist eine Erfahrung, die wir täglich machen, ohne dass wir uns ihrer noch bewusst sind: In schneller Taktung springen wir zwischen virtuellen und vermeintlich wirklichen Realitäten hin und her; wir wähnen uns in der Besten aller Welten und sind dann umso erstaunter, wenn sich wieder einmal zeigt, dass unsere Regierungen und Konzerne es doch nicht so gut mit uns meinen.

Es ist also nicht übertrieben zu sagen: Wir leben in der Zeit Philip K. Dicks.

*

Philip K. Dick lebt momentan in San Rafael und interessiert sich für Halluzinogene und Schnupftabak. Verheiratet, hat zwei Töchter und eine junge, hübsche, nervöse Frau namens Nancy, die sich vor dem Telefon fürchtet. Verbringt die meiste Zeit damit, erst Scarlatti zu hören, dann »Jefferson Airplane«, dann »Götterdämmerung«, um irgendwie bei allen dreien Gemeinsamkeiten zu entdecken. Hat viele Phobien und verlässt selten das Haus, aber liebt es, wenn er in seinem kleinen, gemütlichen Ort am Meer besucht wird. Schuldet seinen Gläubigern ein Vermögen, das er nicht hat. Warnung: Leihen Sie ihm kein Geld. Er wird es Ihnen zusammen mit Ihren Tabletten klauen.

So beschrieb sich Philip K. Dick 1968 selbst. Da war er 40 Jahre alt und hatte bereits den Großteil seiner insgesamt über vierzig Romane und zweihundert Erzählungen veröffentlicht. Um es gleich vorwegzunehmen: Dick, dessen Erben bis in die nächsten Generationen finanziell keine Sorgen haben dürften, erhielt zwar 1963 für ›Das Orakel vom Berge‹, einen Roman über eine alternative Welt, in der die Achsenmächte den Zweiten Weltkrieg gewonnen haben, einen der wichtigsten Science-Fiction-Preise der Welt, den Hugo Award, und war am Ende seines kurzen Lebens besonders in Kanada und Europa bekannt – seine Popularität beschränkte sich aber weitestgehend auf den für Außenstehende hermetisch erscheinenden Bereich der Science-Fiction. Die meiste Zeit litt Dick, der nie sonderlich extravagant lebte, unter Geldsorgen, ja, er musste sogar einige Monate ohne festen Wohnsitz bei Fans auf der Couch schlafen. Bis in die 1960er Jahre bekam er lachhafte 1500 US-$ pro Roman. Nicht zuletzt deshalb schrieb er seine wichtigsten Werke in einer geradezu schwindelerregenden Geschwindigkeit: Allein 1964 sechs Romane, darunter ›Die drei Stigmata des Palmer Eldritch‹, drei 1966, unter ihnen die Vorlage für ›Blade Runner‹, ›Träumen Androiden von elektrischen Schafen?‹, und jener Roman, der für viele als sein Hauptwerk gilt, ›Ubik‹. Und auch wenn in den 1970ern die Anzahl seiner Veröffentlichungen deutlich zurückging, so war er doch noch bis zu seinem Tod 1982 nicht minder produktiv: Mehr als 8000 Seiten umfassen seine bis heute nur in Auszügen veröffentlichten Geheimaufzeichnungen namens ›Exegese‹, in denen er die religiösen Visionen analysiert, die ihn seit 1974 heimsuchten.

Wie man vielleicht schon ahnt, gäbe Dicks Leben selbst Stoff genug für einen Roman ab, der ein bisschen an seine eigenen Texte erinnert, nur dass er in den USA der zweiten Hälfte des 20. Jahrhunderts und nicht in der Zukunft auf dem Mars spielen würde. Es beginnt schon bei Dicks Geburt 1928 in Chicago: Seine Zwillingsschwester Jane stirbt sechs Wochen später. Sein Leben lang wird ihn dieses Trauma begleiten; er selbst wird später seine Faszination für alternative Welten und Dopplungen (Mensch/Roboter, wirklich/eingebildet) mit dieser frühkindlichen Erfahrung erklären. Mit sieben schreibt er sein erstes Gedicht, in dem mit ein bisschen gutem Willen bereits dieselbe Mischung aus galligem Humor und existentieller Verunsicherung seiner späteren Werke erkennbar wird:

I saw a little birdy
Sitting in the tree
I saw a little birdy
Looking out at me
Then the kitty saw the birdy and there wasn't none to see,
For the cat ate him up in the morning.

Man kann sich Philip K. Dick nicht unbedingt als glücklichen Menschen vorstellen, obwohl Zeitgenossen übereinstimmend von seiner aufgeschlossenen und herzlichen Art gegenüber Fremden berichten und seiner Angewohnheit, wenn ihn ein Thema begeisterte, stundenlang darüber Gespräche zu führen, bis sein Gegenüber erschöpft kapitulierte. Anfangs ist er ein geradezu prototypischer Nerd: Hochintelligent, extrem introvertiert und mit einer ausgeprägten Phobie, die eigenen vier Wände zu verlassen; mit vierzehn schreibt er seinen ersten (verschollenen) Roman, ›Rückkehr nach Liliput‹, die Fortsetzung von ›Gullivers Reisen‹, mit 23 verkauft er seine erste Kurzgeschichte (das unheimliche, aus der Perspektive eines Hundes geschriebene ›Roog‹). Zu dieser Zeit arbeitet er noch (wieder so ein Klischee) im superhippen kalifornischen Berkeley in einem Plattenladen, kennt sich bestens mit Plattenspielern und Verstärkern aus und hat eine Schwäche für klassische Musik. Außerdem ist er da bereits zum ersten Mal geschieden. Vier weitere gescheiterte Ehen mit drei Kindern und zahlreiche Affären werden folgen. Anfangs sieht er sich eigentlich als Autor realistischer Romane, die in der Art von Richard Yates das typische dröge Alltagsleben der Mittelschicht in den USA der 1950er Jahre porträtieren; doch keines dieser stilistisch anspruchslosen Frühwerke findet einen Verleger (die 2009 und 2010 posthum auf Deutsch bei Liebeskind erschienenen Romane ›Unterwegs in einem kleinen Land‹ und ›Die Stimmen der Straße‹ geben Anlass zur Annahme, dass er bestenfalls ein durchschnittlicher Belletristik-Autor geworden wäre): der Ursprung des lebenslangen Konflikts eines Künstlers, der sich immer nach Anerkennung des literarischen Establishments sehnte und doch allein mit Science-Fiction Erfolg hatte. Der kommt freilich auch nur sehr zögerlich und ohne größere finanzielle Auswirkungen. In gewisser Weise ist Dick zu gut für den Markt, für den er seit den 1950ern schreibt. Denn seine Texte erscheinen hauptsächlich in Magazinen und Science-Fiction-Reihen, die nicht so sehr Bedarf nach Nachhaltigem, sondern nach Neuem haben – und Dick spielt mit. Spätestens 1969 nimmt er Amphetamine in hohen Dosen, um sein hohes Schreibpensum aufrecht zu halten (Selbstauskunft: »Sechs Wochen, um einen Roman zu schreiben, und weitere sechs, um ihn zu korrigieren!«). Seine vierte Scheidung Anfang der 1970er Jahre stürzt ihn in eine tiefe Krise. Nach einem Einbruch in seinem Haus, glaubt er, das FBI verfolge ihn, weil er in einem seiner Bücher, ohne es vorher gewusst zu haben, einem staatlichen Komplott auf die Spur gekommen sei – eine bis heute weder bestätigte noch widerlegte Theorie. Es entsteht der semi-autobiographische Drogen-

Roman ›A Scanner Darkly‹, und dann – ja, dann gibt es, wie es sich bei einem Meister der alternativen Welten gehört, zwei Versionen davon, was eigentlich geschah. Die eine, die besagt, Dick wurde aufgrund seines exzessiven Drogenmissbrauchs und dadurch verstärkter Neurosen schizophren; die andere, die da sagt: Dick begegnete Gott.

Im Februar 1974 klingelt es eines Tages an Dicks Tür. Damals wurde er nach einer Weisheitszahnoperation mit starken Schmerzmitteln beliefert. Ein in seinem Bericht (natürlich) wunderschönes Mädchen mit pechschwarzem Haar und großen Augen steht vor dem Haus, um Dick seine Medikamente zu bringen. Um ihren Hals hängt das christliche Ichthys-Symbol, eine Goldkette in der Form eines Fisches. Seitdem hatte Dick Visionen, mal sah er sich selbst als ein Gnostiker namens Thomas (was übrigens auf aramäisch »Zwilling« bedeutet) im antiken Rom, mal abstrakte vermeintlich göttliche Formen, mal Jesus. Ironie des Schicksals, dass diese Visionen zu einem Zeitpunkt auftreten, als Dick zum ersten Mal in seinem Leben beginnt, großen Erfolg zu haben. Auf Science-Fiction-Kongressen wird er gefeiert, seine Werke werden wiederaufgelegt, Ridley Scott beginnt mit den Dreharbeiten für ›Blade Runner‹, von dem damals noch viele meinen, dass man es, was den kommerziellen Erfolg angeht, mit einem neuen ›Krieg der Sterne‹ zu tun haben wird. Dick wird einigermaßen wohlhabend und soll jetzt vor allem eines: Einen neuen Science-Fiction-Roman schreiben, der an seine alten Klassiker anknüpft. Zwar zeigen die Berichte aus jener Zeit, dass Dick mitnichten zum weltfremden Esoteriker wurde und weiter über ein gesundes Maß an Selbstironie verfügte; aber die Ambitionen, seine religiösen Erfahrungen in Romanform zu vermitteln, stellen ihn vor eine nahezu unlösbare Aufgabe. Als zwischen 1978 und 1981 die ›VALIS‹-Bücher entstehen, schließt sich der Kreis: Die Trilogie beginnt als Science-Fiction und endet mit Dicks letztem vollendetem Werk, ›Die Wiedergeburt des Timothy Archer‹, als realistischer Mainstreamroman, ein Genre, mit dem seine Laufbahn als Schriftsteller begann und in dem er nie reüssieren sollte. Am 2. März 1982 stirbt er im südkalifornischen Santa Ana nach mehreren Schlaganfällen, wenige Monate vor der Premiere von ›Blade Runner‹, der in gewisser Weise den Beginn seines Weltruhmes bedeuten sollte.

*

Man tut Philip K. Dick keinen Gefallen, ihn, wie es wohlmeinende Kritiker in den vergangenen Jahren häufig getan haben, als zweiten Franz Kafka zu bezeichnen. Jeder Leser, der mit dieser Erwartungshaltung an Dicks Erzählungen herangeht, wird bitter enttäuscht werden. Weder gibt es bei Dicks Dialogen Raum für subtile Zwischentöne, sein Stil ist in den meisten Fällen auf einem guten handwerklichen Niveau, ohne besonders eigen zu sein; seine Figuren sind nach einem vorhersehbaren eindimensionalen Schema konstruiert, er schuf keinen einzigen unverwechselbaren Charakter wie etwa Josef K., ganz zu schweigen von seinen sexistischen Frauenfiguren, die entweder hysterische Zicken oder Pin-up-Phantasien sind. Von daher leuchtet jedenfalls ein, warum Dicks Texte gute Vorlagen für Hollywood-Actionfilme liefern.

Und trotz all dieser berechtigten Kritikpunkte haben wir es bei Dick mit einem der großen Autoren des 20. Jahrhunderts zu tun, sowohl im Sinne von einflussreich als auch originell. Wie kann das sein?

Man könnte es so erklären, wie Dick es in einem Brief an seinen polnischen Kollegen Stanislaw Lem tat:

Sehen Sie, Herr Lem, in Kalifornien gibt es keine Kultur, nur Müll. Und wir wuchsen hier auf und leben hier und schreiben hier, ohne dass uns irgendetwas anderes zur Verfügung stände als Müll. […] Wie kann man Romane schreiben, die die Wirklichkeit hier als Ausgangspunkt nehmen, ohne dass sie Müll beinhalten? Denn die andere Möglichkeit wäre, haarsträubende Szenarien zu entwickeln, wie es sein sollte*; also muss man eben mit dem Müll arbeiten und ihn gegen sich selbst ausspielen. […] Würde sich GOTT uns hier offenbaren, er täte es in der Gestalt einer Dose Haarspray, wie man sie aus der TV-Werbung kennt.*

Wie der acht Jahre ältere Ray Bradbury, den er aber in Hinsicht Experimentierfreudigkeit bei weitem übertraf, ohne je einen populären Klassiker wie ›Fahrenheit 451‹ geschrieben zu haben, war Dick ein klassischer US-amerikanischer Science-Fiction-Autor. Das bedeutet, er gehorchte in vielerlei Hinsicht geradezu vorbildlich den klaren und einengenden Regeln des Science-Fiction-Markts: schnelle Produktion, schematische Handlungsabläufe und Figuren, eine einfache, der Erzählökonomie dienende Sprache.

Vor allem zwei Aspekte machen Dick hier aber zu einer Ausnahmeerscheinung. Zum einen lassen uns Dicks Texte wie jede gute Science-Fiction unsere Gegenwart klarer sehen und bleiben nicht nur jener Zeit verhaftet, der sie offenkundig ihre Entstehung verdanken, dem McCarthyismus der 1950er Jahre, der das Vertrauen der Bürger in ihren Staat nachhaltig erschütterte und plötzlich jeden zum potentiell unmenschlichen, da kommunistischen Feind werden ließ, sowie die bewusstseinserweiternden Drogenerfahrungen der 1960er Jahre, die das Konzept der Realität in Frage stellten. Ein Roboter, der menschlicher ist als alle Menschen um ihn herum (›Hochstapler‹); implantierte Erinnerungen, die das bisherige Leben als Illusion enttarnen (›Erinnerungen en gros‹); eine Polizei, die vorsorglich zukünftige Verbrecher festnimmt (›Der Minderheiten-Bericht‹). Heute wirken solche phantastischen Szenarien bestürzend aktuell. Wie jeder *sehr* guten Science-Fiction gelingt zum anderen in den besten Erzählungen Dicks etwas, was nur dieses oft belächelte und als Unterhaltungsliteratur abgetane Genre leisten kann: Denn in welcher anderen Kunst als in der Science-Fiction findet heute eine Auseinandersetzung mit philosophischen oder, wie beim späten Dick, religiösen Themen statt? Oder, um es mit Dick zu sagen: »Ich bin ein Philosoph, der erzählende Texte schreibt, kein Romancier; meine Fähigkeit, Romane & Erzählungen zu schreiben, dient dazu, meine Wahrnehmung wiederzugeben. Das Ziel meines Schreibens ist nicht Kunst, sondern Wahrheit.«

In gewisser Weise setzte sich Dick, der Philosoph unter den Science-Fiction-Autoren, mit dieser Einstellung aber zwischen die Stühle. Für Fans »harter« Science-Fiction, Science-Fiction also, die mit allerlei technischen und wissenschaftlichen Details aufwarten kann, war er zu reflexiv; Leser anspruchsvoller Literatur wurden jedoch durch das Label Science-Fiction und die künstlerisch unambitionierte Form abgeschreckt. Das spiegelt nicht zuletzt auch Dicks Publikationsgeschichte in Deutschland wider: Zu Lebzeiten erschienen die meisten seiner Werke beim Moewig Verlag, dem Verlag »Perry Rhodans« und des »Landsers«; einzig ›Marsianischer Zeitsturz‹, unter dem seltsamen Titel ›Mozart für Marsianer‹ bei Insel 1973, und ›Ubik‹, bei Suhrkamp 1977 veröffentlicht, bilden eine Ausnahme. Nachdem der umtriebige Haffmans Verlag in den 1990ern sämtliche Erzählungen Dicks erstmals auf Deutsch herausgab, kam sein Gesamtwerk in den Nullerjahren bei Heyne heraus. Dass sich nun der S. Fischer Verlag Dicks wichtigster Texte in seiner Klassik-Reihe annimmt, zeigt, wie sich die Zeiten geändert haben: Unterschiede zwischen vermeintlicher U- und E-Literatur spielen kaum noch eine Rolle, ja, die Autoren der sogenannten anspruchsvollen Literatur experimentieren ohne Berührungsängsten mit Genreversatzstücken der Science-Fiction.

Jeder, der die Romane und Erzählungen Dicks noch nicht kennt, ist zu beneiden. Er sollte nach diesem Erzählband, je nachdem, welches der beiden Themen, »was ist menschlich?« oder »was ist wirklich?«, ihn mehr interessiert, mit ›Blade Runner‹ oder ›Ubik‹ und ›Marsianischer Zeitsturz‹ weitermachen, um für den ›Dunklen Schirm‹ und die Abgründe der Drogenalbtraumwelten gerüstet zu sein. Am Ende werden Sie sich fragen: Warum bin ich eigentlich so sicher, dass ich nicht gerade träume – oder vielleicht schon tot bin? Und dass mein Partner kein Roboter ist? Und Sie werden Philip K. Dick dankbar für diese Irritationen sein, die Ihr Leben verändern werden.

Einzelnachweise

Total Recall (We Can Remember It For You Wholesale; auf Deutsch bislang unter dem Titel: ›Erinnerungen en gros‹ veröffentlicht). Erstmals veröffentlicht in: *The Magazine of Fantasy & Science Fiction*, April 1966. Aus dem Amerikanischen von Thomas Mohr.

Ach, als Blobbel hat man's schwer! (Oh, To Be a Blobel!). Erstmals veröffentlicht in: *Galaxy*, Februar 1964. Aus dem Amerikanischen von Thomas Mohr.

Hochstapler (Impostor). Erstmals veröffentlicht in: *Astounding*, Juni 1953. Aus dem Amerikanischen von Bela Wohl.

Variante zwei (Second Variety). Erstmals veröffentlicht in: *Space Science Fiction*, Mai 1953. Aus dem Amerikanischen von Bela Wohl.

Minority Report (The Minority Report; auf Deutsch bislang unter dem Titel ›Der Minderheiten-Bericht‹ veröffentlicht). Erstmals veröffentlicht in: *Fantastic Universe*, Januar 1956. Aus dem Amerikanischen von Thomas Mohr.

Die elektrische Ameise (The Electric Ant). Erstmals veröffentlicht in: *The Magazine of Fantasy & Science Fiction*, Oktober 1969. Aus dem Amerikanischen von Clara Drechsler.

Das Vater-Ding (The Father-Thing). Erstmals veröffentlicht in: *The Magazine of Fantasy & Science Fiction*, Dezember 1954. Aus dem Amerikanischen von Klaus Timmermann und Ulrike Wasel.

Verwirrspiel (Shell Game). Erstmals veröffentlicht in: *Galaxy*, September 1954. Aus dem Amerikanischen von Klaus Timmermann und Ulrike Wasel.

Die Prä-Personen (The Pre-Persons). Erstmals veröffentlicht in: *The Magazine of Fantasy & Science Fiction*, Oktober 1974. Aus dem Amerikanischen von Clara Drechsler.

Foster, du bist tot (Foster, You're Dead). Erstmals veröffentlicht in: *Star Science Fiction Stories No. 3*, hrsg. von Frederik Pohl, New York 1955. Aus dem Amerikanischen von Klaus Timmermann und Ulrike Wasel.

Autofab (Autofac). Erstmals veröffentlicht in: *Galaxy*, November 1955. Aus dem Amerikanischen von Thomas Mohr.

Eine außerirdische Intelligenz (The Alien Mind). Erstmals veröffentlicht in: *The Yuba City High Times*, Februar 1981. Aus dem Amerikanischen von Clara Drechsler.